에크리 읽기

Lacan to the Letter: Reading *Écrits* Closely

by Bruce Fink

copyright © 2004 by the Regents of the University of Minnesota
Korean Translation Copyright © 2007, by b-books.

Korean edition is licensed by the University of Minnesota Press,
Minneapolis, Minnesota, U.S.A. through GUY HONG AGENCY.
All right reserved.

이 책의 한국어판 저작권은 GUY HONG AGENCY를 통해
University of Minnesota Press와의 독점계약으로 도서출판 b에 있습니다.
저작권법에 의해 한국 내에서 보호를 받는 저작물이므로
무단 전재와 복제를 금합니다.

에크리 읽기

문자 그대로의 라캉

■

브루스 핑크
김서영 옮김

도서출판 b

차 례

서 문 ··· 9

1. 「치료의 방향」에 나타난 라캉의 기법 • 17
   자아는 이미 충분히 강화되어 있다 ······················ 21
   분석은 이자관계가 아니다 ································ 23
   왜 분석가는 자신의 존재로서 분석에 임해서는 안 되는 것인가: 마가렛 리틀의 해석에 관하여 ································ 34
   왜 우리는 전이를 해석해서는 안 되는가: 프로이트가 제시한 여성 동성애 사례 ································ 40
   무의식적 욕망은 의식적 욕망과 혼동되어서는 안 된다: 푸주한의 재치 있는 아내 ································ 49
   부재의 환기: 강박증을 가진 남자에 대한 라캉의 사례연구 ··· 56
   　하나의 사례 65 ● 숨겨진 카드 66 ● 꿈 67 ● 욕망과 그 욕망에 대한 경멸 사이에서의 교착상태 72
   왜 우리 분석가들은 분석수행자에게 우리들과의 동일시를 권고해서는 안 되는가 ································ 79

2. 자아심리학자 삼인방에 대한 라캉의 비판: 하르트만, 크리스 그리고 뢰벤슈타인 • 81

정신분석을 정신분석(화)하며 ······ 81

자아심리학의 이론적 근거 ······ 83

자아심리학의 임상적 접근 ······ 95

안나 프로이트를 모욕하는 분석수행자 95 ● 정동에 대한 부연 101 ● 에른스트 크리스, 또는 우리가 주체의 방어를 분석해서는 안 되는 이유: 신선한 뇌요리를 갈망하는 남자의 사례 104 ● 세미나 III에 나타난 크리스 108 ● 「프로이트의 '부정'에 대한 장 이폴리트의 주석에 부치는 글」에 나타난 크리스 111 ● 「치료의 방향」에 나타난 크리스 113

결론 ······ 121

3. 「문자의 심급과 무의식의 관계」 읽기 • 125

라캉의 수사학 ······ 125

글 128 ● 말 134 ● 수사법 141

I: 문자의 의미 ······ 148

문자의 휴지통 148 ● 언어학의 기반인 알고리듬 154 ● 사고의 연쇄: 의미작용이 없는 (그러나 많은 것을 의미하는)매우 중요한 차이 161 ● 기표의 "기법적 측면에 대한 상술" 163 ● "기의의 미끄러짐" 168 ● 라캉의 "인용문들" 173 ● 언어는 나로 하여금 내가 말하는 것과 정확히 상반된 것을 전달하게 만든다 174 ● 부권이라는 신비한 기표 177 ● 은유에 관하여 179

II: 무의식의 문자 ······ 181

무의식의 위상학 186 ● 기표의 주체 또는 기의의 주체 191 ● 은유와 증상 195

4. 「주체의 전복」 읽기 • 197

주체와 지식의 관계 ································· 198

지식의 체계와 진실의 체계를 한데 묶으며 ············· 203

욕망의 그래프 ···································· 205

그래프1에 대한 주해 ······························· 210

그래프2에 대한 주해 ······························· 213

그래프3에 대한 주해 ······························· 218

완성된 그래프에 대한 주해 ························· 221

그래프 윗부분을 가로지르는 움직임 ················· 226

결론 ··· 230

5. 라캉의 팔루스와 -1의 제곱근 • 233

팔루스를 강조하며 ································ 236

팔루스란 왜 그리도 불편한 것인가? ················· 243

라캉의 "대수학" ·································· 247

6. 텍스트의 밖에서—지식과 주이상스: 세미나 XX에 관한 주해 • 253

말 ··· 258

라캉의 초기 업적 되돌아보기 ······················· 260

전과학적 문맥 속에서의 지식 ······················· 263

지식과 전체 ······································ 270

수식화 없는 공식화 ········· 273

지식은 주이상스의 결핍과 함께 시작된다 ········· 277

성 구분 ········· 281

성 구분 공식 ········· 285

주체와 타자 ········· 292

결론 ········· 294

옮긴이 후기 ········· 296
프로이트로의 복귀: 프로이트 전집 기행 / 김서영 ········· 299
주 ········· 312
색 인 ········· 337

서 문

> 분석가 공동체가 더욱 극심하게 프로이트의 영감을 사그라뜨리고 있는 상황에서 문자letter라는 그의 원칙 외의 다른 무엇이 그러한 영감을 이론의 중심에 불어 넣을 수 있겠는가?
>
> —라캉, 「1956년 정신분석계의 동향"The Situation of Psychoanalysis in 1956"」

나의 친구이자 스승이기도 한 코넬 대학의 리처드 클라인Richard Klein은 언젠가 라캉 연구자들 중 라캉의 텍스트를 상세하게 해설하는 수고로움을 감수하는 사람은 거의 없으며, 명백히 그들은 라캉의 글 자체에 대해 말하는 것보다는 라캉의 이론적 장치에 대해 주석을 다는 것을 선호한다고 말했다. 나는 그 말을 듣자마자 그것이 사실이라고 생각했는데, 곧 나 자신의 저서들도 예외가 아니었음을 깨닫게 되었다. 본 저서는 라캉이 하는 말을 통해 그를 이해하고, 그의 텍스트를 *à la lettre*—즉, 문자 그대로 그리고 글자 그대로—읽고자 하는 첫 번째 시도이다.

필자가 이 책에서 제시하는 해설들은 적어도 두 가지 의미에서 '문자 그대로*à la lettre*'라고 할 수 있다.

1. 물론 라캉의 논의를 이해하기 위해 우리는 그의 저서를 정밀하게 읽고 그의 다양한 주장들을 한데 모아 재구성할 필요가 있긴 하지만, 나는 라캉이 직접적으로 자신이 의미하는 바를 정확히 말하는 경우가

상당히 많다는―도박이라고 불러도 좋을―믿음을 근거로 라캉을 문자 그대로 해석한다(즉 우리는 그가 하는 말을 조금이라도 이해하기 위해 항상 다른 책을 참조할 필요는 없다). 처음에는 터무니없고 불합리해 보이는 내용이 문맥 속에서 설명될 때에는 충분히 이해할 수 있고 수긍할 만한 것으로 변하는 경우가 종종 발생하기도 한다. 내가 제시하는 다수의 참고문헌과 인용문들을 통해 독자는 어떤 부분에서 라캉이 어떤 말을 했다는 나의 주장을 라캉의 말을 통해 직접 확인할 수 있을 것이다.

2. 라캉이 사용하는 특정 단어들과 표현들이 그가 뜻하는 바를 이해하는 데 부적절한 것은 아니다. 바로 이러한 이유로 나는 그의 텍스트에서 '문자성literality', 즉 문자 그대로의literal 속성과 문학적인literary 가치를 모두 강조하게 되었다. 그의 글이 가진 환기적evocative 성격은 언어 일반에서도 중요한 요소이며("말speech을 할 때 언어language의 기능은 [정보를] 제공하는 것이 아니라 [기억을] 환기하는 것이기 때문이다" E 299)[1] 또한 라캉이 자신의 특별한 방식의 글쓰기를 통해 영향을 미치고자 하는 미래의 비평가 겸 분석가를 양성하는 데에도 핵심적인 것이다. 이 때문에 라캉은 때로는 고의적으로 다양하게 이해될 수 있는 공식들을 이용한다. 그러나 환기적인 성격에 대한 강조가 정밀함의 결여와 혼동되어서는 안 된다. 라캉의 글은 사실 매우 정확하고 정밀하지만 번역본들 중 특히 초기의 번역들에는 그러한 정밀함이 드러나지 않는다.

특히 『에크리*Écrits*』의 번역에 나타나는 불명료함은 극도로 다양한 양상을 띠고 있는데, 이러한 상황은 주로 텍스트 자체가 난해하기 때문에 발생하게 된다. 그러한 불명료함에는 프랑스어의 복합어에서 어순이 제대로 이해되지 않았거나, 유사한 철자로 표기되는 단어들이 혼동되었

서 문

거나, 또는 동일한 철자로 쓰인 단어들이 같은 뜻으로 오역된 경우들, 그리고 병치관계를 간과한 실수들이 포함된다. 예를 들어 *souvenir-écran* 명사와 형용사의 복합어, E 518)은 "기억-은폐memory-screen"로 번역되어 있으나, 보다 익숙한 용어로 정확히 말하면 '은폐-기억'이다; *rosière*가 *rosée*(E 502)와 혼동되어 "이슬"로 번역되지만 사실 *rosière*는 '처녀' 또는 '정숙한 아가씨'를 뜻한다; 영어의 'physician'과 프랑스어의 *physicien*이 동일한 단어로 간주되어 "les méfaits [……] du [……] physicien"(E 217)이 "의사의 [……] 실수"로 번역되지만, 이를 제대로 번역하면 "물리학자의 범죄들"이 되며 이것은 아마도 원자폭탄이라는 형태의 반인륜적 범죄를 뜻할 것이다; 번역자가 병치관계를 간과한 재미있는 사례로 "Le plaisir donc, de la volonté là-bas rival qui stimule, n'est plus ici que ……"(E 773)라는 문장에서 *là-bas*는 마치 생식기를 암시하는 듯 "거기down there"로 번역 되었는데, 사실 여기서 *ici*는 마르키 드 사드Marquis de Sade의 체계를 가리키며, *là-bas*는 사드의 체계와 병치관계에 있는 칸트의 체계를 뜻한다. 그러므로 올바른 번역은 "그러므로 칸트의 이론에서 자극을 전달하는 쾌락은 의지와 겨루는 것이지만, 사드의 체계에서는 ……에 지나지 않는다"라고 할 수 있다.

이러한 부정확한 사례들은―나는 문법적으로 보다 복잡한 라캉의 글이 어떤 방식으로 해석되었는가에 대해서는 전혀 언급하지 않았다―비록 재미있기는 하지만, 라캉이 매우 난해한 이론가임을 각인시키는 데 공헌하였으며, 이 때문에 열성적인 독자들조차도 그의 난해한 이론들을 이해할 수 없었다. 나는 독자들이 필자의 새로운 번역인 『에크리: 선집』(2002)과 조만간 출판되는[1] 『에크리』 완역을 통해 초기에

---

[1] 2006년 1월 브루스 핑크의 『에크리』 완역이 출간되었다(옮긴이 주).

라캉을 번역한 번역가들이 사실은 라캉 자신보다 더욱 애매하고 난해하다고 해도 과언이 아니라는 사실을 알게 되기 바란다.

본 저서에 수록된 해설은 임상적 성향이 다분한 독해이며, 특히 『에크리』에 실려 있는 「치료의 방향과 권력에 관한 원칙」과 그 외의 텍스트들이 제기하는 임상적 논점들에 초점이 맞추어져 있다. 그러한 임상적 논제들을 관찰할 때 텍스트의 문자letter는 결코 간과할 수 없는 것인데, 그 이유는 우리가 초기 번역을 수정해야만 하기 때문이다. 라캉이 분석에 대한 은유적 표현으로 브리지 게임을 언급하는 부분에서, 초기 번역은 분석가가 분석수행자analysand[2])의 손에 있는 카드를 "드러내려고 노력한다"고 번역하지만, 사실 이 부분은 "분석가가 분석수행자로 하여금" 분석수행자 자신의 손에 있는 카드를―즉 그의 무의식의 카드/내용들을―"알아맞히게 하려고$lui\ faire\ deviner$"(E 589) 노력한다는 뜻으로 번역되어야 한다. 이 두 가지 번역에 의해 뜻이 천지차이로 변하는데, 가장 큰 문제는 통제할 수 있는 세상에 관한 것이다. 이것을 작은 실수라고도 할 수 있겠지만, 이에 의해 특정 분석가들로부터 거리를 두는 라캉의 노력이 무산된다. 이 분석가들은 자신들이 지식을 가지고 있다고 믿으며, '통찰력'이라는 경이로운 능력에 의해 다른 사람의 동기를 정확히 지적하여 그것을 드러내는 능력이 있다고 생각한다. 만약 분석가가 분석수행자로 하여금 자신의 손에 있는 카드를 추측하게 만들고자 한다면, 분석가는 모든 것을 아는 주체가 아닌 대상a의 역할을 맡아야 한다.

1장에서는 정신분석 치료에 대한 라캉의 연구 중 가장 기본적인

---

[2]) 분석을 받는 사람을 뜻한다. 그러나 보다 정신분석의 과정에 충실하게 표현한다면 수동적으로 분석가에 의해 분석되는 사람이라기보다는 능동적으로 분석에 임하는 사람을 뜻하므로 피분석자보다는 '분석주체', 또는 '분석수행자'로 번역된다(옮긴이 주).

서 문

특징들을 설명하고, 라캉 자신이 맡았던 임상사례 중 한 경우를 자세히 살펴볼 것이다. 그것은 「치료의 방향」에 논의되는 강박증 사례로서, 남아있는 라캉의 사례연구 중에는 가장 긴 글이다. 또한 1장은 프로이트의 「동성애 성향을 가지게 된 한 여성의 사례"Psychogenesis of a Case of Homosexuality in a Woman"」에 언급된 젊은 여인과 프로이트 사이에서 일어나는 전이에 대해 소개하는데, 라캉은 전이에 관련된 프로이트의 입장을 비판한다.

2장은 '텍스트에 대해 논하는 것은 분석을 하는 것과 같다'는 라캉의 주장을 살펴보고, 라캉의 프로이트 독해가 프로이트 이후의 많은 분석가들의 해석과 어떻게 다르며 왜 그다지도 차이가 나는가에 대해 개괄한다. 또한 많은 분석가들이 임상과정에서 어려움을 겪게 되는 직접적인 이유는 그들이 프로이트의 이론을 배척하기 때문이라는 라캉의 주장에 대해서도 언급한다. 특히 정동에 관한 문제(라캉은 종종 정동을 간과했다는 지적을 받는다), 특정 사례연구에서 언급되는 행동화acting out 그리고 정신분석을 정신분석(화) 하고자 하는 라캉의 시도에 초점이 맞추어질 것이다.

3장은 보다 이론적인 영역으로서 「문자의 심급과 무의식의 관계, 또는 프로이트 이후의 이성"The Instance of the Letter in the Unconscious, or Reason since Freud"」에 대한 자세한 독해를 제시한다. 이 부분에서 나는 라캉이 말하는 '문자'의 의미를 '기표'와 대조하며 설명할 것이다. 나는 텍스트의 처음 몇 장에 나타나는 독특한 수사학적 불명료함을 라캉의 보다 개괄적인 수사학적 전략에 비추어 살펴볼 것이며, 대략 이 시기 이후에 집필된 대부분의 논문들이 (적어도 어떤 측면에서는) 독자들을 훈련시키기 위하여 계획된 분석수행자의 담론으로 이해될 수 있다고 주장할 것이다. 라캉은 자신의 글을 통해 새로운 청중들을 만들어내고자 노력한 듯하다. 그들은 비평가 겸 분석가라는 새로운 부류로서 분석수행자의 담론과 문학 텍스트를 모두 능숙하게 읽어낼 수 있는 사람들이다. 사실 많은 경우 이 두 가지는 어느 정도 서로 연관되는 경향이 있다. 말하는 사람들과 그들의 수사법이 방어기제와 연관되어 있다는 라캉의 주장을 설명함으로써 나는 가장 이론적인 논의조차도 직접적으로 임상과 관련되어 있음을 보일 것이다; 이때 라캉의 업적을 이론(언어학, 수사학, 위상학, 논리학)과 임상(정신분석 임상, 기법)으로 구분하려는 시도가 비판될 것이다.

4장은 특히 욕망의 그래프가 작동되는 방식을 중심으로 「프로이트의 무의식에 나타난 주체의 전복과 욕망의 변증법」에 대한 세밀한 독해를 제시한다. 이 그래프는 라캉이 페르디낭 드 소쉬르Fredinand de Saussure의 도식들을 '전복'시키는 과정에서 발전된 것으로서, 이 부분에서는 지식, 진실, 거세 그리고 주이상스에 대한 자세한 논의가 개진될 것이다. 4장은 또한 그래프를 통해 이론화된 정신분석 치료가 분석가들에게 부과한 과제를 살펴볼 것이다.

4장은 라캉의 이론에서 '팔루스'라는 용어가 뜻하는 바에 대해 살펴보고 있으며, 5장은 이에 대한 보다 자세한 논의를 전개하고, 6장은 이와 함께 팔루스적 기능에 대해 설명하고 있다. 5장에서는 -1의 제곱근으로 팔루스를 표시한 라캉의 공식을 설명할 것이며(이것은 앨런 소칼Alan Sokal과 장 브리크몽Jean Bricmont이 생각하는 것처럼 터무니없는 공식이 아니다), 상징계적 팔루스, 상상계적 팔루스 그리고 실재계적 팔루스의 차이를 구별할 것이다.

6장에서는 팔루스를 기표와 기의 사이의 경계선으로 정의하는 이유를 살펴볼 것이다. 팔루스적 주이상스의 불완전함fallibility과 다른 주이상스의 완전무결함infallibility이라는 라캉의 구분에 따라 6장은 팔루스

서 문

에 내재된 불완전함을 강조할 것이다. 또한 라캉의 세미나 XX, 『앙코르: 여성의 섹슈얼리티에 관하여』에 대한 세밀한 독해를 통해 지식과 주이상스의 관계를 살펴보고, 사랑에 대해 말하는 방식 '그 자체가 주이상스'라는 주장과 라캉이 '영혼사랑soulove[3]'이라고 부른 사랑에 대해 생각해볼 것이다.

본 저서는 라캉이 위의 텍스트들에서 언급한 개념들이 후기에 어떻게 변화하는가를 지적하는 데 초점을 맞추기보다는—라캉이 자신의 관점을 어떻게 수정하였는가를 제시하기보다는—각 단계에 나타나는 그의 이론적, 임상적 연구들을 독립적으로 살펴본다. 이 책에서 나는 "기표 아래에서 미끄러지는sliding 기의"(E 502)와 같이 특히 잘못 이해되는 경향이 많은 문구들과 "자아는 욕망의 환유다"(E 640)처럼 자주 간과되어 온 표현들을 제대로 해석하고 알리는 데 많은 시간을 할애하였다.

본 저서의 각 논문들은 대부분 필자가 1997년과 2000년 사이에 『에크리』를 다시 번역하며 쓰게 된 글들이다. 1장은 리처드 심슨Richard Simpson과 레리 라이언스Larry Lyons의 초청으로 2000년 4월, 토론토 정신분석 협회와 워크숍을 하게 되었을 때 준비한 논문이다. 2장은 2000년 2월에 네덜란드의 네이메겐 천주교 대학에서 열린 라캉과 앵글로색슨 전통 학회에서 기조 강연으로 발표한 논문이다. 3장은 앨리시아 아레나스Alicia Arenas의 초청으로 마이애미에서 LOGOS 정신분석 단체와 워크숍을 하게 되었을 때 준비하였으며, 그 후 2000년 5월 에모리 대학 정신분석학과의 후원으로 개최된 정신분석 연맹의 제2회 연례회의에서 기조 강연으로 발표되었다. 4장의 초고는 1998년 3월 SUNY 버펄로에서 정신분석 및 문화연구 센터의 지원으로 강연하였으며, 1998년 8월에

---

[3] 라캉은 세미나 XX에서 âme를 동사로 사용한다. 영어로는 soulove로 번역되며 이는 'soul/âme' 과 'love/aimer'의 합성어이다(옮긴이 주).

는 샌프란시스코 라캉 학회의 초청으로 샌프란시스코의 캘리포니아 대학 의학부에서 강연하였다. 5장은 학술지에서 소칼과 브리크몽의 『지적 사기*Fashionable Nonsense*』에 대한 응답을 중심으로 특별호를 기획하였을 때 집필되었으나 그러한 잡지의 구상은 이후 무산되었다. 6장은 1998년 브리앵클 장Briankle Chang의 초청으로 매사추세츠 대학의 커뮤니케이션 학과에서 발표되었다.

1. 「치료의 방향"The Direction of the Treatment"」에 나타난 라캉의 기법

> 사람들은 보통 따르지도 않을 충고를 요청한다. 만약 그들이 그러한 충고를 따른다면 그것은 이후에 충고해 준 사람을 탓하기 위해서이다.
>
> —알렉상드르 뒤마, 『삼총사』

　라캉의 다른 주요 논문들과 마찬가지로 「치료의 방향과 권력에 관한 원칙」에서도 라캉은 논쟁의 중심에서 자신의 견해를 밝히고 있다. 그 시대의 서로 다른 정신분석 학회들과 임상의들 그리고 이론가들은 분석가의 수련을 위한 적절한 방식과 프로이트의 업적의 적합성에 대하여 논쟁을 벌여왔다. 「치료의 방향」이 나오게 된 가장 직접적인 배경은 프랑스에서 가장 명성 높은 출판사 중 하나인 프랑스 대학 출판사Presses Universitaires de France에서 1956년 출판된 『오늘날의 정신분석La psychanalyse d'aujourd'hui』이라는 단행본이라고 할 수 있다. 세미나 IV의 첫 장에 언급된 라캉의 이 책에 대한 논의에서도 확인할 수 있듯이 라캉은 이 단행본을 일종의 직접적인 모욕으로 간주했다. 이 책은 어니스트 존스Ernest Jones의 서문으로 시작되는데, 이것은 국제 정신분석 협회IPA의 승인을 인가하는 행위로 볼 수 있다. 또한 편집은 파리 정신분석 학회 소속이자 라캉의 동료인 사샤 나흐트Sacha Nacht가 맡았다. 필진 역시 나흐트, 모리스 부베Maurice Bouvet 외 라캉의 동료들로 구성되었는

데, 이 책에 대해 라캉은 다음과 같이 말한다:

> 내가 [본 논문에서 이 책에 대해] 언급하는 이유는 이 책이 격 낮은 단순함으로 정신분석 내의 치료의 방향과 권력에 대한 원칙을 손상시키는 경향이 있기 때문이다. 의심할 여지없이, 정신분석의 영역 밖에 있는 사람들에게 유포될 목적으로 구상된 이 책은 정신분석 내에서는 장애로 간주된다. 그러므로 나는 어떠한 과학적 기여도 하지 못한 이 책의 저자들의 이름은 언급하지 않을 생각이다(E 643).

과연 라캉다운 말이다. 그는 적어도 독자가 라캉 자신과 비교해줄 만한 가치 있는 적수들의 이름만을 언급한다. 그와 동급이 아닌 적들에 대해서는 이름도 언급하지 않고 무자비하게 비판하는데, 이 때문에 그들은 더욱 효율적으로 독자의 기억에서 사라진다.

나는 잠시 후 이름 없는 저자들의 시각을 살펴볼 것이다. 그러나 이에 앞서 지적해야 할 사실은 보다 넓은 의미에서 라캉의 논문의 배경이 되는 것은 당시 정신분석의 흐름 자체였으며, 이 논문의 참고문헌에는 안나 프로이트Anna Freud, 에른스트 크리스Ernst Kris, 루돌프 뢰벤슈타인Rudolf Loewenstein, 하인즈 하르트만Heinz Hartmann, 엘라 샤프Ella Sharpe, 멜리타 슈미드베르그Melitta Schmideberg 그리고 위니콧D. W. Winnicott 등 당대의 거물들이 다수 포함되어 있다는 점이다.

그러므로 라캉에게 이 논문은 중요한 '성명서'라고 할 수 있다. 라캉은 이 논문에서 치료에 관한 제반 문제들에 대해 자신의 견해를 표명하며, 대부분의 동료 분석가와 반대되는 입장을 취한다. 이것은 사실 자신의 기존 입장 몇 가지를 바꾸는 것이기도 한데, 예를 들어 1950년에

1. 「치료의 방향」에 나타난 라캉의 기법

라캉은 분석가들의 의학수련을 지지했지만 이 논문에서 그는 의학이라는 단어를 한 번도 사용하지 않았다. 대신 그는 분석가가 반드시 *lettré*, 즉 문인a man of letters이어야만 한다고 제안한다. 이 논문은 라캉의 출판된 논문들 중 유일하게 「국제 정신분석학 저널」의 논문작성규정에 따라 괄호 안에 숫자를 표기하고 있는데, 이로써 우리는 라캉이 이 논문에 관한 한 특별히 더욱 많은 국제 정신분석 협회IPA의 독자들을 소구대상으로 삼고자 하였음을 짐작할 수 있다. 또한 이것은 라캉의 텍스트들 중 가장 단도직입적인 어법으로 쓰인 글이다. 그 외 라캉의 다른 논문들은, 심지어 같은 시기에 쓰인 논문들조차도, 아직 확정되지 않은 미지의 독자들을 위해 집필된 것처럼 보인다. 아마도 그 논문들은 후세의 독자를 위해 쓴 것이거나, 분석가/철학자/문학 평론가라는 새로운 청중을 만들어내기 위한 목적으로 (또는 적어도 그러한 결과를 초래하게 되는 방식으로) 구상되었을 것이다. 반면 이 논문은 명확히 진료의practitioners들을 대상으로 집필되었으며, 장황하고 세부적인 이론적 논의는 배제되어 있다.

『오늘날의 정신분석』을 쓴 라캉의 동료들이 견지한 입장 중 가장 눈에 띄는 것은 다음과 같다. 우선 정신병, 도착증 그리고 신경증 사이에는 근본적인 차이가 거의 존재하지 않는다. 대신 각각은 유년기 대상관계의 안정성이라는 기반 위에 연속체로서 위치한다. 신경증의 경우 상당히 원만한 대상관계를 유지했고, 도착증의 경우에는 평범한 대상관계를 가졌으며, 정신병의 경우 매우 괴로운 대상관계를 거쳤음을 의미한다. 정상인이라면 완벽한 대상관계를 가졌을 것이다. 정치적공정성확립운동political correctness movement을 거쳐『정신장애 진단 및 통계 편람 제4판*Diagnostic and Statistical Manual of Mental Disorders*』(DSM IV)[1)]으로 이어지는 흐름은 정신병, 도착증 그리고 신경증 사이에 근본적이거나 구조적인 차이가 없다는 견해를 선호하는 경향을 보인다. DSM IV에 의하면 정신병이 있는 사람은 그 전이나 그 이후에 정상일 수 있다. 정확히 말하자면 (아마도 2축의 '인격 장애'를 제외하고는) 구조라는 것이 존재하지 않는다.

『오늘날의 정신분석』의 필진이 유일하게 구별하고 있는 것은 '전성기 유형pregenital types'(정신병과 도착증)과 '성기 유형genital types'(신경증)이다. 물론 치료의 목표는 독자가 짐작하는 대로 전성기 유형들을 성기 유형으로 전환시키는 것이다. 그리고 분석을 시작하기 전에 이미 성기 유형이었던 운 좋은 사람들은 분석을 통하여 "그들이 예전에 성적 즐거움이라고 생각했던 것과 그들이 현재 경험하는 것 사이의 엄청난 차이를 깨닫게 된다"(55). 전성기 유형의 사람들은 약한 자아를 가지고 있는 반면 성기 유형들은 강한 자아의 소유자들이다2). 그러므로 목표는 자아를 강화하는 것이다.

자아는 이미 충분히 강화되어 있다

> 이때 치료 과정에서 판단착오를 일으킬 수 있다―예를 들어 과도하게 강화된 자아의 구조에 의해 초래된 신경증의 경우, 자아를 강화하려고 노력하는 것은 치료를 교착상태로 몰고 가게 될 뿐이다.
>
> ―라캉,「말과 언어의 기능과 영역」

1950년대에 라캉은 **많은 경우 자아가 이미 충분히 강화되어 있는 상태**라는 생각을 하게 된다; 라캉은「정신분석의 가르침"Psychoanalysis and Its Teaching"」에서 자아는 결코 약하지 않다고 말한다(E 453). 자아는

1. 「치료의 방향」에 나타난 라캉의 기법

너무나 강하고 경직되어 있기 때문에 신경증 환자의 성적·공격적 충동이 마음 속 자신의 모습에 부합하지 않을 때면 항상 억압이 일어나고 억압된 것들은 증상으로 되돌아오게 된다. 만약 신경증 환자의 자아가 그러한 충동들을 몰아낼 만큼 강하지 않았다면 애초에 증상이라는 것이 나타나지도 않았을 것이다.

그러므로 신경증 환자의 자아가 분석가의 자아보다 약하다고 말할 수는 없으며, 분석수행자가 분석가의 강한 자아를 모형으로 삼아 자신의 자아를 강화하는 것이 목표일 수는 없다(E 425). 사실 우리는 분석의 목적이 자아의 고정되고 경직된 성향을 약하게 만드는 것이라고 할 수 있다. 그 이유는 바로 그러한 경직성이 너무나 많은 것들을 우리의 마음으로부터 추방하는 원인이기 때문이다(E 826); "과도하게 강화된 구조"가 지나친 억압을 초래하는 것이다(E 250, 주1). 신경증 환자들이 더 이상 지나칠 정도로 억압기제를 작동하지 않아도 되게 만들기 위해서 우리는 자아-이상을 약화시키는 것을 목표로 삼아야 한다. 분석 이전에 무의식 속으로 추방되거나 무의식 속에 남아있어야만 했던 것들이 분석 후에는 의식적인 것이 되며, 이들은 더 이상 배제되어야 하는 부적절하거나 불미스러운 것으로 간주되지 않는다. 분석 과정이란 무의식을 완전히 분석하거나 전적으로 설명해내는 것이 아니며, 그보다는 충동(이드), 자아, 초자아 사이에 새로운 관계를 형성하여 미래에 억압이 일어나지 않도록 만드는 과정이다.

논의를 지나치게 진전시키는 경향이 있는 듯하지만, 두 가지 사항만은 짚고 넘어가고자 한다:

- 라캉은 명백히 프로이트의 후기 저서들보다는 초기 저서들에 나타난 면모들을 더욱 선호하며, 그러므로 프로이트의 두 번째

위상학을 전적으로 반기지는 않는다. 사실 후기 위상학—이드, 자아, 초자아—으로부터 자아심리학이라는 흐름이 시작되었다고 볼 수 있다. 프로이트의 사후에 출판된 『정신분석학 개요』(1940)의 어떤 부분들은 라캉이 「치료의 방향」에서 비판한 『오늘날의 정신분석』의 한 부분처럼 보이기도 한다. 이 책에서 프로이트는 환자의 약한 자아에 대해 이야기하고 있으며 정신분석에서 자아를 강화시키는 방법을 모색하기도 한다. 그러나 프로이트는 결코 분석수행자가 분석가의 자아를 모형으로 삼아야 한다고 제안하지는 않았다. 사실 그는 환자의 본보기가 되고자 하는 모든 종류의 시도에 대해 경고하고 있다(SE XXIII, 175).[3]

• 프로이트는 때때로 자아가 이드의 충동들을 대면하여 이들을 수용할 것인가 또는 거부할 것인가를 명확히 결정해야만 한다고 주장하지만(SE XXIII, 199를 보라) 라캉은 결코 '본능의 포기'와 같은 개념을 사용하지 않으며(필자가 아는 바로는) 결코 자아가 충동을 승화시켜야 한다거나 충동을 완전히 포기해야만 한다고 제안한 적도 없다. 대신 라캉은 주체가 받아들여야만 하는 주이상스의 상실에 초점을 맞춘다. 라캉은 프로이트의 품격 있는 견해와는 달리 충동을 '저급한crude' 것으로 폄하하거나 극복되어야 하는 것으로 규정하지 않는다. 그보다 라캉은 주체 안에는 자신이 충동 자체인 심층이 있으며 분석이 종결될 때 주체는 충동에 대해 새로운 관계를 구축해야 하며(세미나 XI, 245-46/273) 충동에 대처하는 다른 방식을 배워야 한다고 제안한다.[4]

비록 라캉의 이론이, 예를 들어 자아가 신체의 외관의 투사로 정의된 부분과 같이[5] 『자아와 이드』(1923)의 특정 이론들에 부합하기도 하지

1. 「치료의 방향」에 나타난 라캉의 기법

만, 사실 자아에 대한 라캉의 논의는 프로이트의 저서들, 특히 프로이트의 후기 저작들에 언급되는 것과는 상이하다. 라캉은 다른 사람의 이론에 대해 언급하는 경우를 제외한다면 결코 자아를 세 주인들—이드, 초자아 그리고 외부 현실—사이에서 그들의 차이를 무마시키려고 노력하며 그들의 절박한 요구를 충족시키려고 애쓰는 것으로 정의하지 않는다. 이와는 반대로 우리는 「치료의 방향」에서 프로이트의 입장과 매우 다른 주장을 만나게 된다: "자아는 욕망의 환유이다"(E 640). 이 정의가 표면적으로 아무리 난해해 보인다 할지라도 (나는 3장, 「무의식의 위상학」이라는 소제목으로 이에 대해 더욱 자세히 설명할 것이다) 분석 과정에서 자아가 맡은 역할에 대한 라캉의 견해가 동시대의 분석가들의 시각과 판이하게 다르다는 것은 명백하다. 그들의 업적은 일반적으로 프로이트의 후기 이론에 대한—안나 프로이트의 해석이라고도 할 수 있는—특정 해석을 이론적 근거로 삼고 있다(2장을 보라).

분석은 이자관계dyadic relationship가 아니다

이제 프로이트의 후기 업적에 대한 그러한 해석이 프랑스에 있는 라캉의 동료들에 의해 어떤 방식으로 받아들여졌는가를 살펴보자. 앞에서 언급한 『오늘날의 정신분석』에서 나흐트는 정신분석을 두 사람의 관계—즉 단 두 사람만을 포함하는 관계—로 설명할 수 있다고 제안한다. 이 논문의 시작부분에서도 언급되듯이(이후로 나는 독자가 필자와 더불어 「치료의 방향」을 정독하고 있다고 전제할 것이다) 나흐트와는 반대로 라캉은 분석에는 항상 적어도 네 측면이 관여하고 있다는 점을 명확히 한다. 네 측면이란 자아로서의 분석가, 더미dummy(또는 죽은 사람, 즉 대문자 O로 표기하는 타자(Other)로서의 분석가, 자아로서의 분석수행자 그리고 무의식의 주체로서의 분석수행자(E 589; <표 1.1>을 보라)를 말한다.

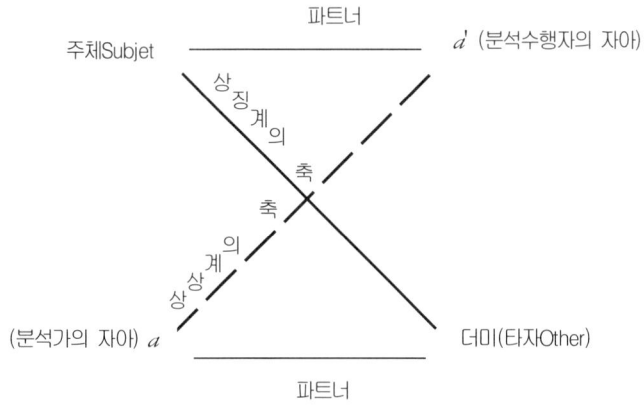

<표 1.1> 단순화된 L 도식 I

그러므로 분석이란 반드시 네 명의 서로 다른 참여자들이 있어야만 할 수 있는 게임인데, 라캉은 이것을 브리지 게임과 비교하며 L 도식으로 설명한다.6) 자아로서의 분석가는 더미 (또는 언어로서의 타자Other)라는 파트너를 가졌으며 자아로서의 분석수행자 또한 어떤 카드를 들고 있는가를 짐작할 수 없는 자신의 무의식이라는 파트너를 가진다. 분석가의 목표는 자아로서의 분석수행자로 하여금 자신의 파트너가 가지고 있는 카드를 알아맞히게 만드는 것이다―즉 자신 안의 무의식적인 것을 추측하게 만드는 것이다.7) (E 590에 언급된 "4분할quadripartition" 그리고 E 591에 사용된 "설정된 비딩the distribution of responses"과 같은

24

1. 「치료의 방향」에 나타난 라캉의 기법

말을 보면 라캉이 L 도식에서 분석의 브리지 게임에 대해 언급하고 있다는 사실이 분명해진다).

라캉은 분석과정에서 분석가는 언제나 동일한 위치에서 해석을 해야 한다고 주장한다: 그것은 타자Other, 또는 더미라는 위치이다. 분석가는 전이를 해석할 때조차도, 다시 말하면 분석수행자가 분석가에게 투사한 어떤 것을 해석할 때에도, 자신만의 개성과 자아를 가진, 살아 숨 쉬고 있는 실제 인간이 하는 해석이 아닌 (물론 이것이 분석과정에서 분석가의 유일한 위치인 경우가 아닐 때를 말하는 것이며, 이 상황에 대해서는 잠시 후 살펴볼 것이다), 마치 전이적 상황에서 자신이 **맡게 된** 인물이 말하는 것처럼 보일 수 있어야 한다(E 591). 전이를 해석한 후 분석가가 전이 속에서 분석수행자에 의해 배치된 위치로부터 물러나 더욱 진실한 자신의 모습으로 분석관계를 수립할 수 있는 것은 아니다.

라캉은 몇 가지 이유를 제시하며 분석가들에게 전이의 해석을 기피할 것을 권고하는데, 무엇보다도 라캉이 명확히 하는 부분은 전이의 해석을 통해서는 결코 전이 **바깥**의 초월적 위치metaposition를 점유하게 되지 않는다는 점이다. 우리는 그 밖으로 벗어날 수 없다. 라캉이 세미나 XV(1967년 11월 29일)에서 말하듯이 "전이의 전이는 존재하지 않는다": 타자Other의 타자Other가 존재하지 않는 것과 마찬가지로—즉 언어에 의존하지 않고 언어의 외부에서 총체적으로 언어라는 것에 대해 이야기할 수 있는 방법은 존재하지 않는다—분석가가 전이의 상황을 완전히 벗어나는 것은 불가능하며, 분석수행자를 전이의 밖으로 초대하여 함께 전이의 과정에서 일어난 일에 대해 논의하는 것 역시 불가능한 일이다.[8] 우리는 이러한 방식으로는 결코 전이에서 벗어날 수 없다; 전이는 사라지는 대신 단순히 대상을 바꾸게 될 뿐이다. 우리는 이 변화를 어떻게 설명할 수 있을까?

　분석수행자가 우리와 함께 전이를 벗어나 그 밖으로 나올 수 있도록 이끌고자 시도하는 것(이것은 오늘날 '정신역동psycho-dynamic' 치료의 다양한 방식에서 중심에 배치된다)은 분석수행자로 하여금 '자기-관찰'을 하게 만드는데, 다시 말하면 환자의 행동과 정동에 대해 논평하고 비판하는 관찰적인 자아가 발달하는 것이다. 관찰하는 자아는 치료과정에서 동일한 방식으로 환자를 관찰하는 분석가를 모델로 삼는다. 그러한 치료 방식은 환자가 치료의 종결 시에 "나는 나 자신을 훨씬 잘 압니다. 그러나 나는 여전히 똑같이 행동합니다"라는 자주 반복되는 불평을 토로하도록 만들 뿐만 아니라(이때 주체의 변형이라는 대가를 치르고 '지식'이 획득된다) 분석수행자가 다른 사람, 즉 자신의 분석가처럼(분석가와 동일시하게) 되도록 유도함으로써 그/그녀를 더욱 소외시킨다. 분석가는 자기 자신만의 개인적인 이상과 가치 그리고 비판을 통해, 간단히 말하자면 자신의 개성을 가지고 특정 시각으로 환자를 관찰한다. 전이는 사라지기는커녕 단순히 분석수행자 자신과 같은 타자(분신alter ego, 또는 '닮은꼴semblable[9]')를 향하게 되는데, 단 여기서 타자란 분석을 시작하기 전의 분석수행자보다 오히려 훨씬 더 객관적인 시각으로 분석수행자를 관찰한다.

　그러므로 이것은 상징적 축에 위치된 전이와는 반대로 상상계의 축에 위치된 전이의 형태를 띠게 되는데(우리는 곧 이에 대해 살펴볼 것이다) 전자는 타자Other와 관련된 전이로서 분석수행자는 타자가 자신의 행동방식에 대한 지식을 가지고 있는 것으로 추정하며 이 지식은 자신이 접근할 수 없는 것으로 간주된다. 상상계적인 전이의 중심에는 분석수행자를 특정 방식으로 **이해하고 판단하는** 분석가가 있다. 환자와 마찬가지로 분석가도 자기 자신의 가치, 믿음, 감정 그리고

1. 「치료의 방향」에 나타난 라캉의 기법

후회들을 근거로 분석수행자에 대해 찬성하거나 비판한다. 그러므로 상상계적인 전이와 관련된 분석가는 마치 자신의 개성을 가진 한 사람의 개인과 같은 존재로서 안정된 사람이거나 그렇지 않을 수도 있고, 자신의 약점과 버릇을 가졌으며, 통찰력을 가졌거나 분별력이 없을 수도 있다.

상징계적인 전이는 이와는 전혀 다른 것이다. 그것은 분석가가 듣는 것—즉 분석수행자의 담론을 통해 분석가가 듣게 되는 것—을 중심으로 진행된다. 그러한 상징계적인 위치에서 분석가는 자신의 개성(가치, 믿음, 감정, 후회, 약점, 버릇, 통찰, 맹목)이 아니라 타자Other를 근거로 분석하기 위해 노력한다. 우리는 이에 대해 자세히 살펴볼 것이다.

'전이의 전이는 없다'라는 말은 아무리 '안정되고' 공명정대한 분석가라 할지라도 이러한 방식으로 분석을 한다면 (분석수행자의 관찰적인 자아를 발달시키고 강화시키는 데 주력한다면) 분석수행자가 자신도 모르게 실행하는 투사projection로부터 자유로울 수 없다는 말이다. 분석가가 감정에 지배되지 않는 어조를 채택하여 분석수행자에게 말을 하는 경우, 만일 지나치게 비판적이라는 이유로 분석가가 비난을 받게 된다면 그것은 사실 분석수행자의 아버지에 대한 이야기였음이 밝혀질 수도 있다. 이 부분에서는 상징계적인 차원이 드러나고 있는데, 이와 같이 전이를 제거하고자 하는 모든 노력에도 불구하고 전이는 다른 차원으로 지속된다. 분석수행자는 분석가가 마치 자신이 분석가에게 **부여한**imputes 역할로부터 말을 하고 있는 것처럼 느끼게 되는데, 분석가 자신은 그렇게 느끼지 못한다 할지라도, 그리고 그것이 분석가가 점유하려고 노력하는 위치가 아니라 하더라도 마찬가지의 현상이 일어난다. 분석수행자가 분석가에게 **맡긴** 역할은 자아로서의 분석가가 아니라 타자Other로서의 분석가이다(부모 또는 문화의 이상과 가치를 대변하는 사람, 권위적 인물들이나 판사를 그 예로 들 수 있다).

그러므로 분석수행자에게 해석을 들려줄 때 분석가가 '중립적인' 자아의 역할을 맡기 위해 의도적으로 노력한다 하더라도 분석수행자는 분석가의 말이 다른Other 장소로부터 들리는 것으로 인식하며 또한 분석가가 **분석수행자의 자아 너머에 있는 내부의 어떤 것에 대해 이야기 하고 있다**고 느끼게 되는데 이 어떤 것이란 분석수행자가 치료과정에 참여할 때 맡게 되는 '협조적인' 자아의 역할 너머에 존재한다 (<표 1.2>를 보라).

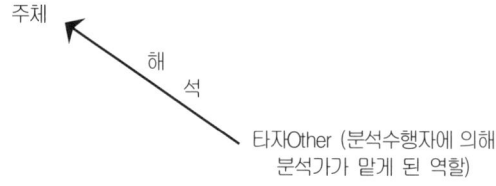

<표 1.2> L 도식에 나타난 해석

라캉의 입장은 무엇보다도 분석가가 자신의 자아나 개성을 근거로 해석을 하려고 해서는 안 된다는 것인데(왜 궁극적으로 다른 사람이 아닌 자신의 자아와 개성을 따라야 하는가?) 그 이유는 (1)그러한 경우, 분석수행자가 자신의 무의식을 드러내는 것을 돕는 것이 아니라 관찰하는 자아의 역할을 하는 분석가와 동일시하도록 유도하여 주체의 고립을 지속시키게 되며 또한 (2)상징적 전이라는 다루기 어렵고 제어할 수 없는 형태를 제거하고자 하는 시도는 적어도 부분적으로는 결국 실패할 수밖에 없기 때문이다.

라캉은 분석가들이 타자Other의 위치에서 해석을 해야 한다는 말과

1. 「치료의 방향」에 나타난 라캉의 기법

타자의 위치를 점유해야 한다는 말의 뜻을 그 동안 이해하지 못하고 있었다고 주장하며, 아마도 이 때문에 그들은 그 대신 자아의 위치로 물러날 수밖에 없었을 것이라고 말한다. 자아의 위치에 있는 분석가들이란 자신의 개성을 가진 사람들이며, 짐작컨대 현실성이 있는 사람들이다. 라캉의 말대로 이러한 경우 분석가들은 "분석수행자와의 관계에서 '나, me'의 차원"이 되는데(E591)—다시 말하면 "내 생각에 당신은 고의적으로 내게 해를 입히고자 하는 것 같아요." 또는 "**내가**I 보기에 당신은 내가 일전에 한 말 때문에 **나한테**me 화가 나있어요."라고 말하게 되는 차원이다—이것은 상상계적 관계의 차원이라고 할 수 있다(<표 1.3>을 보라).

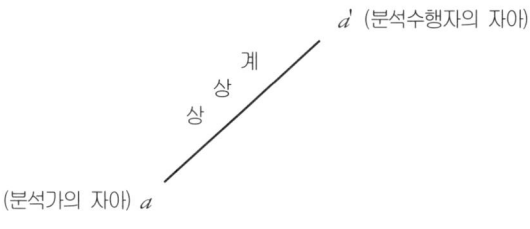

<표 1.3> 자아 대 자아(두 사람 관계) 도식

신경증을 가진 분석수행자가—의도적으로든 그렇지 않든—분석가를 타자Other의 위치에 놓으려고 계속하여 노력한다 하더라도 어떤 분석가들은 모든 것이 다시 자신들을 향하게 만듦으로써 상징계적 전이를 상상계적인 차원으로 붕괴시킨다. 그러한 분석가들은 '자아의 건강한 부분'(물론 이것은 관찰하는 자아이다)에 호소하는데, 라캉은 이것을 비꼬는 듯한 표현으로 "우리처럼 생각하는 부분the part that thinks like us"(E 591)이라고 부른다. 그들은 환자가 자아의 일부분을 분석가의 자아를 모형으로 구성하도록 유도하는데 라캉은 이러한 행위를

혹독히 비판한다. 이때 분석가들은 자기-복제라는 자기애적 기획에 참여하고 있는 것이며, 자신의 형상대로 새로운 분석가들을 만듦으로써 자신들의 클론을 생산하는 것이다. 라캉에 의하면 "해석을 할 때 분석가는 누구/무엇인가?"라는 질문에 대해(이것은 라캉이 "누가 말하고 있는가?"라는 질문에 상응하는 '변형된 질문'이라고 지칭하는 것이다) 그러한 분석가들이 제시하는 유일한 대답은 "나me(moi)" 즉 자아이다―다시 말하면 그들은 자신의 개성을 가지고 해석한다(E 592).

더 나아가 라캉은 그러한 분석가들이 분석하는 방식에서 해석은 논외의 대상이 된다고 말한다, 대신 그들은 단순히 분석수행자가 자신들의 방식대로 현실을 보게 만들기 위해 노력하고 있다는 것이다. 해석을 하는 대신 그들은 통찰력을 보여주며, 분석수행자가 대면하기를 원치 않는 현실을 들이대고 조언들을 제시한다. 라캉에 의하면 프로이트가 제시한 해석은 현대의 분석가들이 제시하는 해석보다 성공적이었다. 예를 들어 쥐인간의 사례에서 프로이트는 주변 이야기로 주위를 환기시키며 쥐인간의 과거에 일어났을 것이라고 **추정되는** 사건에 대해 언급하는데 그러한 추측은 *hic et nunc*(여기 그리고 지금) 일어나고 있는 전이의 상황과 근본적으로 관련된 것이 아니며 쥐인간의 인생을 구성하는 보다 넓은 상징계적 틀에 근거한 것이다. 라캉은 프로이트가 자신을 타자Other로서 위치시키고 그 자리에서 해석하는 법을 알고 있었다고 주장하며 이로부터 그 자리가 어떠한 방식으로 *un mort*, 즉 죽은 사람 또는 더미에 의해 점유되는가를 설명한 자신의 이론이 나올 수 있었다고 말한다.

타자Other의 위치를 점유한다는 말의 의미는 무엇일까? 브리지 게임의 은유에 대해 다시 생각해보자(E 598). 브리지에서는 비딩을 하여 더미가 밝혀진 후, 더미(또는 타자)는 다른 사람들이 모두 볼 수 있도록

1. 「치료의 방향」에 나타난 라캉의 기법

자신의 카드를 펼쳐놓고 게임을 한다. 타자Other에 대해서는 짐작할 것이 아무것도 없다고 할 수 있다. 펼쳐진 카드와 같이 분석수행자와 분석가가 한 말들은 어떤 의미에서 공개된 지식public knowledge이 된다. 분석수행자가 한 말이 가지고 있는 다의성 또는 그/그녀의 말실수에 나타난 의미는 이미 타자 안에 있다. 분석실 안에 있던 사람이 아니더라도 동일한 방식으로 사용되는 이중 의미를 알고 있을 수 있으며, 또는 단순히 녹음을 듣거나 녹취록을 읽음으로써 어떤 말실수들의 의미를 추측해낼 수 있을지도 모른다. 타자에게 **숨겨진** 것이란 없다.

라캉이 세미나 I에서 제시하는 예로써 알 수 있듯이(221-22/196-98) 타자는 코란의 법과 같이 추상적인 면을 가지고 있다. 라캉이 언급한 사례에서 환자는 손과 관련된 몇 가지 증상들을 가지고 있었는데, 그는 다른 분석가와의 성공적이지 못한 분석을 거친 후 라캉을 찾아오게 된다. 환자가 태어난 북아프리카 지역에서 코란은 가장 중요한 것이었는데, 코란에 도둑은 손을 잘라야 한다고 명시되어 있다. 그리고 분석수행자의 가족사를 보면 그의 아버지가 도둑으로 지목된 적이 있는데, 그러한 비난에 의해 환자의 아버지는 직장을 잃었다. 성인이 된 환자가 거주하는 프랑스에서는 코란의 법이 효력을 발휘하지 못함에도 불구하고 코란의 법은 여전히 그의 사회적, 문화적, 종교적 배경의 일부로 작용하고 있었다. 환자 자신도 모르게 코란의 법은 그의 무의식에 씌어진 ('각인된') 채 환자의 인생에서 특정 역할을 맡고 있었던 것이다. 그의 무의식 속에 있는 이러한 부분은 어떤 의미로는 모든 사람에게 해당하는 것이라고 볼 수 있다. 즉 타자를 법의 자리로 정의할 때, 그러한 법은 사실상 특정 문화권의 모든 사람들에게 알려진 것이다. 이러한 의미에서 타자는 현존하는 상징계의 코드에 관련되며 또한 언어의 단어와 구문 사이의 상관관계에 연관된다.

분석가들이 분석수행자의 배경 중 상당 부분에 대해 무지하다면 분석가들은 분석상황을 제대로 이해할 수 없을 것이다. 분석가들은 항상 분석수행자의 문화와 모국어에 대하여 더 많은 것을 배우려고 노력해야 한다. 만약 그들이 그러한 노력을 하지 않는다면 그들은 자신들이 가진 "부적절한 정보"를—즉 이는 역전이countertransference의 일면으로서, 라캉은 이것을 "변증법적 과정의 매 순간 나타날 수 있는 분석가의 편견, 정열, 난점 및 자신의 부적절한 정보의 총합"으로 정의한다(E 225)—분석과정에 개입시키게 된다. 예를 들어 북아프리카에서 태어난 환자를 라캉 이전에 치료했던 분석가는 단순히 분석에 관한 기존의 지식을 환자의 손에 관한 증상에 적용하여 자위와 이에 관련된 금지로써 증상들을 설명하려 했다. 거듭 강조하였듯이 타자에 대한 외면은 분석가를 잘못된 방향으로 이끌게 된다(타자를 정신분석 이론 그 자체로 간주해서는 안 된다).

타자는 분석가들이 자신들을 위치시켜야 하는 차원이다. 적절한 언어학적 분석수련을 거친 사람이라면 누구나 말실수에 귀를 기울일 수 있으며, 관용표현이나 이중의미를 감지하여 이해할 수도 있다. 말실수를 이해하는 것은 분석가의 개성과는 무관한 것이다. 그것은 분석수행자에 의해 분석가가 한 사람의 인간으로서 어떻게 받아들여지며 어떻게 간주되는가를—좋은 대상인가 아니면 나쁜 대상인가, 가혹한 부모의 형상인가 아니면 사랑이 넘치는 부모의 모습인가 등을—고려하는 것이 아니며 그보다는 상징계적 위치를 채택하고 그 자리에서 듣는 것이다. 다른 말로 바꾸어 말하자면 분석가의 자아 또는 개성의 위치에서가 아니라 타자라는 보다 효율적인 위치에서 듣는 것이다.

라캉은 바로 이것이 분석가의 가장 중요한 **전략**이라고 설명한다. 라캉에 의하면 분석가는 네 번째 참여자(분석수행자의 무의식)의

1. 「치료의 방향」에 나타난 라캉의 기법

전·후에 자신의 차례가 돌아오는 방식으로 분석의 브리지 게임을 하고 있다. 이 때문에 분석가들은 다소 자유롭게 **전술**을 구사할 수 있으며, 그러므로 전체적인 분석 전략에서보다 전술과 관련하여 더 많은 자유가 주어진다고 할 수 있다(E 589). 두 가지 가능성들이 <표 1.4>와 <표 1.5>에 제시되어 있다. 직선은 두 쌍의 참여자들을 연결시키고 있으며 화살표는 게임의 차례가 돌아가는 방향을 의미한다.

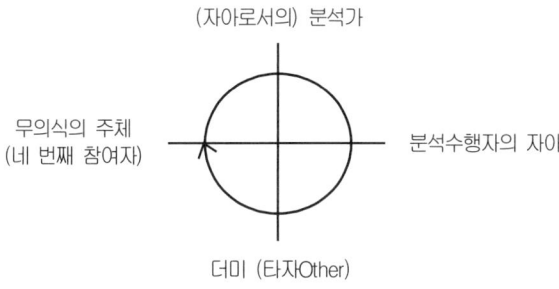

<표 1.4> 분석에서의 브리지 전술 I: 더미가 주체보다 먼저 게임을 한다

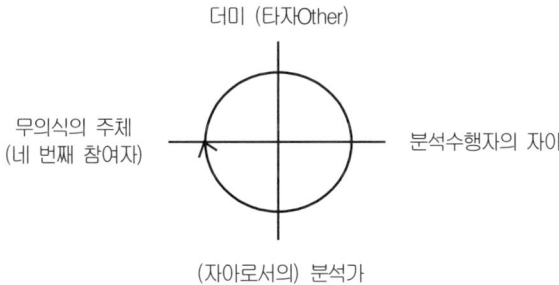

<표 1.5> 분석에서의 브리지 전술 II: 더미가 주체 다음 차례에 게임을 한다

서로 다른 전술들이 구체적으로 어떻게 나타날까? 아마도 전자(<표 1.4>)는 분석가가 타자에 근거하여 어떤 말을 하는 경우로서—즉 분석가는 그 언어를 사용하는 사람이라면 누구나 알아차릴 수 있는, 두 가지 이상의 뜻을 가졌으며 기억을 환기시킬 수 있고 신탁과 같이 모호하기도 한 말들을 하는데—그것이 자연스럽게 연상으로 연결되든 아니면 다른 생각이나 꿈으로 이어지든, 분석가는 자신의 말이 분석수행자의 무의식에 어떤 영향을 주었는가를 지켜본다. 후자의 경우(<표 1.5>)에 분석가는 분석수행자가 의도하지 않은 상태에서 다의적인 말을 하게 될 때까지 기다린 후, 그 뒤에 타자가 게임에 참여하도록 만든다. 예를 들어 분석가는 분석수행자의 말 중 하나 이상을 반복하여 이중, 삼중의 의미를 증폭시킬 수 있다. 두 경우 모두 분석가가 일괄적으로 구사하는 전략은 동일하다. 분석 상황에서 자신을 자아가 아닌 타자로서 위치시키는 것이다. 그리고 이것은 결코 완벽하게 이루어질 수 없는 이상이므로 분석가는 반드시 타자의 위치를 점유할 수 있는 가능성에 자아가 걸림돌이 되지 않도록 만들기 위해 최선의 노력을 기울여야 한다.

왜 분석가는 자신의 존재로서 분석에 임해서는 안 되는 것인가: 마가렛 리틀Margaret Little의 해석에 관하여

> 분석가를 양성한다는 것은 자아가 없는 주체가 만들어진다는 것을 뜻한다. 물론 이것은 분석의 이상이며 잠정적인 목표로서 설정될 뿐이다. 자아가 없는 주체—완전히 이상적인 주체—란 존재하지 않는다. 그러나 이것은 분석가가 분석에서 목표로 삼아야 하는 주체의 모습이다.[10]
> —라캉, 세미나 II

1. 「치료의 방향」에 나타난 라캉의 기법

앞에서 '개성'에 대하여 언급하였는데—보다 구체적으로 타자의 위치에서 해석하는 것과 자신의 개성에 근거하여 해석하는 것의 차이에 대하여 논의하였다—이제 그러한 논의를 라캉이 본 장에서 '존재'라고 부르는 것과 연관 지어 살펴보자.

「치료의 방향」 I.3 (E 587)에서 라캉은 프로이트가『꿈의 해석』을 통해 사용한 표현인 "Kern unseres Wesens"(SE V, 603)를 인용하는데 제임스 스트라치는 이 표현을 "우리 존재의 중핵the core of our being"[11]이라고 번역했다. 본문에서 프로이트는 우리 존재의 중핵은 "무의식적인 소원 충동들unconscious wishful impulses"로 이루어져 있다고 말한다. 무엇보다도 우리들을 특징짓는 것은 일차과정이며 이에 반해 이차과정은 수년에 걸쳐 우리의 특성을 주조하는 것으로서 일차과정을 대신하거나 제거하지는 못하며 다만 그것을 유도하거나 전환시킬 수 있을 뿐이다. 그러므로 (일차과정에 의해 운용되는) "우리 존재의 중핵"은 과거 우리의 유년시절 그리고 여전히 지속되고 있는 '원시적' 충동들로부터 기인하는 우리의 소망충동들이다.

라캉의 텍스트에서 몇 줄을 따라 내려오면 다시 "존재"가 나타나는데, 여기서 라캉은 "분석가는 자신이 하는 말보다는 자신이 누구인가를 통해 환자를 치유한다"(E 587)는 나흐트의 견해를 인용하고 있다. 나흐트의 이론에서 분석가의 존재('분석가가 어떤 사람인가')는 분석가의 개성을 뜻한다. 나흐트는 "분석가가 가진 개성의 중요성"(『오늘날의 정신분석』, 134)을 강조하며 분석가의 개성은 "가능한 조화롭고 심오하게 균형 잡혀 있어야"(135)한다고 주장한다. 그는 심지어 분석수련과정을 거친다고 해서 개인의 개성이 분석가가 되기에 적합하도록 변하지는 않는다고 말하기도 한다. "타고난 재능이 필요하다"(136). 다른 말로 바꾸면 적합한 형질로 태어나거나 그렇지 못하거나, 둘 중 하나라는 것이다. 그리고 만약 그렇지 못하다면 아무리 분석을 많이 해도 결코 적절한 분석 위치에 설 수 없을 것이다. 그러므로 나흐트는 오직 정해진 부류의 사람들만이, 그리고 특정 개성을 가진 사람들만이 분석가가 될 수 있다고 제안하는 셈이다. 그러나 그는 자신이 속한 부류를 정의하는 것에 관한 한 매우 신중해 보인다. 명백히 "이러한 문맥 속에서는 초월적인 것이 불가능하다"(E 587). 바꾸어 말하면 자신의 개성적 특성을 넘어설 수 있는 방법이 전무하며, 즉 타자Other가 제시하는 것과 같은 더욱 객관적인 위치에서 분석하는 것이 불가능하다.

나흐트의 접근방식을 라캉이 I.4에서 한 말과 비교해보자: "자신의 존재가 더욱 깊이 관여하게 될수록 분석가는 스스로의 행동에 대해 더욱 불확실하게 느끼게 된다"(E 587). 다시 말해 분석가가 자신의 개성에 이끌려 분석을 하게 되면 그는 더욱 더 자신이 하고 있는 행동을 이해하지 못하게 된다.

I.6에서 라캉은 분석가가 "존재보다는 존재의 결여want-to-be(또는 lack of being)로부터 형세를 파악하는 것이 더욱 좋다"(E 589)고 덧붙인다. 분석가가 **개성의 결여**를 통해, 즉 자신의 개성이 배경으로 밀려났을 때 남아 있는 그 자신, 즉 그때 자신이 대표하는 것—타자—을 통해 분석한다면 더욱 좋은 결과를 기대할 수 있다. 말실수와 불명료한 발음을 이해하는 것은 존재의 결여와 관련된 일이며 분석가의 존재와는 무관한 것이다. 앞에서 언급하였듯이 분석가가 말실수를 짚어낼 수 있는 이유는 자신이 주변으로 물러났기 때문이다. 즉 분석가가 분석수행자의 말을 개인적인 공격으로 받아들이지 않고, 그것이 다른 곳, 즉 다른 어떤 것 또는 다른 사람을 가리키고 있다고 이해할 수 있었기 때문이다.

특정 사례를 통해 자신의 존재 또는 개성으로 분석한다는 것이 무슨

1. 「치료의 방향」에 나타난 라캉의 기법

뜻인가에 대해 살펴보자. 라캉은 마가렛 리틀이 「역전이와 이에 대한 환자의 반응」이라는 논문에서 제시한 사례연구에 대해 언급하는데(세미나 I, 40-43/30-33), 이 사례에서 환자는 라디오 방송 중에 매우 뛰어난 연설을 하고 나서 그로부터 며칠 후 분석가를 찾는다.[12] 환자는 분석 중 눈에 띄게 불안해 보였으며 혼란스러운 듯했다. 분석가는 "환자가 자신의 명백한 성공을 분석가가 질투하게 되어 그러한 성공과 이에 따른 결과를 자기로부터 박탈할 것이라는 두려움 때문에 고통 받고 있는 것이라고 해석했다"(「역전이」, 32).[13] 여기서 분석가는 환자의 정동―불안하고 혼돈스러운 상태―이 자신과 관련된다고 주장한다: 환자는 분석가가 자신을 질투하여 이에 대한 보복을 할 수 있다는 생각에 두려운 것이거나, 또는 그가 분석가의 질투와 복수를 피하려고 노력하고 있기 때문에 불안을 느끼는 것일 수도 있다(만약 그가 불안한 듯 행동하면 아마도 분석가는 그로부터 성공을 빼앗아가지 못할 것이다).

라캉은 환자가 이 해석을 극복하는 데 일 년이 소요되었다고 말한다. 그 후 환자는 사실 라디오 쇼를 하기 사흘 전에 어머니가 돌아가셨으며 이 때문에 자신이 우울했었다는 사실과 또한 어머니가 자신의 방송을 들을 수 없을 때 더더구나 어머니의 죽음 직후에 그렇게 성공적인 방송을 한 것에 대해 자신이 양가적인 감정을 느끼고 있었음을 깨닫게 된다.[14]

라캉은 어머니의 죽음을 환자가 드러낸 정동의 **상징적 배경**으로 지목한다. 라캉은 분석수행자의 감정을 간과하지 않았으며, 분석수행자가 분석가의 질투심에 대해 전혀 모르고 있었다고 주장하지도 않았다, 사실 그는 "감정은 언제나 상호적인 것"(세미나 I, 43/32)이라고 주장한다. 라캉이 제안하는 바는 우리가 서로에 대해 항상 같은 감정을 느낀다는 것이 **아니라** 그보다는 자신이 그렇게 느끼고 있다는 사실을 주장하거나 보여줌으로써 적어도 다른 사람으로부터 어떤 감정을 유도해낼 수 있다는 것이다(예를 들어 내가 어떤 사람에 대해 매우 화가 나있으며 그에게 내 감정을 표출한다면 그 역시 나에 대해 화가 날 것이다). 라캉이 말하고자 하는 것은 겉으로 보이는 것 외에 다른 일들이 일어나고 있으며 우리는 여기 그리고 지금이라는 상상계적 관계뿐만 아니라 상징계의 축도 고려할 수 있어야 한다는 것이다. 분석가들은 근본적으로 자신의 개성으로부터 연유되는 전이의 해석, 즉 상상계적인 차원에서의 해석을 내어놓기보다는 상징계적인 관계를 파악할 수 있어야 한다.[15] 라캉이 분석가에게도 감정이 있다는 사실을 부정하는 것은 아니다; 그는 분석가가 감정을 느낀다는 것을 자신도 잘 알고 있다고 말한다. 그가 제안하는 바는 단지 분석가는 감정을 한쪽으로 밀어내는 방법을 배워야 하며 치료에 감정이 개입하지 못하게 만들 수 있어야 한다는 것이다.

위의 사례에서 분석가는 마치 다음과 같은 논리로 사고한 듯하다: "그는 내가 그의 성공을 시샘한다고 생각할 것이다. 그는 내가 그 분야에서 성공한 사람이 나였으면 한다고 생각할 것이다. 그러므로 그는 아마도 내게 화가 나있을 것이다. 그래서 그는 지금과 같은 상태에 **빠져** 있는 것이다." 분석가는 자신의 의식적인 감정을 중심으로 상황에 접근하여 자신의 개성을 근거로 해석한다. 이와는 반대로 타자Other의 위치에서 해석한다는 것은 더욱 넓은 상징계적인 조망—환자의 어머니가 근래에 사망했다는 사실과 어머니와 관련하여 환자가 자신의 성공에 대해 느끼는 양가적 감정—을 고려한다는 뜻이다.

라캉이 「치료의 방향」에서 지적하듯이 자신의 감정과 개성을 분석 수행자에게 강요하는 것은 권력의 남용이다. 1910년대의 프로이트를

1. 「치료의 방향」에 나타난 라캉의 기법

보면 그는 (이론적으로) 자신의 개성을 통해 환자에게 영향을 주려고 노력하지 않는다—그는 결코 그것이 특히 좋거나 특별한 것이라고 생각하지 않은 듯하다(SE XII, 160-61을 보라). 대신 프로이트는 분석가의 은유적인 표현으로서 분석수행자가 투사한 것들을 반영하는 거울을 제시한다(SE XII, 118; 세미나 VIII, 435와 비교하라). 라캉은 동시대의 분석이 개성을 지나치게 숭배하고, 신체 대 신체, 자아 대 자아, 개인 대 개인 관계를 중요시함으로써 한 사람이 가지고 있는 현실에 대한 시각과 건강한 것에 대한 견해를 다른 사람에게 강요하고 있다고 주장한다. 라캉의 입장에서 이것은 분석이라는 모험에는 어울리지 않는 것이다.[16]

라캉은 위와 같은 그의 입장을「치료의 방향」의 서두에 밝힌다: "나는 인류의 역사에서 빈번히 볼 수 있었듯이, 실천의 진정성을 보존하지 못했을 때 어떤 방식으로 권력이 행사되는가를 보여주고자 한다"(E 586). 그 후 라캉은 다음과 같이 말한다: "내가 전달하고 싶은 바는 연구자들이나 단체들이 자신들의 행동의 진정성을 개념화하는 작업이 교착상태에 빠지게 되면 자신들의 행위를 권력이 행사되는 방향으로 몰고 가는 경향이 있다는 것이다"(E 612). 라캉에 의하면 후기 프로이트주의자들은 프로이트가 남긴 업적의 주안점과 핵심적인 내용 및 요지를 간파하지 못했으며 이 때문에 내용물을 완전히 변형시킨 상태에서 형식에만 집착하게 되었다. "그 형식을 보존하는 것에 지나치게 얽매이는 것을 보면 그들도 약간의 의심은 품고 있는 듯하다"(E 590).

여기서 형식에 지나치게 집착한다는 라캉의 말은 물론 정신분석 기법에 대한 라캉의 실험, 특히 그의 가변적 분석시간에 대한 논쟁과 관련하여 이해할 수 있다. 그는 자신의 실험이 프로이트의 정신을 계승

하고 있다고 주장한다. 우리는 분석 시간을 성문화한 것이 프로이트가 아니라 후기 프로이트주의 조직들과 IPA였음을 기억할 필요가 있다. 프로이트는 정확히 시간에 맞추어 분석을 진행하지 않았다. 프로이트는 명확히 『기법에 관한 논문들 Papers on Technique』에서 어떤 환자들은 "한 시간이 지나서야 마음을 열고 대화하기 시작하기 때문에, 하루에 한 시간이라는 평균보다 더 오랜 시간을 할애해야 하는" 경우도 있다고 말한다(SE XII, 127-28).

왜 우리는 전이를 해석해서는 안 되는가: 프로이트가 제시한 여성 동성애 사례

우리는 앞에서 자신의 존재, 개성 또는 감정을 바탕으로 해석하는 분석가들에 대한 라캉의 비판을 살펴보았는데, 이것은 그러한 감정이 분석수행자가 전이를 통해 느끼는 감정과 무관하다는 뜻은 **아니다**. 사실 '감정이란 항상 상호적인 것'이므로 (또는 쉽게 다른 사람에게서도 관찰할 수 있는 것이므로) 분석가의 감정은 분석수행자의 감정과 관련되어 있다. 그러나 바로 이러한 그들의 상호관계가 그들이 상상계적인 상태에 있음을 나타낸다. 그들은 자아와 자아 사이의 관계, 자아로서의 분석가와 분석가의 자아를 닮은 자아로서의 분석수행자의 관계로 특징지어지는 상호적인 관계를 반영한다. 라캉은 "실제로 전이에는 상상계적인 요소와 상징계적인 요소가 있으며, 우리는 그 중 하나를 선택해야 한다"고 주장한다(세미나 IV, 135). 만약 라캉의 말대로 "상징계적인 차원에서만 치료가 가능하다"[17)면 우리는 반드시 상상계적인 요인을 배제하고 그 대신 전이의 상징계적 구성요소만으로 우리의

1. 「치료의 방향」에 나타난 라캉의 기법

개입을 국한시켜야 한다. 그렇다면 전이의 상징계적인 구성요소는 어디에서 찾을 수 있을까? 그리고 그것을 해석한다는 것의 의미는 무엇인가?

이에 답하기 위해 세미나 IV에서 라캉이 논의하고 있는, 젊은 여성 동성애자에 대한 프로이트의 사례연구(SE XVIII, 147-72)를 살펴보자. 나는 독자가 이미 이 사례에 대해 알고 있다는 전제하에 요약을 제시하지는 않을 것이다. 나는 분석수행자가 꾼 '일련의 꿈들'에 대한 프로이트의 논의로부터 이야기를 시작할 것이다. 그에 의하면 이 꿈들은

> 규칙에 따라 왜곡되었으며, 일반적인 꿈-언어로 표현되었는데, 비교적 쉽게 확실한 해석을 도출할 수 있다. 그러나 해석을 했을 때 그 내용은 놀라운 것이었다. 그것은 치료를 통한 동성애inversion의 치유를 예측했으며, 그때 그녀 앞에 펼쳐질 인생의 전망에 대한 그녀의 기쁨을 표현했고, 남자의 사랑과 아이에 대한 갈망을 고백했다. 그러므로 이것을 소원했던 변화를 위한 만족스러운 준비과정으로서 환영할 수도 있다. 당시 이 꿈들과 소녀가 잠에서 깬 후 한 말 사이에는 확실한 모순이 있었다. 그녀는 그녀가 결혼할 작정이었다는 사실을 내게 숨기지 않았지만 그것은 단지 폭군과 같은 아버지를 피하기 위한 것이었으며 방해받지 않고 그녀 자신의 성향을 따르기 위한 것이었다. 남편에 대해서 그녀는 쉽게 그를 상대할 수 있다고 다소 경멸적으로 이야기하는데, 사실 그녀는 자신이 사랑하는 여인의 경우와 같이 남자와 여자 모두와 성적인 관계를 가질 수도 있을 것이다. 일종의 예감에 의해 각성된 어느 날 나는 그녀에게 내가 그 꿈들을 믿지 않으며, 그 꿈들을 거짓 또는 위선으로 간주하고 있고, 그녀는 습관적으로 그녀의 아버지를 속인 방식

으로 나를 속이려 한 것이었다고 말했다. 내가 옳았다; 내가 이 점을 분명히 한 후 그러한 종류의 꿈이 사라졌다. 그러나 나는 여전히 그 꿈들이 나를 속일 의도 외에 부분적으로는 나의 호감을 사고자 하는 소원을 표현하고 있다고 생각한다; 그들은 또한 내 관심을 끌고 나의 호평을 얻고자 하는 시도이기도 한 것이다―아마도 이는 이후에 나를 보다 철저하게 실망시키기 위함이었을 것이다(SE XVIII, 164-65).

라캉은 프로이트의 마지막 문장을 자신의 말로 바꾸어 표현하며 논평을 시작한다: "그들은 나를 그녀의 손아귀에 넣고 넋을 빼앗아, 나로 하여금 그녀가 매우 예쁘다고 생각하게 만들기 위한 시도였다." 라캉은 다음과 같이 덧붙인다.

이 한 문장은 우리에게 내밀한 정보를 제공하기에 충분하다. 어린 소녀는 도라와 마찬가지로 프로이트가 완전히 자유롭게 느낄 수 없을 정도로 무척이나 매혹적이었을 것이다. 최악의 경우를 대비해야 한다고 확신했을 때, 프로이트가 피하고자 했던 것은 환상을 깨뜨리는 것이었다. 이는 그가 자신을 위해 온갖 종류의 환상을 만들어낼 준비가 되어 있었음을 뜻한다. 이러한 환상으로부터 자신을 보호한다는 것은 이미 프로이트가 게임에 동참하였음을 나타낸다. 그는 이미 상상계적인 게임이 시작되도록 만들었다. 그가 (그녀가 자신을 속이려 했다는 것을 그녀에게 말함으로써) 게임을 현실화시킬 수 있었던 것은 이미 게임에 참여하고 있었기 때문이다(세미나 IV, 108).

1. 「치료의 방향」에 나타난 라캉의 기법

라캉이 주장하는 바는 프로이트를 위해 소녀가 꾼 일련의 꿈들 속에 프로이트를 속이고자 하는 의도가 전혀 없다는 뜻이 아니다. 프로이트가 언급하듯이, 그녀는 그를 속이고자 하는 **의도**를 아직 형성하지 못한 상태이다. '그것은 단지 욕망이었다.' 프로이트는 그것에 이름을 지어주고 상징화시킴으로써, 즉 "그것에 대해 너무 일찍 해석함으로써"(세미나 IV, 108) 그것을 욕망 이상의 현실적인 어떤 것이 되도록 만든다.

정확히 프로이트는 무엇을 하고 있는 것인가? 그는 고전적인 방식으로 전이를 해석하고 있다. "당신은 당신 아버지를 속이려고 했던 것처럼 나를 속이려고 노력하고 있습니다." 그녀는 자신의 아버지가 자신을 괴롭히지 못하게 하기 위해 치료에 응한 것이며 사실 그녀는 전혀 변화할 생각이 없다는 점을 기억하자. 그녀가 결혼하려는 것은 단지 아버지를 안심시키기 위해서이며 사실 그녀는 아버지와 미래의 남편 몰래 자신의 동성애적 성향을 충족시킬 생각이었다.

이것은 분석수행자가 아버지, 분석가와 가지는 관계의 구조적 유사성을 드러내는 것으로서 상징계의 차원에서 상황을 읽어낸 완벽한 사례처럼 보일 수도 있다. 그녀는 아버지를 속이고 싶어 하는 것과 마찬가지로 프로이트 또한 속이기를 원한다. 그러나 라캉은 그녀가 아버지와 마찬가지로 프로이트 역시 단지 상상계적인 위치에 배치한 것뿐일 수도 있다고 말한다. 이는 그녀 자신과 다르지 않은 소타자의 위치이며 그녀는 상황을 장악하기 위해 소타자와 경쟁한다. 그녀는 별안간 주객을 전도하여 자신이 주인이 될 것이다. 이것은 상징계적인 관계의 수준 자체에는 미치지 못한다. 그 이유는 무엇일까?

라캉은 이어서 속이고자 하는 분석수행자의 소원은 전의식적인 것이라고 설명한다. 그녀는 자신이 아버지와 미래의 남편을 속이고자 한다는 사실을 스스로 잘 알고 있다. 또는 자신이 프로이트에게도 같은 행동을 하고 싶어 한다는 사실을 즉각적으로 인식하지 못할 수도 있으나, 그녀가 아버지를 위해 분석에 임했다는 사실을 인정하고 있으므로, 적어도 마음 한편에서는 프로이트를 속여 그녀가 변화되었다고 믿게 만드는 것이 그녀의 아버지를 속여 자신의 변화를 믿게 만드는 것과 같음을 알고 있을 것이다.

비록 프로이트가 자신의 경우에는 속임을 당하지 않았다는 것을 그녀에게 분명히 하고 있기는 하지만, 프로이트는 전이를 해석함으로써 자신을 그녀에게 속은 사람들의 대열에 위치시키고 있다—즉 그는 그녀가 통제하기에master 벅찬 머리 좋은 주인master의 역할을 맡고 있다. 그렇게 함으로써 그는 상상계 밖에 자신을 위치시킬 수 없게 된다; 그는 그의 역할이 법과 무의식의 자리를 점유하는 것임을 명시하지 않는다. 이미 상징적인 역할을 하고 있었지만 자신이 개입함으로써 무심코 그의 이중적인 역할을 일차원적인 상상계적 역할로 축소시키게 된 것일까? 아니면 프로이트가 다른 방식으로 개입했기 때문에 그녀와의 관계에서 먼저 상징적인 역할을 맡게 되었던 것일까? 이에 대한 결론은 열려있다.

라캉은 전이의 상상계적인 차원에 초점을 맞추며 프로이트가 상징계라는 더욱 큰 그림을 보지 못한다고 주장한다. 라캉은 자주 프로이트가 동시대의 다른 분석가들이 인식하지 못하는 큰 그림을 그려낸다고 감탄한다(그러나 라캉은 프로이트가 이에 실패하는 경우를 지적하며, 이 사례들이 주로 도라나 젊은 여성 동성애자와 같이 매우 매력적인 분석수행자의 경우에 일어나는 듯하다고 말한다). 의심의 여지없이 라캉은 바로 이 부분에서 분석가들이 상징계와 상상계라는 자신의 영역들을 사용할 수 있다고 생각한다: 이 영역들은 분석가들이 특정

1. 「치료의 방향」에 나타난 라캉의 기법

순간에 자신의 행동이 어떤 자리에 위치되는가를 이해할 수 있도록 돕는다.

젊은 여성 동성애자의 경우 상징계라는 더욱 큰 구도란 무엇인가? 무의식은 타자의 담론이라고 할 수 있는데, 그녀의 꿈이 구축한 담론은 자신의 아버지의 담론이다. 그리고 분석수행자는 타자가 욕망하는 것을 욕망하게 되므로 꿈속에 나타난 무의식적 욕망은 아버지의 욕망이다(그녀의 무의식적 욕망은 자신의 분석가를 속이고자 하는 그녀의 전의식적 소원과는 엄밀하게 구분되어야만 한다). 단 주의할 것은, 꿈이 제시하는 아버지의 욕망은 딸이 해석한 욕망이며, 그녀는 그의 욕망을 자신의 메시지가 반전된 형태로 해석한다는 사실이다. 그녀의 메시지 또는 소원은 "당신은 나의 아버지/남편이며 나에게 아이를 줄 것입니다"라고 할 수 있다. 꿈속의 메시지나 소원은 그녀의 메시지를 거꾸로 전환하여 마치 타자로부터 비롯되는 소리처럼 들리도록 만든다. "당신은 나의 딸/아내이며 나의 아이를 가지게 될 것입니다" (비록 프로이트가 꿈들을 제시하고 있지는 않지만, 그는 그 꿈들이 남편과 아이들에 대한 갈망을 표현하고 있다고 말한다).

라캉은 이 메시지를 "소녀가 오이디푸스 콤플렉스에 진입하기 위한 근거를 마련하는 보장promise"으로 간주하며, 꿈은 "그러한 약속promise을 충족시키는 상황"(세미나 IV, 135)을 나타낸다고 말한다. 라캉에 의하면, 여아女兒는 자신의 아버지에 의해 제시되는 것으로 간주되는 약속―"너는 나의 아이를 가질 것이다"(144)― 을 근거로―일차적인 사랑의 대상인 어머니를 떠나―오이디푸스 콤플렉스에 진입하게 된다. 라캉이 보기에 이것은 프로이트의 환자가 거세 콤플렉스에서 오이디푸스 콤플렉스로 이행하는 데는 성공했지만 그 너머로는 이동하지 못했음을 암시한다. 라캉은 그녀가 16세였을 때 어머니가 실제로 아이를 낳았으며, 바로 이 때문에 그녀가 오이디푸스 콤플렉스 너머로 이행하지 못했다고 해석한다.

프로이트에 의하면, 오이디푸스 콤플렉스 너머로 이행한다는 것은 그녀가 아버지를 다른 남자로 대체한다는 뜻이다; 다른 말로 바꾸면 약속은 약속한 사람의 자리를 다른 사람이 채우게 될 때까지 충분히 오랜 시간 동안 손상되지 않은 채 유지되어야 할 것이다. 그리고 그녀의 꿈은 약속이 무의식 속에서 온전히 **유지되었음**을 말해주고 있다.

라캉은 어머니가 아이를 낳았을 때 일어난 변화를 프로이트와는 다르게 분석한다. 아버지는 16살짜리 딸보다 어머니를 더 좋아하며 딸에게 자신의 사랑을 주지 않는다. 이러한 의미에서 어머니는 딸보다 더 많이 **가진** 사람으로서 그녀의 경쟁자가 되며, **가진다는 것**은 프로이트와 라캉의 이론에서 항상 **팔루스**적인 것을 뜻한다. 그러므로 어머니는 팔루스를 가진 사람으로 인식된다. 라캉에 의하면, "여기서 딸이 ['상류사회의 부인'과 밀접한 관계를 가짐으로써] 아버지 앞에서 전시하는 것은 어떻게 한 사람이 다른 사람을 그/그녀가 가지고 있지 않은 것 때문에 사랑할 수 있는가이다"(145); 그리고 이러한 조건하에서 아이가 없는 미혼의 여인—음경도 아이도 없으며 물론 팔루스와도 무관한 사람—보다 더욱 적절한 상대가 또 어디 있겠는가?

이러한 해석은 라캉이 빈번히 논의하는 다음 개념에 근거를 두고 있다: 우리는 상대방 안에서 그/그녀가 가지지 않은 어떤 것을 보며 이 때문에 그/그녀를 사랑한다; 사랑이란 우리가 가지지 않은 것을 주는 것이다. 나는 이 개념들에 대해 설명하지는 않을 것이다(E 618과 세미나 VIII을 보라). 그녀가 명백히 '상류사회의 부인'과의 관계를 **아버지에게 메시지를 보내기 위하여** 사용했다는 사실을 라캉이 자신의 시각에 대한 보증으로 제시하고 있음을 주시하자. 그녀는 마치 아버지

1. 「치료의 방향」에 나타난 라캉의 기법

가 자신과 그 여자를 확실히 목격하게 만들겠다는 듯이 규칙적으로 그녀와 함께 "아버지의 직장 주위"에서 산책을 했다(SE XVIII, 160). 그리고 그 여자를 매우 이상화시키고 있는 그녀의 정신적 또는 궁정풍 사랑은 아버지의 어머니에 대한 육체적 (현실적) 형태의 사랑에 대한 거부를 나타낸다. 사실 여성의 동성애적 환상에 자주 등장하는 인물은 사랑하는 방식을 배워야 하는 남자이다. 즉 그에게 그녀가 가지고 있지 않은 것—팔루스의 결여—을 사랑하고 욕망하는 법을 보여주어야 한다.

그러므로 라캉에 의하면 여기서 상징계적 상황이란 팔루스가 위치되었던 경우를 말한다. 위의 젊은 여성 동성애자는 그녀의 일련의 꿈들이 보여주듯이 **여전히 자신이 가지고 있지 않은 것에 의해 사랑받기를 원하고 있는데**, 프로이트는 이를 간과한다. 그는 단순히 그녀가 위의 부인과의 관계에서 남성적 위치를 점유했고, 그러므로 그녀는 팔루스를 가지고 있으며, 남성으로부터 그것을 얻으려고 노력하지 않는다고 확신하는 듯하다. 라캉은 그녀의 남성적 위치에 대한 프로이트의 믿음이 편견 또는 선입관이라고 설명하며 이를 프로이트의 역전이의 일부로 간주한다. 프로이트는 남성과 여성의 관계에서, 한 사람이 분석가이고 다른 사람이 분석수행자인 경우라 하더라도, 둘 중 한 사람이 팔루스를 가지고 있으며 결국 누가 그것을 소유하게 될 것인가에 대한 충돌이 생기기 마련이라고 생각하는 듯하다(프로이트의 견해로는 궁극적으로 여성 분석수행자는 팔루스에 대한 소유욕을 버리고 남성으로부터 그것을 감사히 받게 되는 순간까지 기다리는 데 동의해야 한다). 이러한 프로이트의 역전이로부터 기인한 믿음 때문에 그는 팔루스가 여전히 다른 어떤 곳에 있다는 사실을 인식하지 못했던 것이다: 그것은 한 사람이 그것을 가지고 있다면, 다른 사람은 가질 수 없게 되는, **전적이며 완전한 소유를 상정하는 상상계적인 공간 안에 위치되어 있는 것이 아니다**(예를 들어, 형제자매간의 경쟁이라는 상상계적인 공간에서 만약 내 여동생이 새 장난감을 가진다면 나는 그것을 가질 수 없게 된다). 여기서 조금 더 나아가, 팔루스는 반드시 다른 차원에 위치되어야 한다. 그것은 상징계라는 차원이며, 라캉은 이를 되기being의 영역―'팔루스가 되느냐 또는 팔루스가 되지 못하느냐의 문제'―과 연관시킨다.

전이의 상황에서 상징계적 역할을 맡기 위해서 프로이트는 누가 마지막에 그것을 차지하게 되는가를 두고 경쟁하는 상상계적인 공간으로 모든 것을 환원시키기보다는 분석수행자를 위해 다른 어떤 곳이라는 공간을 열어놓았어야만 한다(나는 아래에서 라캉의 분석수행자 중 한 사람의 정부가 꾼 꿈의 사례를 통해 다른 어떤 곳이라는 공간을 열어놓는다는 것이 뜻하는 바에 대해 설명할 것이다). 라캉은 정확히 프로이트가 어떻게 했어야 하는가에 대해서는 명시하고 있지 않지만 이때 라캉의 관점은 프로이트가 상황에 대해 지각한 바를 넘어설 수 있는 부가적인 변증법적 이행을 제시하고 있는 듯하다. 분석의 체스 또는 브리지게임에서 라캉은 프로이트에 앞서 생각하고 있다―물론 이것은 시간이 경과했기 때문에 생각해낼 수 있는 묘안twenty-twenty hindsight일 것이다.

이 단계에서 라캉이 취하는 입장은 분석가가 전이의 상황에서 팔루스를 가졌거나 또는 가지지 못한 위치와 동일시해서는 안 된다는 것이며, 대신 어떻게든 팔루스라는 기표가 나타나는 상징계의 타자라는 자리에 자신을 위치시켜야만 한다는 것이다. 이것이 바로 전이의 상징적인 요소라고 할 수 있다. 분석가는 신경증을 가진 분석수행자에 의해 어느 정도는 자동적으로 그런 위치에 배치될 수도 있지만 그들은 그

1. 「치료의 방향」에 나타난 라캉의 기법

위치에 머물기 위해 능동적으로 노력해야 하며, 해석의 과정에서 스스로를 위치시키는 차원에 따라 매우 쉽게 이로부터 축출 당하게 된다.

그렇다면 전이의 상징계적 요소를 해석한다는 것은 상징계적 상황 전체에 대한 해석에 다름 아니다. 그러므로 전이를 해석해서는 안 된다는 라캉의 전반적인 권고는 주의사항이다. **분석가들이 '전이'를 해석할 때 그들은 총체적인 상징적 틀이 아닌 상상계적 요소만을 해석하게 되기 쉽다.**[18]

무의식적 욕망은 의식적 욕망과 혼동되어서는 안 된다: 푸주한의 재치 있는 아내

『꿈의 해석』(SE IV, 146-51)에 나오는 또 다른 프로이트의 사례연구인 '푸주한의 재치 있는 아내'에 대한 라캉의 논의 역시 (전)의식적 욕망과 무의식적 욕망 사이의 구분에 근거하여 유사한 방식으로 팔루스 가지기와 팔루스 되기의 변증법을 소개한다. 아래는 그녀가 프로이트에게 이야기한 꿈이다:

> 나는 만찬회를 열고 싶었어요. 하지만 집에 있는 것이라고는 약간의 훈제 연어가 전부였어요. 나가서 뭐든 좀 사와야겠다고 생각했는데, 곧 모든 상점들이 문을 닫는 일요일 오후라는 것이 기억났어요. 다음으로는 출장연회업체에 전화를 하려 했지만 전화가 고장이었어요. 그래서 나는 만찬회를 여는 것에 대한 소원을 포기해야만 했어요(SE IV, 147).

꿈의 배경 중 하나는 자신에게 푹 빠져 있으며 그들의 관계에 대해서도 모든 면에서 매우 만족하고 있는 듯 보이는 남편이 전혀 그의 취향이 아닌 아내의 여자 친구를 높이 평가한다는 사실을 아내가 눈치 챈 것이다(친구는 매우 마른 편이었으며 그는 보통 자신의 아내와 같이 통통한 여자만을 좋아한다). 환자는 어떻게 그가 다른 무엇을 더 욕망할 수 있는가, 어떻게 아내에 대해 전적으로 만족하지 못하는 상황이 되었는가에 대해 생각하기 시작한다. 어떻게 그의 취향도 아닌 여자를, 그를 만족시키기에 부적합해 보이는 여자를 욕망할 수 있을까? 라캉은 그녀의 목소리로 다음과 같은 질문을 던진다: "그[남편] 역시 모든 것이 충족되었을 때조차 여전히 부족한 상태로 남아있는 욕망을 가지고 있는 것이 아닐까?"(E 626).

꿈꾸기 전날 환자의 친구는 환자에게 살이 좀 찌고 싶다고 말하며 다음과 같이 물었다: "언제 우리에게 식사초대를 할 거야? 넌 항상 우리에게 정말 좋은 음식들을 만들어 주었어." 그렇다면 꿈의 소원 중 하나는 그녀의 집에서 식사하고자 하는 친구의 소원을 방해하는 것이라고 할 수 있다. 라캉이 말하듯이, 사실 친구가 "살이 쪄서 남편이 그녀와 즐길 수 있게 된다면 그것은 [친구에게는] 멋진 일일 것이다." 만찬회를 열고자 하는 발현몽manifest dream의 소원("나는 만찬회를 열고 싶었다")은 푸주한의 감상하는 듯한 응시를 받으며 살이 몇 파운드쯤 더 찔 수 있게 해달라는 친구의 요청을 좌절시키고자 하는 잠재적latent 소원에 의해 취소된다. 이것이 그녀의 꿈에 대한 프로이트의 첫 번째 해석이며, 이는 (프로이트가 틀렸다는 것을 증명하고자 하는) 의식적 소원과 무의식적 소원들 사이의 모순을 드러낸다.

그의 두 번째 해석과 이에 대한 라캉의 주석은 더욱 상세히 전개되며 꿈에 나타난 환자의 소원들 중 하나의 무의식적 의미를 관찰한다—그

1. 「치료의 방향」에 나타난 라캉의 기법

것은 이야기나 플롯 자체에 나타난 의미가 아니라 **꿈의 텍스트**를 구성하는 기표들 중 하나인 '훈제 연어'의 의미이다. 만약 우리가 꿈을 단순한 이야기로 이해한다면, 우리는 훈제연어를 상황적 세부 또는 구실로 보기 쉽다. 하지만 프로이트가 주장하듯이 우리는 모든 꿈의 요소들을 관찰해야만 하며 라캉의 말대로 "욕망은 문자 그대로[à la lettre] 이해해야만 한다". 다시 말하면 우리는 욕망이 표현되어 있는 꿈의 **문자**들을 살펴보아야만 하는 것이다.

이 두 번째 해석은 다소 우회적이다. 프로이트의 논의로부터 우리는 이 여자가 캐비아를 좋아하며 매일 아침 캐비아 샌드위치를 먹고 싶어 한다는 것을 알 수 있다. 그러나 그녀는 그에게 캐비아를 사오지 말라고 부탁하여 남편을 '애타게' 만든다. 다시 말하면, 자신에게서 그것을 박탈함으로써 그녀는 단순히 그것을 갈망하는 것으로부터 즐거움을 느끼는 것이다(그리고 남편으로부터 '주고자 하는 열망want-to-give'을 불러일으킴으로써 그가 활기를 유지할 수 있게 또는 초조함을 느끼게 만드는 것이다). 그녀는 자신이 캐비아에 대한 소원을 충족시키지 않고자 하는 소원―그것은 무의식적 소원이 아니다―을 가지고 있음을 잘 알고 있다. 프로이트가 해석하듯이 그녀는 "만족되지 않는 소원"[19)]에 대한 소원을 가지고 있다. 라캉은 이것을 "충족되지 않은 욕망을 가지고자 하는 [전의식적] 욕망"이라고 표현한다(E 621). 그러므로 남편에 대한 그녀의 명백한 사랑에도 불구하고 그녀는 더 많은 것을 원한다. 그녀는 끊임없이 원할 수 있기를 원한다.

또한 우리는 그녀가 남편으로부터 자신의 마른 여자 친구에 대한 관심을 감지했다는 것을 알고 있다. 이는 그녀로 하여금 그녀의 친구가 가진 것 중 자신이 가지지 못한 것이 무엇인가에 대해 고민하도록 만든다. 그녀는 남편의 시각으로 친구를 보려고 노력하며, 무엇 때문에 그가 그녀에게 관심을 보이는가를 궁금해 한다. 그녀가 알아낸 한 가지는 친구가 **훈제 연어**를 좋아하는데도 억지로 그것을 멀리한다는 사실이다. 이는 흥미로운 상황이다. 왜 이런 행동을 하는 것일까? 프로이트는 그녀가 이 질문에 대해 의식적으로 궁금해 한다고 주장하지는 않는데, 아마도 그녀는 스스로에게서 무엇인가를 박탈하는 이유를 자기 자신의 동기와 관련하여 추측했을 것이다. 사실 프로이트는 캐비아를 금지당하고자 하는 환자의 소원이 연어를 자제하고자 하는 친구의 소원을 모방한 것이라고 제안한다. 다른 말로 바꾸면, 프로이트는 환자가 친구에게서 그러한 욕망에 대한 이유를 감지 또는 상상했으며, 그녀 자신도 그러한 욕망을 가질 이유가 있다고 생각하며 이 욕망을 자신의 것이 되게 만들었다고 말한다. 그 이유란 무엇인가? 그것은 욕망하는 행위desiring 그 자체에서 도출되는 쾌락이라고 할 수 있다. 특정 욕망을 만족시킴으로써 욕망이 사라지는 상황이 벌어지지 않게 만듦으로써 단순히 욕망을 지속하는 것이다. 바로 이러한 방식으로 푸주한의 아내는 자신의 친구와 동일시한다. 프로이트는 이 과정을 '히스테리적 동일시'라고 부른다.

꿈에 대한 프로이트의 논의와 관련하여 그가 제시하는 히스테리적 동일시의 사례들을 기억해보자. 병원에 감금된 여성 환자들 중 몇몇이 동일한 증상을 보였는데, 이는 원래 어떤 여자가 집으로부터 한 통의 편지를 받았을 때 그녀의 불행한 혼외정사를 기억하게 됨으로써 보였던 증상이다(SE IV, 149-51). 다른 여자들은 단순히 그녀를 모방하는 것이 아니라 그녀가 가진 어떤 특징과 동일시했다; 본질적으로 그들 역시 버림받았으며 부당한 대우를 받았다고 느꼈고, 우울함과 혼란스러움을 느낄 이유들이 있었다. 다시 말하면, 그들은 모두 그녀의 입장이 되어 무의식적으로 자신들을 그녀의 자리에 위치시켰다.[20]

1. 「치료의 방향」에 나타난 라캉의 기법

다른 여자가 푸주한의 관심을 끌기 시작했을 때 이것은 다른 어떤 것에 대한 그의 욕망으로서 기능하기 시작하며, 환자는 그의 욕망에 대해 추측하고 그 대상이 무엇인지 알아내어 그것이 되기 위해 노력한다―즉 그녀는 그를 욕망하게 만드는 것이 되고자 하며 라캉이 자신의 이론에서 팔루스라고 부르는 것, 즉 "타자Other의 욕망을 나타내는 기표"(E 694)가 되고자 한다. 이것은 라캉에게 일반적인 진실이라고 할 수 있다. 모든 사람이 욕망하는 것은 타자로부터 욕망되는 것이며, 모든 사람은 타자의 욕망의 기표가 되고자 한다(다른 부분에서 그는 모든 사람이 타자의 욕망의 원인이 되고자 한다는 표현을 사용하기도 한다; E 691을 보라).

그렇다면 충족되지 않은 욕망에 대한 환자의 욕망의 무의식적 의미는 무엇인가? **그를 사로잡기 시작한 여자와 동일시함으로써 남편을 위한 팔루스가 되는 것이다**(프로이트는 동일시를 강조하는 반면 라캉은 남편을 위한 팔루스가 되고자 하는 욕망이 동일시의 동기가 된다는 점을 강조한다).

꿈에 환자가 직접적으로 친구를 좌절시키지 않는다는 것을 기억하자. 그녀는 자신을 직접적으로 실망시키고 친구는 간접적으로 실망시킨다(그녀가 친구를 식사에 초대할 수 없게 되었기 때문이다). 프로이트가 이에 대해 언급하고 있기는 하지만(SE IV, 149), 그녀 역시 "포기된 소원이 현실에 나타나기를" 원한다고 말할 뿐 그 이상 논의를 발전시키지 않는다. 반면 라캉은 다양한 방식으로 욕망과 만족 사이에 나타나는 양립불가능성을 강조한다. 이는 "내가 원하는 것을 내게 주지 마세요. 그것은 내가 원하는 게 아닙니다"라는 표현에서 잘 드러난다. 라캉에 의하면 이것은 특정 환자의 병리적 상태가 아니라 인간 욕망의 일반적이고 구조적인 특징이다.

욕망은 근본적인 존재의 결여/열망want-to-be 또는 존재(안)의 결여lack of (in) being로부터 비롯되는 것이며, 열망이나 결여는 우리가 가지게 되는 모든 새로운 욕망 안에 나타난다. 그러한 결여에 의해 우리는 정신병이 아닌 신경증을 가지게 되는 것이므로 우리는 그것이 어떤 방식으로 채워지거나 완전히 가려지지 않도록 해야 한다. 라캉이 말하듯이 "욕망은 존재의 결여/열망want-to-be의 환유이다": 욕망은 언제나 동일한 구조적 결여 또는 균열을 대체하는 지속적인 움직임이다. 이때의 균열split은 기표와 기의 사이의 균열과 본질적으로 동일한 것이다(이에 대해서는 3장에서 더 자세히 논의될 것이다). 내가 무슨 말을 하든, 어떤 기표를 발음하든, 의미 또는 기의는 결코 전적으로 명확할 수 없다. 만약 내가 "라캉은 바보다"라고 말한다면 독자는 이디오 사방idiot savant[1]을 떠올리거나 idiot의 그리스 어원을 생각해내어 '특별한' 또는 '독특한'이라는 의미로 이해할 수도 있다. 또는 독자가 세미나 XX에서 라캉이 자위를 백치의 주이상스라고 말했다는 사실을 떠올리고 내가 라캉을 자위하는 사람masturbator이라고 불렀다는 생각을 할 수도 있다! 아니면 표도르 도스토예프스키의 『백치』를 생각하고, 내가 라캉을 도스토예프스키의 인물과 연관시킨다고 추측할 수도 있다. 그 단어를 사용하는 모든 보증된 방식이 타당한 의미작용signification이며, 궁극적으로 불확실하지 않은 이야기를 한다는 것은 불가능하다.

이것은 내가 원한다고 이야기하거나 원한다고 생각하는 모든 것, 즉 말에 의해 구성된 욕망과 내 욕망의 '내용' 또는 '기의' 사이에 구조적인 분열이 있음을 의미한다. 지시대상─내 욕망을 만족시켜 줄 수 있는 특정 대상─은 결코 나의 말에 의해 그러한 방식으로 구별되거나

---

[1] 발달장애를 가지고 있으나 특정 분야에 천재적인 재능을 나타내는 사람을 뜻한다(옮긴이 주).

1. 「치료의 방향」에 나타난 라캉의 기법

판별되지 않는다. 내 말은 다양한 의미를 환기시키며 그 중 어떤 것도 특정 대상이나 외부의 지시대상을 수반하지는 않는다(예를 들어 관심이나 애무가 정확히 요청된 대로 실행될 수 있다면 그것이 바로 진정으로 욕망했던 바일 것이다). 내가 만약 나를 왕처럼 대해 줄 여자를 원한다고 말한다면, 아마도 독자는 내가 그런 여자를 찾았을 때 '왕'의 정의에 관하여, 그리고 그렇게 대우받는다는 것의 의미에 대하여 불평을 토로하게 될 것임을 확신할 수 있을 것이다(왕을 돌보라는 말인가? 왕을 최선을 다해 섬기라는 말인가? 배신하지 말라는 뜻인가? 시중을 들라는 말인가? 아첨하라는 뜻인가?).

이것은 욕망이 구조적으로 만족 불가능한 것임을 나타낸다. 욕구need는 충족될 수 있지만, 욕망desire은 그렇지 못하다: 항상 욕망할 다른 어떤 것이 남아있다. 나는 『라캉과 정신의학A Clinical Introduction to Lacanian Psychoanalysis』에서 이에 대해 충분히 설명하였으므로 이 책에서는 더 이상 논의를 발전시키지 않을 것이다. 단 「치료의 방향」의 마지막 부분에서 라캉이 지적하는 바에 대해 언급하고자 한다. 라캉은 욕망이란 본질적으로 충족될 수 없는 것이라고 말하며, 히스테리의 특징은 만족되지 않은 욕망인 반면 강박증의 특징은 불가능한 욕망이라고 설명한다: 이들은 모두 욕망을 그림, 지도, 메뉴 안에 유지시키고자 하는 전략이다(우리는 2장에 소개되는 크리스의 환자의 경우와 관련하여 이에 대해 살펴볼 것이다). 타자의 욕망을 자극하는 것이 되고자 끊임없이 노력하는 일은 명백히 영원히 끝날 수 없는 과업이다—그것은 전치되며 환유적으로 미끄러지는 대상을 잡으려는 시도이다. 반면 캐비아를 얻고자 하는 노력은 만족된 후 종결될 수 있는 것이다.[21] 가지기having는 정적static이다; 반면 되기being는 동적pursuit이다.

환자의 꿈과 이 사례에 대해 논의할 만한 다른 많은 측면들이 있다.

예를 들어 남편 또한 살을 빼는 것에 관심을 표명했고(아내의 친구를 닮기 위해서일까, 또는 그녀에게 더욱 매력 있게 보이기 위해서일까?), 아내 또한 다른 여자가 자신이 가지지 못한 무엇을 가지고 있는가를 추측하려고 노력하며 자신을 남편과 동일시했다. 라캉은 ("타자의 욕망의 자리를 점유하게 되는") 훈제 연어 조각과 예쁜 여자의 엉덩이 살 한 점(이에 대한 남편의 욕망은 "다른 어떤 것으로도 충족시킬 수 없기 때문에" 그녀는 그가 다른 것을 욕망하기를 바라는 게 아닐까?)과 팔루스("다소 빈약한 것이라 할지라도 말이다―그것은 욕망의 기표와의 궁극적인 동일시가 아닌가?") 사이에 모종의 관계가 형성되어 있다고 제안한다. 그러나 나는 라캉이 「치료의 방향」에서 언급했던 자신의 사례 중 한 경우를 살펴보며 팔루스에 대한 논의를 계속할까 한다. 라캉이 자신의 사례를 적는 것은 매우 드문 경우인데 이것은 출판되어 있는 것 중에서 가장 긴 사례연구이다.

부재의 환기: 강박증을 가진 남자에 대한 라캉의 사례연구

「치료의 방향」의 시작 부분에서 라캉은 사례연구에 관하여 상당히 역설적인 말을 한다. 그는 자신이 항상 프로이트의 사례연구들만 언급하는 것에 대해 우리에게 양해를 구하며 왜 그가 "해석에 의해 드러나는 차원을 보여주기 위하여 자신의 해석을 [거의] 이용하지" 않는가에 대해 설명하고자 하는 듯하다. 그는 "많은 [자신의] 분석들이 이루어지는 서로 안면이 있는 집단"에서 발생할 수 있는 익명성의 문제에 대해 언급하는데 그럼에도 불구하고 자신이 "많은 이야기를 하지 않으면서도 한 사례에 대해 충분히 이야기하는 데 성공했으며, 당사자 외의

1. 「치료의 방향」에 나타난 라캉의 기법

다른 어떤 사람도 알아차리지 못하게 사례에 대해 언급할 수 있었다'고 밝힌다(E 598).

우리는 라캉이 이러한 서론에 이어 즉시 자신의 분석들에 대해 논의하기를 바라지만 라캉은 자신의 사례를 제시하지 않는다; 대신 그는 프로이트의 기법에 대해 다소 애매하게 개략적인 설명을 제시한다. 사실 우리는 라캉 자신의 분석실에서 일어난 일에 대해 듣기 위해 32면을―이들은 매우 밀도 있는 내용을 담고 있다―더 기다려야 한다.[22]

라캉의 사례연구로 넘어가기 전에 그가 제시하는 프로이트 기법에 관한 길잡이에 대하여 간단하게나마 언급하고자 한다. 라캉은 프로이트가 라캉의 동시대인들이 채택한 접근과는 다른 순서로 분석을 진행한다고 주장한다, 특히 프로이트는 전이에만 관련된 해석의 경우에는 치료의 마지막 단계까지 해석을 보류하지 않았다. 라캉에 의하면:

> 내가 방금 제시했듯이, 치료의 방향에서 순서는 주체가 현실과 가지는 관계에 대한 조정rectification에서 시작하여 전이의 생성으로 이어지고, 그 후 해석으로 나아가는 과정에 따라 진행되며, 강박신경증의 기작과 구조에 관해서도 이 순서들은 우리가 여전히 의존하고 있는 프로이트의 근본적인 발견들과 함께 하나의 지평을 형성한다. 그 이상도 그 이하도 아니다(E 598).

"주체가 현실과 가지는 관계에 대한 조정"은 프로이트가 쥐인간과의 초기 분석들에서 한 말들을 상기시킨다(SE X, 169, 173). 그것은 코안경을 둘러싼 '기억의 착오'와 '전치'에 관한 것이었다. 이야기의 조각들을 하나로 만들기 위해 프로이트는 쥐인간에게 이야기를 세 번이나 하게 만드는데, 끝내 프로이트는 쥐인간이 우체국에 있는 여자가 자신의 코안경이 든 대금상환 소포의 송료를 지불했다는 것을 이미 **알고 있었을 것**이라고 지적한다. 그는 잔혹한 대위가 그에게 A 대위에 의해 송료가 지불되었다는 부정확한 정보를 말하기 전에 이미 정황을 알고 있었을 것이다. 이때의 '조정'이란 쥐인간이 이미 알고 있었던 것과 관련되며, 그러므로 그의 정신적 현실을 말하는 것임을 주목해야 한다, 이는 '외부'현실 또는 '객관적인' 현실이라는 개념을 가리키는 것이 아니다.23)

프로이트는 도라에게도 이와 유사한 방식을 시도한다. 그는 아버지가 K부인과 가지는 관계에 도라가 개입하고 있었던 것 같다고 말한다, 사실, 그녀는—아름다운 영혼이 세상의 '무질서'를 다른 사람들의 탓으로 돌리듯이—그것에 대해 불만을 드러내면서도, 사실은 관계의 중심에서 핵심적인 역할을 하고 있었던 듯하다(SE VII, 35-36). 프로이트의 해석은 '실제 상황'에 대해 프로이트가 제시한 일종의 '객관적' 판단이라기보다는 상황에 대한 그녀의 주관적인 개입을 의미하는 것으로 이해할 수 있다. 라캉은 프로이트가 도라와의 관계에서 획책한 기법을 "주관적 조정subjective rectification"(E 601)이라고 부르며, 주변의 혼란에 자신이 기여하고 있다는 사실을 받아들이는 대신 초래된 혼란만을 비판하는 "아름다운 영혼"들을 분석할 때는 언제나 그러한 조정이 필요하다고 말한다(E 219, 596; 또한 SE VII, 67을 보라).

우리는 프로이트가 분석을 진행한 순서—조정, 전이의 생성, 그리고 해석—에 대한 논의가 라캉이 자신의 사례를 분석할 때 어떻게 적용되는가를 살펴볼 것이다. 라캉은 사례에 대한 전체적인 개괄을 제시하지 않는다(E 630-33). 대신 그는 우리에게 "심도 있는 분석을 한 후 강박증 환자의 분석이 종결될 때 일어났던 일"에 대해 들려준다. 그는 자신이

1. 「치료의 방향」에 나타난 라캉의 기법

여기서 '주체의 공격성'에만 국한된 분석을 하지 않았다고 말하는데, 다시 말하면 라캉은 많은 동시대의 분석가들과는 달리, 두 자아 사이의 이자관계에서 일어나는 저항과 방어를 분석하는 데 시간을 보내지 않았다.

라캉은 어떤 분석가들이 '분석한다'는 동사를 끊임없이 사용한다고 혹독하게 비판한다. 그들은 그렇게 함으로써 자신들이 **해석한다**는 말의 뜻을 더 이상 이해하지 못한다는 사실을 보여준다. 라캉에 의하면 분석가가 어떤 것을 '분석한다'고 말하면, 거의 틀림없이 그는 분석을 상징계적 수준이 아닌 상상계적 수준에 위치시키게 된다. '분석한다'는 것은 자기 자신을 근거로 하는 것이며 자신의 개성과, 자신이 세상을 보는 방식과, 현실에 대한 자신의 입장과 자신의 편견으로—간단히 말하여 자신의 역전이로—분석한다는 뜻이다. 한 사람이 '분석한다'라고 말하는 것은 그 사람이 운 좋게도 분석가로 태어났음을 암시한다. 출생부터 분석가가 되는 데 필요한, 말로 표현할 수 없을 정도로 특별한 선물을 받았다는 말이다. 일반적으로 이 선물들을 다른 사람들에게 전달하거나 알려주는 것은 매우 어려운 것이다. 라캉의 관점으로는 분석을 하는 사람은 분석가가 아니라 분석수행자이며 분석가는 "해석이라는 과제를 수행하는" 사람이다(E 591).

실재계(이전에 결코 주체에 의해 표현된 적이 없는 외상이나 다른 경험들)를 말로 표현하고자 할 때, 그것은 상징화를 거부하게 되며 이 때문에 분석수행자는 방어와 저항이라는 상상계적 영역으로 돌아갈 수밖에 없게 된다. 분석수행자가 "욕망과 말의 양립불가능성 incompatibility"(E 641)에 의해, 말하고자 하는 것을 말로 전달해내지 못할 때 상상계적 현상이 일어난다. 분석수행자는 자신의 좌절감에 대한 분풀이를 분석가에게 하게 되는데(세미나 I, 59-60/48-49) 분석실 안에 분석수행자와 함께 있는 사람이라곤 분석가밖에 없으니, 어쩔 수 없지 않은가? 분석수행자는 분석가가 자신에게 도움을 주지 않으려 하며, 심지어 분석이 진전되는 것을 방해한다고도 생각한다. 그러나 분석가는 자신을 그러한 차원에 배치해서는 안 되며, 그런 상황하에서도 자신이 분석수행자로부터 개인적인 공격을 당한다고 느껴서는 안 된다. 분석수행자는(일부 분석가들은 그렇게 생각하는 듯하지만) 악의나 불신으로 느닷없이 고의적으로 분석가에게 저항하는 것이 아니다(세미나 I에서 Z*의 설명을 보라). 분석수행자가 직면한 실재계는 언제나 상징화에 저항한다.24) 사실 분석수행자와 분석가 **모두** 우리가 "실재계의 장벽"이라고 부르는 것을 기준으로 같은 편에 위치한다. 실재계는 분석가와 분석수행자의 연계된 노력에 저항하는데(cf. 라캉의 "언어의 장벽wall of language" E 282, 291, 308, 316과 비교하라), 분석가는 분석수행자가 실재계를 상징화시키도록 도우려고 노력해야 한다. 라캉이 1968년에 말했듯이, "분석에서 저항하는 것이 주체가 아님은 명백하다. 저항하는 것은 담론이다"(세미나 XV, 1968년, 1월 24일).

우리가 살펴보고 있는 사례로 돌아와서, 라캉은 강박증 환자의 공격성을 분석하는 대신 그로 하여금 "한 쪽 부모가 다른 쪽 부모의 욕망에 부과한 파괴적인 게임에서 자신이 맡았던 역할"을 스스로 인식하게 만들었다고 주장한다(E 630). 이후에 라캉은 환자의 어머니가 남편의 "지나치게 정열적인 욕망"에 대해 비판적이었다고 말한다(E 633). 그러므로 바로 어머니가 아버지의 욕망을 파괴시키는 게임을 계획한 것이다. 라캉은 그의 환자가 이 게임에서 맡았던 역할을 인식하도록 만든다. 이것은 라캉이 도라에 대한 프로이트의 분석에서 지적했던 것과 매우 유사한 "주관적 조장"이다. 그러므로 그는 이 환자에 대한 분석을 프로이트의 기법에 관해 그가 제시한 요약과 정확히 동일하게 진행한다(E

1. 「치료의 방향」에 나타난 라캉의 기법

598): 그는 "주체가 현실과 가지는 관계"를 조정하는 것으로부터 시작해서 "전이를 발전시키고 그 후 해석으로 나아간다."

그는 이어서 환자가 "타자를 파괴하지 않고는 욕망하는 과정에서 무력감을 느낀다는 사실과, 자신의 욕망이 타자의 욕망인 이상 그는 자신의 욕망을 파괴한다는 사실을 추측해냈다"고 말한다[*devine l'impuissance où il est de désirer sans détruire l'Autre, et par là son désir lui-même en tant qu'il est désir de l'Autre.*"] 라캉을 읽을 때 자주 발생하는 문제지만, 이 프랑스어 문장은 매우 모호하다: 환자가 그것이 타자의 욕망인 이상 자신의 무력감과 욕망을 모두 **추측**해낼 수 있다는 뜻인가? 아니면 자신의 욕망이 타자의 욕망인 이상 타자와 자신의 욕망을 모두 **파괴한다**는 말인가? 더욱이 우리는 *désir de l'Autre*를 환자의 욕망이 타자의 욕망과 같다는 뜻으로 이해해야 하는 것인가(라캉은 그러한 욕망이 그의 어머니의 욕망인가 또는 아버지의 욕망인가에 대해 밝히지 않는다) 아니면 환자가 가진 욕망을 타자를 위한 것으로 간주해야 하는가?

라캉이 자주 반복하여 제시하는 다음의 설명을 살펴보며 나는 여기서 대문자 O로 시작되는 타자는 아버지이며 소문자 o로 표기되는 타자는 어머니라는 다소 신중을 기해야 하는 가설을 제안할 것이다. 이 가설을 통해 생각해보면, 만일 환자가 욕망하는 경우 그는 열렬히 욕망하는 자신의 아버지와 같아진다. 환자가 어머니의 게임에 동참하기로 결정함에 따라, 그는 아버지의 과도한 욕망을 파괴해야만 하며 (환자의 욕망이 아버지의 욕망과 동일하기 때문에) 이것은 자신의 욕망을 파괴하는 것이다. 바로 이러한 이유로 그는 자신의 진정한 욕망을 한 쪽으로 밀어놓거나 보류하며, 라캉의 더욱 자세한 논의에서 알 수 있듯이 자신의 존재를 숨기게 된다(E 633); 이와 같은 방식으로 그는 자신의 욕망을 사선에서 구해낸다. 외관상 환자는 어머니를 위하여 타자를 파괴하는 계획에 관여하고 있지만 동시에 그는 타자를 보호하기 위해 노력한다(E 630).

사실 라캉은 자신의 환자가 "[자신이] 매 순간 타자를 보호하기 위해 어떠한 술책으로 상황을 변화시켰는가"에 대해 이해하도록 알려주었다고 말한다. 이 왜곡은 "두 타자들(소타자little a와 그 그림자인 자아) 사이의 곡예"를 구성해낸다―당시 라캉의 이론에 의하면 이 두 타자들은 자아로서의 어머니(또는 분신alter ego, a')와 환자의 자아(a)이다. 그러므로 환자는 "타자Other의 따분함을 달래기 위해 마련된 관객석의 위치에서"(E 630) 자신과 어머니 사이의 곡예를 준비한다(아마도 그는 아버지의 과도한 욕망을 파괴하는 그녀의 계획을 돕고 있는 척할 것이다). 이때 타자Other는 방관자로서 객석에서 관객의 자리를 점유한다. 이 관객은 자신이 서커스에 동참하지 않기 때문에 지겨움을 느끼는 것인데, 그러한 고립된 위치 덕분에 그는 전혀 영향을 받지 않는다.

우리는 이것을 <표 1.6>과 같이 L 도식으로 표현할 수 있다.

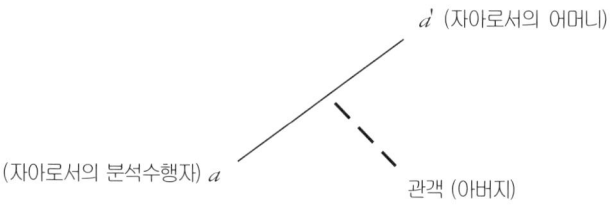

<표 1.6> 강박증을 가진 라캉의 분석수행자에 대한 L 도식

우리는 라캉의 강박증 사례―그리고 확대해석하자면 강박증 일반―의 경우, L 도식에 주체의 자리가 없다고 말할 수도 있다. 여기서 상징계적인 축은 절단되어 있으며 주체의 자리로 이어지지 않는다(이

1. 「치료의 방향」에 나타난 라캉의 기법

때 무의식의 주체는 숨겨져 있다); 또는 주체의 위치가 다른Other 위치로 철회되었다고도 볼 수 있다. 주체의 무의식적 욕망은 게임에서 벗어나 관객의 위치로 철회된다.

이것은 라캉이 「정신분석에서 말과 언어의 기능 및 영역」 중 언급한, 강박증의 경우 상정되는 타자의 자리와 관련된다:

> 강박증 환자들은 [……] 그가 한 자리를 맡고 있는 관객석에 자신들의 모호한 충성심을 바친다. 그것은 보이지 않는[se voir] 주인의 자리이다.
> [강박증 환자들은] 볼거리를 제공한다[donne à voir].
> [……] 강박증 환자의 경우, 분석가는 관객에 의해 감지될 수 있어야 한다. 무대 위에서는 관객이 보이지 않으며, 그[강박증 환자]는 죽음이라는 매개에 의해 그/그녀[관객]와 결합되어 있다(E 304).

위의 인용문에서 충분히 명확하지 않은 듯한 부분이 세미나 IV에 오면 더욱 확실하게 언급된다. 1956년 11월에 라캉이 세미나 IV에서 하는 말은 사실 그가 1년 반 후 「치료의 방향」을 쓰며 우리에게 들려주는 바로 그 환자로부터 알게 된 것일 확률이 높다:

> 강박증을 가졌다는 것은 무엇을 의미하는가? 간단히 말하자면, 강박증 환자는 그의 역할을 하는 배우이다. 그는 마치 자신이 죽은 사람인 것처럼 몇 가지 행동만을 보여준다. 그가 몰두하는 게임은 자신을 죽음으로부터 보호하는 한 방법이다. 그것은 자신이 절대로 무너지지 않는다는 것을 보여주는 활기 있는 게임이다. [……] 그에게 중요한 것은 타자—단순히 자신의 분신이며 대역인 소타자

―가 얼마나 극단적으로 행동할 수 있는가를 보여주어야 한다는 것이다. 게임은 그 광경을 보고 있는 타자Other 앞에서 진행된다. 이때 강박증 환자 자신은 단지 관객에 불과하다; 바로 이 때문에 게임이 가능한 것이며 그 속에서 그는 쾌락을 느끼게 되는 것이다. 그러나 그는 자신이 점유한 위치를 알지 못하며 그것은 그에게 무의식적인 것이다. [……]

그는 환영적 게임에 참여하여 [……] 죽음에 가능한 가까이 접근 하지만 정작 자신은 모든 공격으로부터 안전한 위치에 머무는데, 이것이 가능한 이유는 어떤 의미에서 주체가 사전에 자신의 욕망을 이미 제거했기 때문이다; 말하자면 그는 그 부분을 괴사시켰다. [……]

중요한 것은 주체가 자신조차도 인식하지 못한 채 다른Other 관객을 위해 스스로 마련한 것들을 보여주는 것이다(세미나 IV, 27-28).

그러므로 강박증 환자는 자신을 (아버지, 주인 그리고 심지어 죽음 그 자체와의 동일시를 통하여) 그 장면을 구경하는 타자Other로서 위치 시킨다. 자신의 자아가 게임—즉 타자를 위해 상연된 볼거리—에 참여 하는 동안 그/그녀의 욕망, 즉 무의식적 욕망은 마치 존재하지 않는 것처럼 주변에 방치된다. 라캉에 의하면 히스테리 환자는 자신을 볼거 리 그 자체 또는 타자의 눈앞에서 펼쳐지는 게임과 동일시하는 반면(E 304) 강박증 환자는 관객을 위해 볼거리를 제공하는데, 이때의 관객이 란 자기 자신이며 또한 분석의 과정을 통해서 특정 역할을 맡게 된 분석가이다.

1. 「치료의 방향」에 나타난 라캉의 기법

하나의 사례

라캉에 의하면 매우 이론적이기는 하지만 이상이 분석의 기본 좌표이다. 이것은 라캉이 논의를 시작하며 언급했던 바를 상기시킨다: "주체는 줄 끝에 매달려 있다. 그가 카드 세 장으로 나와 더불어 알아맞히기 게임을 할 수 있는 지점에 이른 것이다. 이를 통해 욕망의 구조가 밝혀진다는 의미에서 이것은 다소 특이한 종류의 게임이라고 할 수 있다"(E 631).

카드 세 장으로 하는 알아맞히기 게임은 자주 뉴욕이나 다른 도시의 거리들에서 볼 수 있는데, 이 게임에서 참여자는(보통 대도시 거리의 속임수들을 모르는 타지사람이다) 우선 카드 한 장의 앞면을 확인한다. 세 장의 카드는 평평한 바닥에 뒤집힌 상태로 배열되고 사기꾼인 다른 한 사람이 능란한 솜씨로 카드를 돌리며 섞는다. 사기꾼은 판돈을 올리기 위해 보통 관광객이 한두 번 이기도록 만드는데, 그/그녀가 게임에 몰입하게 되면 사기꾼의 손놀림은 더욱 빨라지고, 관광객은 자신이 보았던 카드가 어디 있는가를 확신한다고 생각할 때조차도 결코 맞는 카드를 고를 수 없게 된다(종종 그 카드는 속임수를 통해 단순히 처음부터 테이블에서 빠진 상태이다).

카드의 재빠른 움직임은 강박신경증이 "대비contrast로 이루어진 건축물"이며 많은 다양한 외관들을 제시한다는 라캉의 말을 환기시킨다, 그러므로 분석가는 반드시 "의심에 의해 변화가 초래될 수 없는 일반적인 조합"을 가지고 있어야 하며, 또한 "이 조합들은 유용하게도 바로 눈앞에서 일어나는 미로 속의 환영과 이동들에 대해서도 설명해낸다"(E 630). 이것은 관객을 위해 상연되는 두 자아들 사이의 게임을 상기시키기도 한다.

라캉은 그의 환자가 고의적으로 자신을 속이려 한다고 말하는 것이 아니다, 강박증 환자는 자신이 게임을 지휘하고 있다는 사실조차 모른다. 라캉에 의하면 바로 이것이 강박신경증의 특성 중 하나이다. 강박신경증은 분석 이후에도 "그 혼란스러움이 여전히 남아 있는" 구조이다(E 631). 이 말은 강박신경증을 가진 환자는 분석이 종결된 이후에도 완전히 다른 사람으로 변할 수는 없다는 것을 뜻하는 듯하다; 그/그녀는 '정상'이 되지 않을 수도 있다. 그러나 이것이 그/그녀가 분석 과정에서 변화할 수 없음을 뜻하지는 않는다.

숨겨진 카드

그렇다면 환자가 라캉으로부터 숨기는 카드는 무엇인가? 그 카드는 팔루스일 것이다. 라캉은 다음과 같이 그 사례에 대한 이야기를 이어 나간다:

> 흔히들 하는 우스갯소리로 중년으로 접어들었으며 환멸을 느낄 나이가 되었다는 듯 행동하며 환자는 기꺼이 나를 속여서 나로 하여금 그의 갱년기가 자신을 괴롭힌 성적 무력감의 원인이라고 믿게 했을 것이며 나 또한 같은 상태라고 몰아세웠을 것이다(E 631).

다시 말하면, 환자는 정부와의 관계에서 경험한 갑작스러운 발기부전에 대해 자신의 나이와 소위 남성 폐경기(또는 갱년기)라고들 부르는 것을 탓하기도 했고 또한 단순히 그것을 라캉 탓으로 돌리려고 노력하기도 했다. 분석수행자는 라캉 역시 갱년기를 겪고 있으며 그러므로 성적 무력감을 느끼고 있을 것이라고 돌려 말하는 것일 수도 있고 또는 라캉이 분석가로서 무능해서 impotence 분석수행자가 이러한 특정

1. 「치료의 방향」에 나타난 라캉의 기법

문제를 가지게 되었음을 암시하고 있는 것일 수도 있다.

환자는 자신의 정부에게 "시험 삼아to see 다른 남자와 동침해볼 것"(E 631)을 권유할 생각을 하는데 한 눈에 이 논리가 의미하는 바를 추측할 수 있다―이는 질투가 자신의 리비도에 모종의 영향을 미칠 것이라는 그의 믿음을 나타내는 듯하다. 아직 비아그라의 시대가 아니었기 때문에 그러한 자극제를 사용할 수도 없는 상황이었다. 그러나 "보기 위하여to see"라는 말은 환자가 자신이 일종의 억압된 동성애적 욕망들을 자신 안에 숨겨두고 있었음에 틀림없다고 생각한다는 사실과 관련이 있는 것으로 드러났다(그는 어떤 정신분석적 '진실들'에 관련된 이야기를 듣고 이와 같이 생각하게 되었다). 라캉은 이 믿음을 확증하거나 반박하지 않았다("모두들 추측할 수 있겠지만, 나는 당시 별다른 반응을 보이지 않았다"E 631). 사실 환자는 정부와 다른 남자가 동침할 때 자신이 그것을 보기 위하여 계획을 구상한다.25) 이제는 단순히 그렇게 생각하기만 하는 것이 아니라 그의 정부에게 다른 남자와 관계를 가지도록 명확하게 부탁한다.

꿈

그날 저녁, 그의 정부는 꿈을 꾸었고 곧 그에게 자신의 꿈 이야기를 들려준다.26) 라캉에 의하면(E 632) 이 꿈은 환자의 요청request(demande, 이것은 '요구demand'를 뜻하기도 한다)에 대한 응답이긴 하지만 이것은 단순한 예, 아니오의 형태로 구성되지 않는다. 정부는 특정 위치에서 대답하고 있는데 이 자리는 환자의 신경증이 그녀에게 부여한 위치이다. 즉 그녀는 그가 의식적으로 그녀를 배치하는 자리가 아니라 그가 어쩔 수 없이 그녀를 위치시킬 수밖에 없는 자리에서 답하고 있는 것이다. 이는 라캉이 앞에서 언급했던 전이의 해석을 상기시킨다. 우리는 전이의 외부에 위치될 수 없다, 분석가는 전이를 근거로 해석하는데, 분석수행자는 자신이 분석가를 위치시킨 곳에서 그 해석을 듣게 된다. 그러므로 전이를 해석하는 것은 전이를 극복한다거나 또는 잠시라도 그것을 벗어나 외부로 나올 수 있다는 뜻이 아니다; 해석의 강도는 그것이 어떤 위치로부터 도출되는가에 달려있다. 우리는 항상 이미 위치되어 있다.

정부의 꿈 이야기로 돌아가자. 이 꿈에서 "그녀는 팔루스를 가지고 있다—그녀는 옷 아래에서 그 모양을 인지한다—그러나 그녀는 질도 가지고 있었으며, 그녀는 팔루스가 질 속에 삽입되기를 바랐다." 라캉은 "이것을 듣자마자 환자의 성기능은 즉시 회복되었으며, 자신의 통찰력 있는 정부와 성공적으로 사랑을 나누었다"고 덧붙인다(E 631).

환자 자신의 꿈이 아님에도 불구하고 라캉이 이 꿈을 해석하는 이유는 무엇일까? 욕망이 타자의 욕망인 것과 같이, 정부의 꿈에 나타난 욕망은 환자의 욕망과 동일하다. 라캉에 의하면 그 꿈은 "환자가 요청한 것 이상으로 그의 욕망을 만족시킬 수 있도록 구성되었다." 다시 말하면, 이 꿈은 정부가 다른 남자와 관계를 가졌으면 좋겠다는 환자의 요청 너머에 있다. 환자는 그녀가 어떤 것을 하기를 요청하고 있지만, 라캉이 종종 비판하는 분석가들과는 달리 그녀는 그의 요청(demande)에서 다른 무엇인가를 읽어낸다. 그것은 다른 어떤 곳에 있는 욕망desire이다. 그리고 꿈이 충족시키는 것은 바로 이러한 욕망—그의 요청 너머에 있는 환자의 욕망—이다.[27]

라캉은 강박증 환자가 "환유적인 조건을 유지하는 불가능성 속에서 자신의 욕망을" 지속시킨다고 말한다(E 632). 여기서 환자의 욕망은 환상에 의해 지지되는데, 예전에는 정부가 그의 환상 속에서 성적인 대상의 위치를 점유할 수 있었다. 그러나 분석이 환자가 필요로 하는

1. 「치료의 방향」에 나타난 라캉의 기법

환유적인 조건을 방해함으로써, 그의 정부는 더 이상 그에게 적절한 위치—욕망의 원인이 되는 위치—에 배치될 수 없게 된다. 대신 그녀는 그가 숭배하는 대상의 위치(강박증 환자의 성녀/창녀 변증법으로 나타나는 어머니의 위치)를 점유하게 된다.

그녀가 꿈에 '팔루스를 가진' 사람으로 나타났다는 사실이 '그녀의 성적 가치'를 회복시킨 것이라고 생각할 수 있지 않을까? 즉 이것이 그녀를 다시 환자의 환상 안에서 욕망의 원인이라는 위치에 배치한 것이 아닐까? 만약 그렇다면, 이것은 라캉이 세미나 VIII에서 제안한 남성 동성애에 관한 가설을 확증하는 셈이다. 이 세미나에서 라캉은 남성 동성애자의 경우 "욕망의 기호"—즉 발기된 음경—은 "욕망의 대상, 욕망을 발동시키는 대상"이라고 주장한다(307). 이 가설에 따르면 남성 동성애자가 추구하는 것은 (욕망의) 기표가 아니라 (욕망의) 기호이다. 그러므로 그의 욕망의 원인은 부재(상대의 욕망이 다른 곳을 향하고 있음을 암시하는 결여)라기보다는 현존(상대의 욕망을 나타내는 기호로서의 발기된 음경의 현존)일 것이다.

라캉은 이 개념을 『향연 *Symposium*』의 논의와 더불어 설명한다. 플라톤의 대화에서 알키비아데스 Alcibiades는 푸주한의 부인과는 달리 타자의 욕망의 기표에는—알키비아데스의 타자란 소크라테스이다—관심이 없는 듯 보인다. 대신 그는 소크라테스가 그를 욕망하고 있음을 나타내는 기호를 요구한다; 그는 소크라테스가 발기하기를 원한다, 그 자체가 그에게는 타자의 욕망을 나타내는 기호의 역할을 할 것이다. 이것이 바로 대문자 파이(Φ, 팔루스)를 소문자 파이(-φ, 상상계적 거세)로 좌천시킨다는 라캉의 말이 의미하는 바이다. 이것은 상징계에서 상상계로 환원된다기보다는(세미나 VIII, 296) 더욱 정확히 말하면 기표에서 기호로 축소된다는 뜻인 듯하다. "타자의 욕망은 기표의 표식에 의해 우리로부터 근본적으로 분리되어 있으므로"(274-75), 알키비아데스는 소크라테스의 욕망의 기호를 원한다. 타자의 욕망―즉 타자가 원하는 것, 더욱 정확히 말하자면 타자가 우리로부터 원하는 것―은 숨겨져 있거나 또는 기표에 의해, 무형의 기표인 팔루스에 의해 우리에게 제시된다. 그것은 x, y, z를 하라는 요구와 같이 즉각적으로 명백한 것이 아니다. 모든 말은 요구이므로, 욕망은 결코 직접적으로 말해질 수 없으며 라캉이 제시하는 대로: 모든 말은 (응답, 인식 또는 승인을 위한) 일종의 요구로 구성되어 있다.[28] 일반적으로 욕망이란 무의식적 욕망이므로, 욕망은 해독되어야만 하는 것이다; 그것은 우리가 의식적으로 자신이 원하는 것에 대해 말하는 것 너머에 있다. 라캉의 이론에서 타자의 욕망을 나타내는 기호로써 우리 자신을 만족시키는 것은 지름길이라고 할 수 있다: 이것은 타자의 욕망의 모호함과 타자의 욕망에 대한 해석의 불확실함에 의해 야기되는 불안을 해소하는 한 방법이다.

좋은 분석가와 같이 소크라테스는 알키비아데스에게 그가 찾는 기호를 건네주지 않는다. 라캉에 의하면 소크라테스는 알키비아데스를 자신의 욕망 안에 위치시키고자 한다. 이 경우 욕망은 기호에 연관된 것이 아니라 부재의 기표에 관련된다. 소크라테스는 알키비아데스의 욕망을 "변증법화dialectize"시키고자 한다. 현대 정신분석 역시 동일한 결과를 초래할 수 있어야 한다. 라캉에 의하면 분석가는 분석수행자에게 **어떤 것**을 제시해서는 안 된다. "왜냐하면 제시되어야 하는 기호는 기표의 결여[를 나타내는 기호]이기 때문이다"(세미나 VIII, 275). 이는 명백히 S(A), 타자 안에 있는 결여를 나타내는 기표(의미화 연쇄 자체에 내재된 결여를 나타내는 기표)와 관련된다. 분석이 제대로 종결되기 위해서 분석수행자는 반드시 타자 안에 있는 결여를 대면해야 한다.

이것은 라캉이 남성 동성애자에 대하여 제시한 유일한 사례가 아니

1. 「치료의 방향」에 나타난 라캉의 기법

며 가장 치밀한 분석도 아니다. 특히 라캉이 세미나 VIII에서 이에 대해 논의하며 사이키와 에로스, 도라와 다른 참고문헌들을 제시하고 있음을 주시해야 한다. 더욱이 그는 강박신경증 일반에서 "대문자 파이는 특성이 격하된 형태로 나타난다"고 말한다(세미나 VIII, 298). 다른 말로 바꾸면 "격하됨"이란 강박증의 일반적 특성인 듯하다. 또한 대문자 파이는 "기표로부터 배제된 기표", 즉 의미화 체계 자체에서 배제된 기표이므로 "그것은 오직 책략, 밀수密輸contraband 그리고 좌천 degradation을 통해서만 그 자리를 채우게 된다. …… 바로 이 때문에 우리는 상상계적인 파이의 역할 이외의 다른 방식으로는 그것을 볼 수 없는 것이다"(306). 대문자 파이는 자체는 결코 그러한 방식으로 나타나지 않는다. 그러나 그럼에도 불구하고 그것은 바로 부재 자체에 의해 환기될 수 있는 것인 듯하다.[29]

라캉이 세미나 VIII의 16장에서 그러한 이론을 제안할 때 그가 "양심이 없는 과학은 영혼의 폐허"라는 라블레Rabelais의 주장에 대해 언급한다는 점을 상기하자. 「치료의 방향」에 나오는 정부의 꿈에 대한 논의에서 그는 라블레의 동일한 표현을 "과학이 없는 양심"으로 바꾸어 언급하고(E 632), 이후 "무의식에 포함된 과학"에 대해 설명할 때 다시 이를 환기시킨다(E 632). 또한 「치료의 방향」이 1961년 처음 출판되었으며, 세미나 VIII의 팔루스에 관한 몇 회의 강연이 1961년 4월에 진행되었음을 기억하자. 이는 우리가 하나의 텍스트를 다른 텍스트와의 관계 속에서 설명하는 것을 정당화시킨다.

어떤 경우든 우리는 정부의 꿈이 우리에게 "무의식에 포함된 과학"을 보여준다고 말할 수 있다. 즉 이 꿈은 욕망의 기호의 현존―발기된 음경―과 부재―음경의 삽입에 대한 욕망을 나타내는 질―를 모두 제시하고 있다. 그러므로 우리는 이 둘을 한꺼번에 가질 수 있게 된다.

발기된 음경의 "실제적 현존real presence"과 곧 이어지는 음경의 부재가 꿈꾼 이의 욕망을 불러일으킨다.30)

그러므로 단순히 그녀가 꿈에 팔루스를 가진 사람으로서 나타나기 때문에 환자에게 다시 성적 대상이 될 수 있었던 것이라고 볼 수는 없다. 어떤 분석가들은 그녀가 음경을 가졌다는 것이 그녀가 "[그의 음경을] 빼앗아 갈 필요가 없다"는 사실을 보증한다고 믿을 수도 있다. 그러나 라캉에 의하면 "너무나 확실한 보증은 쉽게 무효화 된다"(E 633). 그녀가 제시하는 "어머니의 팔루스"—이와 같이 지칭해도 되지 않을까?—는 주체의 거세 불안을 일시적으로 해소시키지만, 팔루스의 존재가 그로 하여금 거세불안을 극복하게 만들지는 못한다. 그녀가 제시하는 팔루스를 내가 "어머니의 팔루스"라고 부르는 이유는 다음과 같다. 만약 그녀가 이전에 그의 환상 속에서 욕망의 원인이 되는 위치를 점유할 수 있었으나 그가 분석의 과정을 거침에 따라 더 이상 그 위치에 배치될 수 없었다면, 그것은 아마도 그가 그녀를 자신의 어머니와 흡사한 모습으로 인식하기 시작했기 때문일 것이다.

그러므로 환자에게 성애적 대상으로서의 그녀의 가치를 회복시키는 것은 팔루스의 부재가 **함께** 꿈에 제시된다는 사실인 듯하다. 모든 종류의 현존에도 불구하고 결여의 자리는 보존되며 그러므로 욕망의 위치—꿈꾼 이의 욕망의 자리, 그리고 환자의 욕망의 자리 모두—는 손상되지 않는다. 꿈꾼 이의 결여는 환자의 욕망이다; 다르게 표현하자면 꿈꾼 이의 결여는 환자의 욕망을 불러일으킨다. 그리고 이 결여는 반드시 유지되어야 한다.

욕망과 그 욕망에 대한 경멸 사이에서의 교착상태

왜 그러한 결여가 반드시 유지되어야만 하는가? 환자의 어머니는

1. 「치료의 방향」에 나타난 라캉의 기법

남편의 욕망을 경멸했다. 그러므로 환자는 "욕망과 그러한 욕망에 대한 경멸 사이에서," 즉 자신의 욕망이 되어버린 그의 아버지의 욕망과 어머니, 또는 주체에 의해 어머니의 자리에 위치되는 모든 여자가 보여주는 그 욕망에 대한 경멸 사이에서 "제자리걸음을 하게 된다"(E 633). 만약 내가 어떤 사람의 욕망을 경멸한다면 나는 그의 욕망이 내 안의 결여와 무관하다고 말하는 것이나 다름없다. 만약 내가 그로 하여금 내 안의 결여를 보지 못하도록 만든다면 그의 욕망은 사라질 것이며 그의 존재는 소멸될 것이다.[31]

만약 정부가 꿈에 음경만을 가졌을 뿐 질이 없었다면 (또한 다른 음경의 삽입에 대한 욕망이 없었다면) 그녀는 환자로부터 어떤 것도 필요로 하지 않았을 것이며 그의 욕망에 대한 경멸만을 가지고 있는 셈이었을 것이다. 사실 그녀가 꿈을 꾸기 이전에 그는 그녀를 정확히 그러한 방식으로 인식하고 있었다. 그녀는 어떤 것도 결여되지 않았으며 그의 욕망과 무관한 것으로 인식되었고 그는 그녀와의 관계에서 성기능을 잃게 되었다. 그러나 꿈에서 그녀는 어떤 것을 결여하고 있는 것으로 제시되며, 이 때문에 환자는 그녀에게 필요한 사람이 되고 자신의 존재를 제공할 수 있게 된다. 즉 그녀를 위해 팔루스의 위치를 점유하게 된 것이다. 그러한 의미에서 그 자신의 "존재의 결여/존재의 열망want-to-be이 가동되었다"고 볼 수 있다(E 633).

라블레에 대한 인용이 「치료의 방향」과 위에서 인용된 세미나 VIII의 한 부분 사이의 관계를 충분히 설명해주지 못한다고 생각한다면, *contrebande*(밀수contraband)라는 단어가 두 텍스트 모두에서 강박증 환자의 대상을 설명하기 위해 사용되었다는 점을 기억하기 바란다. 또한 이 단어는 라캉의 강박증 환자의 경우 더욱 특별한 의미를 가지는데, 즉 그에게 문제되는 부분이 *bander ou ne pas bander*(발기하느냐 아니면 발기하지 못하느냐)이기 때문이다.

사실 필자는 이 사례에서 밀수품contraband은 어머니의 팔루스 그 자체라는 점을 작업가설로 제시하고자 한다. 그것은 모조 또는 위조된 팔루스이며 부정한 방식으로 제시된 것이다. 우리는 그것을 상상계적 팔루스라고 부를 수 있으며, 상상계적 팔루스란 존재하는 듯한 동시에 그렇지 않은 듯하기도 한 것으로서 신체에서 분리되어 떨어져나갈 수 있는 것이다. 라캉이 「주체의 전복」에서 말하듯이 "팔루스는 [신체]구조 상 '극점pointy extremity'에 위치되어 있으며 이 때문에 팔루스는 분리되는 환상을 가지는 경향이 있다―이제 팔루스는 완전히 거울상으로부터 떨어져 나와 대상들의 세상 속에서 원형으로서 구축된다"(E 822).

상상계적 팔루스는 불확실한 것이다; 그것을 확실하게 소유하는 것은 불가능하다. 아마도 이 때문에 라캉의 강박증 환자는 자신의 정부가 그것을 가지고 있다는 것을 명확히 보증할 수 없었을 것이다(E 633). 그러나 모조 팔루스의 존재는 부재하는 팔루스를 상기시킨다; 라캉은 「주체의 전복」에서 몇 단락 후 바로 이 부분에 대해 언급하고 있다:

> 그것은 베일에 가려진 여자와도 같다. 음경의 부재에 의해 그녀는 욕망의 대상인 팔루스가 된다. 그러한 부재를 더욱 명확한 방식으로 환기시키고자 한다면 그녀로 하여금 멋진 드레스 안에 귀여운 모조품을 착용하게 하라. 그러면 당신은, 아니 그보다 그녀는 우리에게 상당히 많은 이야기들을 들려줄 것이다. 변죽만 울리는 남성들이 아닌 경우라면, 효과는 100퍼센트 보장한다(E 825).

1. 「치료의 방향」에 나타난 라캉의 기법

비아그라의 시대에도 사람들이 그런 놀이를 하는가에 대해서는 다소 의심스럽지만, 옷 안에 착용한 팔루스가 명백한 모조품이라는 사실은 "여성=상징계적 팔루스"의 공식을 가능하게 만든다. 여기서 "상징계적 팔루스"란 타자의 욕망을 나타내는 기표를 의미하며, 파트너의 욕망을 불러일으키는 원인으로 이해할 수 있다. 명백한 모조품의 존재는 강제적으로 실제 생물학적인 음경의 부재를 환기시킨다, 다시 말하면 그것이 상기시키는 '가지고 있지 않음not-having'은 상징화를 가능하게 만든다. 그것은 타자안의 결여를 나타내는 기표를 불러내는데, 이 시기의 라캉의 이론에서 그러한 기표는 근본적으로 상징계적 팔루스와 동일한 것으로 간주된다. 상징계적 팔루스는 주체의 욕망을 불러일으키는 것이다. 분석가는 분석수행자가 분석의 적절한 종결지점에 이르게 하기 위해—위와 같은 성적인 대면을 기획함으로써가 아니라 분석이라는 과정을 통하여—반드시 분석수행자가 타자의 결여를 나타내는 기표로서의 상징계적 팔루스를 대면하도록 이끌어야 한다.

그러한 대면 이전에 강박증 환자가 가진 모든 대상들의 진로를 결정하는 것은 상상계적인 팔루스로서 이것은 그들을 순차적으로 배열하고 동등한 가치를 부여하며 환유적으로 하나의 대상을 다른 대상으로 끊임없이 연계시킨다. 라캉은 세미나 VIII에서 강박증 환자의 근본적인 환상에 관한 공식을 다음과 같이 제시한다:

$$A \Diamond \phi\ (a,\ a',\ a'',\ a''',\ \ldots\ldots)$$

마름모꼴의 좌측 항은 강박증 환자들이 타자와의 관계에서 자신을 위치시키는 방식을 나타내는데 그들은 "어떤 순간에도 결코 스스로를 가리킬 수 있는 자리에 존재하지 않는다"(세미나 VIII, 297); 그들의

존재는 다른 어떤 곳으로 밀려나 있다. 마름모꼴의 우측 항이 나타내는 사실은 다음과 같다:

> 그[강박증 환자]에게 대상들은 욕망의 대상과 마찬가지로 특정한 성적 등가물의 기능[mis en fonction]을 가진다―이것은 우리가 흔히 그의 세상이, 특히 그의 지적인 세계가 성적인 것이 되는 과정을 설명하는 방식이다. 이렇게 "기능에 따라 배치하는 것situating as a function of[mise en fonction]"을 ϕ로 표기할 수 있다 [……] ϕ는 바로 성적인 차원에서 대상들 간에 구축된 평형 이면에 있는 것이다. 어떤 의미에서 ϕ는 측정단위로서 주체는 이를 이용하여 소타자의 기능―즉 그의 욕망의 대상들의 기능―을 이해한다(297).

만약, 내가 제안하는 대로 ϕ가 적어도 어떤 의미에서는 어머니의 팔루스로 이해될 수 있다면, 강박증 환자의 모든 다른 대상들이 빛을 발할 수 있는 근본적 이유는 팔루스의 빛 때문이라고 말할 수 있다. 그 대상들이 공유하는 밀수품contraband의 특징은 가장 뛰어난 밀수대상contraband object―어머니의 팔루스―으로부터 기인한다(우리는 2장에 나오는 크리스의 사례연구를 통해 밀수대상의 중요성에 대해 다시 논의할 것이다). 강박증 환자의 대상들은 어머니와의 연관관계가 드러나지 않는 한 그/그녀의 욕망을 불러일으킬 수 있다. 그러나 일단 그러한 관계가 드러나면 밀수대상(정부, '창녀')은 더 이상 욕망될 수 없으며 단지 이상화되거나(성모 마리아) 포기된다.

우리는 위의 해석을 한 단계 진척시켜, 강박증환자의 대상들은 스스로 거세를 인식하기 전까지는 자신이 완고하게 무의식적으로 팔루스를 가진 여자(소위 어머니의 팔루스)에게 부여하는 속성에 의해 결정된

1. 「치료의 방향」에 나타난 라캉의 기법

다고 말할 수 있을 것이다. 여기서 거세란 라캉이 거듭 언급하듯이 "무엇보다도 우선 [……] 타자의 거세(가장 먼저 어머니의 거세)"이다(E 632; 또한 E 686을 보라). 강박증 환자들은 자신의 어머니가 거세되었다는 것을 받아들이지 않는데 그것은 어머니가 자신이 원하는 모든 것을 가지고 있지 않으며, 그러므로 무엇인가를 결여하고 있음을 뜻하기 때문이다. 또한 그/그녀가 이를 받아들이지 않는 이유는 이것이 자신에게도 해당된다는 생각 때문이다. 그것은 마치 어머니가 심지어 그/그녀의 존재 자체만큼이나 불가능한 것을 자신으로부터 기대하고 있다는 뜻이 된다. 그녀의 욕망('타자의 욕망')이 자신으로부터 불러일으키는 끔찍한 불안을 대면하지 않으려면 그/그녀는 어머니의 결여('타자 속의 결여')가 존재한다는 사실을 부정해야 한다. 그럼에도 불구하고 그/그녀의 주이상스는 어머니와 연관되어 있는데, 그/그녀는 자신을 흥분시키는 밀수품과 그녀 사이의 관계를 은폐함으로써만 일종의 만족을 느낄 수 있다. 분석과정에서 주도되는, 상징화된 타자 안의 결여, 즉 타자 안의 결여를 나타내는 기표(앞에서 언급되었듯이 이 시기의 라캉의 이론에서 이것은 상징계적 팔루스, Φ와 동일한 것으로 간주된다)와의 대면을 통해서만 강박증 환자는 거세를 받아들이고, 결국 항상 어머니와의 연관성을 드러낼 수밖에 없는 일련의 대상들을 끊임없이 나열하는 행위에 종지부를 찍을 수 있게 된다. 그때 상상계적 팔루스, ϕ는 비로소 주체의 욕망을 위한 조건이라는 기능을 멈추게 된다.

그렇다면 아마도 라캉이 제안하는 바는 정부의 꿈이 분석수행자가 타자의 결여를 대면하는 데 도움이 되었으며, 그가 그러한 결여를 꿈속의 음경(상상계적인 어머니의 팔루스) 이상의 다른 어떤 것으로서 상징화시키게 만들었다는 것이 아닐까? 그것은 다른 어떤 것에 대한 욕망을 나타내는데, 이는 자신의 존재나 신체의 기관에 대한 욕망이 아니라 그가 가지고 있지 않음에도 불구하고 이따금씩 다른 사람에게 양도할 수 있는 어떤 것에 대한 욕망이다. 또는 라캉에 의해 이것은 단지 환자를 순간적으로나마 분석이 의도하는 것과 동일한 방향으로 움직이게 만든 일시적인 방편으로 이해되는 것 같기도 하다.

　이상이 우리가 라캉의 강박증 환자 분석사례에 대한 설명을 통해 추측할 수 있는 해석이다. 이 환자의 분석에서 라캉의 역할은 무엇이었는가? 우리는 그가 무엇을 하였는가보다는 그가 무엇을 하지 않았는가를 더욱 쉽게 떠올리게 된다. 그는 환자에게 '거세하는 어머니'에 대한 이야기를 하지 않았다. 라캉에 의하면 "[그런 방식으로] 해석하는 것은 무의미한데, [그녀를] 어떤 지점에서 상기시키는가에 대한 고민은 분석을 진척시키지 못했을 것이며" 단지 환자를 그가 이미 위치된 자리로, 즉 "그가 욕망과 그 욕망에 대한 경멸 사이에서 제자리걸음을 하고 있는" 곳으로 다시 돌려보내는 것에 불과했을 것이다(E 633). 정부의 꿈은 "분석가만큼이나 탁월한 방식으로 분석수행자에게 말을 건넨다"(E 632). 더욱 탁월한 방식이라고 해도 되지 않을까?

　더불어 라캉은 "환자로 하여금 기표로서의 팔루스가 그의 욕망과 관련하여 맡은 역할을 인식하게 만들기 위해" 노력한다(E 632). 그러나 우리는 라캉이 **어떻게** 이 과정을 전개해 나갔는가에 대해서는 알아낼 수 없을 듯하다. 어쨌든 그는 항상 상징계적인 축을 중심으로 개입하였으며 환자의 정부와 마찬가지로 "치료의 과정direction에서 욕망의 자리"를 지켜내고자 노력했다(E 633). 바로 이 지점이 프로이트가 젊은 여자 동성애자의 분석에서 실패한 부분인 듯하다. 위에서 살펴본 대로 프로이트는 팔루스를 단지 한 사람이 가지고 있거나 가지고 있지 않은 것, 즉 분명한 것으로서 인식했으며, 그녀가 가지고 있지 않은 것임에도 불구하고 사랑에 빠졌을 때에는 양도할 수 있는 것, 또는 그녀가 가지고

1. 「치료의 방향」에 나타난 라캉의 기법

있지 않음에도 불구하고 바로 그것 때문에 사랑받을 수 있는 어떤 것으로는 파악하지 못했다.

왜 우리 분석가들은 분석수행자에게 우리들과의 동일시를 권고해서는 안 되는가

「치료의 방향」에 대한 주석을 마치며 마지막으로 라캉의 기법과 다른 분석가들의 기법 사이의 근본적인 차이를 하나 더 지적하고자 한다. 라캉의 많은 동시대 분석가들은 분석수행자와 분석가 사이의 동일시를 유도하는 것을 명백한 목표로 삼았는데, 라캉에 의하면 이것은 "환자들의 욕망을 요구로 환원시키는 것이며, 이것은 그러한 요구를 분석가 자신의 요구로 전환시키는 작업을 단순화시키는 것"에 불과하다(E 626). 그러한 동일시는 존재에 대한 분석수행자의 요구와 분석가의 "존재에 대한 열정passions for being"을 만족시킨다(E 627); (타자로서의) 분석가가 나에게 내가 누구이며 내가 무엇인가에 대해 이야기해주므로 나는 내가 누구이며 내가 무엇인가를 알고 있다. 이것은 욕망의 그래프에서(E 817; 4장을 보라) $s(A)$의 자리에 상응한다.

라캉은 환자의 존재에 대한 열정을 충족시키는 방법—이것은 동일시를 통하여 **만족될 수 있다**—을 찾기보다는 분석수행자가 자신의 *manque-à-être*(존재의 결여 lack of being, 존재되기의 실패failure to be, 존재에 대한 열망want-to-be)를 대면하게 만들기 위해 노력한다. 환자를 보호하고 환자의 존재를 보증해주며 왜 그/그녀가 그곳에 있고 그/그녀의 목표가 무엇인가를 말해주는 기표가 타자에 의해 제시될 것으로 기대되는데, 분석가는 분석수행자가 타자 안에서 이러한 기표의 부재를 대면하도록 만들어야 한다—이것은 욕망의 그래프에서 S(A)에 상응한다.

  욕망의 그래프는 위의 두 가지 접근을 공간적으로 분리시키고 있다. 동일시는 내 존재의 결여에 대한 질문을 회피하는 한 방식이다. 만약 내가 분석가 또는 지도자와 동일시한다면(SE XVIII, 8장을 보라) 나는 나 자신에게 그러한 어려운 질문들을 할 필요가 없게 된다—내 존재의 문제는 이미 해결되었으므로 그것은 결코 의제가 되지 못한다. 콜레트 솔레Colette Soler가 「존재와의 관계: 분석가가 행동하는 자리The Relation to Being: The Analyst's Place of Action」에서 주장한 바와 같이 라캉도 이렇게 다른 사람의 자아와 동일시하는 것을 *malheur de l'être*(존재의 불운, 존재의 불행)라고 부른다(E 615. 636)[32]. 어떤 사람과 동일시하는 것을 불운하다고 말하는 이유는 그것이 내가 존재의 결여와 겨루어 그 너머로 갈 수 있는 기회를 박탈하는 것이기 때문이다. 그것은 내게 나의 분석가와 동일한 부적절함과 실패들을 안겨줄 것이다. 그것이야말로 진정 불운한 것이 아니겠는가!

2. 자아심리학자 삼인방에 대한 라캉의 비판: 하르트만Hartmann, 크리스Kris 그리고 뢰벤슈타인Loewenstein

> 욕망이 환자가 위치된 지형 전체를 메우고 있는 상태에서, 그것을 그림에서 지워버리는 것은 프로이트의 가르침을 따르는 적절한 방식이라고 할 수 없다.
>
> —라캉, 「치료의 방향」

정신분석을 정신분석(화)하며 Psychoanalyzing Psychoanalysis

라캉이 그가 비판하는 입장에 대한 총체적인 요약을 제시하는 경우는 드물다. 대신 그는 이에 관계되는 다양한 논의들과 주장들을 제시하고, 이들 각각을 반박한다. 그런 의미에서 라캉은 설명적이지는 않은 듯하다: 그는 결코 자신의 대척점에 위치된 사람들의 입장을 자세하게 설명하고 차근히 비판함으로써 그들이 틀렸다는 것을 보여주지 않는다. 그보다 그는 명예를 손상시킬 만한 반어적인 이야기들을 즉석으로 여기저기에 제시함으로써 이론의 체계 전체를 한 줄이 안 되는 문장으로 무너뜨려버린다.

그러나 정신분석학 내부에서 자신이 드러내는 그러한 공격적인 성향을 일상적인 것으로 간주하는 라캉의 태도는 그가 보여주는 상당히 다른 종류의 태도에 의해 상쇄된다. 후자에서 라캉은 정신분석 자체를 정신분석하고 있는데, 다시 말하면 그는 프로이트의 시대 이래에 정신분석에 나타난 새로운 흐름의 역사적 진화과정을 정신분석하고 있다. 라캉은 헤겔이 (『역사철학강의』에서) 역사를 읽는 방식으로 분석 이론의 역사를 읽어내기를 원하는 듯하다. 그러나 헤겔이 역사는 가장 완전한 방향성을 지향한다고 믿었던 것과 같이 라캉도 분석의 역사가 의심의 여지없이 진실을 향해 나아가고 있음을 믿었다는 말은 아니다; 이보다 그는 "정신적으로 그리고 임상적으로 분석에 당면한 사실상의 교착상태를 극복"하고자 했다(세미나 I, 32/24).[1]

그는 정신분석의 동향에서 볼 수 있는 방향성의 다양한 변화들을 분석함으로써, 이 변화들에 의해 초래된 난국을 극복하고자 했다. 라캉은 분석이란 "무의식으로 나아가기 위한 우회"(세미나 I, 32/24)이며—즉 분석이란 (소위 진실이라는) 사물의 핵심을 관통하는 대신 그것을 피하거나 그 주위를 맴도는 선회적인 경로이며—그 우회적이고 회피적인 방식에 나타난 급전환 및 새로운 방향들에 대한 논리를 찾을 수 있다고 제안하는 듯하다. 라캉에 의하면 "[우리는] 분석경험의 진화와 변형이 그 자체만으로는 이해할 수 없는 인간경험을 내포하는 한 이로부터 그러한 경험의 본질을 배울 수 있다고 가정해야 한다"(32/24).

정신분석 내에서 일련의 왜곡과 반전을 초래하는 내부적 논리—라캉은 그 중 자아심리학과 대상 관계이론[2]을 지목한다—에 대한 이해는 라캉이 거듭 되돌아오는 주제이다: 우리는 이것을 세미나 I, 『말과 언어의 기능 및 영역』, 『표준치료의 변주』 그리고 『치료의 방향』에서 찾아볼 수 있다. 나는 정신분석의 진화과정을 통해 볼 수 있는 논리 속에서 자아심리학의 위치에 대한 라캉의 분석을—또한 그것이 어떻게 우리가 특정 교착상태를 극복하는 데 도움이 되는가에 대해—살펴볼 것이다. 이에 앞서 우선 자아심리학 그 자체의 특징들을 제시하고자 한다.

2. 자아심리학자 삼인방에 대한 라캉의 비판: 하르트만, 크리스 그리고 뢰벤슈타인

자아심리학의 이론적 근거

에른스트 크리스, 하인즈 하르트만 그리고 루돌프 뢰벤슈타인은 스스로를 자아심리학의 창시자라고 부르며, 프로이트의 1930년대의 업적에서 이 명칭의 근거를 찾는다.[3] 창립자들은 무엇보다도 『억제, 증상 그리고 불안』(SE XX)에서 영감을 얻었는데 이것은 우연히도 1936년에 출판된 안나 프로이트의 『자아와 방어기제*The Ego and the Mechanism of Defense*』[4]에서 가장 빈번히 인용되는 텍스트이기도 하다.

안나 프로이트의 책은 전적으로 자아를 독립적으로 연구할 수 있는 대상으로 인정하고 연구의 가치가 있는 독립적 행동분과로 이해했으므로 명백히 자아심리학이라는 동향의 일차적 원인으로 간주되어야만 한다. 프로이트의 딸에 의해 집필되었으며 프로이트 생전에 출판되었으므로 그것은 프로이트 자신에 의해 전면적으로 인정된 작업으로 받아들여졌다. 라캉은 1954년, 세미나 I (76/63)에서 안나 프로이트의 책이 "후계자legacy"로서의 가치가 있다고 말한다. 그것은 프로이트가 마지막으로 체계화한 자아에 대한 이론을 '충실히 물려받은' 유산이다. 그러나 1955년의 논문인 「프로이트의 사물"The Freudian Thing"」에서 라캉은 다소 반어적인 표현을 사용한다. 자아와 두 번째 위상학 사이의 격렬한 관계는 "안나 프로이트양의 행정부에 의해 혼인으로 승인되었으며, 그 [결합의] 사회적 인지도는 그 후 더욱 공고해지고 있으므로 사람들은 이제 그들이 교회의 축복을 요청할 것이라고 확신한다"(E 420-21).

국제 정신분석학계의 분석가들 다수는 마치 그동안 줄곧 자신들이 원하던 것에 대한 이와 같은 인증을 기다려온 듯하다: 하르트만은 즉시 『자아심리학과 적응의 문제*Ego Psychology and the Problem of Adaptation*』[5]

를 출판하여 분석가들이 드디어 당당히 심리학자들에 의해 수년간 연구되어 온 모든 것들—아이들이 어떻게 학습하는가, 그들이 매년 어떻게 발달하는가, 그리고 그들이 다른 형태의 초기 교육에 어떻게 반응하는가—을 자아를 중심으로 연구할 수 있게 되었다는 자신의 견해를 표명한다. 이제 자아는 더 이상 단순히 이드의 충동과 초자아의 판단 사이에서, 또는 이드의 충동들과 외부 현실의 요구들 사이에서 중개자의 역할을 하는 것으로만 이해되지는 않았다. 갑자기 "갈등이 없는 지대nonconflictual zone" 또는 "무갈등 영역conflict-free sphere"의 존재를 가정하는 것이 가능해졌다. 이 영역에서 자아는 다른 정신적 작인들의 혼란스럽고 무법적인 영향과 무관하게 "현실에 대한 통제력"[6]을 개발하고 신장시킬 수 있다. 이제 다수의 자아 기능들이 "대체적으로 정신적 갈등이 미치지 못하는" 영역, 즉 "갈등이 없는"[7] 공간에서 개발된다고 주장된다.

당시 정신분석은 일반심리학 분과에 재편입될 수 있을 듯했고, 분석가들 사이에는 이제 아이가 언어, 수학, 과학, 일상생활 등을 숙달해 나가는 과정에서 볼 수 있는 아동발달의 자세한 세부와 자아의 긍정적 성취들을 연구할 수 있게 된 듯한 분위기가 감돌았다. 자아의 방어는 더 이상 부정적인 속성이나 결함으로 간주될 필요가 없었다. 그것은 **적응이라는 훌륭한 과제**를 위해 필수적인 것이며 매우 생산적인 것으로 간주되었다. 사실 우리는 정신분석가들이 갑자기 자아의 적응 기능을 숭상하기 시작했다고도 할 수 있다. 그 이전에 적응은 이드에 지나치게 많은 제한들을 부과했으며, 난제와 불확실성으로 가득 채워진 것으로서 항상 불안정한 상태였다.

하르트만과 크리스는 그들의 글에서 프로이트를 기원으로 삼으며 프로이트가 언급한 리비도(이드)와 초자아의 발달을 세부적으로 언

2. 자아심리학자 삼인방에 대한 라캉의 비판: 하르트만, 크리스 그리고 뢰벤슈타인

급한다. 그러나 그들은 프로이트가 자아의 발달에 대해서는 거의 설명하고 있지 않다고 주장한다. 그들은 "우리의 지식에 나있는 간극"을 메우기 위해 노력한다. 그들의 설명에 의하면 프로이트가 실패한 이유 중 하나는 그가 "환경의 영향력"을 충분히 설명해내지 못했기 때문인데, 그들은 그러한 영향들을 "발달development"이라고 부른다 (「유전학적 접근"The Genetic Approach"」, 24).

이상한 점은 라캉의 분석가였던 루돌프 뢰벤슈타인과 공동으로 집필하였으며 그들의 주요 논문의 하나인 「정신구조 형성에 관한 주해 "Comments on the Formation of Psychic Structure"」에서 그들은 프로이트가 자아와 관련하여 발달을 **지나치게** 강조했다고 비판한다. 프로이트는 자아가 출생 시에는 존재하지 않았다고 말한 것이다. 그것은 아이가 포기한 대상에 부착되었던 리비도object-cathexes의 침전물 또는 퇴적물로서, 즉 아이와 포기된 대상 사이에서 일어나는 일련의 동일시의 결정체라고 할 수 있다(『자아와 이드』, SE XIX). 이것은 지나치게 발전된 논의로서 우리의 삼인방을 당황하게 만드는데, 그 이유는 이 부분이 프로이트가 다른 곳에서 자아에 대해 한 이야기와 일치하지 않기 때문이다. 그들이 읽은 바에 의하면 프로이트는 『새로운 정신분석 강의』(SE XXII)에서 자아가 "운동성, 인식 그리고 지각"8)을 책임진다고 주장한다. 라캉이 해석하는 대로 프로이트를 읽는다는 것은 프로이트가 그것을 집필한 당시에 고민하던 이론적 및 임상적 문제들의 맥락 속에 각각의 텍스트와 논리들을 배치하는 것이다. 삼인방은 이러한 방식으로 프로이트를 읽기보다는 단순히 자신들이 선호하는 자아 이론의 모양새에 부합하지 않는 이론을 제외시킨다.

프로이트는 자아에 관해 매우 많은 이야기들을 했으며 그 이야기들을 자아에 대한 일관된 하나의 이론으로 만드는 것은 불가능하다. 『자아와 이드』에서만 적어도 자아에 대한 네 가지의 상이한 설명들이 제시되는데, 이 중 두 가지는 자아가 근본적으로 대상과 유사한 것 object-like이라고 설명하는 반면 나머지 둘은 자아를 작인과 같은 것 agent-like으로 묘사한다. 프로이트는 자아가 (1)신체 외관의 투사이고 (2)이전에 대상에 부착되었던 리비도 object-cathexes의 침전물이라고 말하는데 이 두 가지 설명은 모두 자아가 (이미지 또는 침전물로서) 고착되어 있거나 정지된 것이라고 제안한다. 그는 또한 자아가 (3)현실을 대변하는 정신의 부분이며 (4)특수한 형태로(탈성화된 형태로desexualized) 변형된 이드의 한 부분이라고 말하는데, 이 두 가지 설명은 모두 동적인 기능으로 이해될 수 있다. 자아는 이드의 절실한 충동impulses 앞에서 능동적으로 현실의 요구를 '대표'하며, '탈성화된' 이드의 에너지는 자아에 의해 적극적으로 이용되어 노동에 투입된다(SE XIX, 2장). 하나의 텍스트만 보더라도 그 안의 서로 다른 네 가지 논제들을 조화롭게 화합시키는 것은 결코 쉬운 일이 아닐 것이다. 그러나 「억제, 증상 그리고 불안」, 『새로운 정신분석 강의』 그리고 『정신분석학 개요』에서 프로이트가 첨가하는 용어들을 고려할 때 문제는 더욱 복잡해진다.

크리스, 하르트만 그리고 뢰벤슈타인은 어떻게 이 난제를 해결한 것일까? 그들은 프로이트가 자아는 처음부터 존재하는 것이 아니라 서서히 이드로부터 발달되는 것이라고 말할 때 **프로이트가 틀린 것임에 틀림없다**고 결론 내린다. 만약 이것이 옳다면 처음부터 이드가 행동, 지각 그리고 사고의 책임을 맡게 되기 때문이다. 이 모두가 그들로서는 받아들일 수 없는 것이었기 때문에 그들은 "다른 가정을 제안하는데, 다시 말하면 이드와 자아가 함께 서서히 형성되는 미분화된 단계가 있다는 것이다"(「정신구조 형성에 관한 주해」, 19). 자아가 처음부터 존재하지 않는다는 개념은 물론 이드가 생명의 초기에는 거의

2. 자아심리학자 삼인방에 대한 라캉의 비판: 하르트만, 크리스 그리고 뢰벤슈타인

모든 것을 주관한다는 프로이트의 이론에 완벽하게 부합하는 것이지만 삼인조에게 이것은 자아의 위엄에 대한 모욕으로 간주되었다. 그들 편에서는 자아가 자신들이 믿는 대로 이드로부터 자율성을 획득하려면 어떤 방식으로든 처음부터 존재해야만 하는 것이다.

이때의 사고의 과정은 다음과 같다고 할 수 있다. 삼인조에 따르면 만약 (그들이 해석하는 대로) 프로이트가 1933년에 자아는 "지각과 운동성을 통제하고, 문제의 해결능력을 획득하고, 행동을 지휘하는 정신체계"라고 말했다면(「유전적 접근」, 24), 자아는 지금까지 항상 그리고 현재에도 그 일들을 책임지고 있으며 이 소중한 과업들을 이드에게 양도했을 리 없다. 이것이 자아가 발달에 의한 산물이라는 점에 상치된다 하더라도 어쩔 수 없는 일이다. 그리고 만약 프로이트가 1933년에는 자아가 매우 능동적인 작인이라고 주장했으며, 이것이 『자아와 이드』의 자아에 대한 처음 두 가지 논제가 암시하는 정적인 속성과는 무관하다면 이 두 가지 주장은 단순히 제외시켜버리면 된다. 동적/정적 속성의 역설이나 자아의 특성들에 관해 심각하게 고려할 필요는 없으며, 사고를 위한 도전으로서 그 두 가지를 생산적인 변증법적 긴장 속에서 마음에 새겨 둘 필요도 없다.

크리스, 하르트만 그리고 뢰벤슈타인은 자신들의 접근법을 프로이트의 개념들에 대한 "동조화synchronization"라고 부른다. 그것은 프로이트의 이론으로부터 하나의 동조된 전체, 자체적으로 일관된 체계를 만들고자 하는 노력이다(「공격성 이론에 관한 주해」, 14). 사실 그들의 1946년 논문인 「정신구조 형성에 관한 주해」의 서두에서 그들은 아직까지도 전체적인 정신분석의 역사에 관한 총체적 연구가 수록된 정신분석 '입문서' 또는 교과서가 없다는 점에 대해 통탄하고 있다.[9] 명백한 것은 그들이 정신분석에 대한 안내서나 이용지침서를 원한다는 사실이다. 그 책자들은 우리가 마치 과학이나 화학과 같은 자연과학 분야를 공부하는 학생처럼 정신분석의 모든 근본 개념들과 특징들을 가장 일관되고 요약된 최신 형태로 배우게 도와줄 것이다. 그들은 이것으로 인해 우리가 많은 노력과 시간을 아낄 수 있게 될 것이라고 생각한다. 우리는 제외해도 되는 낡은 이론들을 다시 연구하기 위해 시간을 보내지 않아도 된다. 한마디로 그러한 책자들이 있다면 우리는 혼란스럽고 규칙에 맞지도 않는 정신분석의 **역사**를 연구하지 않아도 된다.

프로이트의 이론은 그렇게 쉽게 동조화시킬 수 없는 것임에도 불구하고 교과서와 지침서들은 그 이후 곧 출판되기 시작했다.[10] 라캉에 의하면 역사와 정신분석은 실로 친밀한 관계를 지속해 왔는데, 정신분석의 첫 번째 과제는 주체의 역사 속 간극을 메우고 주체의 역사가 가지고 있는 미심쩍은 일시성에 관해 철저히 조사하는 것이었다—그가 말하는 대로 이때 과거란 억압된 것을 뜻한다(세미나 I, 45/34). 라캉의 견해로는 정신분석에서 역사는 항상 중요한 역할을 맡아 왔다(E 254-65). 라캉은 프로이트의 업적으로부터 하나의 체계를 만들어내려는 삼인조의 시도를 비판하는데, 프로이트의 이론은 사실 매순간 변하는 임상 문제들을 어떤 방식으로든 이론적으로 설명하려는 일련의 시도들만으로 구성된다.

라캉에 의하면 정신분석이란 그 텍스트가—분석수행자의 담론과 같이—구두로 표현된 것이든 아니면 글로 쓰인 것이든 그것은 **텍스트를 읽는 방식**이라고 할 수 있다. 이론, 임상의 구분에 관계없이 모든 텍스트는 거듭 되풀이하여 읽고 숙고해야 할 수수께끼와 같은 긴장들과 모순들로 가득하다. 이들은 **풀어야** 하는 것이라기보다는 조사하고 연구해야 하는 것이다. 라캉은 심지어 "텍스트에 관해 언급하는 것은 분석을 하는 것과 마찬가지"라고 말하기도 한다(세미나 I, 87/73).

2. 자아심리학자 삼인방에 대한 라캉의 비판: 하르트만, 크리스 그리고 뢰벤슈타인

이때 주목할 것은 라캉이 주로 프로이트의 정의와 논제들에 나타난 긴장과 모순들을 자세히 연구하고 있기는 하지만 자아에 대한 그의 접근은 이와는 다소 상이하다는 점이다. 우리는 그의 접근방식을 다음과 같이 설명할 수 있을 것이다: 프로이트 사후 정신분석은 오로지 자아의 능동적 측면만을 강조해 왔으며, 이를 정정할 필요가 있다; 그러므로 나는 자아의 정적인 측면만을 강조할 생각이다; 나는 자아의 대상과 같은 속성만을 강조하고 그 외 다른 모든 특성들을 배제할 것이다. 라캉의 논문 「프로이트의 사물」은 그러한 전략에 대한 가장 명백한 증거이다. 라캉은 다음과 같이 말함으로써 자신의 생각을 정당화시킨다:

> [프로이트는] 사실 무의식의 진정한 주체와, 소외로 귀결되는 일련의 동일시들에 의해 그 중심부가 구성되는 자아 사이의 근본적인 구분을 견지하기 위하여 『자아와 이드 Das Ich und das Es』를 집필하였다(E 417; 또한 E 433을 보라).

이것은 분명 프로이트가 『자아와 이드』에서 의도한 바에 대한 라캉의 해석이며 여기서 라캉은 프로이트가 두 번째 위상학을 소개한 이유를 거의 모든 다른 동시대 분석가들의 해석과 상치되는 방식으로 제시한다. 안나 프로이트와 삼인방은 『자아와 이드』가 예전의 의식-전의식-무의식을 **대체하는** 위상학을 소개하는 저서라고 해석하는데, 그 대체 방식이 너무나 완벽해서 그들은 예전 위상학에서 무의식이라고 불리던 것이 새로운 위상학에서는 이드라고 명명된다는 사실을 자주 상기시킨다. 그들은 심지어 충동의 보고인 이드와 억압된 것들의 저장소인 무의식을 구분할 필요조차 느끼지 않는 듯하다(이 관점은 많은 현대

심리학 개론서들에서 마치 복음처럼 거듭 반복하여 언급된다).

　라캉이 무의식과 자아를 병치시키는 것은 다시 논쟁을 불러일으키기 위한 시도인 듯하며 이것이 진실로 프로이트의 의도라는 그의 주장은 어떤 측면으로는 명확한 듯하지만 사실 논쟁의 여지가 있다. 예를 들어 우리는 여기서 프로이트의 텍스트에 관해 세부적인 분석을 하고 이와 관련하여 당시 분석가들이 프로이트의 이론을 어떻게 이용하였는가를 고려해볼 수 있으며, 프로이트의 문자들로부터, 그리고 이와 함께 다른 텍스트들에 내재된 논리로부터 그의 의도를 추측해볼 수도 있다. 물론 비록 안나 프로이트와 삼인방은 꾸준히 입에 발린 말들로 프로이트의 다른 이론들에 대해 경의를 표해왔지만—즉 그들은 이따금씩 자신들이 자아를 강조하는 것은 이드나 초자아에 대한 관심을 배제하기 위해서가 **아니라고** 말한다—우리는 단순히 라캉 가로되 자아에 대한 이러한 새로운 강박적 관심이 너무나 지대하여 그들은 끝내 무의식을 완전히 잊어버렸다고 말할 수도 있다. 사실 그들은 무의식을 전적으로 간과했다. 그들의 글에는 무의식이 부재하는 것이나 마찬가지이며, 앞으로 살펴보겠지만 그들의 임상분석에서도 그것은 미미한 역할을 맡거나 또는 어떠한 역할도 하지 않는다. **무의식에 대한 망각**을 목격한 라캉은 새롭고도 역설적인 대극을 제시하게 되는데, 그것은 자아 대 무의식이라는 대극들이었다. 이 양극이 프로이트의 서로 다른 두 가지 위상학을 구성하는 작인들agencies 또는 체계들instances[1])에 대립된다는 의미에서 우리는 그 근원적 형태를 토대로 그것

---

1) 프로이트가 'instanz'(agency)를 처음 『꿈의 해석』에서 언급했을 때 그것은 '체계system'와 동일한 의미를 가진다. 후에 두 번째 위상학, 그 중 특히 초자아와 같이 역동적인 구조는 체계와 구분하여 'instanz'라고 부르게 된다. 이는 현재 심급으로 번역되고 있으나, 법과 직결되는 초자아 이외에 자아나 이드를 심급이라고 부르는 것은 적절하지 못하다. 그러므로 여기서 동적인 체계는 '작인作因'으로 번역했으며 'instance'는 체계로 번역했다(옮긴이 주).

2. 자아심리학자 삼인방에 대한 라캉의 비판: 하르트만, 크리스 그리고 뢰벤슈타인

을 혼용된 은유mixed metaphor 또는 교착交錯Chiasmus이라고도 부를 수 있을 것이다.

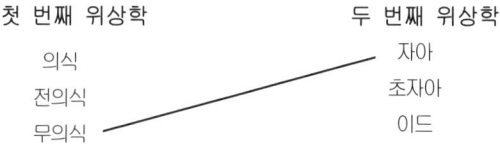

이것은 전혀 닮지 않은 것들을 비교하거나 병치하려는 시도 같아 보인다. 대안적으로 우리는 이것이 자아와 타자Other, 또는 소타자11)와 대타자라는 근본적으로 새로운 위상학을 구축한다고도 말할 수 있다.

                대타자 Other   소타자 other

그러나 라캉이 무의식 속의 주체 또는 그가 "무의식의 주체"라고 지칭한 것을 드러내고자 노력한다는 점에서 다음과 같이 표현할 수도 있을 것이다:

                주체   자아

'주체'라는 용어는 명백히 다른 전통으로부터 유래되는 것이다. 철학적 전통에서 주체는 대상과 함께 병치되며(위에서 대상은 자아라고 할 수 있다) 의학적 전통에서 주체는 넓은 의미에서 단순히 환자를 가리킨다. 라캉의 경우 이 특별한 위상학은 프로이트의 이론 중 *Ich*(나)와 *das Ich*12)(자아)의 구분으로부터 라캉이 도출해내는 차이에 상응한다고 할 수 있다. 전자는 개괄적으로 말하자면 자기 자신을 가리킨다고 볼 수 있으며 후자는 자아로 알려진 작인을 가리키는 것으로 이해할 수 있다.

다시 말하면, 당대에 주류로 부상하는 자아심리학에 대적하여 라캉이 새로운 전환점, 새로운 대극, 새로운 또는 갱신된 양극인, 본질적으로 새로운 위상학13)을 도입했다고 말할 수 있다. 그는 단순히 자아심리학의 이론적 장치를 무시하거나 자신의 개념들을 소개하기 위해 그것을 배척하지도 않는다. 반대로 우리는 라캉이 자아심리학과 논쟁을 벌임으로써 자신의 입장을 형성해낼 수 있었다고 볼 수도 있다.

이 논쟁은 두 가지 측면을 지니고 있다. 하나는 이론적이며 다른 하나는 임상적인 것이다. 나는 이론으로서의 자아심리학에 대한 그의 비판에 대해서는 단지 몇 가지만을 간단히 언급할 것이며, 본 저서에서는 임상과 관련된 자아심리학에 대한 라캉의 비판을 주로 다룰 것이다.

라캉은 자아심리학이 이론과 임상, 명백히 서로 관련되어 있는 두 측면에서 모두 프로이트의 이론의 요점을 근본적으로 잘못 해석한다고 주장한다. 그의 주장은 세미나 II의 첫 장에 개괄되어 있는데 여기에서 라캉은 프로이트가 프랑수아 드 라 로슈푸코François de la Rochefoucauld 와 같은 도덕주의자의 발자취를 따르고 있다는 사실을 제시한다. 라 로슈푸코는 우리가 우리 자신의 동기라고 믿는 것과 그것의 실체 사이의 근본적인 불일치와 분열, 인간 안에 있는 근절할 수 없는 분열과 균열을 인식했다. 니체는 우리 자신에 대한 이해가 가지고 있는 속이고 기만하는 근본적인 속성을 주제로 채택했으며, 라캉에 의하면 프로이트 역시 이와 동일한 길을 걸었다. 자아 기능에 '갈등이 없는 영역'을 도입함으로써 그러한 균열을 제거하려는 시도는 프로이트의 이론의 중요한 축 전체를 간과하는 것이나 다름없다. 프로이트의 코페르니쿠스적 혁명은 인간 주체의 중심을 해체하는 과정을 포함하는데, 라캉은

2. 자아심리학자 삼인방에 대한 라캉의 비판: 하르트만, 크리스 그리고 뢰벤슈타인

그러한 중심의 해체를 핵심적인 것으로 간주하며 이를 아르튀르 랭보 Arthur Rimbaud의 *Je est un autre* ("나는 타자이다 is an other")14)와 연계시킨다. 자아나 자기(나는 이 두 용어를 혼용하고 있다)는 근본적으로 허구적인 deluded 것이므로 이들은 중심이 아니다.

라캉은 두 번째 위상학이 프로이트가 분석 기법의 위기라고 부른 상황에 직면하여 제안하게 된 것이라는 사실을 지적한다. 즉 상대적으로 짧은 기간에 이룩된 이전의 괄목할 만한 성과들은 점차 그리 강렬하지 않은 결과들로 대체되었고 그마저도 더욱 오랜 시간이 걸려 성취되었던 것이다. 그는 우리가 반드시 『자아와 이드』를 그 이전에 집필된 『쾌락 원칙을 넘어서』, 『집단 심리학과 자아의 분석』과 함께 읽어야 한다고 주장하며 그때 비로소 프로이트가 결코 자아심리학자들이 주장하는 대로 무의식이라는 영역을 거부한 것이 아니라는 사실이 명백해질 것이라고 말한다. 더불어 라캉은 프로이트의 마지막 저서 중 하나인 『정신분석학 개요』(SE XXIII)를 지목하는데, 우리는 이 책에서 첫 번째 위상학과 두 번째 위상학이, 안나 프로이트가 제안하는 대로 후자가 전자를 대체하는 것이 **아니라**, 그보다는 함께 병치되어 있음을 보게 된다.15)

나는 프로이트의 의도와 핵심요소에 대한 라캉의 해석이 매우 호소력이 있다고 생각하지만, 라캉을 읽을 때에는 프로이트도 함께 읽어야 한다는 사실 또한 습득했다. 내게 라캉의 해석은 보다 흥미롭고, 보다 변증법적이며 여러모로 훨씬 명확하다. 그러나 자아심리학자들의 입장을 보증하는 텍스트상의 증거를 여러 글들에서 볼 수 있으며, 언제나 그렇듯이 문제되는 것은 그 텍스트들의 의미이다. 바로 이 때문에 나는 어떤 면에서 보자면 라캉이 하르트만보다 더욱 정확히 프로이트를 해석하였는가에 대해서는 논쟁의 여지가 있다고 앞서 언급했다. 그간의 역사를 돌아보건대 우리가 말할 수 있는 것은 하르트만의 해석이 빈약하고 비생산적이어서 연구와 이론화 작업의 쇄신에 거의 기여하지 못한 반면 라캉의 독해는 양 측면 모두에서 풍성한 결실을 맺었다는 것이다(이는 분석 상황에서 좋은 해석에 의해 많은 새로운 재료들이 생산되는 것과 같다). 또한 우리는 라캉의 방식이 임상에 상당한 동력을 제공한 반면 하르트만의 방식은 미국에서 정신분석의 효율적 사망에 기여했음을 지적할 수도 있다. 궁극적으로 미국 내의 거의 모든 고전적 분석 연구소들은 도태되고 있으며 연간 배출하는 새로운 분석가들의 숫자도 매우 적다.16)

하르트만과 같은 분석가들이 전면에 내세워 강조했던 '발달'은 일반심리학에 편입되었다. 그것은 구순기, 항문기 그리고 남근기라는, 정신분석의 대중화된 삼 단계 발달 이론의 가면을 쓰고 심리학과 일학년 학생들에게 교수된 후 이내 잊혀진다. 라캉은 발달에 초점을 맞추는 것은 "전형적 틀rut"(세미나 XX, 52/55)로 귀결될 뿐이며, 이 역시 마찬가지로 상징계의 구조를 간과하는 것이라고 주장한다: 1920년대와 1930년대에 여성의 발달 초기단계에 관한 논의는(존스의 논문 「여성 섹슈얼리티의 발달 초기단계"The Early Development of Female Sexuality"」, 「남근기」 그리고 「초기 여성 섹슈얼리티」를 보라)17) 팔루스의 역할을 간과하고, 정신병의 원인론은 아버지의 이름에 대해 언급하지 않는다. 라캉은 이미 세미나 II에서 발달과 관계된 접근방식에 관해 다음과 같이 말한다:

> 개인의 발달과정이 안정된 방향성을 가지고 이미 정해진 대로 진행되며, 특정 전형을 따라 차례로 나타나는 각 단계들로 구성된다는 생각은 단순히 그리고 전적으로 정신분석이 기여한 가장 값진

2. 자아심리학자 삼인방에 대한 라캉의 비판: 하르트만, 크리스 그리고 뢰벤슈타인

핵심논점들을 포기하거나 내쫓거나 위장하는 행위로—보다 직접적으로 말하자면 그것을 부정하거나 또는 심지어 억압하는 행위로—귀결될 뿐이다(24/13-14).

자아심리학의 임상적 접근

> 전이를 다루는 방식과 한 사람이 전이를 다루는 방식에 대해 가지고 있는 생각은 같은 것이라고 할 수 있다. [……] 저자가 자신의 기법을 체계화하는 이론에 아무리 많은 결함이 있다하더라도 그가 실제로 사람들을 분석하게 되는 상황이 벌어지는 것인데, 여기서 그 사람이 저지른 실수 속에서 드러나는 일관성은 임상이 잘못된 방향으로 접어들었음을 보증하는 것이다.
>
> —라캉, 「치료의 방향」

자아심리학으로부터 분지된 **임상분석**에 대한 라캉의 비판은 세미나 I에 특히 자세하게 제시되며 또한 「치료의 방향」에도 언급된다. 우선 우리는 세미나 I의 6장에 제시되는 안나 프로이트의 접근방식에 대한 라캉의 논의를 살펴볼 것이다.

안나 프로이트를 모욕하는 분석수행자

라캉은 안나 프로이트의 저서인 『자아와 방어기제』에 찬사를 보내며 논의를 시작한다. 그는 "만약 우리가 그녀의 저서를 도덕주의자에 의해 제시된 서술이라고 간주한다면, 논의의 여지없이 그녀는 라 로슈푸코가 자존심[*amour-propre*]의 지칠 줄 모르는 책략을 주목하는 방식에

못지않은 가치를 가진 스타일로 자아를 어떤 정열들의 근원으로 묘사하고 있다"고 주장한다(세미나 I, 76/63). 라캉이 라 로슈푸코의 업적을 프로이트의 이론의 전구체로 간주한다는 점에서 이것은 상당한 수준의 칭찬이라고 할 수 있다.

그러나 "각각의 저자가 의미하는 바를 결정하는 것은 그[/그녀]의 기법이므로" (E 609) 라캉은 곧 안나 프로이트가 그녀의 저서에서 제시하는 임상사례에 대한 짧은 개요로 주의를 환기하며 점차 비판적인 태도를 보이기 시작한다. 나는 아래에 다소 긴 인용을 제시하고자 한다:

> 어린 소녀가 급성불안 상태 때문에 분석을 받기 위해 나를 찾아왔다. 이로 인해 그녀는 일상생활을 제대로 할 수도 없었고 규칙적으로 학교에 가지도 못하고 있었다. 비록 어머니에 의해 분석을 받게 되었지만, 그녀는 과거와 현재의 자신의 인생에 대해 내게 이야기하는 것을 어려워하지 않았다. 나에 대한 그녀의 태도는 친절하고 솔직했지만, 나는 그녀가 대화 중 조심스럽게 자신의 증상에 대해서는 어떠한 암시도 하지 않으려고 노력한다는 것을 알게 되었다. 그녀는 분석들 사이에 일어난 불안발작에 대해 한 번도 언급한 적이 없다. 만약 내가 그녀의 증상에 대한 이야기를 분석에 개입시키고자 하거나 그녀의 연상 속에서 명확히 암시된 것을 바탕으로 그녀의 불안에 대해 해석을 할 때면 그녀의 친절한 태도가 급변했다. 그런 일이 일어날 때마다 결과는 모욕적이고 비웃는 듯한 말들에 의한 공격이었다. **환자의 태도와 그녀의 어머니와의 관계 사이의 연계관계를 찾아내고자 하는 시도는 전혀 성공적이지 않았다.** 의식적으로도, 무의식적으로도 그 관계는 전혀 다른 것이었다. 반복되는 경멸과 조소의 폭발 속에서 분석가는 당혹

2. 자아심리학자 삼인방에 대한 라캉의 비판: 하르트만, 크리스 그리고 뢰벤슈타인

감을 느꼈고 한 동안 분석수행자와 더욱 심층적인 분석을 진행하는 것이 불가능했다(『자아와 방어기제』, 35-37 [필자의 강조]).

위의 인용에서 우리는 분석의 출발점에 문제가 있었음을 알 수 있으며 또한 안나 프로이트가 초기의 상황을 어떻게 받아들였는가에 대해서도 짐작할 수 있다. 환자가 자신의 인생과 학교생활을 방해하는 불안에 대해 이야기하고자 하지 않았기 때문에 분석은 더 이상 진전되지 않았다. 안나 프로이트가 소녀가 느끼는 불안을 환기시키고 이를 해석하려하자 소녀는 안나 프로이트에 대해 반어적이며 조소하는 듯한 발언을 하게 된다. 이에 안나 프로이트는 즉시 자신의 환자가 어머니에 대한 전이를 일으켜서 분석가를 그녀의 어머니와 동일시하고 있다고 추측한다.

라캉이 말하듯이 "안나 프로이트는 즉시 환자와 자신 사이의 이자관계(dyadic[18])의 측면에서," 즉 L 도식의 a-a'라는 상상계적 관계의 측면에서 접근한다. 라캉은 "그녀가 환자의 방어를 그것이 [겉으로] 드러난 상태, 즉 안나 프로이트 자신을 향한 공격적인 행동으로 착각했다"고 말한다. 환자의 빈정거리는 반응이 안나 프로이트에 의해 자아의 방어로 해석되는 것은 그녀가 애초에 전이 속에 자신을 위치시켰기 때문이다. 라캉에 의하면

> 그녀는 전이란 상황의 재현reproduction이라는 공식에 …… 따라 [환자의 반응에서] 전이가 드러나는 모습을 보고자 했다. 이 공식은 어떻게 그러한 상황이 구축되는가에 대해서는 구체적으로 설명하지 못한다는 점에서 불완전하다고 할 수 있다(세미나 I, 78/65).

다른 말로 바꾸면 그러한 전이의 공식은 무의식적 주체(무의식의 주체를 나타내는 S)나 타자Other(A, 프랑스어로 타자를 의미하는 *Autre*)를 배제한다: 즉 상징계의 축 전체를 간과하는 것이다.

라캉은 다음과 같이 주장한다:

> 그녀는 분석가와 분석수행자가 자아 대 자아라는 경쟁관계를 가지는 이자적dyadic 해석과 자아의 내부구조 너머에서 주체의 상징계를 구조화할 수 있는 방향으로 이끄는 해석을 구분했어야만 한다(세미나 I, 78/65).

라캉에 의하면 안나 프로이트가 (그녀 자신이 말했듯이) 어떻게 분석을 진척시켜야 할지 "난감하게at a loss" 느끼게 된 이유는 애초에 그녀가 전이 속에서 잘못된 위치를 점유했기 때문이다.

이제 안나 프로이트가 치료의 초기 울체鬱滯stagnation에 대한 대책으로 제시하는 해결책을 살펴보자.

> 그러나 분석이 점차 깊이를 더해감에 따라 우리는 그러한 정동들 [조소와 경멸]이 전이라는 용어의 진정한 의미로 볼 때 전이에 대한 반응을 대표하지는 않으며, 분석 상황에 전혀 관련되어 있지 않다는 것을 알게 되었다.[19] 그것은 애정이나 갈망 또는 불안과 같은 감정이 그녀의 정서 생활에 개입되려 할 때마다 그녀가 자기 자신에 대해 보이는 습관적인 태도였다. 그러한 감정이 더욱 강렬히 엄습할수록 그녀는 자신을 더욱 격렬하고 가차 없이 조소했다. 분석가는 환자의 불안이 의식적으로 인식되어야 한다는 요구를 증대시켰고 이 때문에 환자의 방어적인 반응에 대한 두 번째 수용

2. 자아심리학자 삼인방에 대한 라깡의 비판: 하르트만, 크리스 그리고 뢰벤슈타인

자가 된다. 만약 정동에 대한 모든 접근이 단지 그녀의 방어적 반응만을 강화시켰다면 불안의 내용에 대한 해석은 [……] 어떠한 효과도 산출하지 못했을 것이다. 정동으로부터 자신을 방어하기 위해 환자가 사용하는 경멸적인 모욕이라는 방식을—이 과정은 그녀 인생의 모든 면에 습관화되어 있다—자신이 의식하게 하고 그것이 작동되지 못하도록 만들지 않는 한 그러한 내용을 의식에 편입하는 것은 불가능하다. 그녀의 생애를 통해, 경멸과 조소로써 방어하는 방식은 그녀가 자신의 죽은 아버지와 동일시하고 있는 것임이 설명되었다. 그는 어린 소녀의 감정이 폭발했을 때 [……] 조소의 말을 함으로써 아이에게 자제력 훈련을 시키곤 했다. 이 사례를 이해하기 위해 필수적인 기법은 우선 정동에 대한 환자의 방어를 분석하고 그 후 전이 속에서 나타나는 그녀의 저항을 설명하는 것이다. 그렇게 할 때에만 그녀의 불안 자체에 대해, 그리고 그 내력에 대해 분석을 진척시킬 수 있게 된다(『자아와 방어기제』, 36-37).

그러므로 비록 안나 프로이트가 처음부터 대타자라는 세 번째 개념을 배제한 채 분석 상황을 어머니-아이 관계의 재현으로 이해하기는 했지만, 자신의 불안에 대한 이야기를 하지 않으려고 하는 환자의 방어나 저항의 의미를 이해하려고 노력하는 과정에서 궁극적으로는 상징계적 타자로서의 아버지의 역할을 강조하게 되었음을 알 수 있다. 이제 환자의 저항에 대한 분석으로 그녀가 제시한 해결책이 결국 효과를 거두게 되는 것은 이상한 일이 아니다. 라깡에 의하면 "정동에 대한 환자의 방어"—예를 들어 자신의 불안에 대해 이야기하는 것에 대한 방어—를 "해석"한다는 안나 프로이트의 말은 이 상황에 대한 안나 프로이트 자신의 편협한 이해를 나타낸다; 그것은 "주체를 이해하기 위한 장소라기보다는 그녀 자신이 이해하는 것을 드러내는 무대에 지나지 않는다"(세미나 I, 80/67). 그녀가 상징적 차원을 보다 일찍 도입했더라면 추가적인 가설이나 부차적 단계를 거치지 않을 수 있었을 것이다.

바로 그러한 이유 때문에 라캉은 "분석에는 분석가의 저항이외의 다른 저항은 존재하지 않는다"(E 595)라는 다소 역설적으로 보이는 생각을 소개하는 것이다. 라캉에 의하면 분석가가 상징계적 위치의 점유를 거부하고 대신 상상계적인 축에 머물 때 저항이 일어난다. 분석가가 자신이 전이 속에서 점유하는 위치에 대해 가지고 있는 기존의 생각을 보장하려고 노력할 때 분석가는 일련의 변화들에 귀를 기울이지 못하고, 이들을 인식하지 못한 채 놓치게 되며 분석가는 근본적으로 상징화의 과정에 저항하게 된다. 1장에서 살펴보았듯이 라캉이 분석수행자에게 저항이라는 것이 전혀 없다고 생각하는 것은 아니다; 그보다 그는 분석가들이 치료과정에 저항을 도입시키는 것이 바로 자신들임을 깨달아야 한다고 생각하는 것이다.

라캉은 프로이트가 일반적으로 상징적 차원을 더욱 명확하게 인식했으며 더욱 단호하게 자신을 상징적인 축에 위치시켰다고 거듭 주장한다. 그렇지만 1장에서와 같이 라캉은 세미나 IV에서 도라와 젊은 여성 동성애자의 사례를 언급하며 이에 대한 프로이트의 실패를 지적한다. 프로이트가 상황을 잘못 이해하여 분석 상황의 어떤 이야기들이 자기 자신을 대상으로 하고 있다고 생각했던 것이다.

이때 초래되는 결과 중 하나는, 자아와 자아의 기능에 대한 강조와 함께 안나 프로이트의 경우와 같이 이론과 임상 양면에서 모두 상징계적인 차원의 중요성을 간과하고 자신을 상징적 타자가 아닌 상상계적인 경쟁자의 위치에 배치하게 되는 것이다(그녀는 분석수행자가 자신을 어머니의 자리에 위치시킬 것이라고 추측하는데, 이것은 <표 1.6>의 L 도식에서 a라는 상상계적 위치를 가리킨다). 상징계를 간과하는 것은 무의식을 간과하는 것과 같은 의미이다.

아마도 독자들은 이러한 비판이 적절한 것인가에 대해 의문을 제기할 것이다. 아직까지도 상징계와 관련된 상황을 배제하는 사람이 있단 말인가? 미국에서 활동하는 분석가로서 나는 환자가 정동에 맞서 촉발시킨 방어기제를 무엇보다도 먼저 분석해야 한다는 생각이 만연한다고 느낀다. 이것은 널리 보급되어 전국에 걸쳐 정신치료에 파급되었으며, 분석가들은 환자들이 '자신들의 감정을 느낄 수 있게' 도와주어야 한다는 이론은 대중심리학의 정석으로 자리 잡았다. 이때 전제되는 생각은 우리가 억압된 감정을 가지고 있으며—이것은 이미 억압된 것은 정동이 아니라 표상representations이라는 프로이트가 가장 자주 반복하는 주장에 상치된다—우리는 '우리의 감정을 느끼지' 못하게 만드는 방어를 제거해야만 한다는 것이다. 농담이 아니다. 이것은 정동에 대한 방어의 분석이라는 자아심리학 이론이 초래한 결과라고도 할 수 있다.

정동에 대한 부연

정동이라는 주제에 관하여 나는 라캉이 분석가/분석수행자 관계에서 정동과 그 역할의 중요성을 간과한다는 비난에 대해 잠시 생각해보고자 한다. 지적해야 할 점은 라캉은 당시 활동하던 분석가들이 이미 관심을 가지고 있는 것보다는 그들이 배제하는 측면을 강조하고자 했다는 것이다. 당시 어떤 분석가들은(여전히 많은 분석가들이 그러한 방식을 따르고 있다) 분석 중에 나타난 모든 정동들이 직·간접적으로 분석가에 의해 야기된다고 추정했다. 여기서 분석가는 직접적으로 (자아와 같은) 자신의 개성과 무의식적 충동들을 가진 살아 숨 쉬는 사람을 가리킬 수도 있고 간접적으로 부모의 형상(라캉의 초기 개념들을 사용하자면 모성 또는 부성 이마고)과 관계되는 분석가일 수도 있다. 안나 프로이트와 같이 이 분석가들은 전이를 단순히 초기에 경험한 정동을 불러일으키는 상황의 재현으로 간주했다. 이에 반해 라캉은 정동적 차원은 매우 복잡하며 즉각적으로 분석수행자와 분석가 사이에서 지금-여기에 구축되는 관계와 연계되어서는 안 된다는 점을 지적하며 대신 상징적인 배경이나 체계를 강조했다.

1장에서 논의되었던 마가렛 리틀의 논문 「역전이와 이에 대한 환자의 반응」에 제시된 사례를 이용하여 라캉은 우리가 반드시 지금 여기라는, 정동으로 가득 차 있으며 상호적일 수밖에 없는, 상상계적 관계뿐만 아니라 상징계의 축도 함께 고려해야 한다고 지적한다. 마치 정동을 직접적으로 변화시킬 수 있다는 듯한 태도로 정동의 차원에서 해석을 제시하기 이전에 우리는 반드시 상징적인 관계를 생각해 보아야 한다(세미나 I, 40-43/30-33).

그렇다면 정동이란 무엇이며 지적인 것과는 어떻게 구별되는가? 우리는 아마도 정동이란 근본적으로 무정형—질량도 질료도 알 수 없는 것amorphous quantity or substance—이라고 은유적으로 말할 수 있을 것이다. 흔히 환자들은 월요일이 되어서야 자신이 주말 내내 우울한 상태였다는 사실을 깨닫게 되었다고 말한다. 이것은 '우울한'이라는 기표가 사흘이 지나서야 이전의 상태에 첨가되었음을 나타낸다. 당시의 상태(이렇게 가리킬 수 있는 것인지는 모르겠지만)란 사실 정의할 수 없고 결정되지 않은 것이며, 미리 맞추어진 꼬리표를 달고 나타나는 것도 아니다. '우울증'과 같은 사전에 만들어진 라벨을 붙이는 것은,

2. 자아심리학자 삼인방에 대한 라캉의 비판: 하르트만, 크리스 그리고 뢰벤슈타인

특히 그것이 다른 사람으로부터 제시된 것이라면 그 사람이 선의를 가진 친구이건 또는 정신건강 관련 직종에 종사하는 사람이건, 그 상태 자체에는 어떠한 영향도 미치지 못한다. 만약 환자 자신이 그러한 상태에 라벨을 달 수 있다면, 그래서 "주말동안 조금 겁을 먹었던 것 같아요. 생각해보니 x, y 또는 z 때문인 것 같아요"라고 말할 수 있다면 그것은 진전을 의미하는 신호이다. 후자의 경우는 이미 상징화 단계가 시작된 상태이다.

라캉의 입장은 "정동적인 것은 지성으로 설명할 수 없는 [모종의] 실체가 아니다. 그것은 담론적인 설명에 선행하는, 상징계적 산물 너머의 신화적 영역에 있는 것이 아니다"(세미나 I, 69/57). 다른 말로 바꾸면, 정동은 사고 너머의 어떤 것이 아니며 사고보다 어떤 방식으로든 더욱 실제적인 것 역시 아니다. 정동적인 것은 마치 "그 자체로서만 떠올릴 수 있으며, 그 본질을 말로 표현할 수는 없는 일종의 분위기와 같은 것으로서 이것은 순수한 지성을 통해 밝혀진 주체와의 관계에 대한 정리된 외피와는 독립적인 것"으로서 간주되어왔다. 그러나 우리는 반드시 이러한 "지적인 것과 정동적인 것이라는 악명 높은 대극"을 포기해야만 한다(69/57). 분석수행자의 입장에서 "지성화intellectualization"는 종종 "방어와 저항" (303/274)이라는 목적을 달성하는 데 기여하지만, 사실상 지적인 것은 경험의 상징화라는 중요한 문제에 기여하고 있다.

현대 치료자들은 흔히 정동이 말보다 더욱 실제적인 것이며 "언어의 장벽" 반대편에 존재하는 어떤 것(E 282, 291, 308, 316 그리고 세미나 II, 286-88/244-46)이며 우리가 주체의 현실에 즉각적으로—즉 중개적인 요소 없이—접근할 수 있게 만드는 어떤 것이라고 생각한다. 그러나 분리된 정동이란 사실 우리에게 어떠한 도움도 제공하지 못한다. 이는 우리가 정동을 직접적으로 분석할 수 없기 때문이다. 춤, 일부 조형예술 그리고 음악은 정동에 체계를 부여함으로써 그것을 표현한다. 무대에서 연출되는 동작들은 절망을 불러일으키기도 하고 다른 경우에는 축제를 표현하기도 한다, 어떤 악기들과 악기의 연주방식은 슬픔과 연계되기도 하고 또는 기쁨을 나타내기도 한다. 분석 상황에서 감정이 명확히 드러나도록 자극하는 것은 그 직후에 또는 동시에 환자가 그것을 상징화시키도록 돕지 못하는 이상 큰 도움이 되지 못한다. 감정은 상징화 과정의 촉매작용을 할 수도 있지만, 만약 그렇지 못한 경우에 그 효과는 일시적인 감정의 분출로 국한된다. 그것은 즐거움을 주는 카타르시스의 역할을 하지만 궁극적으로 치료에 도움이 되지는 않는다.

꿈의 이미지에 생생히 나타나는 관용표현이나 언어유희에서와 같이 상징은 즉각적으로 정동을 불러일으킨다. 극단적으로 표현하자면 정동이 모든 문화권에서 그리고 모든 언어권에서 동일하다고 볼 수는 없다, 우리는 정동이 문화와 역사에 관계없이 보편적인 것은 아니라고 주장할 수 있다. 어떤 저자들은 수치문화에서 죄의식문화로의 전환과 그리스 시대로부터 현대로의 이동에 대해 논하기도 하지만 그러한 관찰은 더욱 광범위하게 적용될 수도 있다. 언어가 한 사람이 지각하는 방식에 영향을 미치는 것과 마찬가지로, 그리고 다른 방식으로 지각하기 위하여 가끔은 새로운 언어를 배우거나 개발할 필요가 있듯이, 언어는 우리의 감정에 영향을 주며, 다른 언어들은 우리로 하여금 다른 감정들을 느끼게 하고 다른 방식으로 신체에 영향을 미친다: 언어들은 제각각의 증상학symptomatology을 가진다.

에른스트 크리스, 또는 우리가 주체의 방어를 분석해서는 안 되는 이유: 신선한 뇌요리를 갈망하는 남자의 사례

2. 자아심리학자 삼인방에 대한 라캉의 비판: 하르트만, 크리스 그리고 뢰벤슈타인

이제 다소 복잡한 임상 사례로 주의를 돌려보자. 에른스트 크리스가 분석한 남자는 자기가 표절을 했다며 스스로를 비난했는데 그가 가장 좋아한 음식은 신선한 뇌요리였다(「자아심리학과 정신분석치료의 해석」[20])을 보라). 라캉학파에서 이 사례는 매우 잘 알려져 있는데, 그 이유는 라캉이 세미나 I과 III, 그리고 『에크리』에 나오는 두 개의 다른 논문들인 「프로이트의 '부정*Verneinung*'에 대한 장 이폴리트Jean Hyppolite의 주석에 부치는 글」, 「치료의 방향」에서 이에 대해 자세히 논하고 있기 때문이다. 길게 인용하는 대신 나는 요약문을 제시할 것이지만 위의 텍스트들에서 라캉이 언급하는 네 가지 서로 다른 해석에 대해 모두 언급하고자 한다. 이 사례에 대한 라캉의 해석은 세미나 I에서와 같은 경탄으로부터 「치료의 방향」에 나타난 경멸로까지 변하고 있는데 이는 1954년과 1958년 사이에 분석상황에 대한 라캉의 이론이 변화하였음을 나타낸다.

이 사례는 논문을 쓰지 못하여 더 이상 학문적으로 진전하지 못하는 한 과학자의 경우이다. 그것은 저자가 슬럼프 상태에 빠졌기 때문이 아니었다, 그는 자신의 모든 좋은 생각들은 남에게서, 특히 그와 자주 담화를 나누는, 자신의 사무실이 있는 층의 통로 끝 방에 있는 동료로부터 훔쳐온 것이라고 믿고 있었다. 마침내 어렵게 글을 써낸 후 어느 날 도서관에서 한 논문을 발견하게 되는데, 그는 그 논문이 자신의 글과 같은 개념을 포함한다고 주장한다. 그는 몇 년 전에 그 논문을 읽었으며 그러므로 자신이 그것을 표절했음에 틀림없다고 주장한다.

당연히 크리스는 이 두 텍스트들에 대해 환자와 오랜 시간 이야기를 나누고 결국 이 두 논문의 중첩내용은 매우 미미할 뿐이라는 결론에 도달한다. 도서관에 있던 논문은 환자가 쓴 논문의 중심논제에 대해 언급하지 않는다; 그것은 오히려 환자의 논문을 보증해주는 역할을 한다. 환자는 "자기 자신이 하고 싶은 이야기를 저자가 하고 있다고 간주한 것이다." 그 후 크리스는 다음과 같이 말한다:

> 그러한 열쇠를 찾아냈을 때 표절에 관한 제반 문제를 새롭게 조명할 수 있었다. 밝혀진 바에 따르면 [통로 끝 방에 있는] 저명한 동료는 수 회 환자의 생각을 가로채 환자에 대한 언급 없이 윤색하여 사용했던 것이다. 환자에게 그러한 것들은 마치 자신이 처음 들어보는 듯한 생산적인 아이디어인 것처럼 느껴졌으며, 그것이 없이는 자신의 논문주제를 제대로 연구할 수 없었지만 그것은 동료의 지적재산이기 때문에 그로서는 사용할 수 없다고 생각했다(「자아심리학」, 22).

크리스의 결론에 의하면 환자는 표절을 한 것이 아니라 표절을 하고 싶었던 것이다. 만약 그가 표절을 할 수 있었다면 그것은 그가 아이디어를 훔쳐낼 만한—아버지 형상과 같은—누군가가 있다는 것을 의미한다. 크리스는 "어떤 면에서 아버지의 형상에 표상을 투사하는 행위는 성공한 존경스러운great 아버지(a grandfather)에 대한 소망에 의한 것"이라고 제안한다. 다시 말하면, 자신이 다른 사람의 생각을 표절하고 있다는 환자의 믿음은 자신의 아버지를 만들어내는 한 방식이었는데, 그는 창조적이고 생산적인 자신의 아버지, 즉 환자의 조부/큰 아버지 grandfather의 그림자 속에서 살았던 비생산적인 사람이었다.

이와 같이 아버지를 불러낸 것은 아버지와의 관계에서 소년이 느꼈던 오이디푸스적 경쟁심에 대한 해결책이다. 환자가 어렸을 때 그와 아버지는 누가 더 큰 물고기를 잡는가를 두고 경쟁했으며 그 후 경쟁은 책(소년은 청소년기에 사탕과 함께 책을 훔쳤다)과 아이디어로 확대되었다. 오이디푸스적 갈등을 해소하기 위해 그가 채택한 방식 중 하나는 경쟁에서 물러나 아버지를 큰 아버지grandfather[21]로 대체하여 아버지가 우월하다는 사실에 굴복하는 것이었다. 자기 자신의 생각들은 가치 있는 것일 수 없었으며, 이를 증명하는 좋은 방법은 남의 생각을 도용하는 것이었다. 그래서 그는 자신이 다른 아버지 형상들로부터 아이디어들을 훔쳐내고 있다는 사실을 믿게 만들 수 있는 각본을 구상해내게 된 것이다.

물론 우리가 이 해석의 모든 세부들을 받아들일 필요는 없다. 우리는 크리스가 가정한 것과는 달리 아버지와의 경쟁에서 물러나는 것과 다른 사람의 생각을 도용하는 것이 다른 동기들로부터 기인한다고 생각해볼 수도 있다. 위에서 가정되었던 훔쳐낼 만한 아이디어들을 가지고 있는 아버지, 큰 아버지grandfather에 대한 환자의 소망은 사실 아버지에 대한 경쟁심을 은폐하는 역할을 하고 있는 것일 수도 있다. 즉 자신의 게임 속에서 아버지보다 우월하고자 하는 소원, 그를 이기고자 하는 소원을 인정하지 않기 위해 환자가 채택하는 방식일 수도 있다. 어떤 경우든 라캉은 이 부분에 초점을 맞추지 않는다; 그보다 그는 크리스의 해석에 대한 환자의 반응을 지목한다.

크리스는 그러한 결론(환자는 표절을 하지 않았으며 사실 그는 큰 아버지grandfather에 대한 소원을 나타내고 있었다는 것)을 환자에게 전달하기 위해 그가 정확히 어떤 말들을 했는가에 대해서는 언급하지 않는다. 그러나 크리스에 의하면 그가 분석 중 그러한 해석을 했을 때 환자는 잠시 아무 말도 하지 않았으며 그 후, "어떤 것을 알아낸 것처럼" 그는 다음과 같이 말했다:

"매일 정오, 이곳을 나서서 사무실로 돌아가는 점심시간에 나는

[작지만 좋은 식당들이 있는 것으로 잘 알려져 있는] X로를 따라 걸으며 창문으로 메뉴들을 읽습니다. 나는 거의 항상 그 중 한 식당에서 내가 좋아하는 음식인 신선한 뇌요리를 찾을 수 있습니다"(「자아심리학」, 23).

크리스는 이것을 자신의 해석이 적절했음을 알려주는 증거로 받아들인다. 라캉은 세미나 I에서 "그 해석은 논쟁의 여지없이 효과적인 것"이었다고 말한다. 그는 심지어 분석 후 매번 신선한 뇌요리를 찾는다는 분석수행자의 말은 "정확한 해석이 이끌어낸 반응"이라고 할 수 있으며 그러한 해석은 "의미작용의 측면에서 역설적인 동시에 충만한 말speech의 차원"이라고 언급한다(72/60). 라캉은 이 부분에서 확실히 찬사를 보내고 있다.

그러나 세미나 I에서 라캉은 환자가 그 다음 번 분석시간에—즉 분석가가 해석을 한 후 그 다음 분석에서—위와 같이 언급했다고 잘못 적고 있다. 라캉은 분석가의 해석 때문에 환자가 신선한 뇌요리를 찾게 되었다고 생각하는 듯하다. 그러나 크리스의 설명에 따르면 환자는 해석이 제시된 직후에 그러한 이야기를 들려준다. 환자는 크리스에게 자신이 꽤 오랫동안 매일 신선한 뇌요리를 찾아다녔다고 말한다.

세미나 III에 나타난 크리스

라캉은 1956년(세미나 III, 92-93/79-80)에 간단히 그 사례에 대해 다시 언급한다. 여기서 라캉은 크리스가 말한 것 중 일부는 명백히 분석의 진전에 기여하지 않는 것으로 해석할 수 있음을 보여준다. 크리스는 다음과 같이 말한다.

2. 자아심리학자 삼인방에 대한 라캉의 비판: 하르트만, 크리스 그리고 뢰벤슈타인

[도서관에 있는 논문에서 자신의 아이디어를 발견한 것에 대한 환자의] 만족과 흥분이 뒤섞인 역설적인 어조는 나로 하여금 그가 표절했다는 텍스트에 관해 매우 자세히 **묻게** 만들었다. 보다 정밀한 조사과정을 통해, 예전에 발표된 논문은 그의 논문을 지지할 만한 유용한 내용을 담고 있기는 하지만 논문 그 자체에 대해 언급하고 있지는 않다는 사실을 알 수 있었다(「자아심리학」, 22 [필자의 강조]).

위의 이야기에서 정확히 어떤 방식으로, 그리고 어떤 장소에서 질문과 조사가 이루어졌는가는 다소 모호하다. 그러나 명백한 것은 크리스가 몇 번의 분석을 통해 자신의 환자에게 두 텍스트에 대한 자세한 세부사항들을 질문했다는 것이다. 라캉은 이것을 크리스가 도서관에 가서 논문을 읽은 후 환자에게 직접적으로 논문이 환자의 독창적 생각을 언급하고 있지 않다고 말한 것으로 받아들인다. 라캉은 "그러한 사람들은 이와 같은 개입을 분석의 일부로 간주하는 듯하다"고 말한다(세미나 III, 93/80).

어쨌든 라캉의 비판은 무엇보다도 크리스가 표절의 문제를 상징계적 시각이 아닌 현실의 차원에서 접근하고 있다는 사실에 초점을 맞추고 있다. 크리스가 자신에게 질문하는 것은 "환자가 정말 표절을 하였는가?"이다. 자아심리학자들은 자신들이 그러한 접근방식을 채택하는 것을 자아라는 개념에 근거하여 정당화시킨다. 그들이 이해하는 자아는 (1)이드, (2)초자아—이 두 가지는 '내부현실'을 구성한다—그리고 (3)'외부현실' 사이에서 그들을 중재하고 이 세 적군들에 대해 방어기제를 작동하는 역할을 한다. 방어는 모두 같은 것이므로 그들은 외부현실에 관계된 방어의 분석 또한 이드의 충동에 대한 방어의 분석과 같이 정당한 것으로 간주한다.

　라캉의 말대로 크리스가 도서관을 찾았는가 아니면 그가 단순히 환자에게 그 텍스트들에 관해 물어보았는가의 차이는 단지 정도의 문제일 뿐이며, 두 경우 모두 크리스의 관심은 현실에서 어떤 일이 일어났는가에 관한 것이라고 할 수 있다. 그가 정말 표절을 하였는가, 또는 그렇지 않은가의 문제는 그가 사실은 표절을 하지 않았다는 생각에 대해 자아의 방어가 존재하는가 또는 그렇지 않은가를 묻는 것과 동일하다.

　라캉은 세미나 III에서 크리스가 실제로 일어난 일을 중심으로 분석에 접근했는데, 이 과정에서 환자에게 그가 **사실** 표절을 하지는 않았으며 단지 그렇게 하고 싶었던 것뿐이라고 말했을 때, 그 결과로 환자가 행동화를 하게 된 것이라고 말한다. 바꾸어 말하여, 라캉은 현실에 바탕을 둔 크리스의 해석 때문에 환자가 신선한 뇌요리를 찾게 된 것이라고 생각한다. 라캉은 크리스의 주석을 "미숙한 상징화"라고 부르며 그러한 미숙한 상징화는 종종 행동화로 연결된다고 지적한다(93/80).

　그는 크리스가 현실의 측면에서가 **아니라** 상징계의 차원에서 사례에 접근했어야 한다고 주장한다. 이를 위하여 그는 "표절이란 존재하지 않으며 상징적 자산이라는 것이 없다"는 점을 깨달았어야 한다(93/80). 만약 그가 이것을 알았다면 다른 질문을 할 수 있었을 것이다. "상징적 차원에서 그런 일들이 [환자에 의해] 왜 그렇게 강조되었으며 왜 그리도 중요하게 부각되었던 것일까"(93/80).

　라캉에 의하면 행동화는 분석가가 환자에게 어떤 것을 증명하려고 노력할 때―예를 들어, 그가 정말 표절을 했던 것은 아니라는 말 등―환자가 분석가에게 "신선한 뇌요리를 먹게 함으로써" 진정 중요한

2. 자아심리학자 삼인방에 대한 라캉의 비판: 하르트만, 크리스 그리고 뢰벤슈타인

것이 무엇인가를 알리는 방식이다(93/80). 그가 의식적으로 또는 고의적으로 이러한 행동을 하는 것이 아니라 그의 증상이 다른 방식으로 재발하는 것이다. 증상은 새로운 형태로 현실에 근거한 개입에 반응한다.

「프로이트의 ·부정Verneinung에 대한 장 이폴리트의 주석에 부치는 글」에 나타난 크리스

라캉이 세미나 I에서 논의했던 크리스의 사례를 1956년에 출판된 「장 이폴리트의 주석에 부치는 글」[22]에서 글로 옮겼을 때, 그는 크리스의 텍스트를 보다 자세히 읽고 자신의 기존 해석에 있었던 오류들을 바로잡는다. 라캉은 여전히 크리스가 문제의 논문을 읽었다고 주장하고 있지만 적어도 환자가 신선한 뇌요리를 찾아다녔던 것이 자신이 서로 다른 사람들을 표절하고 있다는 환자의 믿음을 크리스가 해석하기 이전에 반복되고 있었던 것임을 깨닫는다.[23] 라캉은 독자들에게 자신이 이 "텍스트를 자세히 살펴보는 것"에 대해 양해를 구하기까지 한다. 아마도 그는 이 텍스트를, 정독하기에는 너무나 지겹고 저급한 글로 간주했던 모양이다.

이 글에서는 크리스의 접근방식에 대한 비판이 더욱 격화된다. 라캉은 크리스가 분석의 체계를 뒤바꾸어 놓았다고 말한다. 분석가들은, 프로이트가 도라의 분석에서 시도했듯이(SE VII, 35-36), 아름다운 영혼(belle âme)으로 하여금 그녀가 불평하는 혼란스럽고 무질서한 세상 속에서 자신이 맡은 역할을 보게 만들어야만 한다. 라캉은 「치료의 방향」에서 이 과정을 "주체가 현실과 가지는 관계에 대한 조정"(E 598) 또는 "주관적 조정"(E 601)이라고 불렀다. 대신 크리스는 죄책감을 느낀다고 말하는 환자에게 **사실** 그에게는 죄가 없다는 것을 알려주려고 노력한다―이것은 프로이트가 제안하는 방식과 명백히 상치된다. 프로이트는 환자의 죄의식이 전치된 것임을 알 수 있다 하더라도 우리는 반드시 환자가 스스로 내린 평결을 받아들여야만 한다고 말한다(SE X, 175-76를 보라). 크리스는 정반대의 행동을 취하여 그의 환자에게 **사실은** 그가 잘못이 없음을 보여주려고 노력한다. 그는 어떤 방식으로 이를 수행하는가? 크리스는 실제 상황에 대한 자기 자신의 평가를 이용하는데 (라캉은 여전히 크리스가 문제의 텍스트를 읽었다고 주장한다), 그 평가는 어떤 것이 표절 되었는가 또는 그렇지 않은가에 대한 자신의 믿음에 근거를 두고 있다.

라캉은 "만약 정신분석이라는 학문의 도움으로 정신분석가들이 극복해야 하는 편견을 하나만 지적한다면 그것은 지적인 자산"이라고 말한다(E 395). 여기서 "편견bias, *préjugé*"이라는 단어는 라캉이 「전이에 관한 보고"Presentation on Transference"」에서 사용한 단어와 동일한 것으로서 그는 분석가의 역전이를 "분석가의 편견[biases, *préjugés*], 정열, 난제 그리고 자신의 부적절한 정보의 총합"(E 225)이라고 정의했다. 그러므로 라캉은 그러한 편견을 크리스 자신의 믿음이 만들어내는 체계의 일부이자 그의 역전이의 한 부분으로 간주한다.

한마디로 크리스는 자신의 자아를 바탕으로 상황을 관찰했던 것이다. "주체의 행동양식에 대한 그러한 분석은 그의 행동을 분석가의 방식대로 각인하는 것과 같다"(E 397). 다른 말로 바꾸면, 크리스는 환자로 하여금 크리스 자신의 판단대로, 크리스 자신의 사고방식과 믿음의 체계 등에 따라 상황을 보게 만들기 위해 노력한다. 더불어 라캉은 "크리스는 방어의 분석이라는 미명 아래 주체의 세계를 공격하여 그것을 분석가의 세계를 본으로 재구성한다"고 부연한다(E 398). 환자가 크리스의 방식대로 세상을 보게 되면 모든 문제가 해결될 것이다. 이는

2. 자아심리학자 삼인방에 대한 라캉의 비판: 하르트만, 크리스 그리고 뢰벤슈타인

환자가 분석가의 자아의 한 부분을 내재화하거나 내사introjection하는 것을 말하며 주체가 분석가의 자아에 있는 '건강한' 부분과 동일시하는 것을 의미한다. 우리는 이를 신선한 뇌라는 새로운 알약을 투여하는 것이라고 부를 수 있다.24)

이것이 정확히 "분석을 규준화normalizing하고자 하는 [크리스의] 열정"이라는 라캉의 말이 뜻하는 바이며 크리스가 충분한 사람들을 분석한 후에는 분명히 모든 사람이 지적 활동과 지적 자산에 관하여 크리스와 동일하게 "정상적normal"이고 표준화된 생각들을 가지게 될 것이다. "그러므로 지적 생산성에 관한 크리스의 생각은 모든 미국인을 위하여 ["우수제품인증서Good Housekeeping Seal of Approval를 획득함으로써": *garanties conformes*] 적절하게 표준화된 것인 듯하다"(E 398). 라캉은 이를 "자아심리학의 뉴딜"이라고 부른다(E 393): 프랭클린 루즈벨트 대통령이 경제를 조정하고 사업을 통제하며 특정 복지사업들을 질적인 면에서 표준화하려고 노력했던 것과 같이 크리스는 자아심리학에 정상화 과정, 조절 및 표준화 절차라는 '공식적 지위'를 부여하고자 했다.

「치료의 방향」에 나타난 크리스

이제 라캉이 이 사례에 대해 더욱 진전된 논의를 전개하는 「치료의 방향」을 살펴보자. 이것이 동일한 사례에 대한 라캉의 네 번째 논의이며 두 번째 논문이라는 사실로 미루어보아 라캉에게 이 사례는 1954년부터 1961년까지 그의 관심을 끌만큼 특별한 것이었음에 틀림없다! 여기서 라캉은 크리스를 "태생적으로 해석의 차원에 조율된 일급 저자"로 묘사한다. 물론 이것은 그의 지위를 격하시키기 위한 전략이다: 사람들이 흔히 하는 말로 '[밀짚 인형은] 크게 만들면 만들수록 더 잘 쓰러진다The bigger they come, the harder they fall.'

라캉은 크리스의 이야기를 더욱 자세히 살펴보며 다시 자신의 기존 해석 중 하나를 수정한다. 그는 크리스가 도서관에 가서 논문을 읽었다고 주장하는 대신 "크리스가 증거를 살펴본다"고 말한다. 그러나 여전히 우리는 라캉의 해석이 매우 창조적임을 알 수 있다. 라캉의 주장에 의하면 크리스는 환자에게 그가 표절을 하고 싶은 마음을 가지게 된 것은 "사실 그런 행동을 하는 사람이 되지 않도록 방지하려는 목적"에서 나온 것이라고 말한다. 라캉에 의하면 이때 이드의 충동은 환자가 "다른 사람들의 생각들에 매료되는 것"이며 이에 대한 방어는 그가 표절을 하는 사람이라는 믿음이라고 볼 수 있을 것이다.

필자가 텍스트를 읽었을 때 크리스는 결코 정확히 위와 같은 말을 하지는 않았다. 크리스는 "구강공격성"과 이에 대한 억제를 환자의 특징으로 간주한 환자의 이전 분석가인 멜리타 슈미드베르크Melitta Schmideberg의 의견에 동의하며(「자아심리학」, 23) 그의 목표는 "'나는 표절을 할 위험이 있는 사람이다'라는 느낌이 어떻게 만들어지는가를 밝혀내는 것"이라고 말한다(「자아심리학」, 24). 이때의 충동은 다른 사람들의 아이디어들을 유린하고 파괴하고자 하는 마음이며, 이에 대한 방어는 그가 글을 쓰고 출판하는 것을 막아 줄 수 있는, 표절에 대한 그의 두려움이라고 할 수 있다. 크리스는 자신이 주된 목표로 삼았던 것은 "이드의 내용이 아니라 방어기제를 밝혀내는 것"이었다고 말하고 있으므로 라캉은 이 모든 절차를 "충동보다는 방어를 분석해내는 것"이라고 부른다(E 599).

이 절차에 대한 간략한 요약에 덧붙여 라캉은 하르트만과 크리스의 논문 중 한 부분에 대해 부연한다. 이 논문에서 그들은 "해석은 가능한 환자의 경험에 밀착된 상태로—'고차원적인 층위에서'—시작되어야 한다고 주장하며, '방어'의 구조를 설명한 후 이드에서 기인된 것에

2. 자아심리학자 삼인방에 대한 라캉의 비판: 하르트만, 크리스 그리고 뢰벤슈타인

대해 언급한다(「유전적 접근」, 15). 라캉에 의하면 그러한 개념은 "방어와 충동을 동일한 중심을 가지는 것으로 [이해하는]" 것이며(E 599) 이때 방어는 충동이라는 작은 원/구를 둘러싸는 원/구를 형성할 것이다. 이것은 총체적인 정신의 위상학 또는 모형을 제시하는데 여기서 이드는 내부의 원/구이며 자아는 내부를 둘러싸는 외부의 원/구이다(<표 2.1>을 보라). 라캉은 내부/외부 모형은 지극히 단순화된 것이며 프로이트의 저작 어느 곳에서도 찾아볼 수 없는 것임을 명백히 한다(프로이트가 보다 복잡한 모형을 제시하고 있는 SE XXII, 78을 보라).

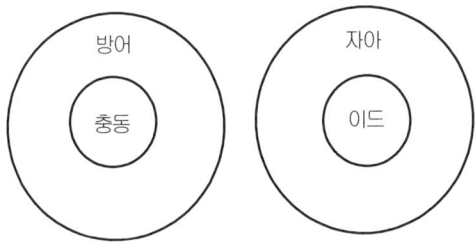

<표 2.1> 크리스의 위상학에 대한 라캉의 해석

라캉에게는 환자가 분석 후 반복적으로 신선한 뇌요리를 찾는다는 사실이 분석 중에는 신선한 두뇌가 "전적으로 결여되어 있었다"는 것을 제시하는 듯했다. 즉 분석가의 해석은 방향을 제시하지 못하고 있었으며 어떠한 신선하고 새로운 아이디어도 만들어내지 못했다. 환자의 방어에 대한 크리스의 분석은 새로운 정보를 이끌어내지 못했다.

「치료의 방향」에서 라캉은 사례에 대한 이전의 논의에서는 볼 수 없었던 것을 시도한다: 그가 자신의 해석을 제시하고 있는 것이다. 그는 크리스에게 (2인칭 화법을 사용하여) 다음과 같이 말한다:

여기서 당신의 환자가 훔치지 않는다는 사실이 중요한 것은 아닙니다. 그는 훔치지 않……는 것이 아닙니다. 그는 **무**nothing를 훔치는 것입니다. 그리고 당신은 환자가 그것을 알게 했어야 합니다.

당신이 믿고 있는 것과 달리, 훔치는 것에 대한 생각의 방어가 그로 하여금 그가 훔치고 있다고 믿게 만드는 것이 아닙니다. 그에게는 결코 떠오르지 않거나 또는 그가 마음에 담아 두지 않은 어떤 생각이 있을 수도 있습니다.[……]

당신은 마치 환자가 강박관념에 사로잡힌 듯이 그를 대하지만, 그는 당신에게 음식 환상이라는 의제를 던져주고 신경성식욕부진[anorexie mentale]이라는 진단을 제시함으로써 당신이 시대의 질병분류학보다 15분 앞설 수 있는 기회를 제공합니다[……](E 600-601).

이 경우에 거식증은 정신적인 영역의 문제입니다(E 600-601).

여느 때와 마찬가지로 라캉의 말은 다소 애매하다. 그러나 필자의 견해로 이것은 자아심리학 전반에 대한 비판에 연관된다고 볼 수 있다. 자아심리학자들에 의해 실행되는 분석은 근본적으로 주체의 욕망을 제거하고 그것을 다른 어떤 것으로 축소시키는 것을 목표로 삼는다. 라캉이 여기서 주체에게는 "결코 떠오르지 않거나 또는 그가 마음에 담아 두지 않은 어떤 생각"이 있다고 말했을 때, 이것은 주체가 의도와 목적 모든 면에서 무의식적인 욕망을 가지고 있다는 의미인 듯하다. 그것은 결코 떠오르지 않을 수도 있고 억압된 환상과 공격적인 생각들과 꿈의 요소들이 그렇듯이 이따금 머리를 스치고 지나갈 수도 있다.

라캉은 억압된 욕망이 무엇인가에 대해 설명하지 않는다. 그러나 환자가 자신이 아이디어를 훔친다고 믿는 것은 바로 욕망이 억압되었기 때문이라고 제안한다. 다시 말하면 그가 훔치고 있다는 믿음은 억압

2. 자아심리학자 삼인방에 대한 라캉의 비판: 하르트만, 크리스 그리고 뢰벤슈타인

된 욕망이 전치displacement된 것이거나 또는 역위逆位inversion된 것이다. 고전적인 의미에서 그것은 아버지로부터 어머니를 훔쳐내고 싶은 소원이 전치된 것이거나 또는 아버지로부터 팔루스를 훔쳐내고자 하는 소원이 뒤바뀐 것이다. 어떤 경우든 요점은 라캉이 이 사례를 충동과 이에 대한 방어보다는 욕망과 억압을 중심으로 설명하고 있다는 점이다.

반면 크리스는 무의식적 사고, 소원 또는 욕망을 중심으로 생각하지 않는다. 라캉에 의하면 크리스는 인간 욕망이라는 것을 단순히 너무나 거대하고 어려워서 도저히 어찌할 도리가 없는 것으로 간주하는 분석가 중 한 명이다. 라캉은 다음을 그러한 분석가들의 육성으로 전달한다: "아, 이 신경증 환자들은 정말 까다롭구나! 뭘 어떻게 해야 되나? 맹세코 이 사람들을 이해하는 것은 불가능하다"(E 637).

라캉에 의하면 자아심리학자들은 인간 욕망의 역설을 설명할 수 있는 유일한 차원인 상징계적 차원에 대해 이해하기를 거부한다―예를 들어 우리는 우리가 원하지 않는 것을 요청하며, 우리가 가질 수 없는 것만을 원하고, 우리가 원했던 것을 가지는 순간 더 이상 그것을 원하지 않는다. 앞의 분석가들은 자신들이 환자를 더욱 합리적이고 보다 실용적으로 만들고 그들의 엉뚱하고 까다로운 면들을 제거해야 한다고 생각한다. 이를 위해 가장 좋은 방법은 욕망을 총체적으로 제거하는 것인데 라캉은 이것을 "지도에서 욕망을 전멸시키는 것wipe desire off the map"이라고 부른다(E 602)―크리스의 환자의 경우에는 메뉴에서 제외한다고(carte는 '지도'와 '메뉴'를 의미한다) 말할 수 있을 것이다. 이제 그는 그것을 주문하는 것 자체를 생각할 수 없게 되었다―즉 분석 중 이에 대해 언급하는 것 자체가 불가능해졌다.

라캉은 크리스의 개입이 환자의 욕망을 요구로 환원시키는 과정을 유발했으며 신선한 뇌요리를 찾는 환자의 행동화는 이에 대한 항의였다고 이해한다. "욕망은 의제로서 남아 있어야 하며 분석과정의 메뉴에 들어있어야 한다." 많은 경우 거식증 환자들은 자신의 욕망을 유지하기 위하여 음식을 거부한다. 라캉은 **그/그녀가 아무것도 먹지 않는다**라고 말하는 대신 그들이 무nothing를 먹는다고 말한다. 대상으로서의 무는 그/그녀의 욕망을 불러일으키며 그 욕망을 유지시킨다. 음식을 먹는 것은 욕구 즉 생물학적 욕구를 충족시킨다; 그리고 주체의 요구에 대한 응답으로 음식을 제공하는 것은 요구 속에 배태된 욕망을 파괴하여 그/그녀의 욕망을 단순한 욕구로 환원시킨다. 그/그녀가 음식을 거부하는 이유는 자신의 욕망을 위한 공간, 욕망이 존속할 수 있는 공간을 유지하기 위해서이다.

우리는 크리스의 환자를 위의 맥락에서 이해할 수는 없을까? 만약 새로운 아이디어를 구상하는 것에 대한 환자의 걱정이 그의 할아버지가 아버지에게 부과했던 요구와 아버지가 그 자신에게 부과했던 요구에 관계된다고 생각한다면, 자신의 아이디어를 가지는 것에 대한 거부를 그러한 요구에 대한 항거로도 볼 수 있을 것이다. 독창적인 아이디어를 가지는 것은 아버지의 요구에 응하는 것을 뜻하며, 이는 그 자신의 욕망의 공간을 파괴하거나 폐쇄하는 것을 의미한다. 만약 그가 지적으로 생산적인 사람이 된다면 그는 자신이 욕망할 수 있는 공간을 잃게 될 것이다. 그러므로 아무것도 생각하지 않는 것/무를 생각하는 것 thinking nothing은 그가 욕망할 수 있는 보호된 공간을 유지하는 방식이다(이것은 아무것도 먹지 않는 것/무를 먹는 것eating nothing이 다른 대부분의 거식증 환자에게 의미하는 바와 동일하다).

그렇다면 도용에 관한 것은 어떻게 설명할 수 있는가? 크리스에 따르면 아이디어를 훔친다는 생각은, 환자의 아버지를 등장시켜 아버지가 독창적인 아이디어들을 가지고 있음을—즉 독창적인 아이디어

2. 자아심리학자 삼인방에 대한 라캉의 비판: 하르트만, 크리스 그리고 뢰벤슈타인

를 가지라는 할아버지의 요구를 그의 아버지가 받아들였음을—보여주기 위하여 고안된 것이다. 그렇다면 무를 훔치는 것은 아마도 아버지가 항거할 수 있는 위치를 사수하는 것으로도 이해할 수 있을 것이다. 이로부터 우리는 그의 아버지는 훔칠 아이디어를 가지고 있지 않았으며 이는 그 역시 욕망을 요구로 환원시키고 자신의 아버지의 요구를 충족시키는 것을 거부했기 때문이라고 주장할 수도 있다. 이때 우리는 환자의 욕망이 타자의 욕망과 동일하며, 여기서 타자란 아버지에 의해 대표되고 있음을 알 수 있다. 그렇다면 환자의 욕망의 '내용'은 무엇인가? 이 욕망이 타자의 요구에 대한 거절에 의해 구성되는 한 아마도 그것은 '단지' 자신의 욕망을 유지하는 것에 대한 욕망일 것이다. 그것은 불만족 된 욕망에 대한 욕망이며 욕망 자체에 대한 욕망이다.

환자의 거식증에 대한 라캉의 논의는 지나치게 간명하여 그가 의미하는 바가 무엇인지 도무지 확신할 수 없지만, 나는 여기서 라캉의 해석에 어떤 방식으로 접근할 수 있는가에 대해 제안하려고 노력했다. 필자의 제안은 적어도 「치료의 방향」의 다른 부분들에 나타난 라캉의 비판에 부합한다. 라캉은 크리스와 같은 분석가들이 "진정한 욕구를 만족시킬 수 있는 건전한 원칙과 정상적인 욕망으로 환자를 유도"하기 위해 시도하는 것을 비판한다. "어떤 욕구를 말하는가? 여보시게, 모든 사람의 욕구 말일세"(E 624). 이러한 풍자 속에서 라캉은 크리스와 같은 분석가들로 하여금 구조적으로 만족될 수 없는 욕망과는 달리 실제로 만족될 수 있는 '정상적인 욕구'를 강조하게 만든다.

유사한 방식으로 라캉은 푸주한의 아내에 대한 논의 후반부에서 다음과 같이 주장한다.

정신분석가들은 이미 오래전에 [욕망의 역설을 대면했을 때]

더 이상 대응하지 않게 되었다. 그들은 환자들의 욕망에 대해 더 이상 숙고하지 않는다, 분석가들은 환자들의 욕망을 요구로 환원시키는데, 이것은 [환자들의 욕망을] 분석가 자신의 요구로 전환시키는 과제를 수월하게 만든다(E 626).

만약 분석가가 분석수행자로 하여금 욕망이라고 알려진 도깨비불을 좇아 돌아다니는 행위를 멈추고 자신의 요구에 (예를 들어 분석가의 도움으로 표절에 대한 공포를 극복하고 학계로 돌아가고자 하는 그의 요구에) 초점을 맞추도록 만들 수 있다면, 분석가는 그리 어렵지 않게 분석수행자가 분석가 자신의 요구를 대신 받아들이게 만들 수 있을 것이다(즉 분석수행자가 분석가가 되는 것이다). 이에 따라 분석수행자가 가진 욕망의 제반문제는 중심을 비켜 사라지거나 회피되고 그/그녀는 단순히 '일상을 다시 시작하게 된다.'

크리스의 환자에 대한 라캉의 해석은 구체적이라기보다는 매우 암시적이며, 어떤 사람이 두 장으로 설명한 것을 근거로 사례를 재해석하려는 시도가 가질 수밖에 없는 문제들을 내포한다. 만약 크리스가 더욱 세부적인 분석을 제시하였거나 라캉이 애매한 몇 줄 이상으로 이야기를 들려주었다면 필자는 지금 전개하고 있는 논의에 대해 보다 확신을 가질 수 있었을 것이다. 사실 라캉에 관한 많은 문헌들은 공통적으로 심층적인 사례연구가 결여되어 있다. 그러나 사례연구를 통해서만 우리는 분석가의 실천행위를 세부적으로 관찰할 수 있다. 어쨌든 라캉은 안나 프로이트와 에른스트 크리스의 두 쪽짜리 임상연구를 근거로 임상으로서의 자아심리학에 대한 그의 비판을 구축한다.

마치기 전에 필자는 거식증이라는 라캉의 진단이 훌륭하기는 하지만 크리스의 환자에게 가장 적절한 진단은 아닌 듯하다는 부연설명을

2. 자아심리학자 삼인방에 대한 라캉의 비판: 하르트만, 크리스 그리고 뢰벤슈타인

덧붙이고자 한다. 비록 두 번째 분석을 받을 때 환자가 아이디어를 훔치지는 않았지만, 그는 청소년기에 사탕과 책을 훔친 적이 있다. 그리고 그는 많은 아이디어들을 가지고 있었던 것 같은데, 다시 말해서 우리는 그가 마치 '무를 먹는' 거식증 환자와 같이 '무를 생각했다'고 말할 수는 없는 것이다. 그는 단지 그의 아이디어들이 다른 사람으로부터 반복되거나 말해지기 전까지는 자신의 아이디어들이 가치 있는 것이라는 사실을 인식하지 못했을 뿐이다. 필자는 이 사례를 라캉이 강박증 사례에 적용한 특정 개념을 통해 이해하게 되었다. 라캉은 강박증 환자의 대상이 되기 위한 조건으로 각각의 대상이 "그 대상의 기원[⋯⋯]에 대한 보증―밀수품contraband"을 가지고 있다고 말한다(E 633; 세미나 VIII, 306을 비교하라. 또한 1장에서 밀수(품)contraband에 대한 필자의 논의를 참고하라). 그에게 아이디어들은 자신의 것이 아닌 한 매력적이고 흥미를 돋우는 것이었으며, 그는 그것을 훔쳐내게 되는 경우에 한하여 그것을 사용할 수 있었다. 밀수란 강박증 환자의 대상이 가진 매우 일반적인 속성이며, 이로써 우리는 왜 주체가 자신이 생각했던 것을 그의 동료나 다른 사람의 논문에서 찾아야만 한다고 느꼈는가를 설명할 수 있을 듯하다. 그것은 자신의 생각을 금기시하여taboo 그것을 욕망할 만한 것이 되게 만들기 위함이었다.

결론

자아심리학 이론 및 임상에 대한 라캉의 비판에 대한 논의를 마무리하며 필자는 라캉이 정신분석의 진화 논리 속에서 어떻게 자아심리학을 위치시키는가에 대해 잠시 언급하고자 한다. 라캉 자신은 그러한 자리매김에 대해 언급한 적이 없지만, 우리는 자아심리학을 라캉이 프로이트의 가장 큰 기여로 간주하는 상징적 차원을 전적으로 제거하고 대신 상상계적인 자아 대 자아의 관계 또는 현실과의 관계를 강조하는 분석의 한 경향으로 간주할 수 있을 것이다. 라캉은 명백히 이 점에 대한 교정을 자신의 책임으로 여겼다. 그러한 의미에서 자아심리학은 정신분석의 서로 다른 학파들이 따랐던, 무의식에 이르는 여러 에움길 중 하나로 판명되지는 않을 것이며, 그보다는 무의식 자체를 회피하는 길로 간주될 것이다. 이 점에서 라캉은 자아심리학을 클라인의 업적이나 대상관계이론과는 다른 측면에서 비판하는 듯하다. 그는 후자 역시 서로 다른 이유에서 비판하고는 있지만 전자와 같이 무의식을 전적으로 거부하는 것으로 이해하지는 않는다. 아마도 이것이 수년간 자아심리학이 대표로 라캉에게 벌을 받아 온 이유일 것이다. 그러나 클라인 역시 정신분석의 상상계적인 차원을 지나치게 강조했다는 비판을 받았으며 대상관계이론은 대상과의 관계가 얼마나 현실적인가를 가늠하고 환자의 '현실감각'을 측정하기 위해 대상관계에 초점을 맞추었다는 비판을 받았다. 전자는 상상계적인 것the imaginary을, 그리고 후자는 실재적인 것the real[25)]을 지나치게 강조한다.

  라캉은 「말과 언어의 기능 및 영역」에서 그가 "[분석] 동향의 지형학 the topography of [the analytic] movement"이라고 부른 것을 세 방향으로 개괄하며, 다음과 같이 말한다: 이들은 모두 "한 가지를[……]공유하는데, 그것은 그들의 기반을 구축하는 정신분석 경험의 활력이다. 그것은 분석가로 하여금 말speech이라는 지반을 포기하게 만드는 유혹이다"(E 242-43). 그러므로 라캉에 의하면 정도의 차이는 있겠지만 다양한 종류의 분석 동향 전체가 '치유가 진행되는 유일한 차원'인 상징계의 영역을 망각했다.

2. 자아심리학자 삼인방에 대한 라캉의 비판: 하르트만, 크리스 그리고 뢰벤슈타인

아마도 (비록 충족되지는 않았지만) 정신분석을 정신분석(화)하고자 하는 라캉의 의도는 「말과 언어의 기능 및 영역」에서 라캉이 한 분석수행자를 위해 나열하는 목표 중 하나로부터 동기를 부여받은 것인 듯하다. 한 사람의 인생살이를 다시 쓰는 과정에서 한때는 실수―잘못 들어선 길, 낭비된 시간, 결국은 경멸하게 된 배우자와 함께한 세월―로 간주되었던 모든 것들이 현재라는 변화의 과정에서 분석수행자가 오늘의 그/그녀가 되기 위해 필요했던 것으로 드러나기도 한다. 다시 말하면 라캉은 정신분석을 통해 정신분석 동향의 역사 전체에 일종의 주관화subjectivization를 일으키고자 의도했던 듯하다.

3. 「문자의 심급과 무의식의 관계"The Instance[1] of the Letter in the Unconscious"」 읽기

> 텍스트에 주해를 다는 것은 분석을 하는 것과 같다.
>
> —라캉, 세미나 I

라캉의 수사학

「문자의 심급과 무의식의 관계, 또는 프로이트 이후의 이성」은 감탄할 만한 수사학적 불명료함으로 시작된다. 처음 두 페이지는 텍스트를 ―글과 말 사이라는― 배치가 불가능해 보이는 지점에 위치시키는 역할을 하며, 첫 문장은 도저히 이해할 수 없는 방식으로 씌어 있다.

---

[1] 원제는 *L'instance de la lettre dans l'inconscient ou la raison depuis Freud*이며, 이때 'instance'는 일반적으로 '심급'으로 번역된다. 여기서는 동일하게 번역하였으나, 이와 함께 강조해야 하는 것은 *Écrits*(1966) 502면에서 라캉이 "……c'est dans la chaîne du signifiant que le sens insiste……"(저자의 강조)라고 말하고 있으며 이때 'insister'는 '강요하다', '(끈질기게) 요구하다', '끈기 있게 지속하다'를 의미한다는 점이다. la lettre, l'être, l'Autre가 소리의 어울림 속에서 서로 연관되듯이 라캉은 instance, insiste, consiste로 언어유희를 즐긴다. 복수 형태의 'instance'는 '간청', '탄원', '애원'을 뜻하며 de와 함께 사용되어 '……의 간청에 따라'를 뜻한다. 또한 단수 형태로 avec와 함께 '간곡하게'를 뜻하기도 한다. 그러므로 '문자의 심급'에는 운명과도 같이 끈질기게 지속될 수밖에 없는 문자의 기능이 포함되어 있다. 더불어 「무의식 속에서의 문자의 심급」이라는 번역은 무의식의 내용이 사물표상이며, 그것이 전의식 또는 의식의 단어표상과 연결된다는 프로이트의 설명과 상치되는 듯한 뉘앙스를 전달하므로 그 대신 「문자의 심급과 무의식의 관계」로 번역했다(옮긴이 주).

논문은 다음과 같이 시작된다:

> 『정신분석』 제3권의 주제가 나로 하여금 이 논문을 쓰게 만든 [*commandait*] 반면, 나는 내가 글[*l'écrit*]과 말 사이—둘 사이의 중간 지점일 것이다—에 위치시킴으로써 그것을 소개할 때 드러나는 것에 경의를 표해야만 한다.
>
> 글은 사실 **텍스트**의 유포에 의해 알려지며 이때 우리는 담론의 그러한 요소가 드러나는 것을 보게 된다—이것은 일종의 수축을 일으키는데, 내 취향대로 하자면 이는 독자들에게 입구 이외의 다른 출구를 남겨두어서는 안 되며, 나는 이를 어렵게 만들고자 한다. 그렇다면 내가 이 용어를 사용하는 방식에 비추어 보건대 그것은 글이 아닐 것이다(E 493).[2]

라캉은 잡지 제3권, <정신분석과 인간과학*Psychanalyse et science de l'homme*>의 주제가 자신에게 이 논문을 쓰라고 요청했고, 요구했고,

---

[2] 명확히 이해하는 것이 불가능해 보이는 첫 단락의 영어 번역과 원문을 아래에 적는다(옮긴이 주).

While the theme of the third volume of *La Psychanalyse* commissioned[*commandait*] this contribution by me, I owe this deference to what will be discovered here by introducing it in situating it between writing[*l'écrit*] and speech—it will be halfway between the two.

Writing is in fact distinguished by a prevalence of the *text* in the sense that we will see this factor of discourse take on here—which allows for the kind of tightening up that must, to my taste, leave the reader no other way out than the way in, which I prefer to be difficult. This, then, will not be a writing in my sense of the term(E 493).

Si le thème de ce volume 3 de *La Psychanalyse* me commandait cette contribution, je dois cette déférence à ce qui va s'y découvrir, de l'introduire en la situant entre l'écrit et la parole: elle sera à michemin.

L'écrit se distingue en effet par une prévalence du *texte*, au sens qu'on va voir prendre ici à ce facteur du discours,—ce qui y permet ce resserrement qui à mon gré ne doit laisser au lecteur d'autre sortie que son entrée, que je préfère difficile. Ce ne sera donc pas ici un écrit à mon sens(E 493).

3. 「문자의 **심급**과 무의식의 관계」 읽기

명령했거나(*commandait*) 또는 그것이 자신에게 논문을 주문했다고ordered 말한다. 그러나 주목할 점은 그 자신이 말하듯이(E 497) 주제를 고른 것은 그 자신(또는 적어도 라캉과 그의 프랑스 정신분석학회 동료들; 그가 사용하는 우리, *nous*라는 품격 있는 단어는 둘 모두를 뜻할 수 있다)이었다는 사실이다. 그는 만약 이 주제가 그로 하여금 글을 쓰게 했다면, 그것은 "이때 드러나게 될 것," 즉 "글과 말 사이—이 둘의 중간지점일 것이다—에 위치시킴으로써[위치시킬 때] 그것을 소개할 때[소개에 근거하여 또는 소개를 통하여] 드러나는 것"에 경의를 표하기 위해서였다고 주장한다(E 493).

우리는 우선 이 문장을 보이는 그대로 이해하려는 시도를 해볼 수 있을 것이다. 라캉은 (그가 후에 이야기하듯이) 인문대 철학과 학생들에게 강연을 했으며, 이 글은 거의 변형되지 않은 강의록이다. 그러나 텍스트의 밀도를 고려해보면 즉시 이러한 직접적인 해석이 적절하지 않음을 알 수 있다. 또한 거의 동일한 시기에 진행된 라캉의 세미나와 이 텍스트를 비교해보면 (각주와 참고문헌은 말할 것도 없이) 구조, 은유, 문법의 차원이 다름을 알 수 있다. 그러므로 「문자의 심급」이 논문이라는 사실이 명백한 것과 마찬가지로 말인 것도 분명하다면, 라캉의 다른 강연과는 달리 여기서의 말은 글로 쓰여진 논문을 공개적으로 읽는 것과 같다고 볼 수 있다. 그 강연은 거의 대부분이 사전에 상세히 글로 쓰인 것이어야 한다. 더욱이 우리는 강연 날짜가 1957년 5월 9일이었던 반면, 현재 우리 앞에 있는 글의 집필*la rédaction*은 라캉이 1957년 5월 14일부터 26일까지, 즉 강연 후 5일이 지난 이후부터 거의 두 주 동안 작업한 것이라는 사실을 알고 있다. 이것은 라캉이 강연을 한 이후에 상당히 많은 시간을 들여 텍스트를 교정했음을 나타낸다.

『에크리』에 수록된 다른 텍스트들도 처음에는 강의 형태로 전달되었으며 그 후 글의 형태를 가지게 된 것이다. 그러나 라캉은 이들에게는 글과 말의 중간에 위치될 권한을 부여하지 않는다. 게다가 라캉은 출판된 「문자의 심급」에서 강연 자체에 대해 언급하는데, 이것은 당연히 그가 강연에서는 할 수 없었던 것이다. 이러한 제반 상황은 이 논문을 강연원고의 기록으로 간주하는 단순하고 직접적인 해석이 가장 적절한 해석은 아니라는 점을 암시한다.

글

> 강연을 위해 계획된 발표 또는 내 학설의 일부를 제시하는 일종의 "공개서한" 중 하나가 문제시되는 상황인 것을 보면, 나는 내 글 안에 사람들이 생각하는 것만큼 저자로서 각인되어 있지 않으며, 『에크리』는 사람들이 생각하는 것보다는 더욱 반어적인 제목이다.
>
> —라캉 「문학蚊學, Lituraterre[3]」

라캉은 그의 글이 자신이 하는 말과는 다르다고 제안하는 듯하다. 왜냐하면 전자는 "**텍스트**의 유포에 의해 알려지며[……]이것은 일종의 수축을 일으키는데, 내 취향대로 하자면 이는 독자들에게 입구 이외의 다른 출구를 남겨두어서는 안"된다(E 493). 라캉은 글에 관한 일종의 구멍이라고 할 수 있는 입구 하나만을 남기고 자신의 담론에 나 있는 모든 틈들을 폐쇄할 수 있다고 말하는 듯하다; 독자는 같은 통로로 들어가고 나오거나 또는 아예 들어가지도 나오지도 않는 것 중 선택할 수 있다. 이때 독자를 어떤 방식으로 통제하고자 하는 그의

---

[3] 'Lituraterre'는 라캉이 만든 신조어이며 영어로는 'literature문학'와 'illiterate문맹의'를 합하여 'Illiterature'로 번역한다. 여기서는 terre(땅)의 생태학적 의미를 살려 모기蚊자를 선택하여 '蚊學'으로 번역했다(옮긴이 주).

3. 「문자의 **심급**과 무의식의 관계」 읽기

소원이 명확히 드러나는 듯하다.[1]

분석가들이 프로이트의 텍스트를 사용 또는 남용한다는(거의 대부분은 남용에 속한다) 라캉의 말을 고려할 때, 우리는 라캉이 의도적으로 그의 글이 심리학, 자아심리학 또는 반지성적이며 환원주의적인 정신분석학 중 그 어떤 형태로도 흡수될 수 없도록 집필하였음을 짐작할 수 있다. 그는 우리가 그의 머리, 배 또는 항문을(우리는 이 중 선택할 수 있다) 뚫고 그 속으로 들어가 그의 모든 이론적 선회를 따라가거나 그렇지 않다면 시작한 지 몇 분 후 경멸을 느끼며 그의 책을 던져버리게 만들 수 있는 방식으로 글을 쓰고 싶어 하는데, 사실 상당수의 독자가 후자를 경험했다. 오랜 세월 라캉을 읽거나 또는 그의 책을 전혀 읽지 않는 것이다.

입구와 출구는 반드시 하나여야만 한다. 자궁에 관한 은유는 상당히 명확해 보인다. 그리고 바로 이어지는 문장인 "나는 이를 어렵게 만들고자 한다"(E 493)에 오면 우리가 분만에 대해 이야기하고 있음이 명백해진다. 힘든 분만의 과정을 통해서만 우리는 그 작은 구멍으로 들어가거나 나올 수 있다.[2] 라캉은 진정한 글이라면 바로 이와 같은 것을 성취할 수 있어야 한다고 말하는 듯하다.

그러나 이러한 종류의 글조차도 약점을 가지고 있다. 독자가 주어진 텍스트를 체계 또는 원칙으로 이해함으로써 그것을 산산이 '해체'하게 될 수도 있다. 독자는 **문맥**에서 **텍스트**를 분리시켜 그것을 사람들이 수년간 텍스트를 읽어온 방식—관념들이 내부적으로 일관성을 가지거나 모순을 드러내는 방식, 주장이 개진되는 방식 그리고 수사학적 전략이 채택되는 방식—으로 이해하게 될 수도 있다.

라캉의 글을 읽을 때 이는 적어도 다음의 두 가지 이유에서 위험하다. (1) 그의 글은 설명적demonstrative이기보다는 선언적declarative이며 독자가 그 속에서 하나의 특정 주장을 뒷받침하기 위한 논의를 찾는 것은 쉽지 않다. 라캉은 논거를 제시하는 작업을 독자들에게 떠넘기고 있다.3) (2)그에게는 사물을 특정 공식으로 환원하는 행위를 피하고자 하는 경향이 있으며 기존의 공식들에 대한 질문을 더욱 새로운 공식들을 통해 답하기를 즐겼다. 나는 라캉이 모든 현대 언어학의 기조를 이루는 '소쉬르의 알고리듬'이라고 명명하는 것에 대해 언급할 때 첫 번째 이유로 돌아올 것이다; 우선 두 번째 이유에 대해 살펴보자.

「주체의 전복」에서 라캉은 대상 a 가 타자성alterity이나 거울상을 가지지 않는다는(E 818) 이미 충분히 도전적인 생각에 덧붙여 각주에서 자신이 그 이후에 '위치분석 analysis situs의 표면위상학 이론으로부터 차용한 위상학 모형을 이용하여 그것을 설명하였다'고 부연한다. 그 이외에 그러한 종류의 양동작전(陽動作戰)의 예들이 다수 존재한다. 이때 일종의 끝없는 미끄러짐 또는 밀어 붙이기 fuite en avant를 관찰할 수 있다. 각각의 새로운 체계는 이전 체계보다 우수하며, 이로써 라캉은 현재 우리 눈앞에 있는 것이 그가 제시할 수 있는 최선이 아님을 우리가 인식하도록 만드는 듯하다. 그러나 그는 자신의 새로운 개념들에 대해서도 설명하지 않는데, 이것은 자칫 우리가 새로운 개념을 체계로서 받아들이고 그 **체계**의 논제와 논거(주장하는 바가 개진되어 있는 경우)를 바탕으로 판단하게 만들 수 있기 때문이다. 대신 그는 우리로 하여금 만약 우리가 다른 텍스트를 하나만 더 읽으면, 또 다른 세미나를 한 권 더 보기만하면 그간 찾던 해답을 얻을 수 있을 것이라고 제안하며 우리를 애타게 만든다—이는 우리가 근원적 환상, 분열된 주체 또는 그 밖의 어떤 것을 중심으로 그가 의미하는 바를 이해하려 하든 마찬가지이다.

라캉을 수년간 읽어온 독자라면 예를 들어 불안과 같은 하나의 논제를 지정하여 이론적으로 구축하고 이를 임상에 적용하는 작업이 얼마

3. 「문자의 **심급**과 무의식의 관계」 읽기

나 무모하리만큼 힘겨운 것인가를 알 것이다.4) 이것은 라캉이 구상한 ―회피라는― 신경증적 전략이었을까? 그가 하나의 위치에 지정되기를 회피하는 것은 그것이 그로 하여금 특정 논제와 주장을 견지하는 입장을 채택하도록 만듦으로써 그를 거세에(즉 한계, 비판 등에) 무방비 상태로 만들 수 있기 때문이 아닐까?5) 신경증적인 회피라는 것을 쉽게 터무니없는 것으로 치부해버릴 수는 없을 듯하지만, 반면 이를 사건의 전모로 이해하는 것 또한 터무니없는 일이다. 사실 그러한 회피적 경향을 신경증으로 분류하는 것은 구체적인 논지를 제시하는 것이 그 자체로 가치 있는 목표라는 것을 전제로 한다. 다시 말하면 이는 이론에 대한 강박적 기준을 채택하는 것과 다르지 않다. 이론은 반드시(변便과 같이) 우리가 관찰(경탄 또는 경멸)할 수 있는, 별개의 식별가능 한 대상을 제시하여야만 한다.

이론적 글쓰기의 대부분이 그러한 전제를 수용하고 있는데 이것은 기본적으로 우리가 대범하게 '항문기적 남성 학자의 글쓰기'라고 부를 수도 있는 성향이 수반된 편협한 강박증적 특성이다. 그런데 왜 이것이 라캉의 글을 판단하는 기준이 되어야 한단 말인가? 우리는 최종 **산물**보다는 라캉의 글의 흐름이나 과정(반전이나 변화, 회귀적인 스타일 그리고 역동성)에 대해 감탄해야 할 것이다. 라캉이 소쉬르의 업적 중 무엇에 가치를 부여하는가를 생각해보라. 그는 『일반 언어학 강의/일반 언어학이 생성되는 과정4)*Course in General Linguistics*』를 "그 이름의 가치에 부합하는 업적을 전수하는 필독서[라고 부르는데], 다시 말하면 우리는 그 자체가 만들어내는 과정 속에 위치될 수밖에 없다"(E 497)는 뜻이다. 라캉은 이름의 가치를 지닌 업적이라면 완전하고 총체적인 체계―사

---
4) cours/course(강의)를 과정으로도 번역해 보았다(옮긴이 주).

실 그러한 것은 존재하지 않는다6)—를 창조해내는 것에서 멈추어서는 안 된다고 생각하는 것이다. 진정한 업적은 진화를 거듭하고 그 자체에 대해 질문을 던지며 새로운 개념들을 만들어낸다.

한마디로 우리는 강박적인 관점을 채택하여 라캉이 우리가 그의 가치 여부를 평가하기 위해 필요로 하는 (항문기적) 선물을 제시하는 것을 회피한다고 말할 수도 있고; 또는 더욱 히스테리적인 입장을 채택하여—이것이 아마도 라캉 자신의 입장에 가까울 것이다—라캉 자신이 그의 텍스트를 일종의 완성된 이론이나 체계를 구성하고 있는 것으로 간주하지 않았다고 말할 수도 있다. 1966년 출판당시 『에크리』를 소개하는 그의 방식은 이 저서가 변화의 과정 속에 위치된 저작이라는 점을 더욱 분명히 보여준다.7) 특히 1973년, 그가 장-뤽 낭시Jean-Luc Nancy와 필립 라쿠-라바르트Philippe Lacoue-Labarthe의 「문자의 심급」에 대한 독해에 관해 언급한 바8)를 생각해보라. 그는 이것이 그때까지 출판된 자신의 글에 대한 독해 중 단연 으뜸이라고 주장했다(세미나 XX, 65/69). 그러나 라캉은 그들이 책의 후반부에 와서 라캉의 체계를 전제하는 실수를 저지른다고 생각한다; 그들은 심지어 그 체계에 대한 매우 복잡한 도식을 제시하기도 한다.

대신 라캉은 그가 프로이트의 업적을 통찰하는 방식으로 자신의 저서들에 접근한다. 그는 우리가 후기 프로이트를 수용하고 초기 프로이트를 간과할 수 없다는 사실을 반복하여 강조했다(E 267). 프로이트의 저서들은 반전과 변화, 새롭게 만들어진 공식들과 위상학들의 차원을 고려하여 접근해야 한다.9) 프로이트의 후기 개념들이 그의 초기 이론들을 무효화시키거나 실효성을 잃게 만들지는 않는다. 그들은 일종의 지양Aufhebung 속에서 (제거하고 극복하는 동시에 이와 함께 유지되며) 구축된다. 이드/자아/초자아라는 위상학을 간과한다고 해서 프로이트

3. 「문자의 **심급**과 무의식의 관계」 읽기

를 이해하게 되는 것은 아니며 그보다는 프로이트가 특정 이론 및 임상 문제를 해결하기 위해 어떻게 일련의 위상학들을 개발하였는가, 그리고 왜 프로이트는 이들에 대해 불만을 갖게 되었는가 등을 살펴보아야 한다. 프로이트 이후의 분석가들에 대한 라캉의 비판 중 중요한 부분은 그들이 프로이트를 읽는 방식에 관련된다. 그들은 이곳저곳으로부터 개념을 발췌하여 낯선 맥락 속에 배치하고 프로이트의 저서에서 그 개념들 주위에 배치되었던 모든 것들을 간과하고 있다.

라캉은 그러한 방식으로 프로이트를 읽는 것을 착오로 간주하며 아마도 프로이트의 과도하게 단순하고 접근하기 쉬운 글쓰기가 그러한 표면적 독해[10]를 초래한 듯하다고 지적한다. 그는 자기 자신의 글 역시 동일한 방식으로 이해되는 것을 원하지 않았으며 고의적으로 그러한 방식의 독해를 방해하려고 노력했다. 그는 자신의 글을 특정 문제들과 씨름하고 있는 상태로서, 그리고 프로이트의 영역에 입성하기 위해 요구되는 새로운 개념들과 도식들을 개발하기 위한 노력의 과정으로서 이해한다. 그는 자신의 개념들이 문맥에서 분리되어 상관없는 곳에 배치되는 것을 원하지 않았다.

물론 위와 같이 통제하는 것은 불가능하다. 미국 내의 문학 비평과 사회 이론의 역사는 가장 난해한 저자의 저서들도 문맥에서 분리되어 흡수될 수 있음을 보여주었다.

여기서 더욱 광범위한 논제는 라캉이 정신분석과 철학을 구분하고자 했다는 점이다. 라캉은 자신의 연구를 철학으로 간주하지 않았다: 그것은 체계가 아니며 그러한 방식으로 평가되어서도 안 된다. '문제'는 정신분석이 진공상태에 존재하는 것이 아니며, 원하든 그렇지 않든 다른 영역과 동일한 기준이 적용된다는 점이다: 과학은 정신분석이 '임상적으로 증명할 수 있는 가설들'을 제시하기를 기대하며 철학은 정신분석이 내부적으로 일관성 있는 주장을 제시하기를 바란다. 프로이트는 라캉에 비해 훨씬 많은 주장을 개진했으며 과학자들과 철학자들은 그 주장들을 증명하거나 논박하기 위해 그리고 재구성하거나 해체하기 위해 노력해왔다. 라캉은 (세미나보다는) 특히 그의 출판된 텍스트들에서 과학자나 철학자들이 동화할 만한 부분을 거의 제시하지 않는다. 라캉의 전략이 과학자들은 저지했지만 (나는 지금까지 실험실에서 라캉의 논제를 증명하거나 반박했다는 말을 듣지 못했다) 철학자들을 막지는 못했으며 그들은 라캉의 이론을 체계로 이해하여 재구성하거나 해체했다. 사실 과학자와 철학자에게 그들의 이론체계에 부합하는 기준을 정신분석 임상 및 이론에 동일하게 적용할 수는 없으며 정신분석은 근본적으로 그들의 영역과는 판이하게 다른 방식으로 구조화되어 있다는 것을 확신시키기란 매우 어렵다. 그들은 흔히 단순한 반응을 보이는데, 만약 그렇다면 정신분석은 단지 **시**일 뿐이라는 것이다.

말 Speech

이제 글을 지나 말로 넘어가 보자. 말은 명백히 글보다 더욱 허술하다. 말은 우리가 원하는 만큼 '명쾌히 정리'되지 않는다. 말은 더욱 느슨하며, 헤집고 나오거나 들어가기가 쉽고, 아마도 흠을 잡는 것 역시 쉬울 것이며, 그래서 자신의 목적에 부합하도록 우회시키기도 쉽다. 말은 그렇게 엄격하거나 고정된 것이 아니다. 또한 말은 '치부를 가리지도 않는다.'

그러나 많은 경우 라캉은 명백히 말에 반해 있는 듯하며, 그럴만한 상황 하에서는 언제나 그는 그의 글보다는 자신의 말에 특권을 부여한다[11]. 라캉은 자신의 강연을 분석교육의 중요한 부분으로 간주한다. 그는 자신의 세미나들이 그의 글보다(물론 그의 글 역시 모종의 훈련효

3. 「문자의 심급과 무의식의 관계」 읽기

과를 성취하고 있기는 하지만) 분석가의 교육에 더욱 효과적이라고 생각한다. 플라톤의 시대이래에 우리는 말에 의한 소통이 사랑의 감정을 불러일으키며 사랑과 지식은 무관하지 않다고 여겨왔다. 라캉의 세미나들은 전이적transferential 문맥을 제시하고, 학생들에게 사랑의 감정을 싹트게 하여 학문에 몰입하게 만든다. 라캉의 세미나에 참석한 학생들은 공부에 몰입할 수 있는 자극을 받았으며 분석을 받는 분석수행자 역시 상황은 마찬가지이다. 물론 그 이상의 어떤 것이 있기는 하다. 사람들의 이야기에 따르면 라캉은 멋지고 카리스마 있는 연사로서 청중들에게 깊은 인상을 남겼다. 또한 그는 자신이 학생들에게 불어넣은 전이-사랑transference love을 갈망하는 듯하였으며 사실 이로부터 힘을 얻는 듯했다. 그들이 자신을 위해 공부했듯이 그는 그 사랑을 위해 연구했다.

  출판은 청중과의 거리를 암시하며 이로 인해 말의 다양한 효과들—카리스마, 억양, 화려한 화술 그리고 이에 따르는 몸짓—이 희석되거나 모두 사라져 버린다. 전이-사랑을 말이 아닌 글로써 만들어내는 것은 더욱 어려워 보였으며 이 때문에 라캉은 글보다는 그의 말이 분석교육에 더욱 효과가 있다고 느꼈다. 아마도 그래서 그는 이 논문으로부터 말의 문맥을 들춰내는 데 관심을 가졌을 것이다—이것은 글 속에 단지 보이는 것 이상이 있었음을 암시한다. "나는 이 강연을 말로써 전달했으며 그것은 특별히 특정 청중을 위하여 구상된 것이었고 그들에게 영향을 미치고자 기획된 것이었다." 아마도 그렇게 이야기함으로써 그는 우리가 논문이 마치 말로 전달되는 듯 그것을 다른 방식으로 '들으며,' 암시되는 모든 것들을 알아차리기를 원했던 듯하다(프랑스어 단어들 중 다수가 동음이의어기 때문에 글로 쓰인 텍스트와는 달리 말은 즉각적으로 다양한 소리들을polyphony 암시한다).

글과 말에 대한 이러한 논의에도 불구하고 라캉의 들어가는 말은 여전히 모호한 감이 있다. 왜냐하면 라캉이 텍스트의 세 번째 문장에서 다음과 같이 말하기 때문이다: "내가 이 용어를 사용하는 방식에 비추어 보건대 그것은 글[또는 글로 쓰인 텍스트]이 **아닐** 것이다" (E493 [필자의 강조]). 이것은 마치 "꿈에 나타난 여자는 내 어머니가 **아닙니다**"(프로이트, 「부정"Negation"」, SE XIX, 236)와도 같은 전형적인 부정처럼 들린다. 결국 그것이 글임을 부정할 것이라면 왜 애초에 글에 대해 언급한 것일까? 왜 우리들에게―그는 분명히 말로 전달된 강연에서는 이 특정 문장을 언급하지 않았으므로 우리란 그의 독자들을 뜻한다―눈 앞에 있는 글로 쓰인 텍스트가 글이 아니라는 것을 글로써 전달해 주는 것일까? 라캉은 그러한 모순을 인식하고 있음이 틀림없다: 우리는 그의 강연을 듣는 것이 아니다, 우리가 가진 것이라고는 손 안의 글로 쓰인 텍스트가 전부이다, 글로 씌어진 텍스트 외에 다른 무엇이란 말인가?

라캉은 우리가―자신이 발산할 수 있는 모든 카리스마와 전이적 효과들을 느끼며―그의 실제 강연을 듣거나 또는 들어가거나 나오기 위해 (실제로 나올 수 있는가는 확실하지 않지만) 진땀을 흘려야 하는 그의 글이라는 작은 구멍을 대면하게 만들고 싶어 하는 듯하다. 그는 딱히 이도 저도 아닌 이 논문에 대해 특히 곤란한 듯 말하지만, 반면 특정 방식으로 그것을 기념하기도 한다: 아마도 다른 모든 텍스트와 달리 "그것은 둘 사이의 중간지점일 것이다"(E 493); 그는 결코 자신의 다른 출판물들을 그러한 방식으로 평가하지 않았다.

둘 사이의 중간에 있는 텍스트, 전적으로 이것도 저것도 아닌 이 텍스트에서 우리는 무엇을 기대할 수 있는가? 이것은 본질적으로 라캉이 설명한 분석수행자의 담론의 정확한 특징이 아닌가? 후자는 분석 상황에서 분석가에게 말해지는 한 말이지만 그것은 일종의 글에 근거

3. 「문자의 **심급**과 무의식의 관계」 읽기

하며 그 주위를 선회한다: 주체의 과거와 욕망이 무의식에 각인되어 있는 것이다. 우리가 분석수행자의 이야기discourse를 종이에 옮기면 우리는 망설임과 억양과 소리의 고저와 속도의 증감을 모두 잃게 된다. 특정 단어나 문장의 힘은 사라질 것이며 확신하는 듯한 느낌도 증발할 것이다. 그러나 만약 우리가 그것을 무의식의 글―무의식이라고 불리는 글로 쓰인 텍스트, 무의식을 구성하는 일련의 각명刻銘들―의 영향을 전혀 받지 않는 순수한 말로서 간주한다면 우리는 많은 것을 잃게 된다. 그때 우리는 현상학적 심리학 분과로 물러나게 될 것이다.

이에 따라 나는 라캉의 의도에 대해 다음과 같은 가설을 제시하고자 한다: 자신의 담론을 말과 글의 중간에 위치시킴으로써 (천국과 지옥 사이, 머리와 발 사이―다시 자궁을 강조 하는 것인가?―또는 프랑스 사람들이 말하듯 피부와 근육사이(entre cuir et chair)5)에 놓음으로써), 라캉은 자신의 담론을 분석수행자의 담론의 위치에 배치하고 있는데 이러한 경우를 다른 곳에서도 볼 수 있다(1971년 12월 2일, 세미나 XVIII의 첫 강연; 세미나 XIX 중 1972년 3월 8일; 그리고 세미나 XX의 첫 페이지를 보라: "나는 분석수행자로서만 이곳에 있을 수 있다"). 그러므로 분석수행자의 담론은 글과 말의 중간이다.12) 물론 라캉이 여기에서 들려주는 이야기를 고려할 때 라캉은 특이한 분석수행자이다. 어쨌든 그는 이렇게 부드러운 방식으로 종결되지 못한 자신의 분석에 대해 언급하고 있다: 그의 분석은 우리 앞에서 말과 글로써 계속되는데, 그는 마치 그것을 해독하기 위해 노력하는 분석가와 같이 우리가 애쓰게 만들고 (그는 그렇게 우리를 훈련시킨다) 그것에 대해 계속하여 숙고하고 연상하는 분석수행자와 같이 노력하게 만든다(그는 그렇게

---

5) 'entre cuir et chair'는 직역하여 '가죽과 살 사이'인데 관용구로서 '살짝', '남몰래'를 뜻한다. 여기서는 문자 그대로 à la lettre 번역해야 한다(옮긴이 주).

우리가 더욱 깊이 있게 우리 자신을 분석하도록 격려한다).[13]

그렇다면 라캉이 그의 글에서 제시하는 작은 구멍—입구와 출구—은 무의식의 틈에 상응하는 것일 수도 있다. 라캉은 이것이 한 순간에 지나가는 것이라고 설명한다: "무의식은 열린 순간 바로 닫히는 것이다"(세미나 XI, 131/143; 또한 29-32/32-33을 보라).

내가 여기서 다분히 추측에 근거하여 제시하는 연계관계의 한 편에는 글과 말 중간에 텍스트를 위치시키는 행위가 있으며 다른 한 편에는 분석수행자의 담론이 있는데, 이 추측은 아래에 제시된 「말과 글의 기능 및 영역」의 단락에서 어느 정도 확인할 수 있다:

> 그렇게 되면[6] [분석수행자는] 그의 맞춤형 상상이 한때 그의 허풍에 생기를 불어넣은 독백의 신기루와, **출구를 제시하지 않은 상태에서**[sans échappatoire] **강요된 담론의 분만**[7] 사이의 차이를 감지한다. (유머 있는) 심리학자들과 (책략적인) 치료사들은 이에 "자유연상"이라는 이름을 부여했다(E 248, [필자의 강조]).

"자유연상"으로 특징지어지는 분석수행자의 담론은 우리에게 출구를 제시하지 않는다. 우리는 여기에 입구 외의 다른 어떤 출구도 남기지 않는다고 부연할 수도 있을 것이다. 분석의 규칙이란 **모든 것을 말한다** de tout dire는 정신분석의 근본적인 규칙을 말하며 이는 마음에 떠오르는 것이면 무엇이든지 모두 말하는 것이다.

---

[6] 분석수행자가 자유연상을 하던 중 자신도 모르게 튀어나온 말 또는 말실수에 의해 스스로 놀라게 되는 상황을 가리킨다(E 248 참조, 옮긴이 주).

[7] 위에서 논의되었듯이 E 493에서 라캉은 자신의 글을 읽는 행위를 분만으로 비유하고 있다. 그러므로 'forced labor'를 '강요된 노동' 대신 '강요된…… 분만'으로 번역했다(옮긴이 주).

3. 「문자의 **심급**과 무의식의 관계」 읽기

만약 라캉이「문자의 심급」에서 자신의 담론을 의도적으로 분석수행자의 담론으로 간주하고 있다는 내 추측이 적절하다면, 이것은 라캉의 교육방식을 이해하는 데 전환점이 된다. 가르치는 일, 그리고 필연적으로 분석교육 역시 정신과 분과의 학문적인 영역 또는 전형적인 정신과의 선상에 배열될 수 없다(사실 라캉은 결코 이들을 전적으로 따르지 않았다).[14] 분석가들을 교육시키는 것은—또한 다른 영역에서 수련한 사람들을 분석의 원인에 입문시키고 그렇게 함으로써 분석가/철학자/문학 비평가라는 새로운 청중을 만들어내는 것은—다른 종류의 교육담론을 요구한다. 이 담론은 해답을 제시하는 것을 목적으로 하기보다는 청중이 전력투구하게 만드는 것이다.[15] 「문자의 심급」은 라캉이 교육과 훈련에 대한 IPA의 전통적인 접근을 뒤로하고 심지어 프로이트의 다소 교훈적인 접근까지도 지양한다는 사실을 스스로 명백히 인식했음을 보여준다. 라캉의 글쓰기 양식style이 변화한 정확한 시점을 가늠하는 것은 어렵지만, 아마도 우리는 그러한 변화가 「프로이트의 사물」(1955-56)과 함께 시작되었으며 「문자의 심급」(1957)에서 이론화되었다고 이해할 수 있을 것이다. 「문자의 심급」을 통해 우리는 라캉이 자신의 글들을 기존의 대학 담론이 아니라 그가 후에 분석가의 담론이라고 부르게 되는, 주체의 균열을 드러내는 것을 목적으로 하는 담론에 위치시키고 있다는 사실을 스스로 인식했음을 알 수 있다.

나는 이것이 처음 두 페이지에 보이는 문채文彩rhetorical flourish를 어느 정도는 설명해 준다고 생각한다. 다만 이 수사학적 화려함에 대해 미미한 한 가지 사실을 덧붙이고자 한다: 라캉은 여기서 이상한 주장을 하고 있는데, 비록 그의 일차적인 목표는 그의 세미나에서 매주 새로운 정보들을 제공하는 것이었지만 다급한 이유 때문에 당분간 일시적으로 그 목적을 포기하고 우리가 읽게 될 논문을 써야 한다는 것이다("내가 그 목적을 뒤로 하는 데 대한 명목으로 제시하고 있는 다급함……" E 493). 그는 왜 그것이 다급했는가는 언급하지 않지만 몇 단락 후에 "「국제정신분석학술지International Journal of Psycho-Analysis」에 나타난 상징화와 언어에 관한 새로운 방향"(E 494)에 대해 언급하는데, 이것은 다른 분석가들이 '그의 영역'에 침입하기 시작했음을 암시하는 것일 수도 있다. 그리고 세미나 IV를 돌아보면 라캉은 「국제정신분석학술지」 1956년 12월호에 뢰벤슈타인이 소쉬르와 기표, 기의에 대해 언급했음을 지적하고 있다(세미나 IV, 188). 그러므로 다급함이란 라캉이 이제 그가 서둘러 그 주제에 대하여 자신의 논문을 발표해야 한다고 느꼈음을 의미하는 것인 듯하다. 서둘지 않으면 사람들은 그가 뢰벤슈타인과 같은 사람들로부터 그러한 생각을 도용했다고 비난할 것이다![16] 라캉이 「치료의 방향」의 주석에서 말하듯이, 비록 그가 자신의 생각들이 프랑스 정신분석 계에 "침입"이라는 경로를 통해 도입되는 것에 만족한다 하더라도(E 601, 주18)) 그는 다른 사람들이, 특히 그의 이전 분석가가 국제무대에서 관심을 가로채는 것은 바라지 않았다.[17]

그러나 만약 이것이 실제로 다급함의 이유였다면 라캉은 왜 그것을 우리에게 알려준 것일까? 아마도 그의 다급함은 전적으로 개인적인 것은 아니었나보다, 아마도 그것은 전략적이었다고도 할 수 있을 것이다. 우리는 언제라도 라캉을 정신분석하여 그의 저작 중 우리를 괴롭게 만드는 것은 그 자신의 신경증의 산물이었다고 추측할 수도 있을 것이다—예를 들어 「문자의 심급」의 처음 몇 문장을 특별히 까다로운 절충형성compromise formation으로 간주할 수도 있다(그 자신이 말하듯이 글은 "억압된 것의 귀환"이다[세미나 XIX, 1971년, 12월 15일]). 그러나 우리는

---
8) Bruce Fink의 영어 완역본에는 각주의 번호가 8로 매겨져 있다(옮긴이 주).

3. 「문자의 **심급**과 무의식의 관계」 읽기

그 과정에서 우리 자신의 편견들과 신경증들을 그를 향해 과도하게 투사하지 않도록 조심해야 한다. 또한 라캉이 여기서 느끼고 있는 다급한 느낌은 다음과 같은 염려에서 초래되는 것일 수도 있다. 정신분석에서 언어는 커뮤니케이션 이론과도 같이 받아들여지고 있기 때문에, 만약 그가 즉시 행동을 취하지 않으면(「국제정신분석학술지」의 동일한 호에 게재된 찰스 라이크로프트Charles Rycroft의 논문 「환자와 소통하는 분석가의 커뮤니케이션이 가지는 성질과 기능"The Nature and Function of the Analyst's Communication to the Patient"」18)의 경우와 같이) 언어학적 통찰은 이내 전형적인 송신자, 신호 그리고 수용자 이론에 포함될 것이다. 라캉은 언어학이 분석 이론의 가장 단순한 형태로 흡수되는 것을 막아야 한다는 다급한 느낌을 가지게 되었을 것이다. 라캉 자신이 우리에게 가르치듯이 인간 지식은 일반적으로 타자와의 일종의 경쟁과 겨룸 속에서 생산된다.19)

수사법修辭Figures of Speech

지금까지는 마치 정신분석 임상과는 아무런 상관이 없는 듯하거나 또는 그렇다 하더라도 미미하게만 연관되는 듯 보이는, 「문자의 심급」의 매우 이론적인 성격에 대해 이야기했다. 이제 다음에서는 라캉이 이 논문과 관련하여 제시하는 직접적인 임상적 적용에 관해 살펴보고자 한다. 나는 우선 논문의 끝 부분에 나오는 단락을 지적하고자 한다:

> 이 때문에 방어기제를 철저히 분석하는 것은 [……] 무의식적 기제의 다른 일면을 알려준다. [……] 용어의 오용catachresis, 곡언litotes, 환칭antonomasia, 박진hypotyposis이 말의 수사trope인 것처럼 완곡periphrasis, 도치hyperbaton, 생략ellipsis, 현연懸延suspension, 예기anticipation,

철회retraction, 부정negation, 이탈digression, 반어irony는 수사학적 스타일들(퀸틸리아누스Quintilian의 사고의 문채(figurae sententiarum)⁹⁾)이다. 이 이름들은 그러한 기제를 지칭하기에 가장 적절한 것으로 생각된다. 문채 자체가 분석수행자가 실제로 발화하는 담론의 수사학에서 활발히 기능하고 있음에도 불구하고 우리는 이를 단순히 말하는 방식으로만 치부할 것인가(E 521)?

라캉은 자신의 전형적인 방식대로 이 논문에서든 아니면 다른 곳에서든 이에 대해 더 이상 설명하지 않는다(cf. E 268). 그러나 이 단락은 중요한 논제를 담고 있다: 만약 무의식이 프로이트가 『꿈의 해석』에 제시한 기제—무의식의 사고들을 은폐하기 위해 구상되었으며 라캉이 여기서 은유, 환유와 연계시키는, 압축과 전치—에 따라 움직인다면 분석수행자의 담론은 무의식을 억압하기keep down 위해 기획된 많은 다른 기제들에 따라 움직인다. 이 기제들은 프로이트가 방어기제라고 부른 것과 관련된다. 분석수행자는 어떤 것들을 말하지 않기 위해 그리고 특정 표상들이 표면으로 떠오르지 못하게 만들기 위해 자신도 모르게spontaneously 잘 알려진 수사법들을 이용한다. 그/그녀는 결국 그러한 노력에 실패하게 된다: 예기치 못한 말실수를 하게 되고, 이때 수사학적 책략을 감지하는 훈련을 받은 분석가는 이들을 풀어내기 위해 어떻게 개입해야 하는가를 알 수 있다.

일례를 들어보자. 만약 어떤 사람이 은유를 혼용한다면 이는 종종

---

9) 수사법에서 말의 문채figures of speech는 라틴어로 'figurae dictionis'이며 사고의 문채figures of thought는 'figurae sententiarum'이다. 일반적으로 말의 문채로 불려야 할 것을 라캉은 사고의 문채로 정의하고 있다. 이는 기표 자체가 기의를 결정하고 생성한다는 라캉의 논의와 관계되는 듯하다(옮긴이 주).

3. 「문자의 심급과 무의식의 관계」 읽기

그가 은유에 들어있는 어떤 단어를 불편하게 느끼기 때문이다. 만약 "변죽 치는 것을 그만두어라stop beating around the bush"라는 은유 중 어떤 사람이 자신이 보고 싶지도 않고 떠올리고 싶지도 않은 구타beating 에 관한 가학적이거나 피학적인 특정 생각들을 하게 된다면, 그는 "beating"을 다른 단어로, 예를 들자면 "circling"으로 대체하기 쉽다: "중요한 부분을 피해 에둘러대지 마라stop circling around the bush." 반면 만약 "bush"라는 단어가 지나치게 성적으로 느껴지거나 또는 그가 회피하고 싶은 성적인 생각을 불러일으킬 수 있다면 그는 "bush"를 "issue"로 대체할 수도 있다: "문제를 회피하지 마라stop beating around the issue."

이는 매우 흔한 일이다. 물론 때때로 단순히 그 사람이 자신이 일부만 사용하고 있는 관용구를 실제로 모를 수도 있지만 대부분의 원어민들은 그들이 사용하는 대부분의 관용적인 표현들을 매우 잘 알고 있으며, 그들에게 표현이 바뀐 문장을 상기시켜주기만 하면 즉각적으로 왜 자신들이 단어를 바꾸었는가에 대해 의문을 가지기도 한다. 일상생활에서 'beating around the issue'는 **혼용된 은유**mixed metaphor라고 할 수 있을 것이다. 이는 '변죽을 울리다beating around the bush'와 '에둘러 말하다skirting the issue' 사이의 절충형성이다. 수사학적 개념으로 이것은 오용 catachresis이라고 불리는데, 단어를 잘못 사용했다는 뜻이다. 두 경우 모두 주의를 기울이는 임상의에게는 **무엇인가가 회피되고 있다**는 것을 나타낸다.

또는 대안적으로 다른 사고의 흐름이 기존의 사고의 흐름이 완성되는 것을 방해하고 있다는 뜻이기도 하다. 나의 분석수행자 중 한 사람이 그녀가 남자친구와 가진 관계에 대해 설명하던 중 다음과 같이 말했다. 그녀는 "마음을 풀었다unzipped her soul." 시적으로 이해한다면 우리는 단순히 결과물을 즐기며 그 이상은 생각하지 않아도 좋을 것이다. 그러나 분석가라면 반드시 더욱 흔한 은유가 '속마음을 드러내다bare one's soul'임을 상기해야 할 것이다. 서구 문화에서 영혼이란 흔히 심장이나 가슴 부위와 연계되므로 unzipping은 생각이 가슴으로부터 생식기 부위로 흘러갔음을 제시하는 듯하다: 그녀는 '바지를 벗었다unzipped her pants.' 여기서 우리는 "baring"의 회피, 그리고 "unzipping"과 "soul"의 결합을 눈여겨보아야 한다.

위에서 인용된 단락에서 라캉이 언급하는 몇몇 다른 수사법들에 대해 이야기해보자. 곡언법 litotes은 삼가는 표현understatement으로도 알려져 있는데 분석과정에 흔히 나타나며 주로 짧은 침묵이 선행된다. 분석수행자는 "나는 절친한 친구의 아내에게 정욕을 느낍니다 I really lust after my best friend's wife"라고 말할 작정이었으나 그는 어조를 부드럽게 하여 "나는 그녀가 매력적이지 않다고는 생각하지 않습니다"라고 말한다. 비록 짧기는 하지만 잠시의 끊김은 고도로 치밀하게 구성된 이중 부정과 연계되며 어떤 것이 말해지지 않았음을 나타낸다. 특정 사고가 부적절한 것으로 판단되었기 때문에 회피되었다("내 가장 친한 친구의 아내에게 욕정을 느낀다니 이 얼마나 천박한 생각인가?").

생략법Ellipsis은 설명이나 표현의 일부가 빠진 경우로서 분석수행자가 머리에 떠오른 어떤 것을 말하기를 회피하는 가장 흔한 방식 중 하나이다. 생략은 (수사법에서 '생략법ellipsis'이 정의되는 방식처럼) '더욱 함축된 표현을 만들어내기' 위한 것일 수도 있지만 그것은 흔히 분석수행자에게 부적절해 보이거나 지나치게 폭로적인 어떤 것을 억압하고자 하는 의도로 사용된다. 종종 문법이 지나치게 결여되어 실제로 발화된 문장이 무의미해보이기도 한다. 생략을 알아차리게 만들어줄 끊김이 없을 수도 있고 또는 긴 침묵이 선행될 수도 있다.

한 번은 내 분석수행자가 자신이 책임자로 근무하는 어떤 조직에

3. 「문자의 심급과 무의식의 관계」 읽기

대해 이야기하고 있었다. 그리고 그가 내게 말하려던 것은 자신의 어떤 행동들은 "바보들에 의해 조정당하는 것을 피하기 위해서to avoid being controlled by fools" 구상되었다는 것이었지만 그가 실제로 말한 것은 "바보들이 조정하는 것을 피하기 위해서to avoid control by fools"였다. 생략에 대한 그의 분석에 따르면 조직의 모든 사람을 바보라고 부르게 되는 것을 피하기 위해 그는 자신을 바보라고 부르고 말았다. 그 자신이 '책임자in control'이기 때문이다.

다음은 나의 분석수행자와의 분석 중 나타난, 용어법冗語法pleonasm이라고 부를 만한 사례이다. 꿈에 "여성/암컷인 사람female person"에 의해 추적당했다. 만약 분석하는 동안 그가 한 번이라도 동물의 종에 대해 언급했다면 '여성/암컷' 다음에 '사람'이 오는 것은 불필요해 보이지 않았을 것이다. 그러나 그런 상황이 아니었으므로 나는 이를 이상하게 여겼으며, 내가 그 사실에 대해 언급하였을 때 그 또한 놀라는 기색이었다. 그는 사실 그것이 여자였는가는 확실하지 않았으며 제일 처음 생각난 사람은 전날 만났던 여자 같은 남자였다고 말했다. 그는 분석 전에 꿈에 대해 깊이 생각해 보았지만 그때는 이 남자와 꿈을 연관 짓지 못했다. 사실 이때의 과잉이 드러내기 위한 것인지 아니면 숨기기 위한 것인지는 분간하기 어렵다!

완곡법periphrasis은 실제로 돌려 말하거나beating around the bush 요점을 피하는 것skirting the issue이다. 내 임상경험의 예에서 한 분석수행자는 직접적으로 그의 항문을 가리키는 특정 언어를 사용하는 것에 대해 창피하게 생각했다. 그리고 특히 그가 자위행위 중 사용한 '항문마개butt plug'를 지칭하기 위해 매우 복잡한 완곡어법을 사용했다. 그러한 방식으로 에두르는 표현은 흔히 문제가 되는 행위를 얼버무리고 내가 민감한 주제에 대해 어떠한 '조사'도 착수하지 못하도록 만들기 위해 구상된다.

이탈digression은 물론 상대를 정신없게 만들기 위해 *noyer le poisson*[10], 즉 아무도 모르게 주제에서 벗어나기 위해 흔히 사용되는 방법이다. 분석수행자가 꿈에 대해 너무나 장황한 배경설명을 늘어놓기 시작하여 그의 사고의 흐름이 꿈으로부터 멀어져만 간다면 이는 주제로 다시는 돌아오지 않고자 하는 '부지중의unwitting' 계획이라고 할 수 있다. 물론 분석가의 임무는 *des échappatoire*, '빠져나갈 구멍escape routes'과 유용한 관련 자료를 구분하고 분석수행자를 꿈 자체로 되돌아오게 만들기 위해 노력하는 것이다.

철회retraction 또한 분석에서 항시 관찰된다. "나는 어머니가 나를 전혀 돌보지 않았다고 생각합니다"라는 분석수행자의 말은 잠시 후 "사실 저는 어머니가 최선을 다해 저를 돌보아주었다고 확신합니다"로 바뀌며 철회된다. 우리는 합리화 과정에 의해 더욱 강력한 에너지를 가진 철회된 문구들이 빠져나가지 못하도록 주의를 기울여야 한다. 전형적인 프로이트적 말실수에서 환자는 "나는 오빠에게 입 맞추고 싶었어요"라고 말하는 대신 "나는 내 오빠를 죽이고 싶었어요"라고 말한다. 우리는 그것을 교정하기보다는 그러한 '실수'를 더욱 중요하게 생각해야 한다.

반어irony는 자신이 말하고 있는 것의 중요성을 부정하기 위해 사용하는 전형적인 방법이다. "물론 나는 아버지를 미워했어요—프로이트는 우리 모두 그렇다고 하지 않았나요?" 그러나 반어법 역시 선두에 배치되어 자신의 말과 경험의 범위를 최소화시키는 역할을 한다.

나는 위의 다양한 예들을 통해 수사법들이 결코 '단지 말하는 방식'

---

10) 'noyer le poisson': 직역하면 물고기를 익사시킨다는 말이지만 관용구로서 사태를 질질 끌어 상대방을 정신없게 만든다는 의미이다(옮긴이 주).

3. 「문자의 **심급**과 무의식의 관계」 읽기

이 아니며 "문채figures 자체가 분석수행자가 실제로 발화한 담론의 수사학에 작용하고 있음"(E 521)이 충분히 명확해졌기를 바란다. 프로이트는 분석수행자가 조용해질 때 그는 분석가와 관련된 어떤 것을 생각하고 있는 것이라고 지적했다; 그리고 우리가 여기서 볼 수 있듯이 침묵은 발음생략elisions, 전환diversions 그리고 다른 여러 종류의 방어들을 암시할 수 있다. 이들은 그가 분석가에게 특정 종류의 사람으로 보이지 않기 위해 구상된 것이다. 꿈에서 작동되는 무의식은 환유와 은유를 이용한다. 그리고 자신의 꿈을 이야기하는 분석수행자는 거의 모든 수사학적 기법과 문채들을 이용한다. **분석가는 어떤 것도 '단지 수사법'으로 간주하지 않는다.** 분석가의 해석 방식은 제시된 것과 제시되지 않은 것 모두, 말과 글 모두, 발화된 것과 회피된 것 모두에 주의를 기울인다. 본질적으로 그것은 모든 말을 경쟁하는 힘들에 의해 산출된 절충형성으로 읽어낸다.

물론 그러한 기법을 글로 쓰인 텍스트에서 만날 때도 역시 보이는 것 이상이 있다고 의심하는 것은 전적으로 타당하다. 나는 여기서 **부정**negation에 대해서는 언급하지 않았는데, 그 이유는 프로이트 자신과 라캉 역시 이에 대해 자세히 언급하고 있기 때문이다. 잠시 낭시와 라쿠-라바르트의 「문자의 심급」에 대한 분석에 나오는 다음의 설명을 보자: "여기서 우리의 의도는 라캉을 공격하거나 텍스트를 부당하게 대우하기 위한 것이 아니다." (『문자라는 증서*The Title of the Letter*』 89). 여기서 우리는 분석과정에서와 마찬가지로 당연히 "아니다"라는 말에 밑줄을 그어 강조할 수 있다, 비록 낭시와 라쿠-라바르트가 우리에게 그들의 연상을 말해줄 수는 없지만, 우리는 그들의 책에서 이후 40쪽이 정확히 라캉을 공격하고 그의 텍스트를 부당하게 대우하는 데 할애되고 있음을 알 수 있다!

그러므로 이와 마찬가지로 라캉이 이것은 "글이 아닐 것이다"(E 493)라고 했을 때, 내가 이미 언급했듯이 우리는 당연히 그가 왜 그 말을 꺼낸 다음 이내 그것을 부정했는가에 대해 의문을 제기할 수 있다.

I: 문자의 의미

> 문자는 실재계에 있으며 기표는 상징계에 있다
> ─라캉, 세미나 XVIII, 1971년 5월 12일

텍스트의 시작 부분과 끝 부분을 살펴보았으니 이제 1장 "문자의 의미/방향 *Le sens de la lettre*"(E 495)을 살펴보자. 영역본에는 "문자의 의미 The Meaning of the Letter"라고 번역되었는데, 우리는 '의미'가 이 문맥에서 유일한 번역이 아님을 살펴볼 것이다. 이 부분에 나타난 라캉의 일차적 논제는 무의식이란 많은 분석가들이 주장하는 것처럼 단지 본능이나 충동의 본거지가 **아니라는** 점이다; 사실 그것은 본능의 저장고와는 무관할 수도 있다. 그보다 그것은 언어의 구조 전체의 자리 또는 위치이다. 여기서 우리는 무의식과 이드를 구분해야 한다.

언어의 총체적 구조가 무의식에 총사령부를 두고 그 안에 위치되어 있다고 말하는 것은 무슨 뜻인가? '언어의 구조'가 무엇을 함의하는지, 그것이 무의식이라는 프로이트의 개념과 어떤 관계가 있는지는 언뜻 보아 당연하거나 명백해 보이지 않는다.

문자의 휴지통 A Litter of Letters

여느 때와 다름없이 라캉은 이 논제를 설명하기보다는 문자라는

3. 「문자의 심급과 무의식의 관계」 읽기

다른 개념을 도입한다("그러나 여기서 우리는 문자에 대해 어떻게 생각해야 하는 것일까?") 문자는 1장의 제목 ("문자의 의미") 외에 그 이전에는 텍스트에 소개되지 않은 개념임에 유의하자. 아마도 언어의 구조와 문자 사이에 모종의 관계가 있는 듯하다. 그러나 만약 그렇다면 그것을 찾아내는 것은 우리의 몫이다. 라캉은 새롭게 도입된 개념에 대해 다음과 같이 말한다: "우리는 여기서 문자를 어떻게 이해해야 하는 것일까? 단순히 문자 그대로literally[*Tout uniment, à la lettre*]"(E 495). 이는 멋진 프랑스어이긴 하지만 정보를 제시해주지는 않는다.

텍스트는 다음과 같이 계속된다: "내가 '문자letter'라고 부르는 것은 구체적인 담론이 언어로부터 차용하는 물질적인 매개[*support*]를 지칭한다"(E 495). (말speech이라고 불리기도 하는) 구체적인 담론이 언어로부터 차용하는 것이란 정확히 무엇인가? 라캉에 의하면 문자로 알려진 어떤 물질적인 것이다. 이는 직접적으로는 파악하기 어려운 듯 느껴진다: 말은 명백히 그 어휘목록과 문법을 언어에서 빌려오고, 필요한 음소는 구어口語가 가진 음소들로부터 가져오겠지만 그 중 문자는 어디에 위치된다는 말인가?

우리는 언어라고 할 수 없는 것이 무엇인가에 대해서는 알고 있다: 그것은 "말하는 주체에게 그것을 사용하게 만드는 다양한 물리적 또는 신체적 기능과 혼동되어서는 안 된다"(E 495); 즉 말하는(듣는) 과정에 관여되는 생리학적 또는 신경학적 체계는 아니다. 그것은 "각 주체가 정신발달의 특정 단계에 그 안으로 편입되기 이전에 존재하는"(E 495) 다른 종류의 체계이다; 사실 그것은 임의로 선택된 인간 주체들과도 상관없이 그 외부에, 또는 그들과 무관하게 존재하는 것이라고 말할 수 있다. 사막 한 가운데에서 발견된 양피지에 아직 아무도 해독할 수 없는 새로운 형태의 글이 씌어있다고 해도 이 또한 언어의 존재를 의미하는 것으로 간주된다. 그것은 이제는 아무도 말하지 않는 죽은 언어이거나 또는 더 이상 아무도 이해할 수 없는 언어일 수도 있다. 그러나 그렇다 하더라도, 그것은 그 자체의 어휘목록과 문법, 자체적 규칙과 법칙들을 가지고 있다. **기표**는 손상되지 않고 보존된다. 그러나 기의는 전적으로 불가해하다. 이때 언어는 텍스트에서 이용된 모든 기표들과(라캉은 종종 언어가 가진 일련의 기표 전체를 단순히 '기표'라고 부른다) 그들의 (알려지지 않은) 조합을 통제하는 규칙으로 구성된다.

그렇다면 추측컨대 말은 기표와 문법의 규칙들을 언어로부터 빌려온다. 이때 라캉이 문자라고 부른 것은 단순히 기표인 듯하다. 다음의 사실이 이를 확인시켜줄 것이다: 소쉬르가 '물질'로 간주하는 것은 청각영상*image acoustique*, 'sound-image' 또는 소리패턴'sound pattern'이며 그는 이를 기표와 동일시하게 된다.[20] 소쉬르는 다음의 특정 의미에서만 청각영상이 물질이라고 말한다는 것을 기억하자: 그것은 순수물리학의 현상에서와 같이 소리 그 자체(즉 음파)가 아니며 그보다는 정신에 가해지는 소리의 인상 또는 도장이다: *l'empreinte psychique de ce son*(『강의』, 98). 이것이 「『도둑맞은 편지』에 대한 세미나」에 나오는 그 유명한 "기표의 물질성materiality of the signifier"의 의미일까(E 24)?

「문자의 심급」에서 세 단락 아래로 내려가면 다시 문자가 언급된다: "대체로 실어증의 결손 [······]은 의미작용을 만들어내는 과정에서 내가 '문자'라고 부르는 것의 의미화 효과가 가진 두 측면 사이에서 일어나는 것으로 알려져 있다" (E 495). 우리는 실어증에 대한 야콥슨의 논문으로부터 그것이 주체의 은유적 기능 또는 환유적 능력에 영향을 미칠 수 있음을 알게 되었다. 그러므로 라캉은 여기서 은유와 환유가 "'문자'의 [······] 의미화 효과의 두 측면"이며 문자가 의미작용의 생성

3. 「문자의 심급과 무의식의 관계」 읽기

에서 맡은 역할의 두 측면임을 제안하고 있는 것이다. 여기서 문자는 그것이 의미화 효과를 가지는 한 (그 의미형성 기능에서) 기표와 동일시되고 있는 듯하다. 그러므로 여기까지는 문자와 기표 사이에 사실상 차이가 없어 보인다.

이 외에 텍스트에서 유일하게 문자에 대해 구체적으로 언급되는 또 다른 부분을 살펴보기 위해 몇 페이지를 넘겨보자:

> [말의 가장 근본적인] 요소들, 언어학의 결정적인 발견은 음소 *phonemes*이다, 우리는 이 개념이 적용되는 가변적 변주의 범위 내에서 음성학적 일관성을 찾아서는 안 된다. 그보다는 임의의 언어[랑그*langue*]에서 단어들을 구별해내기 위해 필요한, 차이를 기반으로 하는 결합differential couplings으로 이루어진 공시적 체계를 찾아야 한다. 우리는 이를 통해 말 자체에 있는 근본적인 요소가 이동식 활자로 흘러들어가도록 운명 지어졌으며, 이들은 디도Didots나 가라몽Garamonds 서체의 소문자 활자함에 밀려들어가 당당히 내가 "문자"라고 부르는 것—즉 기표의 근본적으로 국부화된localized 구조—을 만들어낸다는 것을 알게 된다(E 501).

여기서 문자는 음소의 문자화된 표현인 듯하다. 또는 그것은 음소의 구조적인 위치 또는 자리이거나 하나 또는 그 이상의 철자들(또는 떼어낼 수 있는 활자 조각들)로 쓰인 부분일 수도 있다. 예를 들어 s라는 문자는 동일한 한 사람의 발화자나 동일한 언어를 사용하는 모든 발화자, 또는 오랜 역사를 통해 동일한 언어를 말하게 된 모든 사람들에 의해 언제나 동일하게 발음되는 특정 음소가 아니다. 그보다 s라는 문자는 그 언어가 가진 특정 차별적 요소에 상응하며, 한 사람의 동일한 발화자에 의해서라도 시기에 따라 다르게 발음될 수 있는데, 이것은 서로 다른 발화자나 다른 시대의 발화자에서도 마찬가지이다. 그러나 그럼에도 불구하고 그것은 "임의의 언어에서 단어를 식별하기 위해 필요한 차별적 결합의 공시적인 체계"(E 501) 속에서 특정 자리를 점유한다. 그 공시적 체계는 s라는 문자를 말하는 내 개인적인 방식에 의해 제한될 수 있는데, 예를 들어 내가 s를 혀짤배기소리로 발음할 경우 상당히 이상하게 들릴 수 있다. 그러나 그것이 내가 다른 음소들을 발음하는 방식과는 충분히 다르기 때문에 나와 대화하는 사람들은 그것을 뚜렷이 차별화된 요소로서 인식할 수 있으며, 이 요소는 그들로 하여금 내가 발음하는 서로 다른 단어들 간의 차이를 구분하게 만든다. 그러므로 문자는 단어 속의 특정 위치로서, 서로 다른 다양한 음소들에 의해 일시적으로 점유될 수 있는 자리로 이해할 수 있다.

예를 들어 'through'라는 단어에서 *o, u, g*와 *h*라는 철자들에 의해 점유되는 자리를 생각해보자; 나는 'threw'와 'through'가 동음이의어인 것을 강조하고자 하는 것이 아니다. 왜냐하면 그것은 현재의 발음에 의해 결정되는 것이며 이론상으로 보자면 시간이 흐름에 따라 변할 수 있기 때문이다. 여기서 우리는 *o, u, g, h*라는 철자들이 **한 문자**의 자리를 점유하고 있다고 이해할 수 있으며 다른 철자들은 우리가 'through'를 'throw'나 'thorough' 등으로부터 구분할 수만 있다면 그 자리를 대신 점유할 수도 있다. 여기서 문자는 음소 자체가 아니라 다양한 음소들에 의해 점유될 수 있는 자리이다.

100년 후에는 'drizzle'이 *dritszel*로 발음될 수도 있지만, 단어의 중간에 있는 자음에 의해 점유되는 **위치**가 영어라는 언어가 가진 다른 비슷한 단어들, 예를 들어 'dribble'과 같은 단어로부터 그 단어를 구분할 수 있게 만드는 어떤 것에 의해 채워지는 한 전혀 문제되지 않을 것이다.

3. 「문자의 **심급**과 무의식의 관계」 읽기

그렇다면 여기서 문자란 라캉이 "차별적 결합differential coupling"이라고 부르는 것의 한 부분으로 이해할 수 있을 것이다—*nipple*과 *nibble*에서 *p*와 *b*사이의 결합은 우리로 하여금 그 두 단어들을 시간의 특정 순간에, 즉 공시적 체계 속에서 구분할 수 있게 만든다. 더불어 우리는 그것을 임의의 음소가 구어口語가 진화하는 특정 순간에 단어 속에 삽입되는 자리 또는 위치로도 간주할 수 있다.

라캉은 (차별적 결합을 구성하고 있는) 개별적 단위들이 각각의 표식에 의해 대표되도록 "운명 지어졌다"고 주장한다. 작은 납 조각에 찍힌 표식들은 식자공에 의해 일련의 활자로 조판되며 모두 (디도, 가라몽, 타임즈로만, 쿠리어 등의) 특정 활자체를 갖게 된다. 이들은 모두 "내가 '문자'라고 부르는 것—즉 기표의 본질적으로 국부화된 구조—을 당당히 만들어낸다"(E 501). 요즘 컴퓨터 용어에서 사용되는 이 '활자들characters'은 라캉이 문자라고 부르는 것을 '적법하게 제시'하거나 또는 구체적인 형상으로 만들어낸다. 이 활자들은—이들은 임의의 언어에서 특정 방식으로만 조합될 수 있다(많은 예외들이 있긴 하지만 철자법에 따라 i는 c 뒤가 아니라면 항상 e 이전에 온다)—문자의 아바타라고 할 수 있다. 문자는 "기표의 본질적으로 국부화된 구조"로서, 말하자면 기표의 국소/미소구조이다.

이 논문에 위와 같이 제시된 문자의 **정의**는 기표와 그 국소구조(이것은 활자나 인쇄된 글자에 의해 물질화되거나 주조되지만 이들과 동일한 것으로 간주되지는 않는다) 사이의 어딘가에 있으며, 시간의 임의의 순간에 그 자리를 점유하는 음소의 가변성에도 불구하고 일관성을 유지하는 단어 속에서의 위치와 기표 사이의 어딘가에 있는 듯하다. 그러나 이것이 문자의 **의미**인가? 또는 질문이 잘못된 것일까. 이것이 문자의 방향 또는 방향성(*sens*)인가? 자크 데리다 그리고 라쿠―라바르트와 낭시에 의해 중요시 간주되었던 "기표의 물질성"(E 24)이라는 개념은 「『도둑맞은 편지』에 대한 세미나」 이듬해에 집필된 「문자의 심급」에서는 언급되지 않는다는 점을 유의하라. 여기서 라캉은 단지 문자가 활자로 물질화된다고만 말한다. 그러나 물질화되는 부분 그 자체는 물질이 아닌 **듯하다**. 문자에 대한 라캉의 '정의'("내가 '문자'라고 부르는 것은 구체적인 담론이 언어로부터 차용하는 물질적인 매개[*support*]를 지칭한다"[E 495])는 끝내 그 모호함을 유지한다. 그렇다면 문제의 물질적 매개를 우리 주위에 "쌓여 있는 책들과 종이 더미"에 들어있는 "언어 몇 킬로"라는 라캉이 자주 반복하는 말에서와 같이 종이에 묻은 잉크로 간주하기는 어려울 듯하다(세미나 VIII, 2장; 또한 세미나 II, 232/198; E 282를 보라).21)

언어학의 기반인 알고리듬

이제 라캉이 알고리듬이라고 부른 것으로 관심을 돌려보자. 알고리듬은 언어학의 기반이 되며 현대과학으로서의 언어학의 토대로 간주된다(E 497): 응. 우선 이 알고리듬은 라캉의 텍스트에서만 볼 수 있는 것이며 언어학자들에 의해 제시된 적이 없는 것임을 기억하자. 이것은 소쉬르의 기호에 대한 설명과 근본적으로 다르다(『강의』, 99; <표 3.1>을 보라).

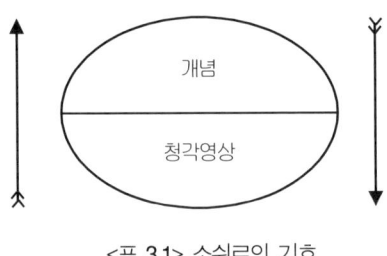

<표 3.1> 소쉬르의 기호

3. 「문자의 **심급**과 무의식의 관계」 읽기

소쉬르에 따르면 기표와 기의, 청각영상(소리패턴)과 개념은 분리될 수 없이 함께 묶여있다. 소쉬르가 말하듯이 "두 요소들[개념(또는 기의)과 청각영상(또는 기표)]은 **친밀하게 결합되어 있다**" (99[필자의 강조]); 그가 기호에 부여하는 이미지를 보면 그들은 주위에 그어진 선 때문에 하나를 이루고 있는 듯하다. 이는 밀폐된 기호로서 그 안에서 기표와 기의는 서로를 벗어나지 않는 듯하며 마치 음양의 조화를 이루고 있는 듯하다. 라캉은 과감하게 밀폐된 공간을 개방하여 이미지가 만들어내는 명백한 조화와 이렇게 형성된 총체성을 제거한다.

그림의 양편에 있는 역방향의 화살표는 개념과 청각영상의 상호관계, 기표의 체계와 기의의 체계 사이의 상호관계를 나타내는 듯하다; 즉 한 체계가 다른 체계에 미치는 효과는 대응관계를 형성한다. 소쉬르의 그림에 있는 화살표가 편집인에 의해 도입된 것인가 아니면 소쉬르 자신에 의한 것인가에 대한 논쟁이 있지만 여기서 내 의도는 소쉬르의 텍스트에 나타난 것과 같이 그렇게 기호를 개념화하고 영상화하고 재현하는 방식에서 라캉이 무엇을 **제외**하는가를 강조하는 것이다. 우리에게 중요한 것은 그가 다시 과감히 이를 제거한다는 사실이다.

라캉에 의하면 기표와 기의 사이에는 상호관계가 형성되어 있지 않고 상호적 개입도 없으며 하나에 의해 다른 하나가 결정되지도 않는다. 그들은 "친밀하게 결합되어 하나가 다른 하나를 연상시키지*intimement unis et s'appellent l'un l'autre*"(『강의』, 99 [필자의 번역])않는다.22) 그 대신 라캉은 "기표와 기의의 독립성"을 강조한다(세미나 III, 258/227).

다음으로 라캉은 기표를 위에 그리고 기의를 아래에 위치시킴으로써 우월한 위치와 종속적인 위치를 뒤바꾼다. 기표는 기의를 주도하는 반면 기의는 기표를 지배할 기회를 가지지 못한다.

나는 이미 라캉이 소쉬르의 언어학적 기호의 재현에 가하는 세 가지

주된 변화들에 대해 언급하였다. 그러나 그럼에도 불구하고 라캉은 그러한 공식화를 소쉬르의 업적으로 평가한다. 그는 심지어 기표와 기의 사이에 있는 가로선에 전혀 새로운 의미를 부여하는데, 그것이 "의미작용에 저항하는 장벽"이라는 것이다(E 497). 이는 기호가 "양면으로 되어있는 정신적 총체[*une entité psychique à deux faces*]"(『강의』, 99)라는, 즉 기의와 기표가 동전의 양면과 같다는 소쉬르의 개념과는 전혀 상반된 의미이다.

위의 네 가지 주요 변화를 통해 우리는 라캉이 소쉬르의 기호를 완전히 전복시켰음을 알 수 있다. 사실 그는 그것을 더 이상 기호라고 부르지도 않는다, 그보다 그는 그것을 알고리듬이나 공식이라고 부른다. 그렇지만 그는 이를 소쉬르의 업적으로 간주한다. 그 이유가 무엇일까? 이에 대한 논쟁을 찾아보기는 힘들다. 이러한 주장은 단순히 규범으로서 받아들여야 하는 것인 듯하다. 이는 마치 라캉이 이 알고리듬은 지금부터 모든 현대 언어학의 기반이 **되어야만** 할 것이라고 공포한 것과 같다. 어쨌든 왜 이 특정 알고리듬이 모든 현대 언어학을 운용하는지 그리고 왜 우리가 소쉬르의 그림보다 이 공식을 선호해야 하는지에 대한 어떠한 설명도 제시되지 않았다.

그 대신 (논리실증주의와 같은) 몇몇 관점들이 비판을 받았고, 몇몇 주장들이 제기되기도 했는데 그중 내게 가장 중요해 보이는 것은 **기표가 기의를 대표하는 역할을 하지 않는다**는 것이다. 이 주장은 라캉의 많은 세미나에서 반복되며("기표는 기의와 관련이 없는 한 위치될 수 있다"[세미나 XX, 32/29]) 언어를 인간의 사고를 표현하기 위해 구상된 도구로 간주하는 기능주의자나 도구주의자의 언어에 대한 시각을 논박한다.[23] 어떤 이론가들은 인간의 사고—즉 기의(또는 개념)—가 언어에 선행하며 언어와는 독립적으로 존재한다고 믿는다. 그들에게

3. 「문자의 심급과 무의식의 관계」읽기

언어는 단순히 우리가 우리의 사고를 다른 사람들에게 표현할 수 있도록 조력할 따름이다. 라캉은 이미 우리에게 익숙한 주장을 통해 반대 의사를 **개진하지**demonstrate 않는다; 그보다 그는 직접 언어를 이용하여 자신의 언어가 기능성에 대한 모든 근거를 얼마나 무색하게 만들 수 있는가를 **보여준다**performs. 라캉의 문체writing style는 다른 경우들과 마찬가지로 여기서도 설명적demonstrative이라기보다는 수행적이다 performative. 그는 일반적으로 주장이라는 단어가 뜻하는 방식으로 기표와 기의가 상보적이거나 상호적인 관계를 가지지 않는다고 **주장**하지 않는다. 대신 그는 기표가 애초에 어디에 위치되었는가에 대해 우리를 혼란스럽게 만드는 예를 제시한다.

그는 우선 소쉬르의 나무 그림(어떤 이들은 소쉬르의 편집인이 만들었다고 주장한다, 『강의』, 99)을 뒤집고(<표 3.2>를 보라) 그 후 자신의 그림을 제시하는데(<표 3.3>), 이는 즉시 언어의 모든 일대일 대응관계와 언어 습득 과정에서의 모든 '가리키고 말하기point and speak' 이론을 부적절한 것으로 만든다.

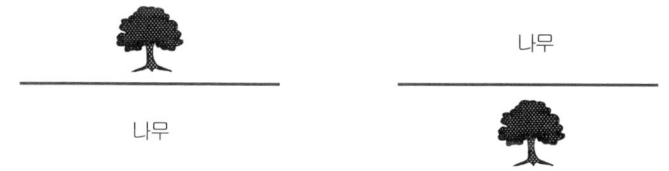

<표 3.2> 소쉬르의 '나무'(왼쪽) 대 라캉의 '나무'(오른쪽)

소쉬르의 도해에서 우리는 여전히 집게손가락이 사물을(그 이미지를) 가리키고 단어가 발음되는 것을 보고자 하는데, 이러한 주장에

따르면 아이가 다양한 나무를 가지고 이를 반복하게 될 경우 아이는 그 청각영상 또는 기표인 '나무'와 연계하여 나무라는 개념 또는 기의를 배우게 된다는 것이다. '나무'라는 단어가 발음될 때마다 그것은 필연적으로 나무의 상을 불러낼 것이며 나무가 보일 때마다 불가피하게 '나무'라는 기표를 불러낼 것이다(소쉬르가 이와 같이 주장했다는 말은 아니다, 그보다 우리가 나무 도해를 이와 같이 잘못 이해할 수도 있다는 것이다).

라캉이 '신사용 화장실과 숙녀용 화장실'의 예에서 소개하는 기표들의 중복과 특히 그가 기표 아래에 그려놓은 이해하기 힘든 '개념들' 또는 '기의'는 그러한 시각이 많은 문제를 가지고 있음을 보여준다 (<표 3.3>).

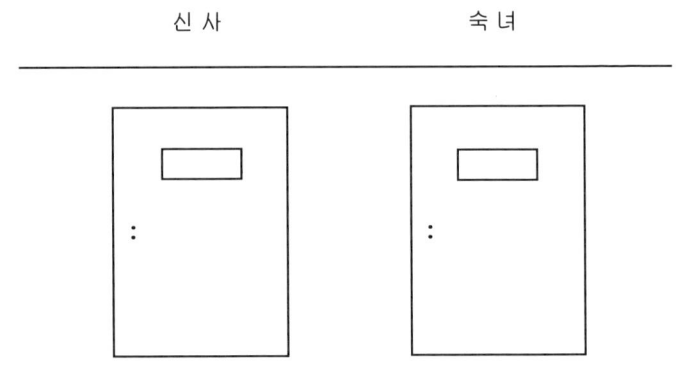

<표 3.3> 신사용 화장실과 숙녀용 화장실

그는 우리가 일반적으로 화장실 문에서 볼 수 있는, 남자와 여자를 나타내는 작은 봉선화棒線畫를 제시하지 않는다. 대신 그는 문 자체의 그림을 제시하는데, 이는 작은 표지만으로 마무리되며 그 위에는 분명

3. 「문자의 심급과 무의식의 관계」 읽기

히 라캉이 가로선 위에 써 놓은 기표들과 동일한 것이 적혀 있을 것이다(아마도 표지판 위의 글자가 너무 작기 때문에 그가 제시하는 그림에서는 보이지 않는 듯하다). 여기서 기표는 문자 그대로 기의 속으로 들어간다—그것은 거의 반 놀림조로 표현한 '개념'의 재현 속에 포함되어 있다—그리고 "근시를 가진 사람이라면 눈을 가늘게 뜬 채, 이 곳(문에 붙어있는 표지판 자체)에서 기표를 볼 수 있어야 하는 것이 아닌가하고 충분히 의아해 할 만하다"(E 500). 다시 말해 만약 우리가 근시를 가졌다면 우리는 기의 **속에서** 기표를 보려 할 것이다.

이 두 개의 문들은 소쉬르적인 의미에서는 일반적인 '개념'으로 간주하기 어려우며 그보다는 더욱 복잡한 것을 상징하는데, "그 사적인 구획은 서양인에게 그가 집을 떠나 있을 때 그의 생물학적 욕구를 만족시킬 수 있게 도와주었으며 [또한] 그가 거의 대부분의 원시공동체와 공유하는 행동강령imperative은 그의 공적인 생활을 배뇨 시 격리의 법칙에 종속시킨다"(E 500). 앞으로 살펴보겠지만 기의란 사실 여전히 훨씬 더 복잡한 것이다.

라캉에 의하면 <표 3.3>은 추상적인 개념들이 객관적으로 존재하는 실체들을 나타낼 수 있는가에 대한 유명론적 논쟁에 "반칙공격a low blow"(E 500)을 가한다. 왜냐하면 그러한 매우 추상적인 사고가 문 자체에 존재하는 것이 아니라 그보다는 그들의 병치구조에 존재하는 듯하기 때문이다(라캉의 그림이 유명론자들의 허를 찔렀다고도 말할 수 있을 것이다). 그리고 그 형상은 두 가지 의미에서 모두[11] "immaterial한 것이 아니다"(E 500): 문의 에나멜 표지판에 씌어 있으므로 중요하지 않다고 말할 수 없으며 물질성 또는 질료가 없다고 말할 수도 없다.

---

[11] 'immaterial'은 '하찮은', '중요하지 않은'이라는 뜻과 더불어 '비물질적인', '정신적인'을 의미한다(옮긴이 주).

동시에 그것은 기의의 운명을 봉합한다. 이때 기표의 우위 또는 승리가 축하되며, 우리는 남녀로 나뉘어 줄을 지어 성당의 신랑身廊(k)nave[12] 앞부분에서부터 또는 측랑側廊을 따라 앞으로 나아가 무덤에 안치되는 기의를 향해 조의를 표한다(나는 독자들이 라캉의 텍스트를 나와 함께 읽어 내려가고 있음을 전제한다).

우리는 이 논문 전체에서 기표가 행패를 부리고 있는 것을 볼 수 있다. 기표는 '경계'를(알려진 바에 의하면 적어도 소쉬르의 경계들은) '지키지' 않으며 물론 기의와 보조를 맞추지도 않고 기의에 의해 통제되지도 않는다.

기표는 기의 속으로 들어간다. 또는 라캉이 16년 후에 말하듯이 "기표는 기의 속을 채운다stuffs"(세미나 XX, 37/37). 라캉이 여기서 사용하는 *truffer*라는 단어는 요리용어로서 크리스마스에 내게 될 거위 속에 밤, 소시지, 빵가루 등을 채워 넣는다는 뜻이다. 그러한 문맥을 찾아보자면 조이스의 『피네간의 경야』라고 할 수 있는데 여기서 우리는 "How bootifull and how truetowife of her"[24]과 같은 문장을 만나게 된다. 'bootifull'이라는 기표에는 'boot', 'booty' 그리고 'full'이 들어 있으며 'beautiful'과 거의 유사하게 들린다(사실 어떤 아이들은 'beautiful'을 그렇게 발음한다). 그러한 기표의 기의는 이 각각의 의미 전체에 의해 가득 채워져 있다. 이러한 측면에서 나는 "기표가 기의를 (가득) 채워" 흘러넘치게 만드는 것이라고 추측한다. 그것은 기의 안으로 들어가 그것을 부풀어 오르게 만들어 마치 풍선처럼 팽창시킨다. 조이스의 것뿐만 아니라 다른 어떤

---

[12] 'nave'는 본당·회중석(신랑身廊)을 뜻한다. 프랑스어판에는 'nef'라고 되어 있고 브루스 핑크 자신의 완역에도 'nave'라고 번역되어 있다. 그러므로 새롭게 소개되는 '(k)nave'라는 동음이의어는 교중의 역할을 하고 있는 남녀를 '믿을 수 없는 사람knave'으로 폄하하기 위한 핑크의 언어유희로 추정된다(옮긴이 주).

3. 「문자의 심급과 무의식의 관계」 읽기

기표든 우리가 그것을 더욱 자세히 관찰하면 그 의미는 팽창하게 마련이다.

사고의 연쇄trains[13]: 의미작용signification이 없는 (그러나 많은 것을 의미하는/매우 중요한significance) 차이

라캉은 그가 전복시킨 소쉬르의 그림에 대한 간단한 암시적 논의를 통해 '신사'와 '숙녀'라는 두 기표들의 단순한 병치로부터 수많은 의미들이 생성된다는 것을 보여주었다. 이제 그는 (들리는 바에 의하면) 자신의 아내가 들려주었다는 이야기로 화제를 바꾸는데, 그것은 기차가 역에 도착할 때 기차의 창문으로 밖을 내다보고 있는 소년과 소녀의 이야기이다. 그들은 그들이 앉아있는 자리와 이에 따라 결정되는 기차 창문에서의 시선의 방향을 근거로 서로 자신들이 '신사' 또는 '숙녀' 앞에 있다고 결론 내린다; 그리고 그들은 심각하게 '신사'와 '숙녀'가 실제로 그 도시의 이름이거나 기차역명일 수 있다고 생각한다! (만약 그것이 외국어로 적혀있었다면 이러한 상황은 더욱 그럴듯해 보였으리라).

여기서 기표는 사실 기차 창문 밖, 화장실 표지판에 적혀있는 것들의 병치를 뜻하며,(<표 3.3>에서는 이것이 기의였음을 기억하자), 이 용어들의 '결합'을 함께 배치하는 것이라고 할 수 있다. 그리고 기표는 반드시 어떻게든 선로의 레일을 건너서—이는 "소쉬르의 알고리듬에 나타난 가로선을 물질화시킨다"(E 500)—계단을 오른 후 기차간 복도를 따라 내려간다. 무엇을 위해서인가? "자신의 곡선[14]을 분노와

---
13) 아래에 라캉의 유명한 기차 이야기가 소개된다(옮긴이 주).
14) 이 문장의 주어는 기표Signifier이다. '곡선curves'이란 S의 모양을 뜻한다. 곡선curves이 복수의 형태를 띠는 것은 라캉이 이 예에 나오는 '신사hommes'와 '숙녀dames'(E 501)를 가지고

조소가 새어나오고 있는 [······] 이쪽의 관ducts에 각인시키기 위해서 이다"(E 501)—"이쪽"이란 아마도 남동생과 누나가 앉아 있는 곳의 내부를 의미하는 듯하다. 그 과정에서 기표는 절대 "의미작용을 수반하지" 않아야 한다. "이러한 이동을 통해 그것은 의미화 구조만을 드러낼 수 있다"(E 501).

전달된 것은 특정 의미작용이 아니며 그보다는 분노와 조소인 듯하다. 여기서 기표는—이러한 이항대립적 개념들의 병치는—"불화dissension"(E 500)를 일으키며 두 아이들이 우리에게 신사와 숙녀가 무엇인지에 대해 이야기해 주지 않은 채 분지된 방향으로 떠나게 만든다. **중요한 것은 의미가 아니라 대립opposition 자체이다.**

클로드 레비-스트로스가 제시한, 특정 문화들에서 볼 수 있는 대립들에 대한 자세한 목록에 따르면—신성한 것과 불경한 것, 날 것과 조리된 것 등—대립 쌍들 자체의 구조적인 효과가 그들이 나타낼 수 있는 어떤 특정 의미작용보다 더욱 우선시 된다. 사실 분석과정에서 가장 많은 시간을 할애하게 되는 문제들은 다음과 같다. 남성이란 무엇인가? 여성이란 무엇인가? 남자가 된다는 것은 무엇을 뜻하는가? 여자가 된다는 것은 무엇을 뜻하는가? 우리는 차이라는 것이 존재한다는 사실은 잘 알고 있지만 차이는 어떠한 특정 의미작용도 수반하지 않는다. 우리는 분석과정에서 상당히 오랜 시간을 **결여된 의미작용**에 대해 고민하며 보낸다. 이때 기표가 생성하는 대립 쌍들은 결코 의미를 취할 준비가 되어있지 않으며 그 자체의 특정 의미를 가지지 않는다. 우리는 그것을 기의가 없는 기표로 간주할 수 있다.

여기서 결여된 기의 또는 의미작용은 기표와 기의의 관계에 의문의

언어유희를 즐기고 있는 것이다(옮긴이 주).

3. 「문자의 **심급과 무의식의 관계** 」 읽기

여지가 있으며, 심지어 그러한 관계란 존재하지 않을 수도 있음을 제안한다. 이것은 남자와 여자 사이에는 관계가 형성되지 않는다는 라캉의 유명한 **성관계는 존재하지 않는다**Il n'y a pas de rapport sexual ("There's no such thing as a sexual relationship"; 세미나 XX, 17/12, 35/34를 보라)를 상기시킨다. 신사와 숙녀의 관계, 남자와 여자의 관계는 팔루스에 의해 매개되며,25) 사실 「주체의 전복」을 읽어보면 팔루스는 바로 기표와 기의 사이의 '관계'이다(4장을 보라). 다른 말로 바꾸면, 팔루스는 그들 사이에서 사라진 결합이다. 라캉이 팔루스를 "기의가 없는 기표"(세미나 XX, 75/81)라고 지칭한다는 사실을 기억하자. 또한 그는 팔루스가 기표와 기의 사이에 있는 가로선과 무관하지 않다고 주장한다(40/39). 그러한 의미에서 우리는 팔루스를 기표와 기의 사이의 격리된 관계(결여된 관계 또는 결여된 성관계)를 나타내는 기표로 간주할 수 있다.

소쉬르에 따르면 기표와 기의는 "친밀하게 결합되어" 있지만 라캉에 의하면 그러한 친밀함이란 존재하지 않는다. 기표와 기의 사이의 관계는 성관계의 모형으로 제시될 수는 없는 것이다! 비록 하나가 다른 하나의 위에 있고, 아래에 있는 것을 "채우지만stuffs"—"기표는 기의를 채운다"(37/37)—그 관계는 성관계라기보다는 주방에서 볼 수 있는 관계이다. 그러나 가로선은 그 결여된 성관계를 집요하게 상기시키는 역할을 한다.

기표의 "기법적 측면에 대한 상술specifications"

라캉은 이제 기표에 대한 기법적인 개념으로 관심을 돌린다: 그 가장 작은 차별적 요소는 음소로서 이에 대해서는 이미 살펴보았으며, 그 가장 큰 단위는 전체 문장이라고 할 수 있다. 라캉은 여기서 정확히 이와 같이 말하고 있지는 않지만 (그는 "그러한 구조적 조건들은 말의 화법까지도 포함하는 기표의 구성물constitutive inclusions의 질서를 [……] 정의한다'[E 502]고 말한다). 세미나 XX에 오면 이에 대한 논의를 개진한다. 여기에서 그는 (비유적으로 '한 양동이 가득' 또는 '한 삽 가득'을 뜻하는) *à tine loigat*라는 표현의 의미는 결코 작은 의미 단위들이 구축되어 만들어진 것으로 볼 수 없기 때문에 하나의 기표로 간주되어야 한다고 지적한다(이것은 "How do you like them apples?자, 이제 어떻게 할 겁니까? 별 수 없겠죠"라는 미국식 영어표현이 하나의 기표로 간주되어야 하는 것과 같다): 관용구가 전체로서 간주될 때 비로소 특정 의미를 가지게 된다. 그는 속담 역시 마찬가지라고 말한다. "A stitch in time saves nine적시의 한 땀이 아홉 땀의 수고를 던다"와 같은 속담은 그것을 구성하는 부분들만으로는 그 의미가 전적으로 자명해 보이지 않으며 반드시 학습되어야만 한다. 개인적으로 나는 처음에는 마들렌 랭글Madeleine L'Engle의 동화책인 『시간의 주름*A Wrinkle in Time*』을 생각하고 분명히 시간을 어떻게든 꿰맨다는 말일 것이라고 생각했다. 그렇지만 결국은 속담을 전체로서, 즉 하나의 기표로서, 간주하고 그 의미를 배우게 되었다.

   그 다음으로 라캉은 연쇄라는 은유를 제시하는데 이는 그가 소쉬르에서 차용한 것이다(『강의』, 103). 예를 들어 문장들의 특정 시작부분이나 특정 주어 또는 동사 다음에는 일정한 방식으로 문장을 이어가야 한다(이는 영어보다는 형용사와 대명사가 그들이 가리키는 명사의 성과 수에 일치되어야 하는 언어에서 더욱 확실히 드러난다). 프랑스어에서 "Elles se sont dites qu'il fallait qu'elles le fassent그녀들을 자신들로서는 그렇게 할 수밖에 없었다고 생각했다"를 보자. *dire*라는 동사의 형태는 *elle*라는 여성 복수 대명사와 재귀대명사를 따르며, 첫 번째 나오는 *que*는 동사 *dire*의 영향을 받은 것이다(*parler*였다면 *que*를 쓸 필요가 없다). 두

3. 「문자의 **심급과 무의식의 관계**」 읽기

번째 동사의 시제는 첫 번째 동사의 시제에 의해 결정되며 세 번째 동사의 시제는 선택된 동사인 *falloir*와 그 이전에 나온 동사들의 시제에 영향을 받는다. 그러므로 문장 속의 단어들 사이에는 복수의 연계들이 존재하며 그들은 일종의 연쇄를 형성한다. 내가 영어로 "On the one hand한 편……"이라고 말을 시작하면 그 후 어느 부분에선가 나는 "but on the other hand또 다른 한편으로는……"이라고 말을 이어야 할 것이다. 이것이 의미화 연쇄라는 개념의 기초이다: 연계로 만들어진 목걸이에서 연결고리들은 각 목걸이들을 "연결고리들로 만들어진 다른 목걸이의 연계부에"(E 502)[26] 연결시킨다.

우리가 *à tire larigot*(세미나 XX, 23/19) 또는 "How do you like them apples?"와 같은 특정 관용구들의 의미작용을 알고 싶다면 우리는 그들의 사용법을 관찰해야 한다—즉 우리는 이들이 사용되는 더욱 넓은 언어학적 문맥을 고려해야 한다. 라캉이 말하듯이 우리는 "문제가 되는 단위들보다 한 단계 상위의 문맥들"을 살펴보아야 한다(E 502).

여기까지 라캉은 문법에 대해 (기표의 "구성적 잠식encroachments"[E 502], 즉 문장 속의 모든 요소들 사이에, 또한 한 문장의 요소들과 다음 문장의 요소들 사이에서까지도 연결고리를 형성시키는 방식에 대해) 그리고 (속담과 같이 문구 또는 문장들 전체를 포함하는) 어휘목록에 대해 이야기했다. 그리고는 이제 다음과 같이 말한다: "우리가 거리낌 없이 의미작용이란 그 너머에 있는 것이라고 생각하는 이유는 특정 순간에 문법과 어휘에 의한 설명이 소진되었기 때문이 아니다. 그렇게 간주하는 것은 착오이다"(E 502).

정확히 무엇이 우리가 도달한 지점 '너머'에 있는가는 명확하지 않지만 요점은 문법과 어휘목록에 대한 고찰이 우리가 하는 말의 의미작용을 완전히 설명할 수 없으며, 그 너머에서 결정권을 쥐고 있는 것은 의미작용 자체가 아니라는 것이다. 라캉은 문두에 나오는 말이 우리로 하여금 그 다음을 기다리게 만드는 예를 제시하며 이야기를 시작한다. 일례로 내가 다른 사람과 이야기를 하다가 "The fact remains that아직 해결되지 않은 부분은……"이라고 말하면 상대방은 내가 그에게 동의하지 않을 것이며 다른 반론을 제기하리라는 것을 알게 된다. 그리고 만약 내가 그렇게 말한 다음 잠시 침묵한다면 ("아직 해결되지 않은 부분은 [침묵] ……") 그가 예기하는 의미는 한층 중요해 보이고, 더욱 '무게 있게' 느껴질 것이다―이는 그가 나의 반론에 대해 전혀 예측할 수 없기 때문이거나 또는 그가 최악의 사태를 염려하기 때문일 수도 있다.

그러므로 라캉은 이때 기표는 몇몇 단어들의 문법과 어휘목록의 단순한 분석을 통해 알게 된 것보다 훨씬 더 중요하며 또한 더욱 많은 의미들을 담고 있다고 암시한다. 라캉은 "나는 가무스레하지만 어여쁘다"(아가서 1:5)라는 행 역시 마찬가지라고 주장한다. 라캉이 *read*후퇴, "연기postponement"(E 502)로 간주하는 "but그러나"라는 단어는 일시적으로 "어여쁜"이라는 형용사의 등장이 지연되게 만들며 이 단어를 더욱 중요하게 부각시킨다. 만약 그 문장이 "나는 가무스레하고 어여쁘다"였다면 의미작용은 전혀 다르게 전개되었을 것이다. 여기에는 대립이 없다―아름다움은 "그러나"라는 단어에 의해 생성된 "가뭇한"과의 대조가 없이는 그만큼 주의를 끌거나, 강조되거나 돋보이지 않았을 것이다. 머리카락색이 옅은 여자가 어두운 색 블라우스를 입어서 머리카락 색깔의 장점을 부각시키거나 또는 그 반대의 경우도 가능하듯이 "그러나"라는 단어의 사용은 선행된 것과의 차이로 인해 그 이후에 나올 것에 대한 인상을 한층 강화시킨다.

라캉이 언급하는 두 번째 예를 보면: "the poor, but honest woman가난하

3. 「문자의 **심급과 무의식의 관계**」 읽기

지만 정직한 여인"(E 502)에서 여인의 정직함은 그녀의 가난과 대조를 이루며 더욱 중요해진다. 이때 암시되는 바는 부자들은 정직할 수 있는 여유가 있으나 가난한 자들에게는 그러한 여유가 없다는 것이다(이것은 『마이 페어 레이디』에서 일라이자 두리틀의 아버지가 개진하는 주장이다. 그는 자신이 부르주아적 가치와 성품을 가질 만한 여유가 없다고 주장한다). 우리가 그 여자를 단순히 '가난하고 정직한'으로 설명했을 때 생성되었을 상이한 효과를 생각해보라. 가난하**고**and 정직한 것은 그리 큰 장점이라고 할 수 없을 듯한 반면 가난하지**만**but 정직한 것은 미덕이다.

이는 우리에게 내가 이 장의 가장 중요한 '결론들' 중 하나로 간주하고 있는 주제를 소개한다: "이로부터 우리는 의미가 기표의 연쇄 속에서 **지속되지만**insists 연쇄의 어떠한 요소들도 그 순간에 제시되는 의미작용을 **구성하고**consists 있지는 않다는 것을 알 수 있다"(E 502). 방금 논의된 "그러나"라는 단어가 암시하는 모든 함의는 "가난하지만 정직한"이라는 단순한 표현 속에서 지속되지만 그 문구의 어떤 요소들도 이 의미작용을 "구성"하지는 않는다. 문구 또는 문장의 요소가 그것이 제시할 수 있는 의미작용을 구성한다는 것은 정확히 무슨 뜻인가? 어떻게든 그것이 전달하는 특정 의미작용 속에 제한되고 한정되어 그 외의 다른 의미를 불러일으키거나 제시하지 않는다는 뜻인가? 위의 문장을 세미나 IV의 문장과 병치하는 것이 도움이 될 듯하다:

> [한스의 공포증은 한스로 하여금] 이 기표["말馬"]를 왜곡하게 만들어서 그것이 가지고 있던 가능성들보다 더욱 다양하게 변형될 수 있는 가능성들을 이끌어낸다. 사실 기표는 우리가 이후에 부여하는 모든 의미작용들을 그 안에 미리 담고 있는 것은 아니다;

그보다는 그것이 점유하는 위치, 상징적 아버지가 있어야 하는 위치에 의해 그것들을 배태하게contains 된다(401).

요점은 의미란 우리가 기표를 위치시키는 **자리**, 그것이 작동되는 구조로부터 생겨난다는 것이다. 우리는 정확히 어떤 요소가 의미를 생성하는가를 구분해낼 수 없으며, 이 상태에서 의미는 하나의 문장에서 또는 일련의 문장들(의 연쇄)에서 지속된다. 그들이 특정 방식과 순서에 의해 조합될 때 문법이라는 표제하에 속하지 않는 시간적 측면이 포함되는데, 우리가 그 부분들 중 하나로 원인을 귀결시킬 수 없는 의미가 바로 이렇게 만들어진다.[27] 다른 말로 바꾸면 전체(의미)는 그 부분들(각각의 요소들의 의미)의 총합보다 크다. 특정 기표가 가진 의미들 역시 매우 개별적이다: 우리 대부분에게 '말'은 한스가 생각하는 것과 동일한 의미로 전달되지 않는다.

"기의의 미끄러짐"

라캉에 따르면 이것은 "기표 아래로 끊임없이 미끄러지는 기의"라는 개념을 전면에 배치한다(E 502). 이 다소 수수께끼 같은 문구는 많은 오해를 불러일으켜온 듯하다. 라캉은 내가 아는 한 이 텍스트에서건 다른 곳에서건 결코 기표로부터 구분할 수 있는 기의가 없다고 주장하지는 않았다. 그는 결코 우리가 저자들이 뜻하는 바를 확신할 수 없기 때문에 프로이트나 크리스의 저작들과 같은 정신분석학 텍스트를 제대로 해석할 수 없다거나, 또는 (몇몇 라캉의 주석자들이 이 문장을 근거로 결론을 내리듯이) 분석수행자의 말의 의미는 갈피를 잡을 수 없으므로 우리는 분석 과정에서 분석수행자의 담론을 해석할 수 없다고 말하지는 않았다.[28] 잠시 후 살펴보겠지만 라캉은 반복하여 담론이

3. 「문자의 심급과 무의식의 관계」 읽기

가진 다중적 의미를 강조한다: 모든 모호함이 제거된 말을 한다는 것, 우리가 사용하는 언어와 우리의 문화적 환경 속에서 각각의 단어들과 표현들이 가지는 수많은 반향들과 상관없이 전혀 유희하지 않는 말을 한다는 것은 궁극적으로 불가능하다. 잘 알려져 있듯이 의미에서 무의미로 옮겨간 라캉의 강세의 변화는 이미 「문자의 심급」에서 시작되었는데, 그것은 라캉이 분석수행자의 담론에서 식별할 수 있는 의미를 찾아내는 데 실패했기 때문이 아니다. 그는 너무나 많은 의미들이 산재되어 있으며, 분석가들은 그러한 의미들에 매혹되어 의미를 좇는 행위가 결국 타자의 의미와 타자의 욕망 안에서 주체를 더욱 소외시킨다는 사실을 망각하게 된다. 주체를 이로부터 분리시킬 수 있는 것은 무의미nonmeaning 또는 비의미nonsense뿐이다(이에 대해 이 장의 마지막 부분에서 다시 언급할 것이다).

이제 서론을 마치고 라캉의 "기표 아래에서 끊임없이 미끄러지는 기의"(E 502)가 뜻하는 바를 살펴보자. 그는 소쉬르가 이 미끄러짐을 『강의』의 156면에 나오는 도식에서 설명한다고 말한다(<표 3.4>를 보라).

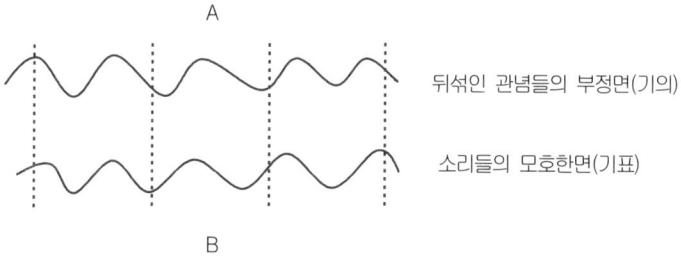

<표 3.4> 소쉬르의 하위구획 도식

소쉬르는 위의 곡선은 뒤섞여있는 관념idea들의 부정不定면indefinite plane이고 아래는 역시 불명확한 특성을 가진 소리의 면이라고 설명한다. 그는 언어란 "일련의 연접된 하위 구획들이 모호하고 무정형인 사고thought로 이루어진 면(A)과 역시 부정형인 소리의 면(B) 모두에 동시에 각인되는 것"(『강의』, 155-56)이라고 말한다. 그는 계속하여 "언어는 종이 한 장과도 비교될 수 있다. 사고는 종이의 한 면이며 소리는 그 뒷면이다. 가위로 한 면은 자르지 않고 다른 면만을 자를 수 없듯이 언어에서 소리를 사고로부터 떼어내거나 사고를 소리로부터 고립시킬 수 없다"(『강의』, 157)고 말한다. 특정 사고와 특정 소리 사이의 결합이 자의적인 만큼 어떤 의미에서도 이들이 미끄러진다고 볼 수는 없을 듯하다. 사고가 미끄러지거나 부유하며 끊임없이 소리로부터 멀어지지는 않는다. 내가 아는 한 소쉬르의 관점에서 기표와 기의는 서로 다른 방향으로 움직이는 지판地板들이 아니다.

어쨌든 라캉은 정신분석적인 경험을 통해 어떤 결정적인 순간에는 사고와 소리가 결합되어 미끄러져 분리되지 않는다고 말한다. 그는 이 순간을 누빔점/누비땀points de capiton[15](E 503)이라고 부른다. 나는 이 프랑스어를 'button ties싸개단추달기'라고 번역한다; 러셀 그리그는 이 개념이 처음 소개된 세미나 III을 번역하며 'quilting points누빔점'이라고 옮겼다. 이들은 기표 아래로 미끄러지는 기의의 잠재적 움직임이 정시되는 순간들이다. 「주체의 전복」에서 볼 수 있는 누빔점의 몇몇 유형들

---

15) 'points de capiton'은 일반적으로 '고정점', '정박점', '누빔점', '소파등받이점' 등으로 번역되지만 직역하면 '누비질 방식' 또는 '누비질의 바늘땀'을 뜻하며, 이것은 의미가 생성되는 순간을 가리키는 말이므로 누비질에서 안과 밖을 꿰어내는 한 땀, 즉 '누비땀'을 의미한다. 'button ties'는 실로 단추나 원형 누비지를 돌려 고정시키는 방식을 뜻하므로 '싸개단추달기'라고 번역했다. 그러나 누빔점/누비땀과 구분되어야 하는 곳 이외에서는 이 역시 '누빔점'으로 통일하여 표기하였다(옮긴이 주).

3. 「문자의 심급과 무의식의 관계」 읽기

은 아래 소쉬르의 그림의 변형이라고 볼 수 있다(나는 <표 3.5>에서 이를 단순화시켰다).

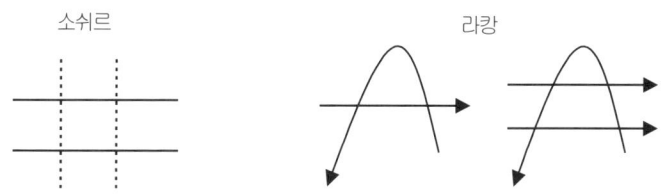

<표 3.5> 소쉬르의 하위구획 도식과 라캉의 싸개단추달기(단순화된 모형)

이 변형에서 라캉은 소리의 순간적 진행을 보여주기 위해 소쉬르의 그림을 전적으로 차용하고 있다. 이는 마치 말할 때 만들어지는 소리가 그림에서 왼쪽으로부터 오른쪽으로 흘러가는 물의 움직임에 각인되고 기의는 질주하는 기표를 따라 "흐르는" 듯하다(E 502-3)[29] (소쉬르와 다르게 라캉은 다시 기표를 위에 그리고 기의를 아래에 배치한다). 그는 이것이 소쉬르가 '선형성'이라는 개념을 지지했음을 나타낸다고 제안한다. 말과 사고 모두 왼쪽에서 오른쪽으로 그어진 직선으로 기록되거나 각인될 수 있으며, 이때 각각의 소리는 바로 그 아래에 적절하게 위치된 개념에 상응한다(E 503).[30] 나는 소쉬르의 업적에서 이를 확증할 만한 것을 찾지는 못했지만, 어쨌든 누빔점 그림은 의미가 그러한 방식으로 구축되지 **않는다**는 것을 보여주기 위해 구상되었다. 문장의 말미에 오는 요소들이 소급적으로 그 이전에 나온 요소들의 의미를 결정하기 때문이다(이에 대한 4장의 세부논의를 참조하라). 다른 말로 바꾸면 문장의 후반부는 **의미의 미끄러짐**(즉 기의의 미끄러짐)**을 정지시킨다**. 여기서 미끄러짐이란 다수의 가능한 의미들 중 어떤 것을

택해야 하는가에 대한 청자의 불확실함에 상응한다.31)

만약 내가 "Dick and Jane were exposed, when they were young children and in a repeated manner, to딕과 제인은 어렸을 때 반복적으로 ……에 노출되었다"라고 말한다면 청자는 내가 그 문장을 "유해한 방사능에", "외국어에" 또는 "노출광인 그들의 삼촌에게"로 끝내기 전까지는 "노출되었다"를 어떻게 이해해야 하는지 알지 못한다(가장 좋은 영어예문은 아니지만 이런 문구들은 흔히 들을 수 있다). 문장의 끄트머리는 청자가 문장의 머리를 어떻게 이해해야 하는가 또는 어떻게 '다시 읽어야'하는가를 결정한다, 문장의 말미가 의미(들)를 고정시키고 미끄러짐을 종결시킨다(그렇다고 해서 반드시 다중적 의미를 하나의 의미로 환원시켜야 하는 것은 아니다). 그리고 나는 문장의 서두에 추정할 수 있는 것들을 만들어 놓고 문장 말미에 가서 이를 취소하여 청자에게 장난을 칠 수도 있을 것이다; 사실 많은 유머들이 이렇게 만들어진다.

여기서 우리는 다음과 같이 생각할 수도 있다. 만약 우리가 주의력 깊은 청자들이라면 "노출되었다"를 듣는 동시에 그것을 다양한 방식으로 이해할 준비를 할 것이다. 이때 우리 머리에 떠오른 갖가지 생각들은 각각의 다른 보표에 그려진다(<표 3.6>을 보라).

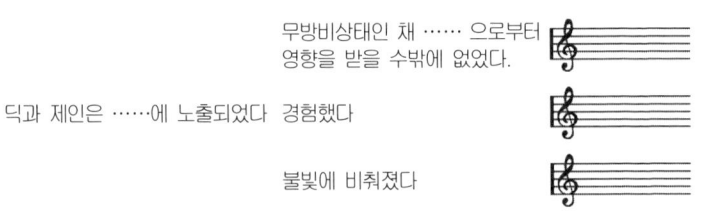

<표 3.6> 악보의 몇 개의 보표들과 함께 정렬된 담론 I

3. 「문자의 심급과 무의식의 관계」 읽기

라캉은 "모든 담론은 악보의 몇 개의 보표들과 함께 정렬된다"(E 503)고 말한다. 그리고 이때 각 단어 또는 문구도 유사하게 분절될 수 있다: "딕"과 "제인"은 우리에게 초등학교 교과서를 연상시킨다. "딕"은 '음경'의 속어이기도 하며 "제인"은 <지 아이 제인 *G.I. Jane*>이라는 영화를 연상시킬 수도 있다. 사실 의미화 연쇄 각각은 "말하자면 '수직으로' 그 지점에 연결되어 있는 상용문맥 전체를—마치 각 단위들의 끝점punctuation에 부착된 듯—지탱한다"(E 503). 모든 확장된 의미와 단어 및 표현의 관용법은 이 보표들 중 하나에 쓰일 수 있으며 그러므로 다양한 경로를 통해(사전, 문학, 인터넷 등) 상용되는 모든 문맥들은 이로부터 뻗어 나온 일종의 수직선을 형성하게 된다(<표 3.7>을 보라).

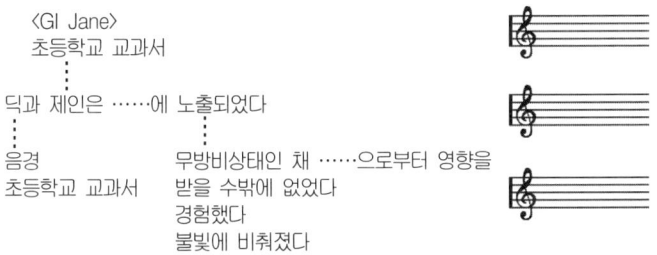

<표 3.7> 악보의 여러 보표들과 함께 정렬된 담론 II

라캉의 "인용문들"

라캉은 당시에 가장 완성도 높은 프랑스어 사전의 하나인 『리트레 Littré 사전』에서 'arbre나무' 아래 기록되어 있는 내용을 참고하여 나무에 대해 언급된 모든 문맥들을 예로 제시한다(E 504). 이 문맥들은 성경에 나오는 '십자가의 나무'에서부터 폴 발레리가 20세기에 쓴 시 「플라타너스에게"Au Platane"」에 이르기까지 온갖 범주를 포괄한다. 어떤 문맥

하에서든 우리가 나무를 읽을 때에는 가능한 모든 문맥들을 염두에 두어야 한다—이것은 원문으로 라캉을 읽을 때 유용한 조언인데, 그 이유는 라캉이 사용하는 단어들은 가장 흔히 사용되는 것보다는 가장 드물게 언급되는 것일 확률이 높기 때문이다.

발레리의 시행들은—다소 잘못 인용되었는데, 이는 라캉이 인용할 때 자주 나타나는 실수이다—"그 조화가 고대 슬라브 민족의 서사시와 매우 세련된 한시 모두에 영향을 미치는, 기표의 대구법이라는 동일한 법칙에 의해 조직되었다'(E 504). 나는 슬라브 민족의 시에 대한 참고자료가 야콥슨의 「슬라브 서사시"Slavic Epic Verse"」(1952)32)라고 추측한다, 한시에 대해서는 무엇을 참고해야 할지 알 수 없다. "기표의 대구법이라는 법칙"은 아마도 기표는 대구를 이루어야 작동되지만 기의는 그렇지 않다는 것을 암시하는 듯하다(나는 시에 대한 라캉의 논의를 이해한다고 말할 수 없으며 그러므로 이 부분에서 더 이상 지체하지 않을 것이다).

다음으로 라캉은 우리가 생각하고 있었을 만한 이의를 제기한다: 이러한 모든 기표들은 자율적으로 작동되지 않는다—그들이 어떠한 효과를 나타내려면 주체 안에 존재해야만 한다(E 504). 이러한 이의에 대한 그의 '대답'은 주제가 기의의 차원으로 이동되었거나 격하되었다는 것이다. 주체는 기표의 운용방식에 대해 전혀 알 필요가 없기 때문이다. 기의와 마찬가지로 여기서 주체는 기표의 효과이다.

언어는 나로 하여금 내가 말하는 것과 정확히 상반된 것을 전달하게 만든다

단어를 이용하여 나는 내가 실제로 말하는 것과 전혀 다른 것을 전달할 수 있다(E 505): 만약 친구에게 내가 크라코우에 간다고 말했을

3. 「문자의 **심급**과 무의식의 관계」 읽기

때, 나는 완전히 다른 것을 전달할 수도 있는데, 왜냐하면 그는 내가 언제나 그를 속이려 한다는 것을 알고 있기 때문이다. 나는 아무개가 "지금까지 내가 만난 인간 중 가장 훌륭하다"고 말할 수 있지만 내 어조는 정확히 그 반대를 의미할 수도 있다. 또는 조나단 스위프트 Jonathan Swift와 같이 나는 알레고리를 이용하여 내 정부를 비판하기 위해 가상의 땅에 대해 자세히 이야기할 수도 있다. 많은 사람들이 이야기만을 보겠지만 소수의 사람들은 알레고리에 있는 혹독한 비판도 함께 이해할 것이다. 그러한 이야기들을 어떻게 만들어내는 것일까? 환유와 은유라는 두 가지 근본적인 기법을 이용하면 된다.

환유를 이용하여 나는 장관minister을 (서류 가방과 같은) 그의 사무실의 표지나 의복 또는 'muenster'(뮌스터 치즈)와 같이 비슷하게 들리는 단어로 대체할 수 있다. 그것은 내 정치적인 이야기의 외관을 결정적으로 바꿀 것이다. 은유를 이용하여 나는 이야기에 나오는 '선거'를 '악취경연대회'라는 문구로 바꿀 수도 있는데 이 악취경연대회에서 내 뮌스터들 중 누가 가장 지독한 냄새를 풍기는가를 묘사하는 것이다(승자에게는 슈퍼마켓의 가장 돋보이는 선반 자리가 주어진다).

라캉의 예로 돌아가서(E 505), 배와 돛은 말이나 사고에서 종종 연계되는데[33] 하나를 다른 하나로 대체하는 것은 "이러한 결합에서 **단어 대 단어**가 갖는 [환유적] 속성"에 근거한다(E 506). 반면 남자와 그의 다발(*gerbe*)은 말이나 사고에서 자주 관련되지 않으며 하나가 즉각적으로 다른 하나를 연상시키지도 않는다—즉 우리의 언어에는 그들 사이에 환유적인 연계가 존재하지 않는다(물론 이것은 우리가 프랑스 시에 조예가 깊지 않은 경우이다). 그럼에도 불구하고 빅토르 위고Victor Hugo가 「잠든 보아즈"Booz[16] endormi"」(E 506)라는 시에서 남자를 그의 다발로 대체하였을 때 우리는 그 남자를 떠올리게 된다. 이 과정에서 다발이라는 개념은 사라지지 않는다. '다발'이라는 단어를 들을 때 우리는 다발과 보아즈를 모두 떠올린다. 휴고는 둘을 압축하여 하나의 기표로써 두 개의 의미들을 불러내는 것이다. 바로 이렇게 하나의 기표가 다른 기표를 대체하는 것을 라캉은 은유의 본질로 간주한다.34)

라캉에 의하면 은유의 시적 섬광은 전혀 상이한 두 개의 상들의 단순히 병치(일부 초현실주의자들과 발터 벤야민이 시도할 듯하다)보다는 하나의 기표가 다른 기표로 대체될 때 생성된다. 예를 들어 정치적 알레고리에서 "선거" 대신 "악취 경연대회"를 사용한다거나, 또는 "보아즈" 대신 "다발"을 제시하는 것이다(E 506-7). 우리에게는 "**하나의 단어 대신 다른 단어가 주어진다**"(E 507). 하나의 단어가 다른 단어의 자리에 들어가며 후자는 사라지지만 그 의미는 어느 정도 전자 속에서 보존된다.

라캉은 「잠든 보아즈」라는 시가 인색함과 증오를 부정함으로써 기능한다고 지적하는데("그의 다발은 인색하지도 **않았고** 밉지도 **않았다**") 이것은 사람보다는 무생물인 자연대상일 때에 더욱 수월하다. 왜냐하면 그러한 대상은 "비축이나 거절을 알지 못하며 축적의 과정에서조차도 우리의 기준으로 볼 때는 지나치게 관대하기 때문이다"(E 508). 보이지 않는 기표인 보아즈는 쉽게 다발이 빼앗은 자리로 돌아오지 못한다. 왜냐하면 그는 "밖의 어둠 속으로 추방되고, 인색함과 증오가 자신들을 부정하며 생성한 심연 속에 그를 품게 되기" 때문이다(E 507). 인색함과 증오는 완전히 사라지지 않았다. 그들을 부정하는 것은 단순히 그들을 다른 차원으로 옮겨놓는 것이며 그것은 신비한 "보아즈"가 위치된 것과 동일한 차원이다. 그가 아무리 너그럽다 하더라도

---

16) 성경의 「룻기」에 나오는 보아즈를 말한다(옮긴이 주).

3. 「문자의 심급과 무의식의 관계」 읽기

그의 더부룩한 다발보다 너그럽지는 못할 것이다.

부권paternity이라는 신비한 기표

그러나 자신의 다발이라는 선물을 제공하며 자신은 선물의 뒤편으로 사라질 때 보아즈는 상을 받게 된다. 그는 인생의 말년에 아버지가 된다. 라캉은 이 과정—그 사람의 이름proper name이 다른 기표에 의해 폐지되는 과정—이 "신화적 사건을 재현하며 프로이트는 그 속에서 부권의 신비가 모든 인간의 무의식에 잠입하는 통로를 구축했다"(E 508)고 주장한다. 프로이트가 부권의 신비라고 말한 것과 시와의 연관성을 재구성하는 것은 물론 우리의 몫이다.

이를 위해 「모든 정신병 치료에 선행하는 질문"On a Question Prior to Any Possible Treatment of Psychosis"」에 나오는 한 단락을 살펴보자. 여기서 라캉은 어니스트 존스에 의해 제시된 시각을 비판한다:

> 오스트레일리아의 어떤 종족에서 볼 수 있는 믿음의 양상에 대해 [존스는] 어떤 인간 집단이—신비한 예외[성모 마리아]의 경우를 제외한다면—어떤 여자도 성교가 없이 아이를 낳을 수는 없으며, 두 사건 사이에 요구되는 필요시간에 대해 무지할 수도 없다는 경험상의 사실을 간과할 수도 있다는 것을 받아들이지 않는다. 현실을 관찰하는 인간의 능력을 신뢰하는 것이 매우 당연하다는 믿음은 이 문제와는 전혀 무관한 것이다.
>
> 만약 상징적 문맥이 요구한다면, 여자는 그가 깃들여있는 것으로 간주되는 이러이러한 샘이나 특정 바위의 정령과 접촉함으로써 여전히 부권이 전제될 것이다.
>
> 여기서 명백해지는 것은 출산의 원인을 아버지에게 귀결시키는

것은 실제 아버지에 대한 인식을 의미하지 않으며 그것은 종교가 우리들에게 아버지의 이름으로서 간청하도록 가르친 순수한 기표에 의해서만 나타나는 효과라는 점이다.

물론 기표가 반드시 아버지일 필요는 없으며 죽어있을 필요도 없다. 그러나 기표가 없이는 누구도 존재의 이러한 양태들에 관해 알 수 없을 것이다(E 556).

적어도 여기서 제기된 논점들 중 하나는 아이가 어머니의 몸으로부터 출산되는 것을 직접 확인할 수 있다는 점에서 신생아의 어머니는 언제나 명확한 반면 아버지는 더욱 추상적이고 소원한 관계로서 재구축되어야만 한다는 것이다. 그리고 그것은 시간을 셀 수 있는 단위로 나누고 헤아릴 수 있는 능력, 즉 기표를 근거로 하였을 때에만 재구축될 수 있다. 그리고 문화의 구성원들이 9개월까지 셀 수 있다는 것만으로 그들이 아이의 어머니와 9개월 전에 관계를 가진 남자를 자동적으로 아버지로서 인식하는 것은 아니다. 문화에 내재한 믿음의 체계에 따라 부권은 샘의 정령들, 특정 신 등으로 추정될 수도 있다. 아버지에게 주어진 이름은 보아즈와 같이 특정 남자의 이름이 아닐 수도 있다. 아버지의 이름은 제우스나 비슈누일 수도 있고 또는 다발일 수조차 있지만, 이 과정에서 (단순히 '아버지'일 수도 있는) 이름은 개인의 이름을 대체한다.

이에 대해 프로이트의 『쥐인간』(SE X, 233)의 사례에 나오는 각주를 참고하자면, 프로이트는 "인간이 그들의 추론을 감각의 증언과 동일한 차원으로 격상시키며 모계사회에서 부계사회로 이행했을 때 문명이 진일보했다"고 말한다. "부권의 신비"는 프로이트의 「어린 한스」의 사례에서 논의되는데(SE X, 133-35), 어린 한스는 아버지가 한나를 **자신**

3. 「문자의 심급과 무의식의 관계」읽기

의 아이라고 부르는 것으로 미루어 '아버지가 어린 한나의 출생과 관련이 있음에 틀림없다'고 느끼지만 자신의 아버지가 한나의 아버지가 되기 위해 어떤 기여를 했으며 무슨 역할을 했는가에 대해서는 알지 못한다. 한스의 어머니와 아버지는 이 모든 것에 대한 그의 질문에 답하기를 꺼리는 듯 보이는데, 그들은 전형적인 황새 이야기로 돌아선다. 한스는 이 질문에 온통 몰입하여 성, 음경의 역할 등에 대해 의식적 및 무의식적으로 많은 추측들을 하게 된다. 한스가 처한 곤경은 오늘날의 문화에서조차 부권은 그것에 대해 고민하는 세상의 신참들 각각에게 자명한 것이 아니며 종종 길고 어려운 사고과정을 필요로 한다는 사실을 말해준다. 바로 이 때문에 아버지는 상징적 기능이다.

은유에 관하여

우리가 '부권의 신비'라는 불가사의에 대해 조사하는 동안 라캉은 이미 현대 은유의 구조와 "결코 흔들리지 않을 듯한 차원에서의 사랑"으로 옮겨갔다(E 508)—이것은 세미나 III에 제시되는 "사랑은 양지에서 웃고 있는 조약돌이다"에 대한 간접적 설명인데, 만약 그가 그렇게 말했다면, 참석했던 소르본 대학의 청중들은 완전히 갈피를 잃었을 것이다. 「문자의 심급」에서 볼 수 있는 것은 위와 같은 모호한 암시뿐이므로 여기에서 사랑에 대한 논의를 시작하는 대신 이에 대한 더욱 자세한 논의는 6장에서 전개할 것이다.

라캉은 이에 덧붙여 은유는 "의미가 무의미 속에서 산출되는" 곳에 위치되어 있다고 말한다(E 508). 여기서 무의미란 보아즈와 다발 사이에는 기존의 단어 대 단어의 결합관계가 존재하지 않는다는 것을 가리킨다: 이들의 관계는 자명하거나 명백한 것이 아니다. 어떤 것을 다른 것으로 대체할 때 의미가 생성된다. 라캉은 이것이 일종의 강(아마도 루비콘 강일 것이다) 또는 경계를 가로지르는 행위를 수반한다고 제안하는 듯하다.

그 강을 "반대 방향에서 가로질러오면"(E 508), 아마도 의미에서 무의미가 산출될 것이며 우리는 농담과 재담의 영역으로 들어가게 된다: 농담은 우리가 예측하고 있는 의미 또는 이야기 속에 터무니없는 것(또는 적어도 얼핏 보았을 때 의미가 결여된 것)을 집어넣는 것이다. 기대하고 있는 의미를 전복시킴으로써 우리는 말장난과 농담을 만들어낸다. 하인리히 하이네의 청중은 그가 로트쉴트Rothschild 남작이 자신을 친근하게with familiarity 대해주었다고 말하기를 기대한다. 그러나 그 대신 그는 남작이 자신을 famillionairity[17)로써 대했다고 말한다. 사실 정확히 말하자면 이것은 무의미를 만들기보다는 의미의 과잉을 산출하는 듯한데, 라캉은 여기서 이에 대해 설명하지 않는다. 그러나 「말과 언어의 기능 및 영역」의 다음 단락을 살펴보자:

> 아무리 주목을 받지 못했다 하더라도—거기에는 충분한 이유가 있다—『농담과 무의식의 관계』는 프로이트의 저작들 중 가장 읽기 수월한 저서인데 그 이유는 세부가 비쳐 보이기 때문이다; 그 안에는 무의식의 효과가 가장 미미한 면까지 자세히 소개되어 있다. 그리고 우리에게 제시되는 외관은 언어에 의해 부과된 모호함 속의 재기wit[*l'esprit*]이며, 그 절대 권력의 다른 측면은, 전체 질서를 순식간에 괴멸시키는 재담witticism[*pointe*]이다—신랄한 말 속에서 언어의 창조적 활동은 그 전적으로 근거 없는 상태를 드러내고, 무의미의 도전 속에서 그것이 제압한 현실이 표현되며, 유머는

---

17) 'famillionairity'는 'familiarity'에 무의식적 소망과 관련된 'millionaire'가 합해져서 생성되었다 (옮긴이 주).

3. 「문자의 **심급**과 무의식의 관계」 읽기

자유로운 영혼의 악의적 은총 속에서, 마지막 말을 다하지 않은 진실을 상징화한다(E 270).

라캉은 이렇게 재담을 무의미의 도전과 연관시킨다.

「문자의 심급」의 두 번째 부분으로 넘어가기 전에, 라캉의 문자에는 고유한 의미가 없는 반면 방향성이 있음을 기억하자. *Le sens de la lettre*에서 *sens*는 의미라기보다는 방향성, 전복의 방향성, 의미의 자리 자체의 전복을 뜻한다.

II: 무의식의 문자[18]

「문자의 심급」의 두 번째 부분에서 라캉은 그가 프로이트의 꿈에 대한 논의를 이해하는 방식은 결코 융적인 독해가 아님을 명확히 한다. 우리는 프로이트가 꿈이 가진 보편적 상징들이나 무수한 사람들의 우주론과 신화학에 관계된, 꿈에 나타난 상들을 근거로 꿈을 해석하지 않는다는 것을 이해해야 한다. 가끔 프로이트는 꿈에 계단을 오르는 것은 항상 성교의 상징이거나 또는 그것의 대체된 표현이라고 주장하며 자신이 개략적 일반화로 빠지기도 한다. 칼 구스타프 융과 다른 몇몇은 이러한 실수들에 주의를 기울였으며, 프로이트의 저작에서 꿈 해석에 대한 전혀 상이한 접근을 읽어냈는데, 여기서 상이한 접근이란 정신분석 이전의 접근을 말한다―그것은 바로 프로이트가 『꿈의 해석』의 첫 장에서 비판하는 접근으로서, 오랜 세월 지속되어 온 것이다.

---
[18] 이어지는 「문자의 심급」의 세 번째 부분은 "*La lettre, l'être et l'autre*"이다(옮긴이 주).

반면 라캉은 우리가 중심 가닥이라고 부를 만한 것을 뽑아내는데, 이것은 프로이트의 많은 초기저작들에서 볼 수 있는 것이다. 우리는 분석수행자가 자신의 꿈(꿈의 '텍스트')에 대해 말하는 것을 문자 그대로 à la lettre 읽는다. 예를 들어 분석수행자가 꿈에 앨 고어Al Gore 전 미국 부통령이 리듬rhythm에 맞추어 마카레나를 추고 있는 것을 보았다면 이것은 어쩌면 꿈이 '알고리듬algorithm'이라는 단어를 표현하는 방법일지도 모른다.

몇 회의 분석 동안 자신은 사기꾼이며, 믿을 만하지도 않으며, 신용도 잃은 것 같다고 말한 내 분석수행자가 두 갈래로 나뉘는 철도에 대한 꿈을 꾸었다. 그는 철도나 반대 방향에 대한 연상을 떠올리지 못했다(그는 분명히 「문자의 심급」을 읽고 있지 않았다). 그러나 내가 "rail"을 거꾸로 읽어 "liar"라는 단어를 말했을 때 그는 웃음을 터뜨렸다. 우리는 이것을 해석의 '적절함soundness[19]'을 증명하는 것으로 간주해서는 안 된다―해석의 적절함은 오직 새로운 기억이 떠오를 때만 증명되는 것이다(E 595). 그러나 꿈이 거짓말쟁이를 그려낼 수 없기 때문에(단순한 이미지가 나타낼 수 없는 상당히 추상적인 개념이므로) 보다 쉽게 표현할 수 있는 것을 선택했을 가능성이 있다. 이는 라캉이 분석가들에게 십자 낱말 맞추기와(E 266) 암호문 해독을(E 511) 권한 이유 중 하나이다. 무의식이 사고를 이미지로 번역하려고 노력할 때, 단어들로 언어유희를 하여 동음이의어와 철자 바꾸기를 만들어내기도 하고 또는 쉽게 영상적으로 표현할 수 있는 사고를 구성하는 단어들의 또 다른 결합들을 만들어내기도 한다(특히 SE V, 339-49 「재현가능성에 대한 논의

---

[19] 프랑스어 'le bien-fondé'의 번역이다. 핑크의 『에크리』 영어완역본에는 'well-foundedness'로 번역되어 있다. 직역하면 '잘 구축됨'이 되지만, 분석에 효과가 나타난다는 뜻이므로 여기서는 '적절함'으로 번역했다(옮긴이 주).

3. 「문자의 **심급**과 무의식의 관계」 읽기

"Considerations of Representability"」를 보라).

물론 이것은 모든 분석수행자의 꿈에 나타난 모든 철도가 거짓말쟁이나 거짓말을 가리킨다는 말은 아니다. 그보다는 각각의 분석수행자가 자신의 꿈에 대해 제시한 설명은 그/그녀의 담론이 가진 문자의 차원에서 해석되어야 한다는 것이다. 우리는 꿈의 상과 꿈의 사고에 일대일 대응관계가 있는 것처럼 "해독decoding"(E 510)하지 않는다. 그보다 우리는 "풀어낸다decipher"(E 511).

2개 국어를 말하는 분석가들은 꿈이 자주 이용하는 술책에 익숙할 것이다. 하나의 언어가 가진 이름이나 단어가 다른 언어에서 다른 방식으로 발음되며 문제의 생각을 적절히 감춰주는 것이다. 예를 들어 분석가는 마음의 눈으로 이름의 철자를 살펴보고 그것을 분석수행자가 할 수 있는 다른 언어로 발음하여, 잠재된 꿈 사고는 유명한 영화배우에 관한 것이 아니라 분석수행자의 아버지에 대한 것이었음을 그/그녀가 깨닫게 만들어야 한다. 분석수행자의 언어를 구사할 수 없는 분석가는 명백히 불리한 입장이며, 그러한 이름들이 분석수행자가 할 수 있는 다른 언어(일반적으로 모국어)에서 다르게 발음되거나 다른 뜻을 갖는가에 대해 적극적으로 질문해야 한다.

라캉은 문자에 대한 관심과 더불어 분석가는 분석수행자의 문화와 문학적인 지식의 모든 측면을 잘 알고 있어야 한다고 말한다:

> 우리는 "해독처리 된 잡동사니 문서antidoted fanfreluches"로 생계를 유지해야 하는가?
> 진정 반드시 그래야만 한다. 무의식은 원시적인 것이나 본능적인 것이 아니며 그 기초는 기표라는 요소에 다름 아니다(E 522).

"해독처리 된 잡동사니 문서"란 라블레Rabelais의 『가르강튀아*Gargantua*』 (2장)에 나오는 것으로서, 라캉의 분석수행자 중 한 명이(또는 라캉 자신이 분석수행자였을 때) 분석 중에 언급한 듯한 상당히 모호한 문학적 자료의 일부이다. 라캉은 분석가가 (독특하고 낯설게 보일 수도 있는) 분석수행자의 특정 문화적 배경을 구성하는 기표의 요소들에 완전히 익숙해져야만 한다고 지적한다―많은 경우에 이는 실로 엄청난 주문이다! 그렇지 않다면 그들은 악보의 "몇 개의 보표들"에 쓰인 분석수행자의 담론을 읽어낼 수 없을 것이다.35)

라캉은 이 장의 몇 쪽을 할애하여 프로이트의 『꿈의 해석*Traumdeutung*』에 나오는 몇몇 기본적인 자료를 살펴본다. 스트라치는 『꿈의 해석』이라는 제목을 붙였지만 라캉은 『꿈들의 기표성*la signifiance des rêves*』(E 510)으로 표현하는데, 이것은 꿈이 기표이며, 제대로 해석하기 위해서는 그것을 문자 그대로*à la lettre* 간주하고 가장 작은 문자상의 구성요소들로 분해해야 한다는 것을 강조하는 듯하다. 꿈은 풍부한 의미나 그들의 중요성보다는 기표로서의 속성, 기표-성signifier-ness으로 특징지어진다. 물론 우리가 잠재된 내용을 조사한 후에 꿈은 풍부한 의미와 중요성을 가지게 된다. 그러나 무엇보다도 그들은 기표들이다: 그들은 우리가 풀어야 하는 텍스트이다. 우리가 그들로부터 읽어낼 수 있는 의미는 그들이 가진 의미의 일부일 뿐이다.

프로이트가 『꿈의 해석』에서 언어에 기초한 방법의 윤곽을 선명히 제시함에도 불구하고 라캉에 의하면 분석가들은 여전히 마치 꿈이 "자연과의 유사성으로부터 도출된 상징"에 근거하는 듯 해석한다(E 510). 그들은 꿈의 상들을 마치 커피가루가 만들어낸20) 새, 행성 또는

---
20) 커피의 침전물이 그리는 상으로 치는 점을 말한다(옮긴이 주).

3. 「문자의 심급과 무의식의 관계」 읽기

자연환경의 다른 부분처럼 보이는 무늬인 듯 읽어낸다. 다시 말하면 그들은 꿈을 문자로 구성된 기표로 이해하기보다는 마치—해변의 모래사장이나 유리 표면에 그려진 핑거페인트와 같이—막연한 동질의 매개물로부터 더듬어 낸 상인 것처럼 받아들인다. 그들은 꿈의 상이 분석수행자로부터 분석가에게 전달될 수 있는 어떤 것인 듯 간주하는데 이 과정에서 말과 언어라는 분절 가능한 매개는 전혀 중요하지 않다. 그러나 분석수행자의 꿈에 대해 우리가 아는 것은 그/그녀가 그것에 대해 말해 준 것뿐이다.

꿈의 형상이 '자연적인 표현'이라는 생각에 나타난 모든 환상을 축출하기 위해 라캉은 유사한 경우를 제시한다. 꿈은 제스처 게임과 같다. 한 사람은 몸짓과 암호를 이용하여 다른 사람들이 속담이나 영화 제목, 인명 또는 책을 알아맞히게 만들어야 한다(E 511). 어떤 속담이나 이름을 구성하고 있는 기표들이 그 몸짓들에 내재한다는 뜻이다. 이들은 배후의 원동력이다. 줄 아래under 서있는standing 사람의 모습은 기준에 미치지 못한다는 생각과는 전혀 무관한 것이며 "understanding"을 뜻하는 것일 수 있다(나는 독자가 이차수정의 특징들을 생략해도 될 만큼 『꿈의 해석』을 잘 알고 있다고 가정한다).

이 장에서 라캉의 관심은 프로이트가 꿈, 환상 그리고 말실수와 같은 무의식의 산물들에 나타는 "기표의 구성적 기능"을 **처음부터**(E 512) 이해하고 있었음을 보여주는 것이다. 이들에 대한 그의 해석은 단어, 관용표현, 글, 동음이의어 등의 중요성을 보여준다. 라캉은 분석가들이 이것을 이해하지 못한 이유는 그것이 기존에 볼 수 있었던 다른 어떤 방식과도 판이하게 달랐으며, 언어학이 아직 프로이트를 따라잡지 못했으므로 이 분야에서 그의 연구를 과학적으로 뒷받침할 만한 근거를 제시하지 못했기 때문이라고 말한다. 라캉에 따르면 프로이트의 기표에 대한 강조를 분석가들이 오해한 다른 이유는 정신분석이 전면에 배치한 특정 의미작용—오이디푸스 콤플렉스, 정동의 양가성 등(E 513)—에 분석가들이 완전히 포획되어 있었기 때문이다.

라캉은 잠시 멈추어 프로이트가 의미하는 무의식이란 우리가 인식하지 못한 사이에—즉 의식의 범위 너머에서(E 514)—일어나는 모든 정신 과정 전체를 의미하는 것은 아님을 상기시킨다. 다시 말하면 그는 의식적이지 않은 것nonconscious과 정확히 무의식(억압된 것)이라고 부를 수 있는 것을 구분한다. 이러한 구분은 「무의식의 위치」36)에 더욱 자세히 나와 있다(E 830-31).

무의식의 위상학

우리는 마침내 라캉이 "이러한 무의식의 위상학을 정의"(E 515)하는 지점에 이르렀다. 이미 살펴보았으며 잘 알려진 대로 그는 이것이 현대 언어학의 기반이 되는 '소쉬르의 알고리듬'에 의해 정의된다고 주장한다. 이것은 즉시 다음과 같이 변형된다:

$$f(S)\frac{1}{s}$$

라캉이 부연하고 있지는 않지만 이것은 "기의(s)는 기표(S)의 함수이다"로 읽힐 수 있을 것이다. 여기서 기표와 기의의 관계에는 상호적이지 않음을 다시 한 번 기억하자. 그는 기표가 기의의 함수라고는 덧붙이지 않는다.

라캉은 계속하여 다음과 같이 말한다:

> 기의에는 수평적 의미화 연쇄의 요소들뿐만 아니라 수직적 종속

3. 「문자의 심급과 무의식의 관계」 읽기

부들도 함께 존재한다는 것을 근거로 나는 환유와 은유라는 두 근본 구조를 통해 나타나는 효과를 제시하였다(E 515).

위의 '신사와 숙녀'의 이야기에서 우리는 화장실 문들의 표지판에 적힌 "신사"와 "숙녀"라는 기표들이 기의 안에 (함께) 존재하는 것을 보았다. "딕과 제인은 ……에 노출되었다"라는 문장에서 우리는 라캉이 '수직적 종속부'라고 부른 것의 의미를 알 수 있다. 적혀있는 문장을 이루는 단어의 위나 아래에 상용되는 모든 문맥적 사용법들이 이를테면 매달려 있는 것이다. 이제 라캉은 우리에게 자신이 이들을 근거로 환유와 은유에서 그 효과를(무엇의 효과인가?) 보여주었다고 말한다. 그는 어디에서 그 효과를 제시했는가에 대해서는 언급하지 않지만, 몇몇 세미나들이 출판되었거나 또는 출간되지 않은 형태로 결국은 배포되기 시작했으므로 우리는 그것이 세미나 III의 17, 18장 그리고 세미나 IV의 22장에 나와 있음을 알 수 있다. 그러나 그가 여기서 제시하는 공식들은 그 세미나들 속에서 다시는 명백히 동일한 형태로 반복되지 않았음을 기억해야 한다.

환유는 다음과 같이 상징화된다(E 515):

$$f(S\cdots S')S \cong S(-)s$$

이것을 우리는 다음과 같이 읽을 수 있을 것이다. 환유는 돛(S)에서 배(S')로 대체되거나 미끄러지게 하고("……"라고 적힌 부분) 기표와 기의 사이의 가로선을 유지하게 만드는(유지하게 되는 또는 유지하는 것과 같은), 단어 대 단어의 결합에서 볼 수 있는 기능이다. 이는 적어도 어떤 면으로는 기표가 기의 속으로 들어가거나 기의를 **채우고 있지**는

않음을 나타낸다: 예를 들어 장관으로부터 그의 사무실을 나타내는 표시나 서류가방으로의 단순한 전치에 의해 나는—많은 사람들에게는 아닐지라도 적어도 몇몇에게는—'동일한 기의'를 전달할 수 있다. 이러한 방식으로 검열을 피하고 나의 정치적인 이야기를 알레고리로서 표현할 수 있다. 그러나 이것은 전적으로 다른 의미를 만들어내지는 못한다, 나는 환유를 이용하여 기의 안에 새로운 어떤 것을 채워 넣을 수는 없다. 단순히 '동일한 이야기'를 다른 단어들로 말할 뿐이다(라캉은 그렇게 주장하는 듯하다).

라캉은 환유의 '알고리듬'에서 괄호속의 가로선을 이해하는 다른 방식을 제안한다: 그것은 기표가 주체의 대상관계에 구축한 존재의 **결여**lack of being(*manque de l'être*)를 상징하므로 일종의 마이너스 기호라고 할 수 있다. 라캉은 매우 간결하게, 기표는 "의미작용의 지시적 가치를 이용하여 그것이 견디고 있는 결여를 목표로 욕망을 불어 넣는다"고만 말한다(E 515).

기표의 예로서 Fort-Da부재-현전 관계를 이용하자(SE XVIII, 14-17); 이 관계는 그것이 의미하는 것을 존재하게 만들기도 하고 사라지게도 한다. 어머니의 부재 시에도 어머니에 대해 이야기할 수 있도록 함으로써 그녀가 부재중에*in absentia*도 존재하게 만들고, 어머니가 곁에 있을 때도 그녀가 없는 것처럼 생각하게 만든다. 이것은 다시는 어머니가 이전의 방식으로 존재할 수 없음을 의미한다: 기표에 의해 부여받은 능력으로 아이는 어머니가 있을 때에도 그녀의 부재를 상상하게 되고 그래서 그녀가 곁에 있을 때는 언제나 그녀가 떠나는 것을 걱정하게 되며, 이 때문에 일종의 현재적 존재immediate presence란 불가능해진다. 존재하는 대상으로서의 그녀와 그의 관계, 즉 그의 대상관계는 결코 그가 언어에 편입되기 이전과 같이 '완전'하지 못할 것이다. 이제부터

3. 「문자의 심급과 무의식의 관계」 읽기

는 항상 어쩔 수 없이 어떤 면에서는 결여되어 있다고 느낄 것이며 아이는 그 결여를 메우는 것을 욕망하게 될 것이다(이것이 아이가 가진 '존재의 결여'이다). 기표에 의해 구축된 존재presence속에서 이 간극을 메우는 것은 불가능한 작업이지만 아이는 그럼에도 불구하고 새로운 대상들을 만날 때마다 그 대상이 결여를 보상해줄 수 있을 것으로 기대하게 된다. 따라서 그의 욕망은 다음번에는 지난번보다 간극을 더욱 잘 메울 수 있을 것이라는 희망 속에서 하나의 대상에서 다음 대상으로 영원히 부유하도록 유도된다. 라캉이 말하듯이 욕망의 수수께끼의 중심에서 우리가 만나게 되는 사실은 "본능은[……] 환유라는 철도에 포획되어 영원히 **다른 어떤 것에 대한 욕망**으로 확장된다"(E 518)는 것이다. 생물학적 본능이 언어에 주입되며 인간 욕망으로 변화되고, 존재 안의 결여(존재의 결여)를 메우고자 하는 시도 속에서 어쩔 수 없이 하나의 대상에서 다음 대상으로 그리고 다시 그 다음 대상으로 이끌리게 된다.37) 이것은 다소 거친 주석이며 대상a와 같은 라캉의 후기 이론에 나오는 개념들을 이용하여 더욱 세련된 방식으로 설명할 수도 있다.

1장에서 언급하였듯이 라캉은 「치료의 방향」에서 "자아는 욕망의 환유"(E 640)라고 말한다. 이제 이에 대해 설명할 단계가 되었다. 우리 존재의 결여를 은폐하기 위해 구축된 것이 바로 자아라면 욕망의 본질적인 부분인 환유적 미끄러짐은 자아와 동일한 것이다. 거울단계에서 자아는 부분적으로는 우리 안의 통일성과 조화가 결여되었기 때문에 야기되는 긴장에 의해 만들어진다. 우리는 스스로가 주위에 보이는 조화로운 사람들과 같은 존재가 **아니라고** 느낀다. 그러나 지금으로서는 개별적으로 완전한 존재(하나One로 이해할 수 있는 어떤 것)가 눈에 띄지 않는다. 대신 쉽게 알아차릴 수 있는 존재의 결여가 있을 뿐이다.

그러한 존재는 거울단계의 예기적 행위 이전에 사라진 것이다(거울단계는 아무것도 없던 곳에 하나One를 창조한다). 이러한 이유로 라캉은 자아를 허위 존재false being와 연계시킨다(세미나 XV, 1968년 1월10일). 존재의 결여lack of being 또는 존재하기의 실패failure to be―다른 말로 존재되기의 실패failure to come into being―는 무의식이라는 다른 차원에서 지속된다. 무의식의 차원에서 결여는 정적이다. 그것은 영원히 같은 것이다. 그러나 의식 또는 자아의 차원에서 그 결여는 끊임없이 움직이며 언제나 다른 어떤 것으로 옮겨간다.

이제 라캉이 은유를 나타내는 공식을 살펴보자(E 515):

$$f\left(\frac{S'}{S}\right)S \cong S\,(+)\,s$$

이것은 은유가 하나의 기표(S로 표시된 "보아즈")를 다른 것(S'에 해당하는 "다발")으로 대체하는 기능임을 나타내는 것으로 이해할 수 있으며, 이때 전자는 여전히 유지된다(이는 ≅ 표시 이전에 반복되는 S를 가리킨다). 이것은 기표와 기의 사이에 있는 가로선을 가로지르며(가로지르게 되며 또는 가로지르는 것과 같으며) 이때 새로운 의미작용이 생성된다.

$$f\left(\frac{\text{다발}}{\text{보아즈}}\right)\text{보아즈} \cong \text{보아즈}\,(+)\,s$$

여기서 +는 가로지르기cross(가로선을 횡단하는 것)38)이며 동시에 플러스 기호이다(이는 부가적인 의미작용 즉 "[새로운] 의미작용의 등장"을 가리킨다, E 515). 라캉은 다른 곳에서 은유란 "그것이 대신하는 것을 함께 유지시키는 대체"라고 말한다(세미나 IV, 378).

3. 「문자의 심급과 무의식의 관계」 읽기

기표의 주체 또는 기의의 주체

> 우리가 그것을 기꺼이 받아들이건 그렇지 않건 증상이 **명백히** 은유인 것은 인간이 그러한 생각을 비웃는다 하더라도 욕망이 **명백히** 환유인 것과 같다.
>
> -라캉「문자의 심급」

우리의 관심은 은유이다. 은유가 가진 창조적이고 시적인 효과 때문만이 아니라 자아에 관련되는 환유와는 달리 은유는 주체의 자리와 연관되어있기 때문이다. 라캉에 따르면:

> [은유에서 가로선의] 가로지르기는 기표가 기의로 들어가는 경로의 조건을 표현하는데, 위에서 지적되었듯이 이 순간을 나는 잠정적으로 주체의 자리와 연관 지었다(E 515-16).

추측컨대 라캉은 이 은유적 순간(가로선의 횡단)을 논문의 초반부에서 주체의 자리와 관련짓는다. 되돌아가보면 우리는 라캉이 다음과 같이 말했음을 알 수 있다:

> 그러나 모든 기표는 주체 안에 존재할 때에만 운용될 수 있는 것이 아니냐고 이의를 제기할 수도 있다. 나는 이러한 이의에 대해 그가 기의의 차원으로 이동했을 것이라고 답한다(E 504).

그가 의미하는 바를 확신할 만한 설명을 찾을 수 없으며, 동시에 프랑스어는 전형적으로 모호하다(여기서 "그"로 번역된 *il*은 앞의 "기표"를 지칭할 수도 있다); 그러나 그는 자신이 전달하고자 했던 요점을

다시 다음과 같이 정리한다:

> 내가 기표의 주체로서 점유하는 자리는 기의의 주체로서 점유하는 자리와 관련하여 동심성concentric일까 아니면 이심성eccentric일까? 그것이 문제이다(E 516-17).

나는 명백히 기표의 주체로서 한 자리를 점유하며 기의의 주체로서 다른 자리를 점유한다. 그리고 문제는 이 둘이 서로 만나게 되는가 아니면 영원히 만나지 않을 것인가이다whether or ne'er the twain shall meet[21](<표 3.8>을 보라).

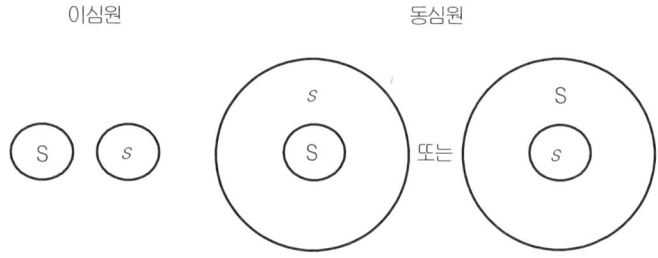

<표 3.8> 기표의 주체(S)와 기의의 주체(s)의 동심성 또는 이심성

그의 말에 따르면 중요한 것은 내가 나 자신에 대해 하는 말이 내가 누구인가를 말해줄 수 있는가, 즉 내 말(또는 생각)이 내 존재에 상응하는가를 알아내는 것이 아니다. 요점은 "내가 나에 대해 말할 때 나는 내가 이야기할 때 가리키는 나 자신[self, *aha*]과 같은 사람인가를 생각해

---

21) 핑크는 여기서 루디야드 키플링Rudyard Kipling의 시 「동과 서의 발라드"The Ballad of East and West"」의 한 행 "Oh, East is East, and West is West, and never the twain shall meet"을 차용하고 있다. 이 시에서 동과 서는 서로 만나지 못한다(옮긴이 주).

3. 「문자의 심급과 무의식의 관계」 읽기

보는 것이다'(E 517). 내가 나 자신에 대해 말할 때 아마도 나는 기표의 주체일 것이다. 반면 내가 지칭하는 사람은 기의의 주체일 것이다. 이 둘 사이에는 교집합이 없는 것일까?

이것은 라캉이 세미나 XI (192/211)에서 의미와 존재에 대한 그의 벤 다이어그램을 이용하여 제기하는 문제와 정확히 일치한다. 그는 1960년대에 이 질문을 수차례 되풀이하여 마침내 데카르트의 "나는 생각한다, 고로 존재한다"에 대해 멋지게 응답한다: "내가 생각하지 않거나 또는 나는 **존재하지** 않는다Either I am not thinking or I *am* not"(세미나 XV, 1968년 1월 10일). 우리는 다음에서 유사한 표현을 볼 수 있다: "나는 내가 존재하지 않는 곳에서 생각하며 그러므로 나는 내가 생각하지 않는 곳에 존재한다"(E 517). 무의식은 존재를 가지지 않는다—그것은 내가 **존재하지** 않는 곳에 있다—그러나 그것은 많은 생각들을 한다. 나는 이 무의식적 사고가 일어나지 않는 곳에서, 즉 허위 존재로서의 자아 속에서 나의 존재를 찾는다.

데카르트는 인간이 존재와 사고가 겹쳐지는 지대, 즉 기표와 기의가 공통점을 가진다고 할 수 있는 영역에 위치되어 있다고 믿었던 듯하다 (<표 3.9>를 보라).

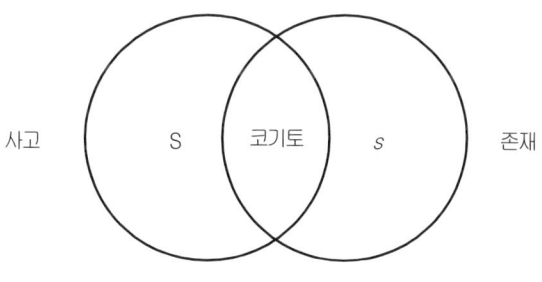

<표 3.9> 데카르트의 코기토

그러나 기표와 기의처럼 존재와 사고는 동일한 평면에 존재하지 않으며, "인간은 이들이 공유하는 축에 자신이 위치되어 있다고 착각하지만 그런 곳은 어디에도 없다"(E 518). 라캉에 따르면 데카르트의 코기토는 기표와 기의의 영역들 사이의 교집합에 위치하는 반면 라캉에서 그 교집합은 비어있다[39](<표 3.10>을 보라).

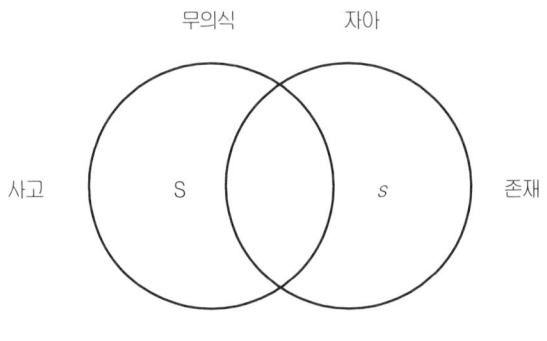

<표 3.10> 라캉의 빈 교집합

<표 3.10>은 무의식이 자아의 부분집합이 아니라는 것을 보여준다. 2장에서 보았듯이 라캉은 크리스의 확실해 보이는 위상학(<표 2.1>)의 가치를 인정하지 않는다. 여기에서 충동은 자아의 방어체계의 부분집합이거나 또는 그 안에 포함되는 부분이며 라캉은 이 논의들에서 "동심원"이라는 동일한 용어를 사용한다(E 517과 599). 이와 같이 자아를 연구하는 것은(일반적인 것은 아니지만 만약 일시적으로 이드와 무의식을 같은 것으로 간주한다면) 우리가 결코 무의식에 도달할 수 없음을 의미한다. 우리는 크리스가 말하듯이 "수준 높은" 자아로부터 이드로 이행할 수 없는데, 그 이유는 둘 사이에 아무 연계가 없기 때문이다. 라캉에 따르면 자아의 차원에서 분석하는 것과 무의식의 차원에서

3. 「문자의 **심급**과 무의식의 관계」 읽기

분석하는 것은 두 가지의 전적으로 다른 작업이다.

은유와 증상

이러한 문맥에서 「치료의 방향」의 한 단락을 살펴보자:

> [분석수행자가] [분석 과정 중 그의 담론에 의해 만들어진 의미화의 흐름 속에서] 자신을 욕망하는 사람으로 이해하게 만드는 것은 그가 자신을 주체로서 인식하게 만드는 것과 반대되는 것이다. [……]
>
> 욕망은 분석이 주체화하는 것을 단순히 예속시킬 뿐이다(E 623).

분석수행자가 분석 중에 하는 말 속에서 스스로를 욕망하는 사람으로 인식하게 만들기 위해서는 그의 욕망의 연속적인 **환유**를 북돋아야 한다. 우리가 이미 살펴본 대로 라캉은 이를 자아와 동일시한다. 이때 분석수행자의 욕망의 대체와 환유를 부추김으로써 분석가는 신경증환자의 자아를 조력하는데 라캉은 이 자체가 증상이며, "인간의 정신질환"(세미나 I, 22/16)이라고 기술한다. "분석 과정에서 자아는 증상의 치료에 대한 모든 저항들의 중심을 대표"(E 118)하기 때문에 분석가가 신경증환자의 증상을 치료하기 위해서는 반드시 다른 경로를 선택해야 한다.

다른 경로란 분석수행자가 "자신을 욕망하는 사람으로 이해하게" 만드는 것의 대극이다; 그것은 "그로 하여금 스스로를 [자신의 담론 속에서] 주체로 인식하게 만드는 것"을 의미한다. 오직 후자만이 증상의 차원에 도달할 수 있기 때문이다. 라캉이 「문자의 심급」에서 지적하듯이:

바로 은유의 이 단계two-stage 기제에 의해 정신분석적인 의미에서의 증상이 결정된다. 성적인 외상이라는 불가해한 기표와 현재의 의미화 연쇄 속에서 그것을 대체하게 된 개념 사이에서 일어난 불꽃이 증상 속에 부착된다[22]—이 은유 속에서 육체flesh 또는 기능은 의미화의 요소로 간주된다—증상은 의식적인 주체가 접근할 수 없는 의미작용에 의해 해석될 수 있다(E 518).

증상 속에서 어떤 것이 무의식의(주체의) 자리에 나타나고, 어떤 것some thing(안면경련이나 거미 공포증, 파행跛行 등으로 가장하고 주체를 지배하는 고립된 기표로서 여기서 S_1으로 표기된다)이 주체 대신 자신을 드러낸다. 그러므로 증상은 은유이다(E 528):

$$\frac{S_1}{\$}$$

그것it(그 것that thing)이 있던 곳에 주체가 나타나야 한다. 우리는 어떻게 은유의 영역인 증상의 차원에서 주체에게 영향을 미칠 수 있을까? 라캉은 의미(*s*)의 영역보다는 무의미의 영역에서—즉 기표(S)의 부조리하고 무의미한 면으로, 그 "'문자적literating' 구조[23]"(E 510) 또는 문자성literality을 가지고, 기표성signifierness(*significance*)을 이용하여—분석을 해야 한다고 제안한다.

- - - - - - - - - - -
22) 핑크의 번역인 "spark flies"를 '열띤 토론' 또는 '필연적으로'를 뜻하는 관용구로 해석하여 "필연적으로 증상이 나타난다"로 해석할 수 있으나, 원문 자체가 "passe l'étincelle, qui fixe dans un symptôme"이므로 "불꽃이 증상 속에 부착된다"로 직역하였다(옮긴이 주).
23) 라캉은 이를 다른 말로 '음소학phonématique'이라고 부른다(E 510)(옮긴이 주).

4. 「주체의 전복 "The Subversion of the Subject"」 읽기

　「주체의 전복과 프로이트의 무의식에서 욕망의 변증법」은 『에크리』에 수록된 가장 어려운 논문 중 하나이다. 라캉의 다른 많은 텍스트들과 마찬가지로 텍스트를 되풀이하여 읽지 않는다면 거의 이해할 수 없게 되어있다. 라캉은 이것이 지식의 속성 자체와 관련된다고 주장하는 듯하다: "우리는 지식을 습득할 때 힘든 경험을 통해 그것을 머릿속에 주입하지 않는다면 금세 사라져버린다는 사실을 상기할 수밖에 없다. 그것은 들여올 수도, 내보낼 수도 없는 것이다. 구체화되지 않는다면 어떤 정보도 지속되지 않는다"(세미나 XX, 89/97).

　그러한 힘든 경험이 가치 있는 것인가는 스스로 답해야 하는 문제이다. 라캉은 세미나 XX에서 지식에 관해 "그것을 활용하는 데에서 느끼는 주이상스는 그것을 습득할 때 느끼는 것과 같다"고 말한다(89/97); 만약 지식을 습득하며 느끼는 주이상스가 미미하다면 그것을 활용하며 즐거움을 느낄 것이라고 기대할 수 있겠는가? 물론 이것은 두고 보아야 하는 문제이다.

이 특정 텍스트가 난해한 이유의 하나는 그 안에 라캉의 생애에서 수년 간 발전되어 온 개념들이 축적되어 있기 때문이다. 일례로 내가 'button tie 싸개단추달기/누빔점'으로 번역한 *point de capiton*이라는 개념은 세미나 III 『정신병』에서 처음 소개되었다. 그리고 이 논문에서 라캉이 네 부분으로 소개하는 그래프는 세미나 V와 VI을 걸쳐 구성되었으며 세미나 VIII에도 거듭 언급된다. 그리고 「주체의 전복」은 1966년 이전에는 출판된 적이 없으므로 마지막에 나오는 거세에 관한 자료는 1966년 —즉 세미나 XIII 이후—에 첨가되었을 것이다.

주체와 지식의 관계

이 논문을 관통하는 몇 개의 주제들이 있는데—그리고 그 다양성 때문에 독자들은 이따금 길을 잃게 되기도 하는데—논문의 첫머리에 라캉이 헤겔은 "주체를 지식과의 관계를 근거로 위치시킨다"는 점을 지적하며 문제는 정신분석이 주체를 어떻게 위치시키는가라고 말하고 있으므로 그 중 나는 주체와 지식의 관계로부터 논의를 시작하고자 한다. 우선 우리는 라캉이 지식에 대해 이야기할 때 무엇을 배제하는가를 이해해야 한다. 그는 지식이 습득되는 **정신상태** *state of mind*를 말하는 것이 아니다. 즉 예를 들어 열정을 다하는 enthusiasm 상태(en-*theos*, 소크라테스와 그의 다이모니온 daemon에서와 같이 마음속에 내재하는 신), 불교의 삼매경 *samadhi*(대상에 대한 '깊은 명상'의 단계로서 처음에는 주체/대상의 구분이 남아있지만 더욱 깊은 단계에서는 모든 차이들이 동화되어 사라진다), 또는 환각제를 이용한 경험 *Erlebnis*[1]과 같은 의식의 여러 상태들에 대해 이야기하고 있는 것이 아니다. 라캉에 의하면 헤겔

4. 「주체의 전복」 읽기

은 이러한 상태들이 경험의 대상이기는 하지만 그들이 지식을 만들어 내는 것*epistemogenic*은 아니라고 말한다(E 795). 우리의 정신 상태나 감수성에 의해 지식이 생산될 수 있는 것은 아니다. 라캉은 그러한 상태에서 또는 최면을 이용하여 (혹은 특정 히스테리에서 나타나는 최면유사상태에서) 무의식을 관찰하는 시도는 '성폭행rape'(*ravissement*[2])의 한 형태이거나 또는 완력으로 갈취하는 행위라고 말한다. 그는 주체를 어떤 **경험**이나 **의식의 상태**가 아닌 "이미 무의식에서 작동되고 있는" 논리에 근거하여 위치시킨다(E 796).

"이미 작동되고 있는" 이 논리는 클로드 레비-스트로스가 발견한 논리를 연상시킨다. 이는 그가 연구했던 부족 내의 의식과 행동 속에서 이미 작동되고 있는 논리로서 부족 구성원들이 인식하지 못하는 사이에 작동된다. 이것은 그 효과들을 충분히 설명하고 있기는 하지만 인류학자들이 밝혀낸 근본적 논리만큼 완벽한 설명을 제시하지는 못한다. 그러한 의미에서 라캉은 이미 여기서 **무지***inscience*를 근거로 문제의 주체—무의식의 주체—를 소개한 듯하다: 지식은 특정 방식으로 주체의 어느 부분엔가 각인되어 있지만 주체는 자신이 무엇을 하고 있는가를 알지 못한다(왜 그렇게 행동하고 있는가를 물으면 그는 마치 신경증환자가 무의식적 차원에서 동기화된 행위에 대해 변명을 꾸며내듯이 그것을 합리화시킨다).

우리는 문제의 주체에 관해 라캉이 한 말에서 주요 부분들을 항목별로 나눌 수 있다. (1)"그는 자신이 죽었다는 것을 알지 못했다"—이것은

---

1) 'Erlebnis'는 'Erfahrung'('경험', '숙련')과는 구별되어야 하는 것으로서 일시적인 체험으로서의 경험을 뜻한다(옮긴이 주).
2) 'ravissement'은 일반적으로 '황홀', '법열'을 뜻하지만 여기서는 '강탈', '약탈'로 해석하는 것이 적절할 것이다(옮긴이 주).

프로이트가 설명하는 꿈의 내용이다(E 802; SE V, 430; SE XII, 225-26). (2)그는 자신이 무엇을 원하는지 알지 못한다. 분석에서 주체는 분석가에게 다음과 같이 묻는다. "당신이 나에게서 원하는 것은 무엇인가요? 당신이 원하는 것을 말씀해 주신다면 내가 무엇을 해야 할지 알 수 있을 겁니다"(예를 들어 그는 그 말을 따를 수도 있고 아니면 거절할 수도 있다)(E 815). (3)"그는 자신이 말하고 있다는 것조차 알지 못한다"(E 800). 그러므로 여기서 주체의 근본적인 특징은 **그가 알지 못한다**는 것이다.

내 판단으로 이것은 라캉이 말한 "Je n'en veux rien savoir"("나는 그것에 관해 전혀 알고 싶지 않다")와는 무관하다(세미나 XX, 9/1). 이것은 자아가 억압된 것에 대해 알기를 거부하며, 주이상스에 대해 조금이라도 알게 되는 것을 거부하며 내거는 슬로건이다. 그러므로 중요한 것은 고의적이거나 의도적인 무지라기보다는 본질적인 무지라고 할 수 있다. 철학이―적어도 헤겔의 철학은―주체를 지식과의 관계를 바탕으로 위치시키는 반면 정신분석은 주체를 지식의 결여, 즉 무지에 근거하여 위치시킨다. 이것은 그 나름의 방식으로 부정negation을 통해 지식과 연계되는 것이라고 할 수 있다.

이것이 직접적으로 암시하는 바는 **라캉이 고려하는 주체에게는 자기인식**self-knowledge**이나 자의식**self-consciousness**이 없다**는 점이다. 그/그녀는 자의식을 설명할 수 있는 자아/자아이상이라는 변증법으로부터 배제된다.

라캉에 의하면 자의식은 다음과 같이 나타난다: 타자가 우리를 바라보는 방식을 내재화하고 타자의 찬성하는 듯한 또는 반대하는 듯한 시선과 의견들을 동화함으로써 우리는 타자가 우리를 보는 방식으로 자신을 이해하게 되고 타자가 우리를 아는 대로 우리 자신을 알게 된다. 거울 앞의 아이는 돌아서서 자신의 뒤에 서있는 어른이 고개를 끄덕여주고, 알아보아주고, 찬성하거나 승인하는 말을 해주기를 기대한다 ― 이것은 세미나 VIII에서 재구성된 거울단계(23, 24장)를 전제로 한다. 아이는 마치 어른의 관점에서 보듯이 자신을 보게 되고 마치 자신을 부모를 대표하는 타자인 것처럼 간주하고, 마치 밖에서 보듯이, 자신이 다른 사람인 것처럼 스스로를 알아가게 된다(<표 4.1>을 보라).

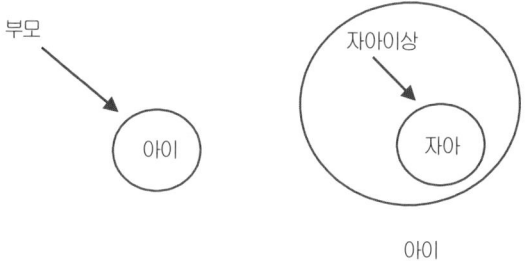

<표 4.1> 타자의 내재화

다른 말로 바꾸면 나(자아이상)는 타자와 마찬가지로 나 자신(자아)을 대상으로 간주하며 이 때문에 데카르트의 "나는 생각한다"가 가능해진다. 그렇지 않다면 우리는 니체처럼 단순히 "생각이 있다there is thinking"라고 해야 할 것이다. 라캉은 이것이 '자의식'으로 가는 열쇠라고 말한다: 의식 속에서 "자아는 자신의 명백한 존재를 확신하는데", 의식은 "자아에 내재하는 것이 아니며 그보다는 단일적 특성을 가진 자아이상에 기반을 두고 있으므로 초월적이라고 해야 한다(데카르트의 코기토는 이것을 놓치지 않는다)"(E 809). 데카르트의 자아는 자아의 외부에 있으며 자아를 초월하는 의식에 의해 자신이 존재하는 것이라고 확신한다. 그것은 의식의 의식 또는 두 배로 강한 의식으로서 간단히 말해 자의식self-consciousness이다. 자의식에 대해 꾸준히 발간되는 출판

물들을 살펴보면 우리는 라캉의 설명이 전적으로 간과되고 있음을 알 수 있다―아마도 그것이 너무도 함축적인데다 어려운 텍스트 속에 가려져 있기 때문일 것이다.

어떤 경우이건 주체에 관한 한 결코 반영적인 속성reflexivity이나 자기인식에 대해 이야기할 수 없다. 주체는 죽었지만 그것을 알지 못하거나, 어떤 것을 원하지만 이에 대해 알지 못하고, 알지 못한 채 말을 하기도 한다. 주체가 무엇이건 간에 분명한 것은 그것이 대상으로 인식되지는 않는다는 점이다. 무의식의 주체의 차원에서는 자기self라는 것이 존재하지 않으며 이 때문에 자기인식이라는 것도 없다.

무의식은 **우리가** 아는 것이라기보다는 알려진 어떤 것이다. 무의식이라는 것은 문제의 그 '사람'이 알지 못하는 사이에 알려진다; 무의식적인 부분은 우리가 '능동적'으로, 의식적으로 파악할 수 있는 것이 아니며 그보다는 '수동적'으로 기록되거나 각인되고 생각되는 것이다. 그것은 주체가 의식하지 못하는 사이에 주체에게 씌어진다. 이 미지의 지식은 기표들 사이의 연계 속에 숨겨진다―그것은 바로 이 관계를 뜻한다.

라캉은 이것을 **과학의 주체**라고 지칭한다. 우리는 또한 알지 못하는 주체를 레비-스트로스의 주체라고 부를 수도 있을 것이다. 그리고 분명 이것은 무의식의 주체라는 형태로 우리가 정신분석에서 논의하는 주체다. 그것은 구조주의의 주체다. 이 주체는 과학적 개념으로 철저하게 설명될 수 있으며 (적어도 이론상으로는) 한정된 수의 용어의 조합을 이용하여 남김없이 설명될 수 있는 것이다.

4. 「주체의 전복」 읽기

지식의 영역과 진실의 영역을 한데 묶으며

지식의 문제와 지식과의 관계를 바탕으로 주체를 위치시키는 문제를 고려하며 라캉은 프로이트의 "코페르니쿠스적 도약"에 대해 언급한 후 한 걸음 물러나 코페르니쿠스라는 사람에 대해 논의한다(E 796).

우선 라캉이 거듭 반복하는 이야기를 살펴보자. 비록 우리가 코페르니쿠스에 의해 지구가 중심에서 밀려나고 태양이 그 자리를 점유하게 되었다고 생각하고는 있지만, 그는 중심과 주변이라는 전체 구조를 보존하였으며 여전히 주전원周轉圓epicycle에 의존하여 사물을 설명했다—이는 구의 완전성을 전제하는 편견이다(세미나 XX, 42/42). 라캉은 세미나 XX과 다른 글들에서 수많은 영역들이 다루고 있는 구라는 지속적인 주제와 구가 가진 은유로서의 중요성에 대해 논의한다(세미나 VIII, 7장을 보라). 라캉은 또한 코페르니쿠스가 지식과 진실 사이, **과학적 지식**scientific savoir과 **드러난 진실**Revealed Truth 사이에 지속되는 균열을 만들어낸 장본인이라고 비판한다(E 797). 코페르니쿠스의 연구에서 지식은 실제적인 효과를 가지지 않는—소원들과 같은—단순한 게임이 된다. 코페르니쿠스는 계산을 단순화하기 위해 지구를 중심에 배치한다. 그는 이 변화가 성서에 입각한 진실에는 아무런 영향을 미치지 않는다고 생각한다. 그것은 단지 임의의 순간에 천체들이 어디에 있는가를 더욱 쉽게 예측하기 위한 장치일 뿐이다. 이때 지식이 진실로부터 괴리된다.

라캉은 정신분석의 문제는 **지식의 영역과 진실의 영역을 어떻게 함께 묶어내는가**라고 주장한다. 성급한 결론이긴 하지만 나는 우리가 이미 여기서 표상representation과 언어 (**지식**savoir) 대 정동, 리비도 그리고 주이상스(주이상스로서의 진실)라는 프로이트와 라캉의 업적에 지속적으로 나타나는 근본적인 차이를 볼 수 있다고 생각한다.

라캉에 의하면 헤겔은 자신의 방식대로 지식과 진실의 관계를 설명하는데 이는 필연적인 목적론을 수반한다. 인간은 천성적으로 의식의 선천적 속성에 의해 모든 것을 이해하게 된다. 의식은 이미 완전하며(또는 완성되었으며) 인간이 성취해야만 하는 절대지식 absolute knowledge을 보증한다(E 797-98). 다른 말로 바꾸면 인간의 지식과 진실 사이에는 근본적인 괴리나 분열이 없으며 이들은 필연적으로 서로를 향해 수렴 convergence한다는 것이다.

그러나 라캉에 따르면 과학의 역사는 절대지식이 끝내 획득될 수 있음을 전제하는 헤겔의 변증법을 따르고 있지 않다. 우리가 과학 이론들에서 볼 수 있는 것은 (특수상대성이론이 일반상대성이론에 포함된다 하더라도[3]) 수렴 convergence이라기보다는 우회 迂廻이다(E 798). 그러므로 헤겔의 주체는 절대적인 반면(항상 이미 정확하게 완전성을 향해 접근하고 있다) 과학은 이미 언급된 레비-스트로스의 주체 외의 다른 주체를 전적으로 파기하기 위해 노력한다. 후자는 주관적인 것을 거의 가지고 있지 않다. 그것은 엄격히 타자 Other이다. 결국 과학의 순수한 주체는 살아있는 존재에 각인된 타자에 다름 아니다. 그것은 부족 구성원들이 자신들도 모르는 사이에 보여주는 그들의 문화에 대한 지식이다. 과학은 인류 Homo sapiens에 각인된 타자 이외의 것으로서 주체성에 부착되어 있는 것을 인식하기보다는 위와 같은 존재 안에 있는 타자에 대해서만 연구하고자 한다.

그렇지만 라캉이 「정신분석에서 논의되는 공격성」에서 말하듯이 '자연과학'조차도 모든 주관성을 폐기할 수는 없다:

---
3) 일반상대성 이론에 따르면 질량에 의해 공간자체가 휘어질 수 있으므로, 이때 직선적 수렴과 곡선적 우회라는 표현들 사이의 차이가 사라진다(옮긴이 주).

4.「주체의 전복」읽기

이상적인 물리학이 지향하는 기준에 따른다면 [분석가의] 주관성이 철저히 배제되어야 한다는 것에 이의를 제기할 수는 없을 것이다―[그들은] 녹음장치를 이용하여 이를 제거하지만 그럼에도 불구하고 **결과를 해석하는 인간의 실수에 대해서는 책임을 질 수밖에 없다**(E 102 [필자의 강조]).

과학은 마치 주관성이 과학의 입장에서는 고통을 주는 눈의 가지인 듯, 마치 그 상처를 꿰매어 봉합해야만 하는 듯 모든 주관적인 요소들을 제거하고 봉합하고자 노력한다(E 861).

과학이 봉합하는 주관성이란 무엇인가? 그것은 어떻게 구축되는 것인가? 라캉은「욕망의 그래프」에서 이에 대해 답한다.

욕망의 그래프

욕망의 그래프를 철저히 설명하기 위해 우리는 세미나 V, VI를 자세히 살펴보아야 하며 또한 세미나 XVI (1968년 12월 11일, 1969년 1월 8일)과 다른 부분에 나오는 후기의 주해들을 참고해야 한다. 나는 여기서 그러한 작업을 하지는 않겠지만 라캉이 오랜 시간에 걸쳐 그래프를 거듭 수정시켰다는 것과 적어도 점차적인 발전과 변형들이 우리가「주체의 전복」[1]에서 볼 수 있는 형태만큼이나 중요하다는 사실은 염두에 두어야 한다.

라캉이 욕망의 그래프를 구성하게 된 원인은 그가 기표와 기의 사이의 관계를 나타내는 소쉬르의 모형에 만족하지 못했기 때문인 듯하다. 3장에서 보았듯이 라캉은 소쉬르가 제시하는 "뒤섞인 관념들의 부정면"(기의)과 "소리들의 모호한면"(기표)이라는 도식(『강의』, 156; <표 4.2>를 보라)—또는 "하위구획" 도식(『강의』, 146; 4.3을 보라)—을 시간에 따른 소리의 전개와 이에 상응하는 기의의 시간적 전개를 나타내는 것으로 해석한다.

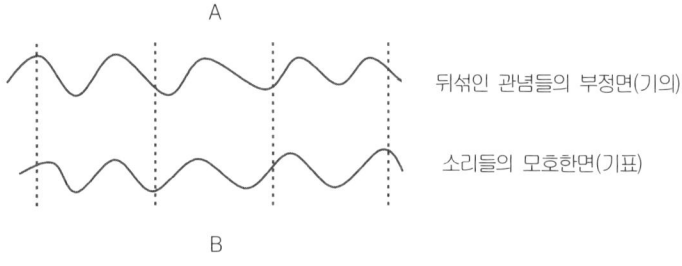

<표 4.2> 소쉬르의 하위구획 도식

라캉은 (적어도 마음속으로는) 위아래의 개념들을 뒤바꾸고 "기표 아래로 기의가 끊임없는 미끄러지는 현상"에 대해 이야기하는데(E 502) 여기서 "미끄러짐"이 정확히 무엇을 의미하는가에 대해서는 명확하지 않다. 라캉의 주석가들은 흔히 이를 ("기표의 미끄러짐"이라는 문구에서와 같이) 기표들의 의미가 계속하여 미끄러지거나 또는 변화하는 것으로 해석해 왔다. 이것은 분명히 소쉬르가 그의 공시적 체계에 대한 연구에서 강조한 것은 아니다(소쉬르의 입장에서 의미의 변화는 통시적으로, 즉 오랜 시간에 걸쳐 나타나는 것이다). 소쉬르의 문맥에서 "기표 아래로 기의가 끊임없이 미끄러지는 현상"이란 기표들의 의미작용에 대해 가정할 수 있는 가설적인 변화나 미끄러짐을 가리키는 듯하지는 않다.

라캉 자신이 언어를 사용하는 방식은 대부분 (그 출처만큼이나 모호

4. 「주체의 전복」 읽기

한) 어원학이나 전형적인 프랑스어 관용법에 밀접하게 관련되며, 기표들의 의미에 나타나는 모종의 확장 또는 미끄러짐에 의존하지 않는다. 그는 은유가 한 단어에 새로운 의미를 추가하는 방식과 더욱 광범위한 체계에서 기표의 위치가 상이한 의미작용을 만들어내는 방식은 강조하지만, (전치와 관련된) 환유에 의한 "미끄러짐" 이외의 다른 "미끄러짐"에 대해 언급하지는 않는다. 소쉬르와 라캉의 저작에서 기표와 기의의 '위험한 분기分岐'에 대한 증거를 찾을 수 있을 듯하지 않다.

그보다 "기표 아래로 기의가 끊임없이 미끄러지는 현상"은 (3장에서 언급하였듯이) 소쉬르의 도식에 대한 라캉의 해석을 가리킨다―기의는 말과 동시에 진행되고, 문장의 뒤에 오는 각 부분이 문두에 제시된 부분에 의미를 첨가하여 의미가 사실상 증가하거나 부가된다(<표 4.3>을 보라). 도식에 대한 라캉의 해석에 따르면, A절이 a라는 의미를 생성하고, B절이 b라는 의미를, 그리고 C절이 c라는 의미를 만들어내며 세 개의 절들이 임의의 순서로 결합될 때 생성되는 의미는 다름 아닌 a+b+c이다. 이때 기의는 기표와 함께 (또는 $\frac{s}{S}$라는 알고리듬에 의하면 그 '아래에서') 전개되는 또는 '미끄러지는' 것이며 기표는 세 개의 절들을 발화함으로써 생성되는 청각영상(또는 소리패턴)으로 간주할 수 있다.

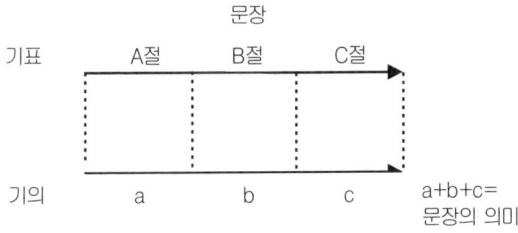

<표 4.3> 변형된 소쉬르의 "하위구획delimitation" 도식(『강의』, 146)

라캉은 소쉬르의 연구에 대한 그러한 해석에 대해 반론을 제기하며 기의는 이와 같은 방식대로 첨가되지 않는다고 주장한다. 라캉에 따르면 예기anticipation에 의해 또는 소급적으로 어떤 의미가 침전하여 결정화되는 순간이 있다. 3장에서 언급되었듯이 "한편으로"라는 구절은 엄밀히 말하자면 우리로 하여금 그 기표들 자체가 암시하는 것 이상을 예기하게 만들고 우리는 "그러나 다른 한편으로는"을 기대하게 된다. C절이 "해로운 방사능"이라면 "딕과 제인은 어렸을 때 반복적으로 ······에 노출되었다"라는 A절과 B절은 소급적으로 특정 의미를 가지게 된다. 더욱 자세히 말하자면 "······에 노출되었다"의 의미는 C절이 제시될 때 **고정된다***tial down*, ("경험했다" 또는 "불빛에 비춰졌다" 등의) 다른 가능한 의미들로부터 하나의 의미로 범위가 좁혀진다. 기표와 기의는 말하자면 그 순간에 **결합되는** 것이다.

라캉은 이렇게 기표와 기의가 결합되는 것을 의자 천갈이공이 누비방석을 만들며 직물에(직물 아래의 솜에) 단추를 꿰매는 것에 비유한다. 이것을 프랑스어로 *point de capiton*(여기서 *point*이란 '땀'을 뜻하며 *capitonner*라는 동사는 '누비다' 또는 '꿰매어 붙이다'를 의미한다). 매트리스를 만드는 사람은 그러한 바느질법을 이용하여 매트리스의 속과 겉감에 일정한 간격으로 단추를 단다(<표 4.4>를 보라).

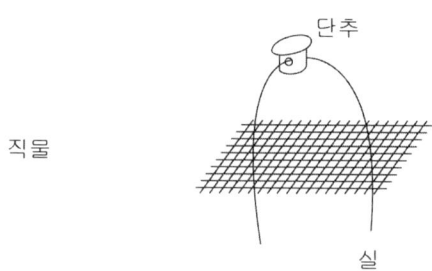

<표 4.4> 싸개단추달기로 불리는 천갈이공의 누비질

4. 「주체의 전복」 읽기

쒸우개에 관련된 책에서 내가 발견한, *point de capiton*과 가장 가까운 영어단어는 '싸개단추달기button tie'이다. 앨런 셰리던은 "anchoring point 정박점"으로 번역하였는데, 싸개단추달기는 "정박점"에서는 드러나지 않는 일종의 **독립적인 부유상태**를 보여준다. 싸개단추달기는 사물들을 어떤 것에 고정시키지 않은 상태에서 그들을 한 곳에 모을 수 있는 것이다—그들은 단순히 서로에게 결합된다. 기표와 기의는 그들 밖의 어떤 것, '외부 현실' 또는 '지시대상referent'에 고정되는 것이 아니다.

「주체의 전복」에서 라캉은 전반적인 의미생성과정을 설명하기 위해 이 도식을 일반화시킨다—어떤 기표와 기의가 결합되고 치환될 수 없는 의미가 생성되며 이렇게 만들어진 의미는 단번에 완전히 제거할 수 없는 것이다. <표 4.4>의 직물은 우리가 한 문장을 말할 때 말 속에서 기표들이 순간적으로 진행되는 모습을 나타낸다(라캉은 이를 그의 첫 번째 그래프에서 S와 S'로 축약하는데 이들은 '기표'와 '다른 기표'를 나타내며 두 벡터가 교차하는 점들에 위치된다; 나는 라캉의 후기 수학소mathemes를 근거로 <표 4.5>에서 이들을 S_1과 S_2로 고쳐 표기하였다). <표 4.4>에서 실은 의미생성과정 자체를 가리키며 이는 문장의 끝 부분(S_2)에서 시작하여 문장의 시작 부분(S_1)에 의미를 부여한다.

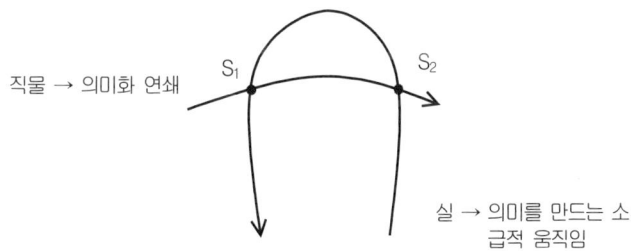

<표 4.5> 라캉의 누빔점 *point de capiton*

의미는 (소쉬르의 "하위구획" 도식에 대한 라캉의 해석에서와 같이) 단순히 한 문장의 각 부분 아래 자동적으로 기록되지 않으며 문장의 의미를 이해하기 위해서는 소급적인 움직임이 필요하다면, 이러한 움직임은 어떻게 생성되는 것인가? 그보다는 누가 또는 무엇이 그러한 움직임을 만드는 것일까? 라캉의 말로 바꾸면 "여기서 천갈이공은 누구인가?" "매트리스를 만드는 사람은 어디에 있는가?"(세미나 V, 14). 또는 더욱 광범위하게 표현하여: 의미생성과정에 관여하는 주체는 어디에 있는가? 이 주체는 누구인가/무엇인가? 라캉은 그의 욕망의 그래프에서 이러한 질문들을 제기한다.

그래프1에 대한 주해

완성된 욕망의 그래프의 형태는 군론群論과 조합론에서 발견된 특정 도식들에 근거한다. 그것은 「『도둑맞은 편지』에 대한 세미나」의 부록(E 57)에 언급되는 조합론으로부터 발전되었다고 이해할 수도 있다.[2] 라캉은 그래프를 단계별로 구축하는데 주체는 처음부터 소개된다. <표 4.6>은 그래프의 첫 번째 단계(또는 "기본단위elementary cell"[E 805])를 제시한다.

왼쪽에서 오른쪽으로 향하는 벡터는 말speech의 벡터이며 말굽 모양의 벡터는 주체성의 벡터이다. 주체성의 벡터가 시작하는 곳에 있는 삼각형은 살아있는 유기체로서의 인간(le vivant), 즉 육체적, 생물학적, 동물적 존재이다. 그것은 말하자면 우리의 언어 이전, 주체 이전의 식물상태를 대표한다. 주체성의 벡터가 끝나는 지점은 특별히 언어의 사용에 의해 **분열된**split 인간 주체를 나타낸다. 이 간단한 모형에서

4. 「주체의 전복」 읽기

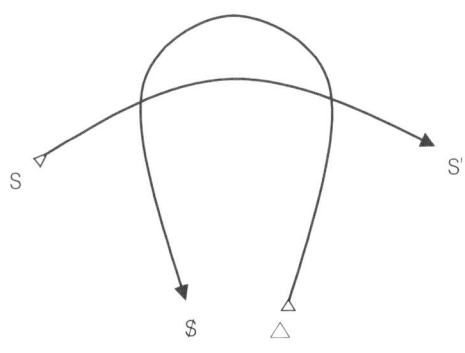

<표 4.6> 그래프1

말의 아직 결정되지 않은 과정을 통해 우리는 인류 *Homo sapiens*라는 종 species의 생물학적 구성원으로부터 언어에 의해 결정되는 특정 인간 주체로 변화한다. 그렇게 결정된 주체는 과정 속에 고정되고 얽매이게 되며 속박된다. 이때 주체가 고착된다고 말할 수 있을 것이며 다른 어떤 것에 종속된다고도 생각할 수 있다. 그것은 한정하고 경계를 짓는 과정이다.

앞에서 살펴보았듯이 누빔점의 도식은 S_1을 문두에 배치하고 S_2를 끝부분에 배치함으로써 일반적인 의미생성과정을 나타낸다(<표 4.5>). 만약 문장이 말실수로 시작되었을 때 만약 분석가가 실수 직후에 분석수행자의 말에 개입하면 그는 화자와 청자가 모두 참여하고 있는 일반적인 의미생성과정을 방해하게 된다. 그들은 머릿속에서 말실수를 문맥(S_2)상 S_1이 (어느 지점에서인가) 담당했을 것이라고 생각되는 내용으로 대체하여 말실수를 얼버무림으로써 '요점을 전달한다'—의 도했던 의미 또는 의도된 누빔점 *point de capiton*을 만들어낸다. 분석수행자의 말을 중단시키는 것은 의도했던 S_2(우리는 이를 문맥으로 간주해도 된다)를 발화하지 못하게 만들어 의도했던 소급적 의미 효과를 지연시킨다. 이 때문에 말실수(S_1)는 '문맥에서 발췌'되고 소급적으로 S_1에 다른 의미를 부여할 수 있는 다른 가능한 S_2들(문맥들)을 떠올리는 것이 가능해진다. 분석수행자가 처음에는 좌절감을 느낄 수도 있지만 이것은 욕망의 그래프에서 상상계적 반쪽[4]인 그래프 아랫부분의 의미 만들기 너머로 이행할 수 있는 한 방법이다.

누빔점은 <표 4.7>과 <표 4.8>의 비교를 통해서도 알 수 있듯이 라캉의 후기 공식인 주인담론과 근본적으로 동일한 구조를 가진다.

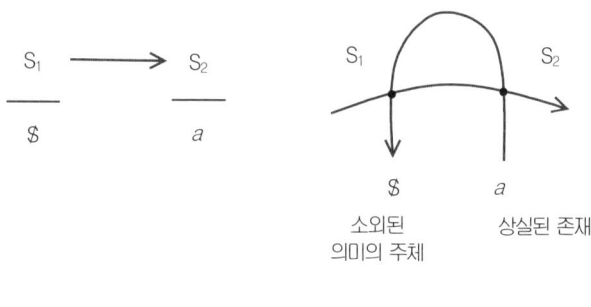

<표 4.7> 주인담론   <표 4.8> 누빔점

주인담론을 보면 하나의 기표로부터 다른 기표로의 움직임 속에서 주체($)가 의미로서 결정되고, 응결되며 고정되는 반면 그의 존재(a)는 상실되고 희생된다. 그는 자신의 존재의 일부를 포기하도록 강요되는데 우리는 이 존재를 살아있는 존재, 육체의 생명, 우리의 동물적 실존으로 지칭할 수 있으며 그러므로 이것은 신체로부터 취한 또는 획득한

---

[4] 의미가 생성되는 누빔점은 기표의 흐름이 순간적으로 정지되는 상상계적 차원이지만 벡터들이 표현하는 움직임 자체는 상징계적인 구조를 나타내는 것으로 이해해야 한다(옮긴이 주).

4. 「주체의 전복」 읽기

즉각적 쾌락을 의미한다. 가장 일반적인 용어로 표현하자면 우리는 '사회적' 동물이 되기 위해 우리의 동물적 존재의 대부분을 잃는다(곰은 이러한 방식으로 존재하지 않는다. 그들은 라캉이 '주체성'이라고 부른 것이 없는 상태에서도 개성—우호적이거나 애착이 있는 경우—을 가질 수 있다). 이것은 근본적으로 라캉이 "소외alienation"라고 부른 것이다(세미나 XI, 16장을 보라).3)

그래프2에 대한 주해

그래프2의 아래쪽 절반은 기본적으로 거울단계를 나타낸다(<표 4.9>를 보라).

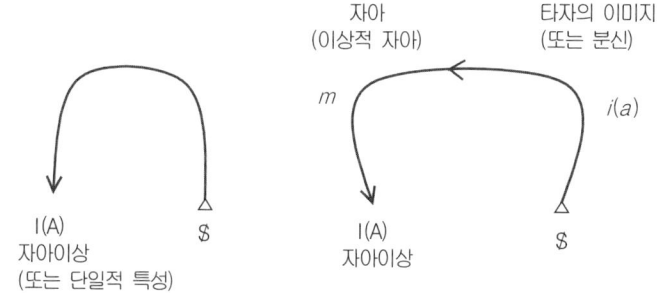

<표 4.9> 새로운 시작 및 종결점

그래프2에서 주체성의 벡터의 종결점(말굽 모양 벡터)은 그래프 1과는 다르다. 종결점 I(A)는 주체가 내재화하는 타자의 이상을 나타내는

자아이상이다.[4] 수학소 I(A)는 '타자로부터 받은(수여된) 이상', '타자가 가진 이상the ideal of the Other' 또는 '타자가 바라는 이상the Other's ideal'으로 읽힐 수 있다. 또한 타자의 이상들에 대한 주체의 동일시로 이해될 수도 있다. 여기서 주체는 타자가 자신을 바라보는 시각(그것이 타자의 이상들과 가치들로 가득하다 할지라도)과 동일시함으로써만 존재하게 된다; 다른 말로 바꾸면 그/그녀는 타자가 자신에게 바라는 이상적인 것, 타자의 눈에 이상적인 것으로 보이기 위해 자신이 되어야 하는 모습―자아이상―을 내재화한다. 위에서 언급되었듯이 자아이상은 근본적으로 자아 밖에 있는 어떤 지점이며 이 지점으로부터 우리는 마치 우리의 부모가 우리를 관찰하고 평가하는 것처럼 자신의 자아를 전체적인 것 또는 총체적인 것으로서 관찰하고 평가한다. 자아는 그래프에서 moi(ego)를 뜻하는 m으로 표기되며 $i(a)$―자기 자신(또는 '닮은꼴 semblable')과 같은 소타자로서 자아를 만들어내는 주형이나 틀의 역할을 한다)―의 반대쪽에 배치되고 이렇게 둘은 서로를 반영反映한다.

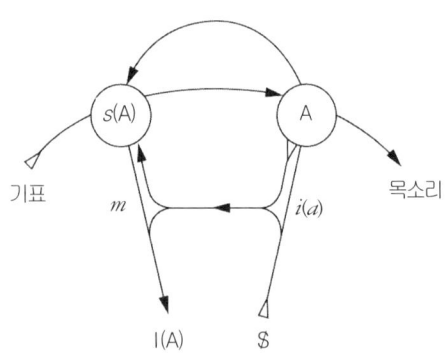

<표 4.10> 그래프2

4. 「주체의 전복」읽기

그래프2에는 I(A)로 갈 수 있는 두 가지 경로가 명시되어 있지만 라캉은 그 중 하나를 단락短絡[5] short circuit으로 간주하고 제외시킨다:

> 거울상으로부터 기표의 주체화과정의 경로를 통한 자아의 구축으로 이어지는 상상계적 과정은 내 그래프에서 $\overrightarrow{i(a)m}$벡터로 나타난다. 이는 한 방향으로 진행되지만 양분되며 $\overrightarrow{\$.I(A)}$ 벡터의 단락과 $\overrightarrow{A.J(A)}$ 벡터를 따르는 우회로로 나뉜다. 이를 통해 우리는 자아가 담론의 **나**가 아니라 그 의미작용의 환유로서 표현될 때에만 완성될 수 있음을 알 수 있다(E 809).

라캉은 이미 여기서 자아가 '완전해'지기 위해서는 타자와 관련되어야 한다고 제안한다. $\overrightarrow{i(a)m}$벡터로 표현된 상상계적 관계는 자신의 닮은꼴과의 경쟁을 통해 자아의 첫 번째 형태가 갖추어질 수 있는 조건을 충족시키기는 하지만 자아를 마무리 지어 완성시킬 정도로 충분하지는 않다. 그러한 완성을 위해서는 자아이상이 구축되어야만 한다, 여기서 완성이란 자아이상이 기능하게 되며 자아가 더 이상 정신병에서 종종 관찰되는 것과 같은 해리[6]현상에 영향을 받지 않는다는 것을 뜻한다.[5] 왜냐하면 자아이상이 자아 외부에 유리한 지점 또는 고정된 지점(point de capiton일 수도 있다)을 제공하여 어떤 의미로는 자아를 하나로 묶어내며 자아에게 단일성을 부여하기 때문이다(<표 4.1>을 보라).

염두에 두어야 할 것은 욕망의 그래프가 언어를 통한 주체의 도래를 묘사하기 위하여 구상되었다는 것이다. 그 안에서 우리는 욕구가 **다른**

---

5) 'court-circuit'는 '누전'을 의미하며 정상적인 절차를 무시하고 뛰어넘는다는 인상을 주므로 '지름길'보다는 '단락短絡'으로 번역했다(옮긴이 주).
6) 'disintegration'은 '붕괴'를 뜻하지만 여기서는 '해리dissociative'로 번역했다(옮긴이 주).

사람에게 요청되는 욕구로 변형되는 것을 볼 수 있는데, 여기서 다른 사람이란 자신처럼 무능하지 않으며(즉 닮은꼴이 아니며) 오히려 자신의 욕구를 충족시킬 수 있는, 질적으로 다른 사람인 것처럼 간주된다 (<표 4.11>). 라캉은 타자에게 요청되는addressed 욕구를 (또는 단순히 타자를 일컫는addressing 행위를) 요구라고 명명하는데, 주체가 무엇을 요구하고 있는가는 그 자체로서 자명한 것이 아니며 저절로 알 수 있는 것도 아니다. 그것은 반드시 타자에 의해 해석되어야만 한다. 주체의 요구에 대한 타자의 해석을 나타내는 수학소는, 타자에 의해 제시된 기의 (또는 의미)로 읽히는 s(A)이다. 그것은 타자에 의해 해석된 주체의 요구 또는 요청의 의미이다.

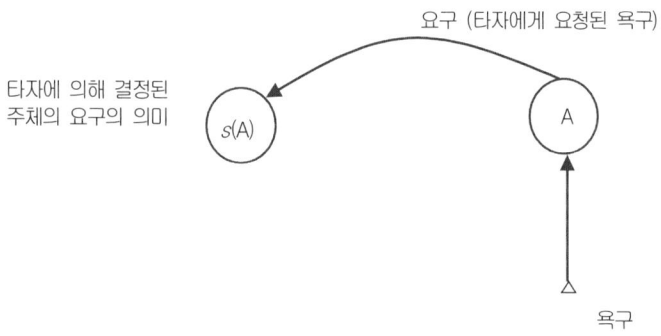

<표 4.11> 타자에게 요청된 욕구로서의 요구

욕구가 요구로 바뀌는 순간 분열이 일어난다. 우리가 언어를 통해 자신을 표현할 수밖에 없다는 사실에 의해 욕구는 요구 속에서 결코 충분히 표현되지 못한다. **우리의 욕구는 우리가 다른 사람에게 요청하는 것이나 요구하는 것 속에 결코 충분히 표현되지 못한다**. 그러한

4. 「주체의 전복」 읽기

요청이나 요구는 항상 욕망되어야 하는 어떤 것을 남긴다. 항상 나머지가 존재하는 것이다―라캉은 이 나머지를 '욕망'이라고 부른다―그리고 이때 그래프의 상부가 작동되기 시작한다(<표 4.12>를 보라).

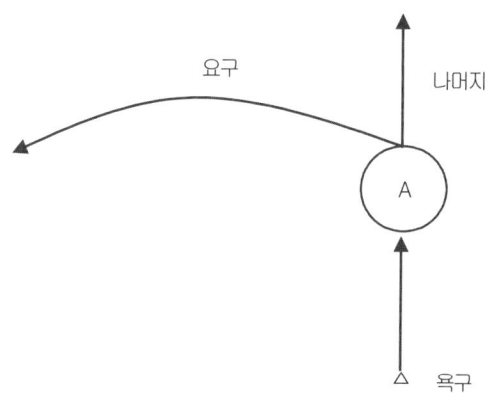

<표 4.12> 욕구는 요구 속에서 결코 충분히 표현되지 않는다

우리의 요구에 대한 해석은 우리가 원하는 모든 것을 완전히 설명해주지도, 지적해주지도 못한다. 우리의 요구에 대한 응답으로 타자가 제시하는 대상들 역시 우리를 충분히 만족시키지 못한다. 어미 곰이 새끼에게 꿀을 주었더니 새끼는 꿀을 충분히 물리도록 먹고 누워 낮잠을 잔다. 어머니로부터 우리가 요구한 담요를 받아 잠이 들면 우리는 차와 인형과 세계 정복에 대해 꿈꾼다. 우리에게는 항상 더 욕망해야 할 어떤 것이 존재한다. 우리는 우리 자신이 다른 어떤 것을 더 원하고 있다는 것을 느낀다. 그러나 그러한 결핍을 채울 수 있는 것, 그러한 결여를 채울 수 있는 것이란 과연 무엇인가? 이러한 문제들은 우리를 그래프3으로 안내한다.

그래프3에 대한 주해

이 질문들에 대한 라캉의 첫 번째 대답은 주체로서 내가 원하는 것은 타자로부터의 인식이며 이때의 인식이란 다른 사람이 자신을 원하게 되는 것을 뜻한다는 것이다. 나는 소원되기를 소원한다 *I want to be wanted*. 소원되려면 나는 타자가 원하는 것을 추측하여 그것이 되도록 노력해야만 하며, 그렇게 함으로써 소원될 수 있다. 나는 타자가 나를 욕망하기를 욕망한다. 환상의 수학소에서 대상a는 어떤 의미에서는 나에 대한 타자의 욕망으로 이해될 수도 있다. 그러므로 환상 속에서 나는 타자의 나에 대한 욕망과의 관계 속에서 나 자신을 상상한다.

어떻게 내가 타자로 하여금 나를 원하도록 또는 욕망하도록 만들 수 있을까? 만약 타자가 (예를 들어 내 부모님이) 원하는 것을 내가 알아낼 수 있다면 나는 그것이 될 수도 있을 것이다. 부모님은 무엇을 원하는 것일까? 이 질문은 나로 하여금 끊임없이 타자의 욕망을 조사하고 가늠하게 만든다. 나 자신의 욕망을(그것이 무엇이든) 이해하는 데 만족하지 못한 채 나는 타자에게 묻는다. "당신은 무엇을 원합니까?" 나는 이것이 내가 소원되기 위하여 '나는 무엇을 원해야 하는가?', '내가 무엇이 되어야 하는가?'라는 질문에 대해 답해줄 것이라고 믿는다.

타자가 무엇을 원하는가를 밝히려는 시도는 분석과정에서도 흔히 일어나는데, 분석가는 그 질문을 주체에게 되돌려 주어야만 한다. 이것은 직접적으로 효과가 있는 듯하지는 않다. 욕망이 타자의 욕망이라면, 마치 주체가 원하는 것이 타자가 원하는 것과는 무관한 것처럼 주체에게 자신이 원하는 것이 무엇이냐고 질문하는 것이 무슨 의미가 있단 말인가? 그렇지만 사실 그것은 주체를 I(A), 자아이상으로부터 떼어놓는 일종의 계산된 시도이다. 분석가는 둘을 갈라놓기 위해서, 즉 주체가

4. 「주체의 전복」 읽기

원하는 것(그래프3의 상부, <표 4.13>)을 타자가 그로부터 원하는 것(그래프2 또는 그래프3의 하부)으로부터 떼어놓기 위해 **"당신은 무엇을 원합니까?"**(그래프3의 "Chè vuoi?")라는 문제를 제기한다.

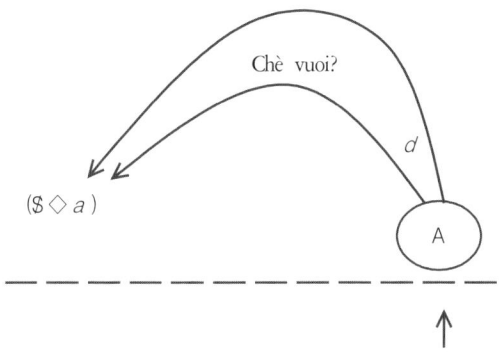

<표 4.13> 그래프3의 윗부분

욕망의 그래프에서 윗부분으로의 이동은 언어 속에서의 요구와 소외 너머에 있는 경로를 만든다. 예를 들어 요구는 적어도 더 이상 그래프의 상단에 적나라하게 드러나지 못한다. 이제는 (그래프에서 d로 표현된) 욕망의 영역이 작동되어 주체와 타자사이에 간극 또는 공간을 만들어낸다.

그래프2의 아랫부분에서는 I(A), 타자와의 동일시를 통해 타자가 가진 이상의 형태로 주체가 구축되는 반면, 그래프3의 윗부분은 다른 경로를 제시한다. 사실 그래프3은 완전한 그래프에서 신경증환자들이 일반적으로 따르는—A에서 d와 환상 ($ \lozenge d$)을 거쳐 S(A)에 이르는—경로를 지적해주고 있다(<표 4.14>를 보라).

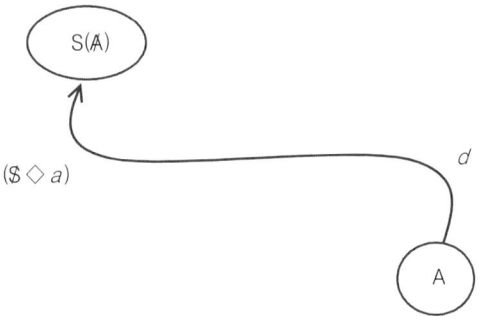

<표 4.14> 완성된 그래프의 윗부분에 나타나는 경로

여기서 (d 에서 $\$ \diamond a$에 이르는) 핵심적인 경로는 주체 자신의 질문에 의해 발생한다. 타자는 무엇을 원하는가? 타자는 어떤 면에서 결여되어 있는가? 그렇다면 **나는** 어디에 위치되는가?

타자는 결코 ($\$ \diamond a$)와 d 사이에 형성되는 중간단계에서 제거되지 않는다. 욕망은 타자의 욕망이거나 타자의 욕망에 대한 욕망이다. 욕망과 환상은 (라캉이 「프로이트의 충동 개념과 정신분석가의 욕망」[E 853]에서 말하듯이) 타자로부터 만들어지는 것이며 타자와 밀접하게 연계된다.

그래프의 아랫부분에서 주체는 타자가 원하는 것과 동일시하고 직접적으로 그것이 되고자 한다: 타자가 원하는 주체의 모습이 되는 것이다. 그래프의 윗부분에서 주체는 타자는 종종 자신이 원한다고 말하는 것과는 상당히 다른 것을 원하며, 그러므로 타자 역시 의식적 소원과 무의식적 욕망 사이에서 분열되어 있다는 사실에 직면한다. 타자는 근본적으로 어떤 면에서는 결여되어 있으며 자신이 진정으로 원하는 것을 알지 못한다; 그러므로 타자가 원하는 것이 되고자 하는 주체의 시도는 실패로 끝나기 마련이다. 주체는 타자를 위한 팔루스가 될 수 없다. 여기서 팔루스란 타자의 욕망을 나타내는 기표를 뜻한다.

몇 년 후 세미나 XI에서 발전되는 라캉 자신의 용어로 표현하자면, 그래프의 아랫부분에서 윗부분으로 이동하는 것은 소외에서 분리로의 이동을 뜻한다. 그것은 타자의 욕망으로부터 분리되는 것이며 타자의 욕망의 최종적('최종적'이란 그 욕망을 완전히 만족시킴으로써 상황을 종결한다는 의미이다) 기표가 되고자 하는, 실패할 수밖에 없는 시도로부터 분리되는 것이다.

완성된 그래프에 대한 주해

완성된 그래프(<표 4.15>)의 상단에서 처음 대면하게 되는 것은 S(A̶)인데, 세미나 VI에 나오는 햄릿에 대한 주해는 라캉이 이에 대해 처음 자세히 언급하는 부분 중 하나이다.[6]

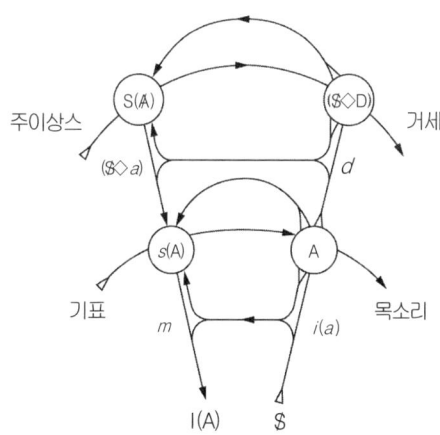

<표 4.15> 완성된 욕망의 그래프

라캉에 의하면 햄릿은 자신이 어머니의 욕망 속에서 어떤 위치를 차지하는지, 자신이 그녀에게 어떤 의미인지, 그녀에게 그는 얼마나 중요한 사람인지를 알아내려고 노력한다. 다른 말로 바꾸면 햄릿은 어머니가 가진 결여의 형태로 욕망을 인식하게 되며 그 결여의 이름, 즉 그녀가 결여에 부여하는 기표를 알고자 한다. 그러나 게르트루드는 햄릿의 질문에 대해 그녀에게 결여된 것—제삼의 개념—을 통해 답하기보다는 언제나 자기 자신에 대해 이야기함으로써 응답한다. 라캉은 그녀로 하여금 다음과 같이 말하게 만든다: "나 같은 여자는 항상 그것을 가져야만 합니다. 나는 진정 생식기적인 사람입니다; 나는 애도라는 것을 전혀 알지 못합니다"(세미나 VI, 1959년 3월 18일).[7) 라캉은 그녀의 대답을 그래프에서 $s(A)$에 위치시킨다. 다시 말하면 그녀의 대답은 햄릿을 타자에 대한 의미, 타자에 의해 제시된 의미로 소환한다. 사실 주체가 제기하는 질문의 의미를 결정하는 것은 타자이므로, 게르트루드는 햄릿의 질문을 전혀 다른 것으로 바꾸게 되는데, 이미 자기 자신을 이해하고 있는 그녀는 그 질문을 자신에 대한 것으로 뒤바꾼다. 그녀는 "더 이상 내가 네 아버지에 대해 어떤 감정을 가지고 있는지 모르겠다"(이는 그의 질문에 대해 **그녀가 어떠한 대답도 가지고 있지 않다**는 것을 의미한다)라든가 또는 "네 아버지의 명예를 실추시키고 싶지는 않지만 나 자신을 어쩔 수가 없단다"(이는 그녀가 상반된 욕망들을 가진 결여된 존재임을 암시한다)라고 답하지 않는다. 그녀는 자신이 모든 해답을 가지고 있지 않음을 지적하여 타자가 결여되어 있음을 암시하기보다는 답을 제시한다. 그러므로 게르트루드는 햄릿이 $S(A)$, 타자 속에 있는 결여의 기표, 또는 햄릿에게 그가 누구인가를 말해주고 그를 정의할 수 있으며 그를 감싸 보호해주고 그가 무엇을 해야 하는가를 말해주는 기표의 결여를 대면할 수 있는

4. 「주체의 전복」 읽기

차원에서 답하지 못한다(<표 4.16>).

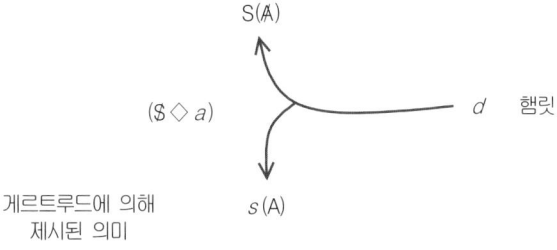

<표 4.16> 햄릿의 곤경

「주체의 전복」에서 라캉은 수학소 S(Ⱥ)를 더욱 추상적인 개념으로 설명한다. 그것은 타자의 타자가 존재하지 않는다는 사실을 의미하며, 타자가—가족으로서의 타자, 법률상의 타자, 종교적 타자 또는 분석에서의 타자 등 그것이 무엇이건 간에—말하는 것을 보증할 수 있는 것(또는 신과 같은 보증인)이 없음을 나타낸다. 그는 어떤 언표statement도 언표행위enunciation 그 자체 이외의 다른 보증은 가지고 있지 않다고 말한다. '객관적 현실'은 분석과정에서 분석수행자가 말하는 것을 보증해주지 못하며(초기에 프로이트는 '실제로 일어난' 사건에 관심을 가지며 환자의 가족 모두를 인터뷰하여 환자가 설명했던 특정 사건을 기억하는가에 대해 묻곤 했지만 오래지 않아 이를 그만두었다, SE XII, 141을 보라) 신이 과학자가 하는 말을 보증해줄 수도 없다. 유일한 보증서는 담론 자체일 뿐이다: "진실은 직접적으로 관련된 현실 이외의 다른 곳에서 스스로를 보증 받는다: 바로 말 속에서이다"(E 808). 그러므로 메타언어란 존재하지 않는다. 담론 밖의 담론은 존재하지 않으며 언어의 모호함에 구속되지 않는 담론은 없다. 일종의 형식적 상징으로서의

논리학조차도 전달되기 위해서는 여전히 말로 표현되어야 하며 이 때문에 말과 그 모호함에 구속받을 수밖에 없다. 그러므로 S(A)는 수많은 의미를 가질 수 있으며 어떻게 보면 그래프에서 가장 중층적으로 결정되는 부분이다.

완성된 그래프의 아랫부분에서는 타자가 의미, s(A)라는 것을 제시하고 있음을 주시하라. 윗부분의 차원에서 타자는 아무것도 제시하지 않는다―이는 매우 중요한 것인데, 때로 타자는 아무것도 제시하지 않기 위해, 언제나 시기상조일 수밖에 없을 해답을 제시하지 않기 위해 적극적으로 노력해야 한다. 윗부분에서 타자는 주체의 존재 또는 주체의 쾌락에 대해 어떠한 설명도 해주지 않는다. 존재이유라든가 받아들일 만한 원인도 제시하지 않는다: 주체는 그 모든 것에 대해 전적으로 자신이 책임을 질 수밖에 없다. 타자는 단순히 자신 너머를 가리키는 제스처를 보일 뿐이다. 라캉에 의하면 신경증환자들은 분석과정이나 또는 햄릿이 셰익스피어의 연극의 마지막에 경험하는 것과 같은 인생의 예외적 사건을 제외하고는 이러한 상황을 충분히 인식하고 있지 못하다. 라캉이 세미나 Ⅵ의 마지막 부분에서 말하듯이, "신경증환자의 욕망은 신이 존재하지 않을 때 태어나는 것이다"(1959년 6월 24일). 즉 타자에 의해 이상이나 해답 또는 보장이 제시되지 않았을 때 나타나는 것이다. 단지 타자의 욕망이 아닌 그 이상의 어떤 것이 되기 위해 욕망은 부재를 필요로 하며 어떤 것이 결여되어 있어야만 하고(<표 4.17>을 보라) '결여된 어떤 것'이 상징화되어야 한다.

4. 「주체의 전복」 읽기

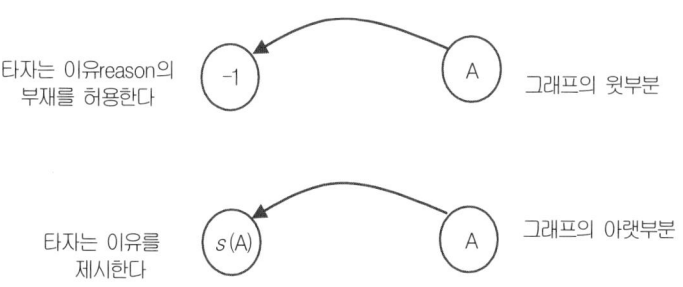

<표 4.17> 타자가 허용한 결여된 것

라캉은 항상 인간의 경험 중 구조를 넘어서는 어떤 것, 의미화의 질서가 가진 자동적 기능 너머에 있는 것(이것은 「『도둑맞은 편지』에 대한 세미나」의 부록 중 이 그래프의 기반이 되는 도식에 설명되어 있다)에 대해 쓰거나 그래프를 그리거나 위상학적으로 설명하는 방법을 고민해왔는데, 그는 이것을 그래프의 윗부분에 배치한다. 그것은 바로 주이상스jouissance(<표 4.18>을 보라)이다. 그는 "이 곳은 주이상스라고 불린다"(E 819)라고 말한다. 만약 언어가 우리를 동물과 다르게 만드는 것이라면 주이상스는 우리를 기계와 다르게 만드는 것이다.

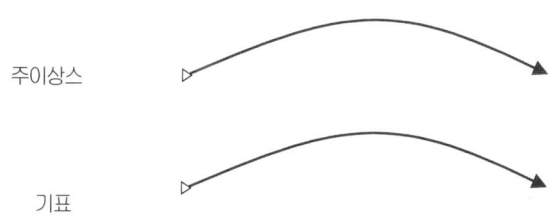

<표 4.18> 언어 너머의 즐기는 주체

그러므로 그래프의 두 차원은 프로이트의 가장 중요한 두 가지 항목들인 표상과 정동, 사고와 감정에 상응한다. 여기서 라캉의 주체는 언어와 주이상스 사이에서, 전적으로 언어학적인 기계로서의 주체—스스로 동화한 언어에 의해 조절당하는 신체, 기표에 의해 제압되는 신체—와 살아있는 존재의 잔여분, 기표작용을 넘어서는 부분, 근거 없는 부분 사이에서 분열되어 있다("주이상스는 아무 목적이 없는 것이다", 세미나 XX, 10/3).

그러므로 S(A)는 그래프에서 논리적인 예외의 자리와 함께—이것은 규칙을 증명하는 예외이며, 한 무리의 기표들을 정의하기 위해 배제되어야만 하는 기표를 뜻한다(그것은 기표의 매장물treasure tove 밖에 있는 것이다)—또한 주체의 이름의 자리를 점유한다. 그것은 말해진 것 너머의 어떤 것이며 말하는 과정, 말하는 행위 자체에 나타나는 것으로서 주이상스, 언표행위 등을 가리킨다. 그것은 알 수 있는 것 너머에 있으며 쾌락과 관계된다.[8] 이 논문의 초반부에 라캉이 제시한 목표는 지식과의 연계 속에서 주체의 자리를 찾는 것이었다. 그래프의 윗부분은 과학적으로 조사될 수 있는 지식의 범주에 속하지 않는다—그것은 그러한 지식 너머의 진실과 관련된다(우리는 당연히 다음과 같은 질문을 하게 된다: 그 진실에 대한 정신분석적 지식이란 무엇인가?)

그래프 윗부분을 가로지르는 움직임

그래프 윗부분을 가로지르는 움직임은 무엇인가? 주이상스로서의 주체는 이러한 방식으로 의미화 질서에 있는 결여의 기표를 대면한다. 우리는 그/그녀가 주이상스의 기표 Φ, 기표가 기의를 지배하고 생성하는 바로 그 과정을 나타내는 기표를 대면했다고도 말할 수 있다(5장을 보라). 전체 기표들의 모임이나 집합으로서의 타자 속에 포함되지 **않는** 것이 바로 기표들의 기능 자체를 규정하고 있다.

우리는 전체 기표들의 집합에서 S', S" 그리고 S'"을 볼 수는 있지만 기표가 기의를 생성하는 과정인 $\frac{s}{s}$는 찾아볼 수 없다(<표 4.19>를 보라).

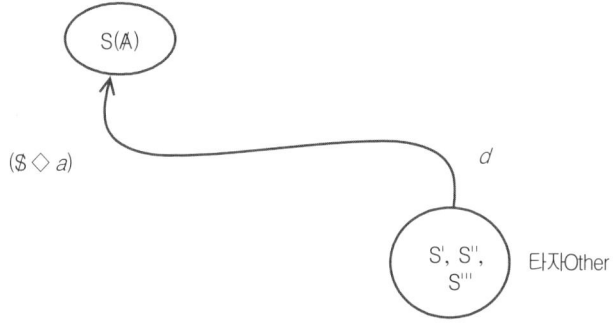

<표 4.19> 아랫부분에 결여된 것은 윗부분에서 발견된다

이것은 매장물로서의 타자 속에는 의미작용의 과정 자체를 위한 기표, 기표가 자신이 의미하는 것을 살해하는 방식을 나타내는 기표가 존재하지 않음을 의미한다. 라캉이 말하듯이 그 기표가 바로 Φ이다. 타자 속에 결여된 것을 나타내는 S(Ⱥ)로 알려진 기표는 Φ로도 표기될 수 있다(그러나 세미나 XX에 오면 라캉은 이 두 수학소를 구분한다). 앞으로 살펴보겠지만 라캉은 Φ에 대해 더욱 자세히 논의한다.

그러나 S(Ⱥ)는 프로이트의 신화에서 욕망을 보지 못한 척하며, 자신이 죽었다는 사실을 알지 못하는 아버지이기도 하다—그는 명백히 오이디푸스적 투쟁에서 살해당한 아버지이다(E 818). 겉보기에 결코 끝나지 않을 듯한 동의어들의 연속에서 라캉은 다시 S(Ⱥ)를 아버지의 이름과 연계시킨다(E 812).9) 이는 여기서 아버지의 은유가 작동하고 있음을 제시한다. 아버지는 어머니의 욕망에(또는 어머니에 대한 아이의 욕망에) 이름을 붙이고 이러한 작명은 주이상스의 금지를 초래한다.

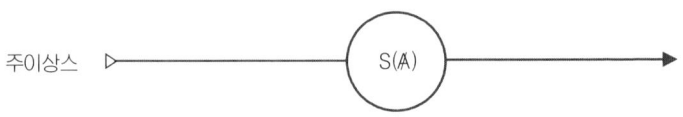

<표 4.20> 윗부분을 가로지르는 움직임 I

그러므로 비록 완성된 그래프 윗부분의 왼쪽에서 오른쪽으로 이행하는 벡터는(<표 4.20>을 보라) 주이상스가 S(Ⱥ)로 들어가는 것을 보여주지만, 이때 S(Ⱥ)에서는 Φ의 효과와 더불어 주이상스가 상실되는 듯하다(라캉은 이를 마이너스 파이phi, -φ로 명명한다).10) 마이너스 파이(-φ)는 아버지의 이름이 부과한 '의미'이다. 사실, 이것은 첫 번째 의미라고 해도 좋을 것이다. 이때 주이상스는 상실되고 상징화되어 제거된다. 물론 그것에 이름이 붙여진 한 그것은 마이너스 부호를 가진다; **그 외의 경우에는 그것은 어떠한 것으로도 존재할 수 없다**. 명명되지 않은 것은 결여될 수 없다. 이름을 붙여줌으로써 결여가 나타나게 되는 것이다. 그렇지 않다면 그것은 단순히 동물이 배고픔을 느끼는 것과 다르지 않다; 그것은 강렬한 경험이며 사나운 행동을 유발할 수도 있으나, 충분히 만족된 후에는 곧 잊혀진다. 그러나 만약 그것이 명명된다면 배고픔이 사라진 후에라도 언제든 다시 재현될 수 있다; 그것은 계속 지속될persist 수 있다.

4. 「주체의 전복」 읽기

주이상스의 상실은, 비록 주체가 그렇게 받아들인 후 인생이란 더 이상 살 가치가 없는 것이라고 느낀다 할지라도, 모든 주이상스의 종결을 의미하지는 않는다("이 곳을 우리는 주이상스라고 부르며 주이상스의 상실은 우주를 공허하게 만들 것이다"[E 819]). 그러나 여전히 충동으로부터 느낄 수 있는 만족이 있다; 윗부분의 수평 벡터에서 왼편에는 (주이상스의) 마이너스가 있는 반면 오른쪽에는 플러스가 있다(<표 4.21>을 보라).

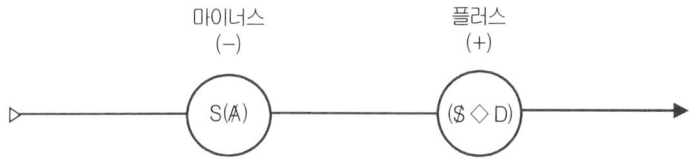

<표 4.21> 윗부분을 가로지르는 움직임 II

오른쪽에는 충동의 공식이 있는데 라캉에 의하면 주체($)와 타자의 요구(D)는 모두 갈라진 틈cut—마름모꼴 또는 자국, 거세의 상처—만을 남긴 채 사라진다. 그리고 우리는 S(A)에서 충동으로 그리고 그 너머로 이어지는 화살표의 끝에서 거세를 볼 수 있다(<표 4.22>를 보라).

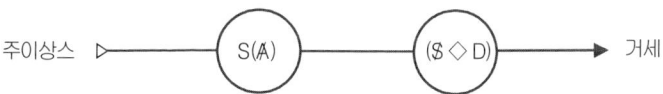

<표 4.22> 윗부분을 가로지르는 움직임 III

우리는 이것을 어떻게 이해해야 하는 것일까? 세미나 XI에 나오는 후기 논의를 참고하면, 그래프의 이 부분은 "가장 근본적인 환상을 가로지른 주체가 [어떻게] 충동을 견뎌낼 수 있는가를" 설명한다고 볼 수 있다(246/273): 즉 그것은 요구[11] 너머로 이행하여 주이상스의 금지와 타자 속에 있는 결여의 기표를 대면한 주체가 어떻게 즐길 수 있는가를 설명한다. 여기서 거세는 쾌락의 종결을 뜻하지는 않는 듯하다, 그보다 그것은 금지와 상실 이후에 또는 그러한 상황에도 불구하고 얻게 되는 충동의 만족에 대한 쾌락을 나타낸다.

이 차원에서 요구는 두 부분—만족을 향한 충동impulse 그리고 요청 addressing(타자에게 그러한 충동impulse을 요청하는 것)—으로 나뉜다고 볼 수 있다. 여기서 요청은 점차 사라지게 되는 듯하다: 주체는 타자에게 책임을 전가하지 않고, 그것을 제공할 수 있는 유일한 것이라는 우월한 지위를 타자에게 부여하지 않은 채 만족을 추구하기 때문이다.[12]

결론

비록 「주체의 전복」이 주체를 지식과 연관시키고, 정신분석은 과학의 주체—조합론의 순수한 주체, 언어의 순수한 주체—를 연구한다는 주장을 개진하지만(이 주장은 「과학과 진실」[E 858]에서 반복된다) 그래프의 주체는 언어(조합)와 주이상스(지식의 결여, 무지inscience; 라캉은 세미나 VIII에서 "무두無頭acephalous"라는 단어를 사용한다, 254; 세미나 XI, 167/184; 그리고 세미나 XVIII, 1971년 6월 9일) 사이에서 분열된다. 과학의 주체는 즐기는 주체인 이드와 결별하지만 정신분석에서 후자

4. 「주체의 전복」 읽기

를 배제할 수는 없다. 과학의 주체는 한마디로 타자, 무의식이다. 그렇다면 욕망의 그래프는 (2장에서 언급되었듯이) 흔히 자아심리학에서는 간과되고 있는 **무의식과 이드의 차이**를 보여주는 것으로 이해할 수 있다.

그러므로 여기서 "주체의 전복"이라는 라캉의 용어는 몇 가지의 다른 의미들을 암시하고 있다. 과학의 주체란 의식적으로 생각하는 주체가 아니라 그보다는 무의식적인 주체이다. 이것은 이제는 잘 알려진 코페르니쿠스/프로이트의 전복적인 탈중심화이다. 만약 여전히 사고가 인간 주체의 중심에 있는 것으로 간주된다면 데카르트의 "나는 생각한다……"에서 "나"라는 것은 가능하지 않다. 그보다는 사고가 나타난다, 또는 라캉의 말대로 우리가 "비가 온다it's raining"라고 말하듯이 "그것이 생각한다it thinks"라고 해야 할 것이다. 그러나 라캉은 또한 거세 콤플렉스라는 문맥에서도 전복적인 것에 대해 언급하고 있는데(E 820), 그는 여기서 전복적인 것이란 거세 콤플렉스에 의해 초래된다고 암시한다. 상상계가 있던 자리(마이너스 파이)를 상징계(팔루스)가 점유하게 되는 것이다. **이는 전형적인 정신분석적 전복이다.**

정신분석과 과학의 관계를 생각해볼 때 정신분석에서 우리가 과학의 주체를 연구한다는 라캉의 주장은 논쟁의 여지가 있는 것이다. 분석가는 오직 분석수행자의 말을 통해서만 연구하므로 우리는 언어에 의해 구축된 주체를 연구한다—그가 그렇게 말한 이유는 분석수행자의 제스처나 보디랭귀지를 해석하는 사람들 또는 심지어 분석수행자의 신체를 조종하기까지 하는 사람들에 반대하기 위해서이다. 그러나 우리는 그럼에도 불구하고 충동으로서의 주체, 주이상스로서의 주체에게 영향을 미칠 수 있다.

1965년에 집필된 「과학과 진실」에서 논의는 다소 다르게 전개된다.

원인―라캉은 과학에 의해 원인이 봉합된다고 말한다―은 주이상스가 위치된 곳에 있는 것이다. 그 논문에서 봉합된 것으로 간주되는 것은 주체가 아니다. 논문은 과학을 정신분석이 연구하는 주체와 동일한 주체를 연구하는 것으로 간주하기 때문이다; 그보다 과학은 원인을 봉합하며, 우리가 "포화된saturated" 주체라고 부르는 것이 아니라 오직 "불포화된" 주체(E 863)만을 연구한다고 할 수 있다―"포화된" 주체란 자신의 원인에 의해 채워져 있는 주체로서 우리가 정신분석에서 연구하는 주체이다. 라캉이 「주체의 전복」에서 과학에 의해 봉합된 것을 지칭하는 용어는 "주체성"과 "진실"이다; 1965년에 그가 사용하는 용어는 "주이상스"와 "원인"이다. 두 경우 모두 과학에 의해 봉합된 것, **과학 너머에** 있는 것―원인, 정동, 리비도, 주이상스―을 설명하는 것은 욕망의 그래프의 윗부분이다.

왜 이러한 그래프를 그린 것일까? 그것은 우리에게 도움이 되는 그래프인가? 맬컴 보위Malcolm Bowie[13]를 비롯한 몇몇은 그러한 논의가 무의미하다고 말한다. 그러나 이것은 주체의 두 가지 측면―언어와 주이상스, 의미와 존재―를 이해하기 위한 라캉의 다방면에 걸친 노력으로 간주되어야 한다. 그것은 지식의 영역과 진실의 영역을 함께 묶어 내려는 시도이다. 보위와 같이 그것은 우리에게 모든 해답을 제시하지 못한다고 말하는 것은 라캉의 입장에서는 혹독한 비판으로 받아들이지 않을 것이다. 라캉이 우리의 기대에 부응하여 모든 해답을 제시하는 날 그는 우리를 따분하게 만든 후 정신분석에 종지부를 찍을 것이다. 대신 라캉은 항상 욕망할 만한 어떤 것을 남겨둔다.

5. 라캉의 팔루스와 -1의 제곱근

팔루스라는 악기를 말로 연주하는 것은 전적으로 가망이 없는 일이다.
―라캉, 세미나 XVIII, 1971년 2월 17일

앨런 소칼Alan Sokal과 장 브리크몽Jean Bricmont은 그들의 저서 『지적 사기Fashionable Nonsense』[1])에서 「주체의 전복」 중 라캉의 팔루스에 관한 논의에 대해 주석을 덧붙이며 "우리의 발기성 기관이 $\sqrt{-1}$ 과 동일시되는 것에 대해 심히 불편하다"고 인정한다(『지적 사기』, 27). 정신분석으로 무장된 독자라면 여기에서 하나 이상의 공개된 고백들을 읽어낼 수 있을 것이다. 그들은 이어서 "이것은 우리에게 <잠자는 사람Sleeper>에서 세뇌에 저항하는 우디 알렌―'내 뇌를 건드리지 마, 그것은 내가 두 번째로 좋아하는 기관이란 말이야!'―을 상기시킨다"고 말한다(『지적 사기』, 27). 우리는 명백히 그들의 음경이 자신들이 '가장 선호하는' 기관이라는 결론을 도출할 수 있다. 자신들의 음경을 어떤 방식으로든 -1의 제곱근과 같이 추상적이고 활기 없이 보이는 것과 연관시켜 형태를 빚어낸다는 것은 그들에게 불안감을 유발시킨다―그들을 가장 '불편하게distressing'('위축되게deflating'?) 만드는 것이 "제곱근"이라는 부분인지 아니면 "마이너스 알"인지가 즉시 명백해지지는 않지만 우리는 그것을 쉽게 추측할 수 있다.

물론 이것은 정확히 그들이 전달하고자 한 것은 아니며 또 내가 여기서 그들을 정신분석하고자 하는 것도 아니다. 그러나 그들의 주석은 우리가 항상 자신이 의도한 것보다 더 많은 것을 말한다는 것을 보여주는 사례이다(세미나 V, 18을 보라)—소칼과 브리크몽은 '학문적인 저작'의 이해에 관한 한 언어의 그러한 측면을 고려하지 않으려 하는 듯하다. 예를 들어 나는 방금 여기서 그들을 정신분석하려는 것은 아니라고 했는데 그 자체가 전형적인 부정이다. 이는 의심할 여지없이 내가 언젠가 그들을 분석하려는 의도를 가지고 있음을 나타낸다; 결국 그러한 의도가 없었다면 애초에 왜 그들에 대해 언급했겠는가?

그들에게 언어는 라캉의 말처럼 "환기시키기 위해서"[2]가 아니라 의도된 의미를 소통하기 위해, 독자에게 하나의 계획된 특정 문제를 인식시키기 위해 구상된 것이다. 그들에게 학문적 저작이란 반드시 명확한 의미를 전달해야만 하는 것일 뿐이다, 그 외의 다른 일이 일어난다면 그것은 시로 간주된다. 반면 라캉이 명백히 제시한 목표는 독자를 노력하게 만들겠다는 것이다[3]: 사람들의 말과 글 속에 있는 수많은 다양한 의미들을 듣게 만들고, 얼핏 보기에는 전혀 명백하지 않은 의미들을 해독하게 만들겠다는 것이다—그것은 어떤 것의 의미에 대해 성급히 결론 내리게 만드는 것과는 다른데, 그러한 미숙한 해석은 필연적으로 상황을 우리가 이미 아는 것으로 환원시키게 된다.

위의 목표에 의해 소칼과 브리크몽이 적절히 지적하는, 라캉이 즐기는 모호함 전체가 해명되는 것은 아니다. 그러나 그들이 간과하는 것은 프랑스에서 효과가 있는 것—청중이 이해하기 어렵게 강연하여 그들로 하여금 저자나 언급되었던 기법에 관한 용어들에 대해 참고문헌을 찾아보게 만드는 것—이 영어권에서는 그다지 효과가 없다는 사실이

5. 라캉의 팔루스와 -1의 제곱근

다. 라캉은 당연히 그의 세미나에 참석한 성실한 대중들이—1970년대에 그의 청중은 700명에 육박한다—도서관이나 서점에 가서 자신이 무심코 언급했던 것들 중 적어도 몇 개는 찾아볼 것이라고 전제했다. 지나가며 언급하는 모든 참고문헌에 대해 구체적으로 설명하고 모든 (과학적, 수학적, 철학적, 언어학적) 유사점에 대해 충분히 상세히 설명한다면 그의 청중의 일부는 자신들을 수준 낮게 대우하며 어린아이 취급을 한다고 생각하여 불쾌하게 느꼈을 것이다—사실 그들 중 상당수가 저명한 과학자, 수학자, 철학자, 작가들이었기 때문이다. 영어권에서 강연에 참석하는 대중은 대부분 이러한 방식을 따르지 않는다. 그들은 스스로 설명을 보충할 여지를 남겨두기보다는 쉽게 이해하는 것을 선호한다.

3장에서 언급하였듯이 라캉의 글의 대부분은 설명적이기보다는 선언적이다. 물론 그의 몇몇 세미나들(그 중에도 특히 1970년대 이전의 것들)은 매우 설명적이다. 그 세미나들에서 라캉은 분석에 관한 문헌들에 게재되었던 사례연구에 대해 설명하고, 뫼비우스의 띠, 원환체 그리고 크로스-캡[1](세미나 IX)과 같은 위상학적 표면들에 대해 자세히 논하며, 프로이트가 여러 텍스트들에서 사용하는 개념들에 대해 예리한 주해를 제시한다. 그러나 프로이트와는 달리 라캉은 자신이 집필한 저작에서 주장을 한 후 이를 다양한 예를 통해 증명하는 경우가 거의 없다. 대신 그는 독자가 논쟁거리를 생각해내게 만드는데 독자는 매주 계속되는 라캉의 세미나에 참석하고 논의되었던 텍스트를 읽거나, 혹은 머리를 짜내어 논쟁거리를 재구성할 수 있어야 한다. 라캉 자신이 말하듯이 그의 수사법은 청중에게 "분석교육의 효과"를 전달하기 위해

---
[1] 위상수학에서 뫼비우스의 띠에 상응하는 이차원적 표면이다(옮긴이 주).

구상되었다(E 493-94, 722).

이것은 특수한 글쓰기 전략이다. 어떤 사람들은 이를 반기지 않을 수도 있으며 사실 우리 대부분은—라캉의 업적을 해독하기 위해 많은 시간과 에너지를 소모한 사람들조차도—어떤 순간에는 이에 대해 격분하게 된다; 그러나 소칼과 브리크몽이 지지하는 종류의 글쓰기가 아니라는 이유로 그것을 단순히 무시해버릴 수는 없다. 아마도 필요한 설명들을 하려고 노력하는 과정에서 그들의 활약이 미약했던 것은 아닐까?

팔루스를 강조하며

소칼과 브리크몽은 라캉을 잡기 위해 매우 넓은 그물을 던지는데, 그들이 이용한 단락들을 모두 적절히 설명한다면 책 한권을 쓰게 될 것이다. 그러나 그들 자신은 일반적으로 논박의 과정에서 확실한 것을 거의 제시하고 있지 않으며 텍스트의 명백한 '불합리함'이 스스로 말해주도록 내버려 둔다는 점을 주목할 필요가 있다. 이것은 아마도 무엇이 논의되고 있는가를 전혀 알지 못하는 독자들에게는 효과가 있을 것이다. 그러나 이 단락들이 그들의 문맥 속에 들어가면—소칼과 브리크몽이 시인하듯 일반적으로 특정 텍스트의 단락이 인용되는 것보다 훨씬 더 많은 분량이다—대부분은(내가 '모든'이라고 말하지 않는 이유는 그 모두를 설명할 여유가 없기 때문이다) 그들의 '해석학hermeneutics'을 벗어나는 매우 중요한 어떤 것을 전달하게 되기 때문이다. 나는 팔루스의 예를 이용하여 이에 대해 설명하고자 한다(『지적 사기』, 25-27).

우선 그들이 처음에 인용하는 「주체의 전복」보다 적절한 번역을

5. 라캉의 팔루스와 -1의 제곱근

제시하고자 한다. 다음은 내가 2002년에 번역한 『에크리: 선집』에 수록된 텍스트이다:

> 내 생각을 말하자면, S(A)라는 약어가 무엇을 나타내는가에서부터 이야기를 시작하고자 하는데, 그것은 무엇보다도 기표이다. [……]
>
> 기표의 모임battery of signifiers이 존재하는 한 그것은 완전하며, 원의 일부에 속하지 않은 채 원에 연결되어 있는 선으로 상상할 수 있을 뿐이다. 이것은 기표의 집합에서 (-1)이라는 고유성으로 상징화될 수 있다.
>
> 그것은 그 자체로는 발음될 수 없지만, 후자는 고유명사가 발음될 때마다 일어나는 것이므로 기능성은 가지고 있다. 그 언표statement는 의미작용에 상응한다.
>
> 그러므로 내가 이용하는 대수학에 따라 이 의미작용을 계산하면 다음과 같다:
>
> $$\frac{S\ (기표)}{s\ (기의)} = s\ (언표\text{the statement})$$
>
> $S=(-1)$이라면 $s=\sqrt{-1}$ 이다(E 819).

더 이상의 설명이 부연되지 않는다면 명백히 이 부분은 이해하는 것이 불가능해 보인다. 그리고 소칼과 브리크몽의 주해를 보면 그들은 라캉이 여기서 어떤 의도를 가지고 있는가에 대해 전혀 알지 못한다는 것이 분명해진다. 무엇보다도 먼저 그들은 기표와 기의 사이의 수평선

이 "자의적으로 선택된 상징"이라고 주장한다(『지적 사기』, 26). 그러나 소쉬르의 『일반언어학 강의』를 읽은 사람이라면 누구나 소쉬르가 기표와 기의 사이의 가로선을 도입했고 그것은 특정 의미를 가지고 있으며 라캉이 이를 「문자의 심급」(3장을 보라)의 논의에서 확장시켰음을(전복시켰다고 해도 좋을 것이다) 알고 있다. 라캉의 저작에서 가로선은 기표와 기의 사이의 저항을 가리킨다―즉 단순화시키자면 단어와 의미 사이에 단순한 일대일 대응관계가 있는 것이 아니며 일상의 구어에서 사용되는 단어들의 명확한 의미를 규정하는 것은 매우 어렵다는 사실을 의미한다. 기표와 기의는 상보적인 것이 아니다, 그들은 기호를 구성하는 과정에서 동등한 비중을 가지지 않는다(이 지점에서 라캉은 소쉬르로부터 벗어난다); 그보다는 기표가 기의를 결정하고 생성한다(이것이 라캉이 언급한 가로선이 뜻하는 바의 일부이다).

「문자의 심급」(특히 프랑스어판의 515면)을 보면 라캉이 가로선을 "두 숫자의 나눗셈을 나타내기" 위해 사용하는 것이 아니며(『지적 사기』, 26) 알려지거나 알려지지 않은 형태의 **수학적** 계산이 적용되는 것도 아님을 확실히 알 수 있다. 라캉은 그의 알고리듬($S(A)$, $, a$ 등)과 대수학을 결코 미미한 유사성보다 심각하게 연관 짓지 않았다(그는 자신의 제자들인 장 라플랑쉬와 세르주 르클레르가 그러한 시도를 할 때 그들을 비판하기도 한다).[4] 그가 자신의 상징들이 '**일종의** 대수학 *an algebra*'을 구성하고 있다고 말하기는 하지만 결코 수학의 한 영역으로서의 대수학과 관련된다고 주장하지는 않는다. 그의 상징들은 정신분석의 중요한 개념들을 쓰기 쉽고 기억하기 쉽게 축약하기 위해 구상되었으며 정신분석을 '공식화'했지만 이것은 수량화와는 무관하다(예를 들어 그의 공식들은 일반적으로 숫자라는 해답으로 환원되지 않는다).

5. 라캉의 팔루스와 -1의 제곱근

　위에서 인용된 라캉의 요점으로 돌아가서, 독자는 우선 'A'가 라캉이 모든 기표들의 집합(또는 모임)이라고 정의한 타자Other(프랑스어의 *Autre*)를 대표한다는 것을 알아야 한다. 이것은 특정 언어를 구성하는 모든 기표의 가설적 집합이며 그 집합은 정의상 완전하다(라캉이 그것을 **모든** 기표들을 포함하는 것으로 정의했기 때문이다; 그는 다른 방식으로도 그것을 정의하지만 여기서는 이에 대해 논하지 않을 것이다). 'S'라는 대문자는 기표를 의미하며 소문자 이탤릭체인 '*s*'는 기의(또는 의미)를 나타낸다. 'S(A)'는 타자 속에 있는 결여의 기표를 뜻한다— 즉 타자란 비록 완전한 것으로 정의되었기는 하지만 어떤 면에서는 결여되어있다는 사실을 나타내는 기표이다. 그럼에도 불구하고 어떤 것을 결여하고 있는 것이다.

　라캉은 고유명사가 발음될 때마다 그것이 어떤 사람의 아버지이든 아니면 서스캐처원과 같은 지명이든 "그 언표statement"(또는 발화된 것 즉 말해지거나 진술된 것)는 "그 의미작용과 같다"고 주장한다(E 819). '서스캐처원'이라는 이름은 그 지역을 뜻하는 말 이외에는 영어에서 다른 어떤 의미도 가지고 있지 않다. 그것은 말해진 것 이상의 의미를 전달하지 않는다. 그것은 다수의 의미작용들을 가지지 않는다; 수백 가지 다른 것들을 연상시키는 것도 아니다, 그것은 단순히 서스캐처원이라고 알려진 것을 의미할 뿐이다.5) 사울 크립키Saul Kripke는 고유명사를 "엄밀한 지시체rigid designators"라고 규정하며 이와 비슷한 말을 하고 있다.6)

　더욱 어려운 부분으로 넘어가자면, 우리는 의미작용이 라캉에 의해 $\frac{S}{s}$(기의 위의 기표)로 표현된다고 가정해야 한다(추측해야 한다). 이러한 표현에 의해 라캉은 "[고유명사의] 언표는 그 의미작용과 동일하다"를 다음과 같이 적는다:

의미작용 *signification* = 언표 *statement*

$$\frac{S\ (기표)}{s\ (기의)} = s\ (언표\ \text{the statement})$$

의미작용이 라캉의 저작에서 항상 *s*와 동일시되는 것은 아니지만 적어도 위의 문맥에서 의미작용은 기표와 기의의 관계를 지칭하는 듯하다; 특히 **여기서 의미작용은 기표가 기의를 나타나게 만드는 과정을 가리킨다**.[7]

라캉이 고유명사가 발음될 때 말해진 것은 그 고유명사의 기의와 동일한 것임을 암시하고 있기 때문에 사실 우리는 여기서 두 개의 등식을 볼 수 있다; 다시 말하면 고유명사가 발음될 때 말해진 것과 그 의미 사이에는 아무 차이가 없다(고유명사는 그 이름으로 알려진 것만을 나타내기 때문이다). 언표와 기의 사이의 등식은 그가 둘 모두를 "*s*"로 표기한다는 사실로부터 명확해진다.

라캉은 여기서 기표―즉 (예를 들어 서스캐처원과 같은) 고유명사―를 마이너스 1과 일치시킨다. 그 이유는 아마도 우리가 처음으로 어떤 것에 이름을 붙일 때, 일례로 아이에게 이름을 지어줄 때 우리는 아이에게 기존의 기표들의 집합의 일부가 아닌, 적어도 작명인의 일상에 이미 존재했던 집합의 부분이 아닌 기표를 부여하기 때문일 것이다. 이것은 사람보다는 사물일 때 더 명백해진다. '인터넷'이라는 용어가 생성될 때 그것은 (이미 존재하는 단어와 접두사로 이루어졌기는 하지만) 기존의 모든 기표들의 집합의 일부에 속하지 않는 새로운 기표였다. 우리는 그것이 집합에 결여되어있었다고 말할 수 있을 것이다.

이름을 붙이는 과정은 모든 기표들의 집합이 어떤 것을 결여하고 있다는 것을 보여준다. 신도시나 새로운 장치를 위해 고안된 이름은

5. 라캉의 팔루스와 -1의 제곱근

어떠한 기존의 사전이나 백과사전에도 포함되어 있지 않은 것이다. 우리는 아주 쉽게 새 이름을 '마이너스 일' 대신 '플러스 일'이라고 부를 수도 있지만 라캉은 고유명사가 완전한 것으로 가정된 모든 기표의 집합이 완전하지 않다는 사실을 지적하는 방식을 강조하고자 한 것이다. 위에서 인용된 단락에서 라캉은 그 집합(모임)을, 적어도 그리스 시대 이래에 완전함의 이미지를 의미하는 원에 비유한다. 그에 따르면 새로운 이름은 원을 이루는 구성원이 아니다.

S(고유명사)를 마이너스 일과 동일시한 후 라캉은 이제 의미작용과 언표로 이루어진 등식을 다양하게 변화시키며 잠시 실제 대수학 등식을 다루듯 계산한다. 그가 도출하는 결과는 다음과 같다:

$$\text{의미작용} = \text{언표}$$

에서

$$\frac{-1}{s} = s$$

그렇다면

$$-1 = s^2$$

$$\sqrt{-1} = s$$

그는 **고유명사가 의미하는 것**(그 기의 또는 의미)은 수학에서 무리수라고 알려진, **마이너스 일의 제곱근만큼이나 상상할 수 없는 어떤 것**이라고 결론 내린다. 한 사람의 고유명사는 고유한 특성이나 그에 관한 특정 이야기가 아니라 주체로서의 그에 대해 생각할 수 없는 것을 의미한다(물론 그의 고유명사는 그의 가계에 대해 수많은 이야기를 들려줄 수도 있다). 라캉의 말로 바꾸면: "주체가 자신의 코기토를 통해 스스로를 남김없이 설명할 수 있다고 생각한다면 그는 무엇인가를 간과하고 있는 것이다—그는 자신에 대해 생각할 수 없는 부분을 간과하고 있다'(E 819).

진부하게 표현하자면, 그는 데카르트의 코기토가 인간 주체에 대한 모든 것을 설명하지 못한다는 잘 알려진 그의 주장을 되뇌고 있는 것이다. 그것은 무의식을 간과한다, 그것은 주체의 존재에 대한 질문을 간과한다, 그것은 어떤 사람이 "**나는** 이것을 원한다" 또는 "**나는** 그런 사람이다"라고 말할 때 결코 설명되지 않는 어떤 것을 간과한다.

만약 아직도 라캉이 여기서 마이너스 일의 제곱근을 은유적으로 사용하고 있다는 것을 깨닫지 못했다면 조금 더 읽어 내려갈 필요가 있다:

> 어느 정도는 비난을 받게 될 각오를 하고 나는 수학적 알고리듬을 내 방식대로 사용하며 내가 이를 얼마나 변형시켰는가를 보여주었다. 일례로 복소수 이론에서 i 로도 표기되는 $\sqrt{-1}$ 이라는 상징을 내가 사용하는 방식은 명백히 내가 이후의 연산들에서 그것이 자동적으로 사용되어야 한다는 주장을 포기할 때에만 정당화될 수 있는 것이다(E 821).

다른 말로 바꾸면 주체에 대해 생각할 수 없는 것을 말하기 위해 라캉이 사용하는 $\sqrt{-1}$ 을 일반 등식들에 대입할 수는 없는 것이다; 그것은 '자동적'으로, 즉 수학자들의 방식대로 사용될 수 없다. 그는 수학자들의 방식과는 달리 이 상징을 **자신의 목적을 위해** 사용하고 있다. 그것은 사물에 대하여 생각하는 한 방식이다. $\sqrt{-1}$ 또는 i는 고유명사의 의미이다. **그러한 측면에서 보자면 그 의미는 생각할 수 없는**

것이다. 그/그녀에 관해 생각할 수 없는 것이란 주체가 무엇인가라는 문제이다.

그러나 생각할 수 없는 것은 소칼과 브리크몽에게는 생각할 수조차 없는 항목 또는 개념이다; 그들은 "정신분석과 수학에 대한 [라캉의] 비유는 상상할 수도 없이 자의적이며 그는(여기[「주체의 전복」]에서건 다른 곳에서건) 어떠한 임상적이거나 개념적인 정당성도 제시하지 않는다"고 말한다(『지적 사기』36). 만약 우리가 생각할 수 없는 것이라는 개념을 배제한다면 여기서 "개념적 정당성"을 찾기란 매우 힘들 것이다.

팔루스란 왜 그리도 불편한 것인가?

그렇다면 팔루스란 어디에 위치되는가? 라캉에 의하면 '팔루스'라는 기표는 그것이 모든 기표의 집합에 속하지는 않는다는 점에서 고유명사와 유사하다. **그보다 팔루스는 완고하게 (부어오른 상태에서 turgidly?) 의미화과정 자체를 가리키는 기표이다; 그것은 기표와 기의 사이의 관계 또는 차라리 기표와 기의의 무관함**nonrelationship**을 나타낸다.** 라캉 자신이 직접적으로 그렇게 이야기한다: 소칼과 브리크몽이 인용하는 부분(그보다 적절한 번역)을 살펴보자(『지적 사기』, 27):

> 그러므로 그 발기성 기관은—그 자체나 또는 이미지로서조차도 간주되지 않으며 그보다는 욕망되는 이미지에서 결여된 부분으로서—주이상스의 자리를 상징하게 된다. 이 때문에 발기성 기관은 위에서 생성된 의미작용의 상징인 $\sqrt{-1}$ 과 동일시 될 수 있다(E822).

여느 때와 다름없이 이것을 이해하기 위해서는 짧지 않은 설명이 필요하다. 여기서 발기성 기관은 "그 자체로서"(다른 말로 바꾸면, 실제적, 생물학적 기관으로) 또는 "이미지로서조차도" (생물학적 기관의 시각적, 감각적 이미지로조차도) 간주되지 않으며, 그보다는 "욕망된 이미지에 결여된 부분으로서" 간주된다. 이때 우리는 거울에 비친 아이 자신의 이미지에 대한 라캉의 연구를 상기해야 하는데, 그는 생식기 부분의 거울상이 문제가 된다고 말한다. 아이가 거세위협으로 해석하는 것에 의해—가장 일반적으로 말해서 자신의 몸을 만지는 것, 즉 자위에 대한 부모의 금지에 의해 쾌락 또는 주이상스가 위협적으로 상실되는 것을 말한다—**아이는 부모에 의하여 욕망되는 자신의 이미지 속에서 생식기 부분을 부정적으로 간주한다**('욕망되는 이미지'란 부모가 중요시 여기고 이후에는 아이 역시 그것에 가치를 부여하게 되는 아이의 이미지로서, 아이는 타자가 중요시 여기고 욕망하는 것에 가치를 부여하고 그것을 욕망하게 된다). 아이는, 비록 부모가 의도하지 않는다 하더라도, 자신의 **모든** 생식기적 쾌락이 부모에 의해 금지된다고 믿게 된다—즉 그들의 의미는 "여기에서는 안 돼", "지금은 안 돼" 또는 "손님들 앞에서는 안 돼"였을 수도 있다. 생식기는 아이의 눈에 '부정적인 것', (거세, 절제 또는 주이상스를 잃게 되는 다른 형태로)[8] 언젠가 잃을 수밖에 없는 것으로 보인다.

라캉은 생식기를 부정적인 것으로 만드는 과정에 대한 상징을 $-\phi$(그는 그리스 알파벳 파이phi를 이용하여 팔루스를 표시한다)로 표기한다. 이 상징은 거세 콤플렉스라는 프로이트의 개념과도 관련된다. 거세 콤플렉스는 남아와 여아 모두에게 적용되며, 만약 그들이 어떤 요구와 금지에 따르지 않는다면 그들의 음경이 절단될 것이라는, 어린 소년들이 가끔씩 나타내는 공포에 대한 관찰을 통해 알려졌다. 소문자 형태(ϕ)

를 사용한다는 것은 라캉의 습관으로 볼 때 그것이 상상계2)—음경의 **이미지**—임을 의미하며, 마이너스 기호는 잠재적으로 상실된, 그러므로 어떤 의미에서는 항상 이미 상실된 것으로서의 음경의 이미지를 가리킨다. 이 때문에 그것은 마이너스가되는/부정화되는negativized 것이다. 그러므로 라캉이 "욕망되는 이미지에서 상실된 부분으로서의 [……] 발기성 기관"이라고 부르는 것은 $-\phi$ 이다.9)

어떻게 이러한 거세의 공포를 극복할 수 있을까(만약 그것이 완전히 극복할 수 있는 것이라면 말이다)? 어린 한스가 말하듯이 배관공이 와서 낡은 것을 빼고 새 것을 끼워주면 된다—더욱 이론적인 용어로 표현하자면, 아이가 상상계적인 것을 포기하고(음경의 이미지는 그것이 제거될 위험에 처해 있으므로, 소중하지만precious 불안한precarious 주이상스의 근원을 대표한다) 상징계적인 것을 얻으면 된다(타자가 욕망하는 인품이나 능력과 같이 인생에서의 내 역할 중 다른 것들의 가치를 인정받으면 된다). 그 '부정적'(또는 마이너스) 이미지는 포기되고 '긍정적positive' 상징이 그 자리를 메운다. 자위적인 쾌락의 근원으로서의 음경(또는 더욱 일반적으로 성기)에 대한 아이의 애착은 아이와 부모 사이의 민감한 문제이다. 아이는 부모의 승인을 얻기 위해 그것을 포기하고, 성기 부위에 부착되어 있던 기존 가치의 일부를 부모나 사회적 환경 또는 양쪽 모두에 의해 승인되는 활동이나 목표들로 대체한다.

---

2) 이와 같이 'the imaginary'는 근본적으로 거울상, 즉 이미지와 관계된 영역이지만 '상상계'라는 번역은 image 및 *imago*라는 중심개념을 전혀 강조하지 못한다. cf. 김인환 (1985) 「언어와 욕망-라캉의 구조주의 정신분석에 대하여」 <세계의 문학> 가을 37호, 267-308면; (2007[1994]) 「언어와 욕망」 『비평의 원리』, 나남출판과 비교하라. 1985년 한국에 처음 라캉을 소개한 저자는 '영상'적인 것을 토대로 구축되는 영역임을 강조하는 의미에서 'the imaginary'를 '영상계'로 번역한다. 언어유희를 즐기는 정신분석의 특성을 고려할 때 이는 상상계보다 적절한 번역이다(옮긴이 주).

내가 위에서 제시한 매우 도식적인 설명에서 그러한 행동이나 목표들은 사회적으로 존중되는 것이다. 가족과 사회 속에는 그들이 지위의 상징을 정의하는 가치에 대한 무수한 담론이 존재한다. 다른Other 사람들이 그것을 욕망하고, 아이의 부모도 그것을 욕망하며 (각본에 따르면) 아이도 역시 그것을 욕망하게 된다. 그러한 목표에 도움이 되는 아이의 성품이나 행동들은 명백히 중요시 간주된다. 이들은 긍정적으로positively 평가된다(이때 플러스 기호positive와 마이너스 기호negative란 분명 수학적 값들이 아니며 그보다는 사회적 승인 또는 불승인을 나타낸다; 이들은 다른 차원에서도 해석될 수 있다). 라캉의 어휘목록에서 상징계적 팔루스는 사회적으로 중요한 것이며 가치 있는 것이며 욕망되는 것이다.[10] 라캉은—환상 속에서 떨어지거나 잘려나가는 이미지로서가 아니라—상징symbol으로서의 팔루스를 그리스어 알파벳 대문자 Φ로 표기한다. 이 차원에서 중요시 간주되는 것은 물리적으로 존재하는 것이 아니며 그보다는 더욱 추상적인 것으로서 볼 수도 없고 만질 수도 없는 것이다. 그것은 아이의 '매력', '유머감각' 또는 '지능'으로부터 '기술'이나 '직관'에 걸친 전 범위를 포괄할 것이다.

　(위협 당하던) 주이상스의 결여는 이때 잠재적으로 주이상스의 양수적positive 정량이 된다. 주이상스는 타자가 중요시 여기는 것을 추구함으로써 얻을 수 있는 것인지도 모른다. 팔루스는 아이의 신체적 특징 외에 타자에 의해 욕망되는 것을 대표한다. 라캉의 표현대로, 그것은 "주이상스의 자리"(E822)를 대표하게 된다. 그것은 타자의 욕망과 잠재적인 만족을 결정하는 것으로서의 위치를 점유하며 동시에 아이 자신의 욕망과 잠재적 만족을 결정하는 것이 된다.[11]

5. 라캉의 팔루스와 $\sqrt{-1}$의 제곱근

라캉의 "대수학"

라캉은 여기서 거세불안을 극복하는 방법을 어떻게 이론화하는가? 그는 다음과 같이 말한다:

> 발기성 기관은 $\sqrt{-1}$ 과 같은 것으로 간주될 수 있다. [후자는] 위에서 생성된 의미작용의 상징이며, 그것이 상실된 기표(-1)의 기능 속에서—언표의 계수에 의해—회복시키는 주이상스의 상징이다(E 822).[12]

우리는 앞서 "욕망된 이미지에서 결여된 부분으로서의 [……] 발기성 기관"을 라캉이 $-\phi$로 적고 있음을 보았다. 이제 라캉은 $-\phi$를 $\sqrt{-1}$과 동일시하는데, $\sqrt{-1}$ 은 텍스트의 앞부분에서 그가 고유명사를 −1(모든 기표의 집합에서 결여된 기표)과 동일시함으로써 '만들어낸' 의미작용이다. 다르게 표현하자면, 우리는 다음의 공식으로 시작할 수 있다:

$$\text{의미작용} = \text{언표}$$

$$\frac{S}{s} = s$$

S대신 −1을 대입하면 우리는 다음을 얻게 된다:

$$\text{의미작용} = \text{언표}$$

$$\frac{-1}{s} = s$$

우리는 이 '등식'을 s에 관해 풀면 s가 $\sqrt{-1}$ 과 같아지는 것을 보았다. $-\phi$도 $\sqrt{-1}$ 과 같은 것이므로 우리는 위의 등식에서 s 대신 $-\phi$를 대입할 수 있다.

$$\text{의미작용} = \text{언표}$$

$$\frac{-1}{-\phi} = -\phi$$

이제 라캉은 다음과 같이 말한다:

> 팔루스의 이미지인 $(-\phi)$(소문자 파이)를 상상계와 상징계 사이의 등식에서 한쪽으로부터 다른 쪽으로 이동하는 것은 어떤 경우든, 이 때문에 결여가 메워진다 하더라도, 그것을 양수positive로 만든다. 비록 그것은 (-1)로 귀결되지만 여기서 이것은 음수가 negativized 될 수 없는 상징계적 팔루스이며 주이상스의 기표인 Φ(대문자 파이)가 된다(E 823).

이때 Φ는 명백히 -1과 동일시되며 상징으로서의 팔루스는 이름 또는 "주이상스의 기표"[13]로 지칭된다. 그러므로 우리는 등식에서 -1 대신 Φ를 넣을 수 있다. 등식의 상징계의 편에서 우리는 상징계적 팔루스를 볼 수 있으며 상상계적 편에서는 상상계적 팔루스만을 볼 수 있다.

의미작용 = 언표

상징계   상상계

5. 라캉의 팔루스와 −1의 제곱근

$$\frac{\Phi}{-\phi} = -\phi$$

그렇다면 우리는 다음과 같이 등식을 '계산'할 수 있다:

의미작용 = 언표

상징계   상상계

$(+) \Phi = (-\phi)^2$

수학적으로 볼 때 음수negative를 제곱하면 언제나 결과는 양수positive가 된다. 그러므로 공식은 문제의 제곱에 의해 양수가 성취되는 과정을 보여준다.

이것이 암시하는 바는 **거세 콤플렉스의 극복은 상상계**(우리의 부모에 의해 요구된 성기의 주이상스에 대한 가정된 결여이며, 소녀들의 경우에는, 다른 사람들이 중요시 여기는 듯한 음경을 박탈당했으므로, 인식된 주이상스의 결여라고 할 수 있다)**에서 상징계로의 이동을**, 마이너스 값에서 상상된 결여를 중화시키는 플러스 값으로의 이동을 **전제로 한다**는 것이다. 결국 이것은 기표의 특별한 기능이다. 아이가 아직 기본적인 방식으로 말을 하지 못할 때 어머니의 부재는 극도로 고통스러운 것으로 경험될 것이다; 반면 단어를 이용하여 어머니에 대해 말할 수 있을 때 아이는 그녀의 부재중에도 어머니를 불러낼 수 있으며 이렇게 어느 정도의 고통을 완화시킨다.

3장에서 부재-현전Fort-Da이라는 이항에 대한 논의를 통해 보았듯이 어머니의 부재는 그것이 상징화되기 이전에는 아무것no-thing도 아니다; 그것은 아직 '상실'이 아니다. 부재는 그것이 명명되기 이전에는 어떤 **것**으로 인식될 수 없다. 어머니의 부재에 이름을 붙이든, 음경의 부재를 명명하든 언어는 이름을 붙이고 의미화하는 과정 자체를 통해 부재의 짓누르는 무게를 경화시킬 수 있는 힘을 가지고 있다. 부재를 명명하며 **언어는 그것이** 언급될 수 있는 어떤 것으로서, 우리의 담론의 우주 속에 존재하는 어떤 것으로서 **나타나게 만들고, 부재라는 부담스러운 짐을 벗겨 버린다.** 결여나 부재가 상징화될 때 불가피하게 일어나는 양수화positivization 과정이 존재한다. 말에서 기표를 사용하는 우리의 능력은 부재를 극복하고 상실을 긍정적인 어떤 것으로 변화시킨다sublates.[3]

    라캉에 의하면 **팔루스는 언어가 수행하는 바로 이러한 상실의 지양Aufhebung 또는 긍정화의 상징이다**(E 692). 라캉의 용어 속에서 팔루스는 다름 아닌 이러한 과정과 역능의 이름이다; 또는 그가 1970년대 초에 말하듯이 "팔루스가 의미하는 바는 의미작용의 역능[*puissance*]이다"(세미나 XIX, 1972년 1월 19일). 팔루스는 기의가 나타나게 만드는 기표의 능력을 의미하며 이것은 바로 기표의 창조력이다(기의는 항상 이미 그 자리에 있는 것이 아니다. 그것은 단지 상징화되기를 기다리고 있을 뿐이다). 그가 「팔루스의 의미작용」에서 말하듯이 "[팔루스는] 총체적인 의미 효과를 나타낼 운명을 타고 난 기표이다"(E 690). 라캉의 팔루스는 의미작용 자체의 기표이므로 우리는 이러한 의미에서 이 논문(「팔루스의 의미La signification du phallus」)의 제목을 「의미작용으로서의 팔루스The Phallus as Signification」로도 이해할 수 있다; 즉 그것은 기표가 사물들이 의미를 가지도록 만드는 방식을 나타내는 기표이다.

---

[3] 핑크는 여기서 'sublate'라는 단어를 사용하는데, 이는 헤겔 철학의 '지양하다aufheben'의 번역이다. 그러므로 이 때 상실은 전적으로 사라지거나 부정되는 것이 아니라 양수/긍정적인positive 것 속에 여전히 보존된다(옮긴이 주).

5. 라캉의 팔루스와 -1의 제곱근

라캉 자신이 후에 이 논문의 제목에서(『에크리』 독일어판에도 「팔루스의 의미"Die Bedeutung des Phallus"」로 되어있다) 용어법冗語法을 볼 수 있다고 언급한다. 그는 "언어에는 팔루스 외의 *Bedeutung*은 존재하지 않"으며 "언어는 그것이 오직 하나의 *Bedeutung*에 의해서만 구성된다는 사실로부터 그 구조를 구축한다"고 주장한다(세미나 XVIII, 1971년 6월 9일).14)

이와 같이 라캉은 팔루스를 모든 기표의 집합에 속하지 않는 기표로 개념화한다. 그것은 타 기표들과는 다른 예외적인 기표이다. 팔루스는 모든 기표들의 집합으로서의 타자에 속하지 **않는** 기표이므로15), 이 단계의 라캉의 이론에서 팔루스는 근본적으로 S(𝐀)와 동일시된다.

「주체의 전복」의 몇 장에서 라캉이 주장하는 바에 대한 이와 같은 재구성은, 만약 그것이 적절했다면, 풍부한 암시와 개념의 역능을 전달할 것이다. 「주체의 전복」의 1977년 번역본에서 이 몇 장을 자주 다시 읽는 사람들은 이로부터 그러한 주장이 도출될 수 있는가에 대해, 그리고 라캉의 텍스트에서 그러한 결론을 이끌어낼 수 있는가에 대해 의심을 감출 수 없겠지만, 나는 프랑스어판의 정독은 다른 이야기를 들려준다고 주장하고자 한다. 이 공식들을 해독하기 위해 나는 수년을 보냈는데, 아마도 많은 독자에게 이것은 어떤 텍스트를 해독하는 데 걸리는 시간 치고는 '지나치게' 오랜 기간인 듯 느껴질 것이다. 나는 그럼에도 불구하고 라캉이 우리가 이해할 만한 이야기를 하고 있으며, 그것은 사실 『지적 사기』의 어떤 부분보다 더 흥미 있고 또한 많은 생각들을 하게 만든다는 것을 보여주고자 하였다. 나는 적어도 "$\sqrt{-1}$과 동일시 된 우리의 발기성 기관"을 보며 소칼과 브리크몽이 느끼는 불편함은 그들이 발기성 기관("욕망된 이미지에서 결여된 부분")이나 $\sqrt{-1}$ (주체에 "관해 생각할 수 없는 것")을 통해 라캉이 전달하는 의미를 그들이 전혀 이해하지 못했기 때문이라는 것을 명확히 보여주었다고 생각한다. 그들의 불편함은 자리를 잘못 찾았든지misplaced 아니면 자리를 대신 차지한displaced 듯하다.

6. 텍스트의 밖에서
— 지식과 주이상스: 세미나 XX에 관한 주해

비록 명백해 보이지 않을 수도 있지만 정신분석은 사회과학 및 인문학 분과들과 관심을 공유한다. 정신분석가들은 환자들과의 경험을 통해 자주 무수한 해석과 설명에도 불구하고— 분석가와 분석수행자 모두 확신하는 것이거나 또는 영감으로부터 오는 직관일 수도 있다— 분석수행자의 증상은 사라지지 않는 경우를 보게 된다. 증상의 발생에 관련된 사건과 경험에 대한 전적으로 언어학적이거나 해석적인 분석은 증상을 제거하기에는 불충분하다(우리는 이것이 다른 분야에서 직면하는 문제들과 어떻게 관련되는지 더 자세히 살펴볼 것이다).

프로이트는 연구 초기에 이러한 문제들을 대면했으며(SE XII, 141-42) 1920년에는 "분석은 명백하게 구분할 수 있는 두 단계로 나뉜다"고 말하며 그 문제들을 이론화시키게 된다. 첫 단계에서 "의사는 환자로부터 필요한 정보를 알아내고 [……] 그 자료로부터 추론된 발병의 원인을 재구성하여 그/그녀에게 설명한다". 그리고 마침내 변화가 일어나는 두 번째 단계에서는 자신의 방식대로 "환자 스스로 자료를 이해한다"(SE XVIII, 152). 후에 프로이트는 이 문제를 다른 방식으로 접근하여 자신이 "경제학적 요소"라고 부른 것을 중심으로 이론화한다. 강력한 힘이 환자의 증상을 그 곳에 붙들어 놓고 있다, 환자는 이로부터 (비록 그것이 프로이트가 지적하듯이 만족의 "대리물"이라 할지라도[SE XVI 365]) 상당한 만족감을 느끼는 듯하다.

4장에서 간략히 언급되었듯이, 이것은 프로이트가 근본적으로 구분하는 표상과 정동에 대한 논의를 상기시킨다. 분석가가 환자에게 최면을 걸면 우리는 그/그녀로부터 수많은 표상들을 이끌어낼 수 있다—우리는 그/그녀가 깨어 있을 때는 전혀 기억하지 못하는, 사건에 대한 매우 사소한 세부를 기억하게 할 수도 있고, 분석가는 그/그녀가 자신의 과거에 대한 다양한 측면들을 말로 표현하게 만들 수도 있다—그러나 여간해서는 변화가 일어나지 않는다. 분석가가 그/그녀를 최면에서 깨어나게 만들면 그/그녀는 이전과 다른 것은 기억하지 못하며 그 사건에 관련된 것으로 보이는 증상은 흔히 그대로 남아 있다. 환자가 자신의 과거를 말로 표현하고articulate 동시에 **무엇인가**—감정이나 정동—**를 느낄 때에만** 변화가 일어난다.

그러므로 정동이 없는 표상은 효과가 없다. 이것이 소위 자기분석이 효과가 없는 이유 중 하나이다: 우리는 자신에게 과거에 대한 좋은 이야기들을 들려주고, 우리의 꿈과 환상을 머릿속으로 또는 종이에 적어서 혼자 분석해볼 수도 있지만, 아무 일도 일어나지 않으며 어떠한 변화도 초래되지 않는다. 상당히 유익하고 흥미도 있으며 우리의 과거에 대해 많은 것들을 기억해낼 수 있기도 하지만 근본적인 변화 metamorphosis는 일어나지 않는다. 우리가 그러한 모든 생각과 꿈과 환상을 들려줄 수 있는 다른 사람이 존재하지 않을 때 정동을 불러일으키기란 쉽지 않다.

6. 텍스트의 밖에서—지식과 주이상스: 세미나 XX에 관한 주해

 라캉은 표상과 정동에 대한 프로이트의 근본적인 구분을 언어 대리비도, 기표 대 주이상스의 구분으로 번역한다. 그리고 주체에 대한 그의 논의—정신분석에서 주체는 누구인가 또는 무엇인가—대부분은 근본적인 구분distinction 또는 분열disjunction과 관련된다.

 프로이트는 이미 표상과 정동을 배치할 자리를 물색해 놓고 있었다. 그는 중복되는 다양한 정신의 위상학을 고안했는데, 그 중 표상은 자아에게, 그리고 정동은 이드의 본질적인 부분으로 간주되는 충동을 통해 발산되므로 이드에게 배당하고 있다. 그러나 초자아는 자아를 질타하는 것으로부터 과도한 만족을 얻고 있는 듯한 그 단호한 도덕적 어조와 함께—명령, 비판 등의—표상을 사용하고 있다는 점을 고려할 때 적재적소에 배치하기가 쉽지 않다(SE XXII, 59-67).[1] 정신을 이론화하고자 하는 프로이트의 초기 시도는 정동을 전혀 고려하지 않았다: 의식-전의식-무의식으로 구성된 위상학은 표상이 세 단계 모두와 관련된다고 제안하지만 정동에 대해서는 무슨 말을 하고 있는가? 프로이트는 그의 전반적인 이론적 저작들에서 오직 표상만이 무의식적인 것이라고 주장해온 반면 동시에 일관되지 못한 방식으로 정동이 무의식적인 것일 수 있다고 제안하게 된다.[2]

 우리는 라캉이 표상/정동이라는 대극을, 비록 그의 저작에 항상 그렇게 명시되어 있지는 않지만, 프로이트보다 더욱 명확히 대립시킨다고 말할 수 있다. 라캉은 주체 **일반**the subject에 대해 이야기하고 있지만 우리는—자크 알랭 밀레가 자신의 미출판된 세미나인 "Donc" (1993-1994)에서 명시하는 바에 따라—사실 라캉의 이론에는 두 가지의 주체, 또는 적어도 주체의 두 얼굴이 있다고 말할 수 있다: 그것은 기표의 주체와 주이상스의 주체를 말한다.[3]

 4장에서 언급된 바를 간단히 요약하자면, 주체는 자신의 행동에 대해 전혀 알지 못한 채 지식을 가지고 있거나 그러한 지식에 따라 행동하므로, 기표의 주체는 '레비-스트로스의 주체'라고 명명될 수 있다. 그가 마을에서 이러이러한 자리에 오두막을 지은 이유에 대해 질문한다면, 이에 대한 그의 대답은 그의 세계를 구조화하고 효과적으로 마을의 배치도를 작성하게 만드는 근본적인 대립쌍과는 무관한 듯 보일 것이다. 다른 말로 바꾸면 레비-스트로스의 주체는 자신이 알지 못하며 인식하지도 못하는 지식을 바탕으로 생활하고 행동한다. 어떤 의미로는 그것이 그를 통해 사는 것이다It lives him. 관찰자는 그가 의식적으로 알고 있는 것에 의존하지 않아도 그 사람 속에서 그것을 찾을 수 있다.

이것은 최면에 의해 발견된 지식과 같은 종류의 지식이며, 결국 일반적으로 사용하는 의미에서의 주체라는 것을 전혀 필요로 하지 않는 듯하다. 결국 그것은 주체를 요구하지 않는다. 그것은 라캉이 「주체의 전복」에서 조합의combinatory 주체라고 부르는 것이다. 세상에는 우리의 언어, 가족, 사회에 의해 제공된 대립쌍들의 조합이 존재하는데 그것은 기능을 가지고 있다(E 806). 「과학과 진실」에서 라캉은 이 주체를 "과학의 주체"(E 862)—즉 과학으로 연구할 수 있는 주체—라고 지칭하며 역설적으로 "우리가 정신분석에서 영향을 미치는 주체는 과학의 주체일 수밖에 없다(E 858)고 주장한다. 그/그녀는 전적으로 조합의 주체이며 순수하게 언어의 주체이다(이는 명백히 게임 이론에서 위치되는 주체이며 "추론적 과학"의 범주에 속하는 주체이다."

이 주장은 다소 솔직하지 못한 것인데, 정신분석이 원하는 효과를 거두기 위하여 언어에 의존하는 것은 맞지만—언어는 정신분석의 유일한 매개이다—그럼에도 불구하고 정신분석은 정동에 대해서도—정동, 리비도 또는 주이상스로서의 주체에게도—영향을 미칠 방법을

6. 텍스트의 밖에서 — 지식과 주이상스: 세미나 XX에 관한 주해

찾으려고 노력하기 때문이다.4) 라캉의 저작을 읽을 때 우리가 대면하는 어려움의 하나는 그가 특정 순간에 어떤 주체에 대해 이야기하고 있는가를 명확히 말하지 않으며 은밀히 하나의 의미에서 다른 의미로 옮겨가는 것을 선호한다는 점이다. 내 판단으로는, 라캉이 「과학과 진실」에서 '대상'에 대해 이야기할 때 그는 정동으로서의 주체를 가리키고 있는 반면 그가 '주체'에 대해 이야기할 때는 구조로서의 주체, 순수한 조합의 주체를 의미하는 듯하다.

우선 기표의 주체를 논하는 것이 충동의 주체(또는 주이상스로서의 주체)를 언급하는 것보다 훨씬 수월하다는 점을 상기할 필요가 있다. 후자는 까다롭다(n'est pas commode). 이러한 어려움 때문에 많은 후기 프로이트주의 분석가들은 우리가 J-요인이라고 부르는 주이상스라는 요인을 설명하기 위해 다른 방식을 강구했다(빌헬름 라이히는 연구 중 특정 단계에서 다음과 같이 생각하게 된다. "환자의 신체와 실제로 접촉하여 직접적으로 다루면 되지 않는가? 왜 꼭 말을 통해서 해결해야 하는가?")

많은 현대 인지행동 심리학적 접근은 주이상스의 주체보다는 이와 대조적인 기표의 주체만으로 관심을 한정한다고 이해할 수 있다. 사실 많은 인지-행동 심리학자들은 직관적으로조차도 자신들이 무엇인가를 놓치고 있다는 사실을 이해하지 못하는 듯하다. 모든 것은 이성적이어야 하므로 그들의 체계는 그 외의 다른 어떤 것도 필요로 하지 않으며, 그러므로 당연히 다른 것을 받아들일 여지가 없다. 그들은 '비이성적인 믿음'들을 찾아내어 '교정'하거나 '파괴한다.'

언어학—라캉은 언어학이 처음부터 정신분석에 적절한 과학성의 모형을 제시할 것이라고 생각하고 또한 정신분석이 언어학과 같은 과학의 대열에 포함될 것이라고 믿으며 1950년대에 이 신생과학에 심취해 있었다—은 기표의 주체로만 그 관심을 한정시킨다. 모든 구조주의적 담론에서도 마찬가지이다. 라캉 자신이 1950년대의 이론들에서 보여주듯이 구조조주의적 과제는 순수한 기표의 주체로부터 지식을 얻는 것이며, 그 안에 각인된 지식을 끌어내어 지도를 그리는 것이다.

이후 라캉은 언어학이 정신분석을 위한 모형이라는 생각을 거부하며 1972년에는 언어학과는 상이하다고 볼 수 있는, 언어를 사용하는 자신의 방식을 설명하기 위해 새로운 개념을 만들어낸다. 그는 그것을 "언어학假語學1)linguistricks"(세미나 XX, 20/15)이라고 부른다. 그는 단순히 언어, 문법, 관용어 등에 들어있는 지식을 끌어내지 않는다. 그는 순수한 기표의 주체 이외의 다른 어떤 것에 영향을 미치고자 언어를 사용한다.

말

> 우리는 성적인 주이상스를 직접적으로 연구할 수 있는가? 그것은 불가능하며 이 때문에 말이 있는 것이다.
>
> −라캉, 세미나 XVIII, 1971년 3월 17일

기표의 주체와 주이상스의 주체 사이에서 전자를 통해 후자에 변화를 일으키기 위해서는 둘 사이에 수렴되거나 또는 중복되는 부분이 있어야만 할 것이다. 라캉은 초기에 이 둘이 모두 말 속에 나타난다는 것을 알아냈다. 말은 기표들의 체계(또는 간단히 '기표'라고 해도 될 듯하다. 그에게 말하는 것은 습관화되어 있으며 이는 언어의 의미화

---

1) 'la linguisterie, linguistricks'는 일상적으로 사용하는 언어의 의미가 무너진다는 뜻으로 '쓰러질 언假'자를 사용하여 '언어학假語學'으로 번역했다(옮긴이 주).

체계 전체를 암시하기 때문이다)에 의존하며 이로부터 어휘목록과 문법을 차용하지만 말은 다른 어떤 것을 필요로 한다. 바로 언표행위 enunciation이다. 그것은 발화되어야만 하기 때문에 신체적인 요소가 도입된다. 말을 생산해내기 위해서는 숨쉬기와 턱과 혀의 모든 움직임 등이 요구된다.[5)]

언어학은 발화된 주체subject of the enunciated 또는 언표의 주체subject of the statement에 관심을 가지는데—예를 들어 "나는 그렇게 생각한다I think so"는 문장에서 "나"—이들은 '전환사shifter'로 분류된다. 그리고 언어학은 언표의 주체와 발화하는 주체 사이의 차이를 고려한다. 만약 우리가 프로이트를 따라서 "정신분석은 불가능한 직업이다"라고 말한다면 언표의 주체는 '정신분석'인 반면 발화하는 주체는 실제적으로 그 단어를 말하는 사람이다. 언어학은 이 두 주체 사이의 구분을 인정하지 않을 수 없다.

그러나 언어학은 발화하는 주체 자체를 설명하지는 않는다. 발화하는 주체는 말하는 것을 즐기는 사람일 수도 있고, 말하는 것이 고통스러운 사람일 수도 있으며 또는 말하는 도중 실수를 하는 사람일 수도 있다. 발화하는 주체란 자신의 감정, 욕망 또는 쾌락을 드러내는 어떤 것을 말하게 할 수 있는 사람이다.

그러므로 말은 이 두 주체가 동시에 활동하는 장소의 하나이며, 정신분석이 말을 이용하는 한 둘 중 어느 것도 간과할 수 없다.

경제학도 마찬가지일 것이다(잠시 사회과학으로 넘어가자면, 내가 처음부터 주장했듯이 사회과학 역시 정신분석과 공통점이 있다). 경제학은 증권시장의 '무대'에서 활동하는 위와 동일한 두 주체들을 완벽하게 파악하고 있어야 한다. 아마도 우리는 기표의 주체를 시장에서 '합리적' 경제 주체로 전제되는 경제적 인간Homo oeconomicus과 동일시할 수 있을 것이다. 그렇다면 발화하는 주체 또는 주이상스로서의 주체란 누구인가? 그것은 미국 연방준비제도 이사회 의장 앨런 그린스펀Alan Greenspan이 비난한 주체, 주가를 '이치에 맞지 않게' 치솟도록 만드는 '비이성적 과열irrational exuberance'을 **만드는** 주체가 아닐까? '비이성적 과열'이라는 말은 그린스펀이 처음 언급한 후 매체를 통해 수천 번 되풀이된 표현으로서 바로 경제학의 영역에서 주이상스의 이름이다. '비이성적 과열'은 이 시대의 포틀래치2)이다. 물론 유일한 포틀래치라고는 볼 수 없겠지만 여전히 그 중 중요한 것에 속한다.

정신분석에서 두 주체들이 작동되는 곳이 (증권거래와는 달리) 말인 이유는 정신분석이 말과 관련된 상황으로서 구축되기 때문이다. 즉 이 상황에서는 인간 행동의 다른 형태들이 애초에 암시적으로 또는 명확하게 배제된다. 그것은 집단의 군중행동을 고려해야 하는 집단적 상황—집단 히스테리, 폭동, 약탈 등(어떤 이유에서인가 대기실 행동이 분석상황 자체의 중요 부분으로 간주되는 경우가 아니라면)—이 아니다. 만약 사회학과 정치학이 그들의 영역을 기표의 주체만으로 완전히 설명할 수 있다고 믿으며 위와 같은 행동의 주체, 주이상스로서의 주체를 간과한다면 그것은 무분별한 판단일 것이다.

라캉의 초기 업적 되돌아보기

분석 상황에 대한 첫 번째 모형 또는 그래프인—레비-스트로스의 『구조주의 인류학』6)이 제시하는 모형을 기반으로 한—L 도식에서

---
2) 태평양 연안의 원주민들이 자신의 사회적 지위를 높이기 위해 재산을 선물하거나 파괴하는 의식으로서 19세기 말, 20세기 초에 백인들에 의해 금지되었다(옮긴이 주).

6. 텍스트의 밖에서 – 지식과 주이상스: 세미나 XX에 관한 주해

라캉은 내가 논의해 온, 서로 다른 목적을 위해 겨루는 두 주체를 묘사한다(나는 <표 6.1>에서 L 도식을 단순화시켰다).

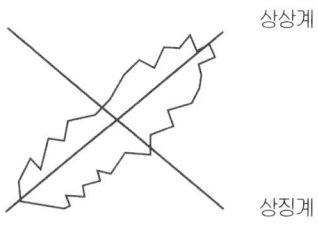

<표 6.1> 단순화된 L 도식 II

이 단계에서 상상계적 영역은 질투심에 의한 분노, 부러움 및 경쟁과 관련된 주체에 상응한다. 이는 라캉이 후에 "질투jealousy"와 "주이상스 jouissance"를 합하여 주체의 *jealouissance*, "이열利悅[3]jealouissance"이라고 부른 것에 해당한다(세미나 XX, 91/100). 당시에는 말을 통해 이열利悅을 사라지게 만들 수 있으며, 그것을 전면적으로 분석해낼 수 있고 해결할 수도 있다고—한마디로 제거할 수 있다고—생각했다. 기표의 주체와 주이상스의 주체 사이에 일어나는 충돌에서 후자가 제거되어야 했던 것이다. 후자는 전자에게 장해물이 되었으며 지장을 초래했다.

4장에서 언급되었듯이 라캉이 제시하는 복잡한 욕망의 그래프를 통해 우리는 그래프의 아래쪽에서는 언어 속에서 도래하는 주체를 볼 수 있고 그래프의 윗부분에서는 주체와 주이상스의 교차점을 볼 수 있다(나는 <표 6.2>에서 그래프를 단순화시켰다).

---

3) '이열怡悅'에서 '기쁠 이怡'자 대신 '이로울 이利'자를 사용하여 '이열利悅'로 번역했다(옮긴이 주).

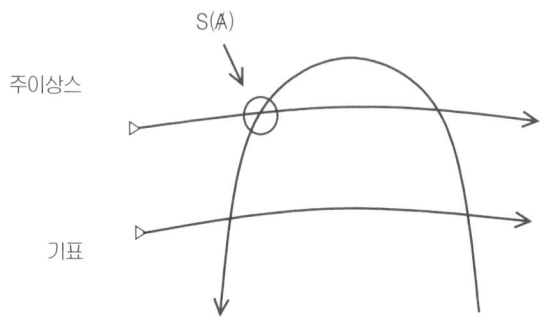

<표 6.2> 단순화된 욕망의 그래프

주체는 아래쪽의 오른편에서 시작하여 먼저 의미화 연쇄(아래쪽의 수평벡터)를 지난 뒤 주이상스(위쪽의 수평벡터)를 가로지르는 경로를 따른다. 두 번째 교차점은 문제를 내포하고 있는데, 주체가 여기서 가장 먼저 대면하는 것은 그/그녀의 주이상스를 설명하거나 그것에 대한 해답을 제시할 수 있는 기표가 없다—S(Ⱥ)—는 사실이기 때문이다. 우리의 주이상스에는 근거가 없다고 말할 수도 있을 것이다. 라캉에 의해 설명되었듯이 기표(아랫부분)와 주이상스(윗부분) 사이에서 주체가 경험하는 곤경은 고통스러운 것이다: 그들은 쉽게 동맹을 맺지 않는다.

이 논의는 두 주체를 화해시키는 방향으로 개진되지 않는다, 라캉은 말하자면 이 둘을 어떻게 화합시킬 수 있는가를 보여주는 이론을 구상하지 않는다. 명백한 것은 정신분석에서 우리가 말이라는 매개를 통해서 주이상스의 주체를 연구하며, 분석수행자가 호소하는 증상의 주이상스에 변화를 초래하는 방식으로 말을 사용하기 위해 노력한다는 것이다.

6. 텍스트의 밖에서 — 지식과 주이상스: 세미나 XX에 관한 주해

정신분석가들이 명백히 주체의 이질성에 관해 고심해야 하는 것처럼 인문학 및 사회 과학의 **많은** 다른 영역들도 이론의 구상과 실천에서 주체의 **두** 측면을 받아들여야 할 것이다—물론 각 영역에 특징적인 서로 다른 목표에 의해 그 방식은 정신분석과 상이할 것이다.7) 문제시 되는 두 주체들에 대해 전반적인 설명을 했으니, 그 중 첫 번째 주체와 관련된 지식으로 관심을 옮겨보자.

전과학적前科學的 문맥 속에서의 지식

적어도 20여 년간 라캉은 전과학적前科學的 형태의 지식이라고 지칭할 수 있는 것에 관심을 가지고 그것을 현대 과학의 문맥에서 정의되는 지식과 구분하려고 노력한다. 라캉은 전과학적 형태의 지식을 아리스토텔레스의 과학과 연계시키는데, 이는 코페르니쿠스 자신에 의한 것은 아니지만 흔히 코페르니쿠스의 혁명으로 불리는 전환 이전을 의미한다.

왜 라캉은 이것에 몰두하며 강박적으로 거듭 반복하여 이에 대해 이야기하는 것일까? 이것은 과학사에만 관련된 것이기 때문에 쟁점화하기 힘든 것이 아닌가? 라캉이 분석 외의 시간을 재야 역사가로 보낸 것일까?

여기서 라캉이 주장하는 바는 정신분석이 철학과 심리학 모두로부터 분리되기 위해 노력했으며 계속 여러 종류의 전과학적인 내용들과 의사과학擬似科學의 단순한 형태들, 그리고 오래된 철학적 개념들에 관심을 기울여왔다는 것이다. 정신분석이 현대 심리학보다—질병분류학의 항목이 화려하게 확장되어 '심상추형장애imagined ugliness disorder'에 이르고 있다(DSM IV에서는 신체추형장애로 알려져 있다)[8]—더 믿을만한 것이 되기 위해서는 과학에 대한 사람들의 의견만이 아니라 도대체 과학이라는 것이 무엇인가를 조사해야만 한다.

예를 들어 현대과학은 명백히 측정과 '확실한 정보'의 제공을 강조한다. 궁극적으로 모든 미국 심리학 기구들은 각 종류의 측정치와 통계치의 산출에 관심을 기울였다.

그러나 이것이 정신분석이 성취할 수 있는, 아니 성취하고자 해야만 하는 종류의 과학성인가? APA 소식지*APA Monitor*는 미국심리학회의 월별 기관지로서 때때로 프로이트의 이론 중 어떤 측면이 임상연구를 통해 증명되었는가를 나열한다. 그러나 심리학이 프로이트의 이론을 격하시킨 진부한 가설들을 고려하여 그 가설들을 검증하고, 그러한 변조된 가설들을 시험하기 위해 그들이 고안한 연구기획을 조사하면, 우리는 추측된 주장들이 제기된 반론들보다 나을 것이 없음을 절감하게 된다!

라캉에 따르면 이는 결코 정신분석이 목표로 삼아야 할 과학성이 아니다. 그는 당시 정신분석은 과학이 아니며, 측정할 수 있는 사실들을 제시하기 위해 노력함으로써 정신분석을 과학으로 만들 수 있는 것도 아니라고 생각했다. "사람들이 생각하는 바와는 반대로 과학에서 측정될 수 있는 것이 중요한 것은 아니다"(세미나 XX, 116/128). 우리는 잠시 후 그가 과학에서 **중요하다**고 생각하는 것이 무엇인지 살펴볼 것이다.

그러나 우선 고전적 시각에 의해 정의되는 지식을 라캉이 어떻게 간주하는가를 들어보자. 라캉은 세상에 대한 고전적 시각이 환상에 기초한다고 말한다. 그것은 마음(*nous*)과 세상 사이(세미나 XX 116/128), 인간이 생각하는 것과 그/그녀가 생각하는 세상 그 자체 사이, 인간이 세상에 대해 이야기 할 때 사용하는 단어들 간의 관계들과 세상 자체에

6. 텍스트의 밖에서—지식과 주이상스: 세미나 XX에 관한 주해

존재하는 관계들 사이에 내재하는 조화에 대한 환상이다.

현대과학은 자연의 속성을 설명하는 기존의 언어가 부적절하며 새로운 개념, 새로운 단어 그리고 새로운 이론들이 필요하다는 가정하에 단호히 이러한 개념과 단절했다. 그러나 이상하게도 정신분석 학술지에서 우리는 줄 매서먼Jules H. Massermann[9] 같은 사람들의 논문을 볼 수 있는데, 라캉에 따르면 그는 "전례 없는 유치함으로 자신의 유년기의 문법적 항목들과 현실 속의 관계들 사이에 존재하는 일대일 대응을" 찾아낸다(E 274). 다른 말로 바꾸면 20세기 중반에 우리는 언어에 대한, 그리고 언어가 분석가들의 연구를 위해 제시하는 항목들과 관계들에 대한 맹목적인 접근을 목격한다. 이러한 가장 전과학적인 확신들이 여전히 대부분의 심리학 분과에서 발견된다.[10]

라캉에 따르면 세상에 대한 고전적 시각을 특징짓는 환상은 더욱 심각하다. 그것은—그가 이에 대해 처음 언급한 사람은 아닐 것이다—성교에 대한 이야기와(세미나 XX, 76/82) 남녀 간의 관계를 나타내는 정교한 은유들로 가득하다. 형상은 질료에 삽입되거나 그 안에 씨를 심는다, 형상은 능동적이고 질료는 수동적이다, 형상과 질료, 능동성과 수동성, 남성적 원칙과 여성적 원칙 사이에는 근본적인 관계가 **존재한다**. 라캉의 말로 바꾸면 당시의 모든 지식은 "각인된 성적인 연계에 대한 환상"(76/82), 즉 성관계라는 것이 존재하며 이러한 연계 또는 관계는 우리 주위에서 쉽게 검증된다는 환상에 동참한다. 지식과 세상의 관계는 성교의 환상과 분리할 수 없는 것이었다.

물론 오늘날의 정신분석에서 그러한 환상은 더 이상 유효하지 않다. 그러나 진상은 오늘날의 정신분석에서 작동되는 근원적 환상 하나가 있다는 사실인데, 그것은 남녀 사이의 조화로운 관계가 **가능하리라는** 것이다. 이러한 시각은 프로이트의 저작에서 목적론적 관점으로 간주되는 것에 근거하는데, 여기서 목적론이란 구순기, 항문기, 성기기로 알려진 리비도적 단계의 '전개'로부터 생겨나는 것으로 추정된다. 구순기와 항문기에는 아이가 한 사람 전체가 아니라 부분 대상들과 관계를 형성하는 반면 후기 프로이트주의자들이 종종 주장해온 대로 성기기에 아이는 다른 사람을 부분대상들의 집합이 아닌 통합된 한 사람으로 받아들인다.

프랑스에서 1950년대 중반에 출판된 『오늘날의 정신분석』[11]은 그러한 개념들을 위해 많은 분량을 할애한다. 그 책에 나오는 동시대 분석가 전체가 제안하는 바에 따르면, 우리가 성공적으로 성기기에 이르렀을 때 완벽하게 조화로운 상태가 만들어지고 성관계를 가지는 상대를 대상이 아닌 주체로서 받아들이게 되며 목적을 위한 수단으로서가 아니라 칸트적인 의미에서 그/그녀 자체가 목적이 된다. 이 단계의 괄목할 만한 성취는 우리가 '헌신적oblative'이라고 지칭하는 상태가 된다는 것이다. 자신에게 돌아올 이익을 생각하지 않고 타인을 위해 행동할 수 있는 진정으로 이타적인 사람이 된다는 것이다.[12]

그 당시의 분석가들은 과연 그런 사람을 만난 적이 있을까? 믿기 어려운 일이다. 그러나 그 분석가들은 주저하지 않고 남녀 사이에는 그러한 완벽하게 조화로운 상태가 존재하며 자기애와 이기심이 전적으로 제거될 수도 있다고 가정하고, 분석수행자를 대할 때 성기적 관계는 사심 없는 것으로서 장려하는 반면 구순적이거나 항문적 관계는 이기적인 것으로 간주한다. 아무도 그런 상태를 목격한 적이 없음에도 불구하고 **그것은 존재해야만 했던 것이다**.

다시 말하면 이것 또한 정신분석 이론 및 임상을 왜곡시키는 또 다른 종류의 환상이다.[13] 라캉의 목표는 정신분석에서 이와 같은 환상 모두를 제거하는 것이다. 물론 말보다는 실천이 문제인데, 바로 이

6. 텍스트의 밖에서 – 지식과 주이상스: 세미나 XX에 관한 주해

때문에, 비과학적인 요소들을 제거하고 언젠가는 과학적인 학문이 되고자 하는 영역이라면 언제나 과학사의 연구를 가장 중요한 것으로 간주하게 되는 것이다. 자신의 분야와 관련된 역사를 알지 못한다면 우리는 그것을 반복하게 되기 쉽다.

남녀 사이의 조화라는 환상은 뚜렷이 구분되는 계보를 가지고 있는데 우리는 적어도 플라톤의 『향연』까지 거슬러 올라가게 된다. 『향연』에서 아리스토파네스는 우리 모두가 한때는 전혀 결여되지 않은 구와 같은 존재였으나 제우스가 우리를 반으로 갈라놓았으며, 그 이래로 우리는 우리의 나머지 반쪽을 찾아 헤매게 되었다고 말한다. 분리된 존재들로서 우리는 다시 하나로 합해지기를 열망하며 이에 실패한다 하더라도 최소한 상대의 가슴에 안겨야만 안심하게 된다(제우스가 우리를 불쌍히 여겨 생식기를 앞쪽으로 돌린 다음 함입시켰다[4]). 아리스토파네스가 말하듯이 "그러므로 사랑은 둘이 하나가 되게 만들어 인간의 상처를 치유하고자 노력하며 우리의 초기 상태를 복원하려는 것이다."[14] 사랑은 근원적 분열을 보상하는 것이며, 이렇게 조화가 이루어질 수 있다.

인간 역사에서 근원적으로 상실된 순간(에덴동산 [계통발생])이나 개체적인 시간(어머니-아이 관계[개체발생])에 가능했을 조화에 대한 믿음은 **현재에도** 서양의 현대 융학파의 심리학이나 동양의 특정 중국 종교들(일례로, 음과 양)에서 볼 수 있다.

아리스토파네스가 제시하는, 원래 구와 같은 존재들로서의 인간의 이미지는 구가 아무것도 결여되지 않은 가장 완벽하고 조화로운 모양이라는 사고를 반영한다. 케플러의 시대까지 대부분의 고대 우주론과

---

[4] 『향연』에서 제우스는 서로의 반쪽을 끌어안고 굶어 죽어가는 인간들을 위해 수정란을 신체 내부에서 키울 수 있도록 만들어 준다(옮긴이 주).

천문학은 구의 완전성이라는 환상을 토대로 구성되었으며, 많은 '과학적' 연구들은 명백히 비원형으로 회전하는 행성들의 움직임을 어떻게 모든 모양들 중 가장 우월한 모양인 원을 근거로 설명할 수 있는가를 보여줌으로써 진실을 보존*saving the truth*(salva veritate[5])하고자 하였다. 코페르니쿠스조차도 주전원周轉圓epicycle들을 이용하였으며 그러므로 코페르니쿠스의 혁명이란 완전히 코페르니쿠스적이지는 않았던 것이다. 코페르니쿠스가 말한 것이란 만약 태양을 세상의 중심이라고 간주하면 계산이 단순화된다는 것이었다—이 경우에는 예를 들어 주전원의 수를 60개에서 30개로 줄이는 것을 말한다.

4장에서 언급하였듯이 라캉은 중심과 주변이라는 개념에 전혀 영향을 미치지 못하는 이러한 종류의 움직임은 혁명을 선도할 수 없다고 주장한다. 하늘은 전과 마찬가지로 회전할 뿐이다. 케플러가 타원이라는 완전하지 않은 모양을 소개했을 때 비로소 중심이라는 개념이 문제시되며 일종의 대대적인 개편이 일어났다(세미나 XX, 43/43). 라캉에 의하면 이보다도 더 중요한 변화를 초래한 것은 행성이 비어있는 한 지점(초점)을 향해 접근할 때 예전처럼 그것을 돈다거나 회전한다고 묘사하기가 어렵다는 생각이었다. 아마도 그것은 낙하와 더욱 유사할 것이다. 바로 여기에서 우리는 뉴턴을 만난다. 수천 년간 다른 모든 사람들이 말해왔던 것—"회전한다"—을 이야기하는 대신 뉴턴은 "떨어진다"고 말한다(43/43).

뉴턴의 혁명에도 불구하고 라캉은 우리 대부분이 여전히 우리의 "세상을 완전한 구형으로 간주한다"고 주장한다(42/42). 자신에 대해 우리가 가지고 있는 이미지의 중심에서 의식을 제거한 프로이트의

---

5) 고트프리트 라이프니츠Gottfried Leibniz가 사용한 용어로서 두 용어를 서로 바꾸어 대입해도 의미가 변하지 않는 경우를 뜻한다(옮긴이 주).

6. 텍스트의 밖에서—지식과 주이상스: 세미나 XX에 관한 주해

혁명에도 불구하고 그것이 불가피하게 다시 중심으로 되돌아오거나 또는 중심이 어쩔 수 없이 다른 곳에 다시 생성된다. 라캉은 정신분석이 필요로 하는 "탈중심"은 지속시키기 어려운 것이며(42/42) 분석가들은 계속 기존의 중심/주변을 위주로 한 사고방식으로 돌아간다고 말한다—따라서 또 다른 '전복', 즉 라캉적인 전복이 필요하다.

「주체의 전복」의 요점 중 하나는 주체라는 것은 알고 있는 사람을 가리키는 것이 **아니라** 그보다는 알지 못하는 사람이라는 것이다. 무의식에 대한 강조, 의식적이며 생각하는 주체—즉 자아—는 알지 못하는 것으로 간주되는 지식에 대한 프로이트의 강조에도 불구하고, 다시 말하면 어떤 곳에 각인되었거나 명기되었거나 표기되어 있지만 엄밀히 말하자면 누구에게도 알려지지 않은 지식에 대한 프로이트의 강조에도 불구하고, 정신분석가들은 의식적인 자기라는 개념으로 되돌아갔다. 이것은 종합적 기능이 부여된 자아, '현실의 통합'과, 이드의 격렬한 충동과 초자아의 엄격한 도덕적 비판 사이에서의 중개라는 능동적 역할을 맡은 자아라고 할 수 있다— 한마디로 의도성과 효능이 배태된 작인이다(이러한 자아의 개념은 무엇보다도 프로이트의 후기 저작에서 볼 수 있다).

프로이트의 초기 저작에서 볼 수 있는 급진성은 상실되거나 가려졌으며, 뒷문으로 숨어드는 그러한 환상을 저지하기란 쉽지 않다. 라캉에 의하면 알지 못하는 주체의 중요성은 궁극적으로 프로이트의 업적의 모든 단계에서 볼 수 있는 것이다. 프로이트의 시대에 알려진, 남자가 아버지를 살해하고 어머니와 관계를 맺는 이야기로 구성된 모든 고대 신화들 중—명백히 상당히 많은 종류가 있었다—라캉은 왜 프로이트가 오이디푸스를 선택했는가에 대해 묻는다? 그의 대답은 다음과 같다. 왜냐하면 **오이디푸스는 자신이 그러한 행동을 했다는 것을 알지 못했**

기 때문이다(세미나 VIII, 122). 그러므로 오이디푸스는 '안다'라는 단어의 어떠한 의식적 측면에서도, 알지 못하는 주체, 이유를 알지 못한 채 행동하는 주체의 완벽한 모형이다. 정신분석의 시각에서 "알고 있는 주체라는 것은 존재하지 않는다"(세미나 XX, 114/126).

지식과 전체

시각적 영역과 우리가 그 안에서 대면하게 되는 이미지들은 상당한 흡입력을 가지고 있다. 잠시 다른 담론들로 관심을 돌려보자면, 되돌아온 원의 이미지(또는 적어도 계란형)는 소쉬르의 기호에 대한 모형(<표 6.3>을 보라)에서조차 우리를 매료시킨다.

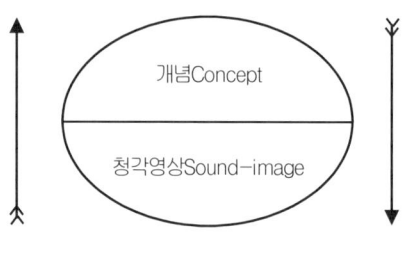

<표 6.3> 소쉬르의 기호

우리가 3장에서 보았듯이 소쉬르의 이론에서 기표와 기의, 청각영상과 개념은 분리될 수 없이 함께 묶여있다. 소쉬르가 말하듯이 "두 요소들[개념(기의) 그리고 청각영상(기표)]은 **친밀하게 결합되어 있다**"15); 그가 기호를 나타내기 위해 제시하는 그림에서 그들은 전체whole를 이루는 듯하다. 이것은 보호되어 있는 기호로서 그 안의 기표와 기의는

6. 텍스트의 밖에서 — 지식과 주이상스: 세미나 XX에 관한 주해

분리되어 있지 않으며 서로 관계된 체계들이 음과 양의 형태와 같이 배열되어 있다. 여기서 나는 이러한 방식으로 기호를 개념화하고 영상화하거나 또는 재현하는 것 자체에만 초점을 맞추기 위해 서로 다른 기호들 간의 복합적 관계들로부터 기인하는 복잡한 특성들은 배제시키고 있다.

또한 우리는 3장에서 라캉이 소쉬르의 기호를 전복시킴으로써 언어학 영역에 진출하는 것을 보았다. 그는 기표와 기의 사이에는 조화롭고 전체적인 관계가 존재하지 않는다고 말한다. 기표는 기의를 지배하고, 이 둘 사이에는 소쉬르가 제시하는 상호적인 화살표—이는 각 체계가 다른 체계에 비견되는 효과를 미칠 수 있음을 나타내는 일종의 상관성 또는 가능성을 제시한다—를 폐지하는 굳건한 장벽이 존재한다. 라캉은 이미(우리가 3장에서 보았듯이)「문자의 심급」에서 그러한 방식으로 기호를 전복시키고, 1970년대에는 두 영역 사이의 장벽 또는 가로선을 강조하고, 기표에 의해 기의가 생성되며 기표가 기의를 나타나게 만든다는 사실을 거듭 부각시키며 그러한 전복적 의미를 한층 강화한다(세미나 XX, 35/34). 그는 소쉬르의 기호에 대한 이미지가 우리에게 미치는 영향을 소산시키고자 노력한다.

라캉이 역사라는 주제를 선택했을 때 명백해진 것은 그가 역사 속에서 일종의 총체적인 의미나 목적론을 찾으려는 헤겔의 시도에 반대한다는 점이다. 라캉은 일반적으로 전체라는 것에 대해 의구심을 가지고 있으며 항상 모든 전체whole 속에서 구멍hole을 찾아내어 지적한다. 그는 환자의 세계 전체를 설명하기 위해서이든 아니면 모든 정신분석적 경험을, 말하자면 두 신체들 사이의 관계('이인관계심리학two-body psychology') 또는 '커뮤니케이션 상황'으로 환원하기 위한 목적에서이든, 남김없이 설명하고자 하는 정신분석 이론이 가진 틈을 지적한다.

정신분석가들은 그러한 총체적인 설명에 대해 위험한 매력을 느끼는 듯한데, 이는 그들만의 문제가 아닌 것처럼 보인다. 심지어 현대 물리학과 같은 이미지와 상상계의 유혹에서 자유로울 듯한 이론적인 영역에서조차도 알려져 있거나 알아낼 수 있는 모든 힘들을 설명할 '만물이론theories of everything' 또는 '통일장이론unified field theory'에 대한 관심이 점차적으로 높아지고 있다. 이는 마치 클라인의 항아리나 또는 뫼비우스의 띠를 근거로 한 이미지와 반대로 구와 같은 형태의 이미지를 근거로—n-차원의 구라 할지라도—만든 과학적인 지식의 시각을 내포하고 있는 듯하여 매우 기발하게 느껴진다.

사실 이것은 적어도 라캉이 1960년대 초에 그러한 이미지들을 소개하는 이유 중 하나이다. 그는 자신의 청중들이 원이나 구를 중심으로 생각하는 것(특히 세미나 IX를 보라)을 멈추게 만들고 대신 안과 밖, 정면과 후면, 신체와 구멍과 같은 그리 쉽게 이해되지 않는 표면을 근거로 생각하게 만들고자 하였다. 라캉에 의하면 전체whole를 이루는 것으로서의 세상이라는 개념은 '하나의 시각, 응시 또는 영상적 접근'을 중심으로, 즉 밖에서 보는 구의 모습을 토대로 구성되었다—마치 세상이 한쪽에 있고 우리는 **밖의 어떤 우월한 위치에서**[16] 세상을 관찰하고 있는 듯하다. 그러나 우리는 클라인의 항아리 속에 있는가 아니면 밖에 있는가? 그러한 표면이 모형으로 제시될 때 일종의 외면성을 중심으로 자신을 위치시키기란 더욱 어렵다. 그러나 심지어 그러한 표면들조차도 이미지로 남게 되고 정신분석은 계속 상상계에 뿌리내리게 된다. 라캉이 약 12년 후 세미나 XX에 도입하는 매듭들도, 마음으로 떠올리기가 다소 어렵긴 하지만, 역시 시각적인 것에 동참한다.

우리를 시각적인 것으로부터 벗어나게 만들기 위해 노력하는 과정에서 라캉은 문자에 이르게 된다. 케플러가 타원을 소개함으로써 우리

6. 텍스트의 밖에서—지식과 주이상스: 세미나 XX에 관한 주해

가 기존에 가지고 있던 코페르니쿠스적 사고방식을 배제시켰다면 뉴턴은 다음과 같은 글쓰기로 우리를 더욱 멀리 나아가게 만든다:

$$F = g \frac{mm'}{d^2}$$

라캉에 따르면 이것은 "우리를 상상계적 기능으로부터 떼어놓는 것이다"(43/43).

수식화 없는 공식화

환상 너머로 가는 한 방식은 문자로 환원하는 것이다. 사실 세미나 XX에서 라캉은 "수학에서 문자가 사용되는 방식보다 분석 담론의 지평을 더욱 잘 구성해내는 것은 없다"고 말한다(44/44); 수학에서 사용되는 많은 문자들은 일상적인 의미를 가지지 않으며 그것은 m이 질량을 상징하는 물리학의 문자와도 다르다. 버트란트 러셀Bertrand Rusell과 같은 수학자들은 수학에서 사용되는 문자는 아무 의미도 가지지 않는다고 말한 것으로 인용되곤 하는데, 의미가 없다는 것은 상상계가 아니라는 뜻이다(라캉이 말한 대로 "의미는 상상계적이다"[세미나 III, 65/54]).

비록 라캉이 궁극적으로 "분석적인 것은 수학적인 것이 아니다"라고 결론내리지만(세미나 XX, 105/117), 그럼에도 불구하고 그는 수년간, 정신분석 이론을 정리하고 공식화하기 위한 상징—그는 이것을 수학소mathemes라고 지칭한다: $, a, $i(a)$, A, ($ ◇ a), ($ ◇ D), S(A), Φ 등—을 제시하기 위해 노력한다. 그의 노력은 부분적으로는 현재 분석이 제시할 수 있는 가장 철두철미한 방식으로 특정 구조들을 이론화하려는 시도였다. 그가 소개하는 상징들은 측정과는 무관하며 그러므로 힘과 중력에 관한 뉴턴의 공식에서와 같이 숫자를 대입할 수는 없다. 그러나 우리가 그 복합적 의미에 친숙하다면 이들은 많은 정립된 이론들을 압축된 형태로 요약해 준다. 여기서 라캉의 목적은 정신분석을 수식화하는 것이 아니라 공식화하는 것이다. 적어도 이 단계에서 라캉은 공식화가 과학성으로 이행하는 것을 가능하게 만드는 한 방식이라고 생각하는 듯하며, 공식화를 과학에 관계된 가장 중요한 것—측정보다 더욱 중요한 것—으로 간주한다.

　물리학에서 공식화는 이론가들이 추론할 수 있는 독립된 영역을 가능하게 만들었다: 우리는 공식들 자체만을 다룰 수 있으며, 그들 사이의 상호관계를 새로운 형태의 의미나 그것이 암시하는 바에 대해 전혀 알지 못한 상태에서도 계산해낼 수 있다. 우리는 어떤 가정들도 해볼 수도 있는데, 이는 직관적인 의미에서가 아니라 단순히 그렇게 함으로써 등식이 간단해지기 때문이다. 그 후 그러한 가정들은 실험을 통해 시험될 수 있다. 그런데 공식화 자체가 새로운 비약적 발전을 초래했다; 그것은 물리학자들에게 그들이 자신의 영역에 **비-직관적이고, 이미지를 근거로 삼지도 않으며, 상상계적이지도 않은 방식으로 접근할 수 있는 기반**을 제시했다. 현상에 대해 설명하거나 이해하기 위해 새로운 이론을 고안해내는 것보다는 기존에 한 번도 인식되지 못했던 현상 중 어떤 것이 그 이론들을 증명해낼 수 있을 것인가에 대해 생각해내는 과정을 통해 사실 현대 물리학은 어떤 현상에 대해 조사하는 경우, 이에 대한 모든 직관적인 이해방식을 배제하게 되었다. 예를 들어 태양이 금성으로부터 우리에게 도달하는 빛을 휘게 만든다는 것은 현대 물리학에 의해 광자의 물질적 속성과 이에 대한 태양중력

6. 텍스트의 밖에서 – 지식과 주이상스: 세미나 XX에 관한 주해

의 영향이 가정되기 전에는 아무도 알지 못했다. 내가 알기로는 아직 앨버트 아인슈타인의 이론들 중 시험되지 않은 측면들이 남아있다.

물론 가까운 미래에 독립된 기반으로서의 이론화가 가능해지도록 정신분석을 공식화할 수는 없지만 라캉은 그러한 공식화를, 과학적이라고 부를 수 있는 정신분석의 형태가 지향해야 할 지평에 배치한다. 수식화가 동시에 수반되지 않은 상태에서 그러한 공식화가 어떻게 독립적인 기능을 수행할 수 있는가에 대해서는 명확하지 않지만 그는 수학의 많은 다양한 영역을 만들어내는 데 이용될 수 있는 일종의 논리인 집합론이 **수식화 없는 공식화의 모형**을 제시한다고 생각하는 듯하다.

정신분석이 속하는 영역에 내포된 역설 중 하나는—일반 최신 판 교재를 읽거나 단지 수업을 들음으로써 물리학을 '연구'하거나 '적용하기' 위해 알아야 하는 모든 것을 배울 수 있으며, 물리학자들이 뉴턴, 제임스 맥스웰, 헨드리크 로렌츠 또는 아인슈타인이 집필한 원전들을 읽어야만 하는 상황이 아닌 물리학과 같은 영역과는 달리—정신분석에서는 프로이트의 텍스트에 필적할 만한 텍스트가 없으며 그의 저서를 읽는 것은 필수적이라는 사실이다.[6] (적어도 그렇게 되어야만 한다!) 이 영역에서는 출판된 후기 저작들이 프로이트의 업적 전체를 포괄할 수 없으며 이를 누구든 배우고 사용할 수 있는 일련의 공식들의 형태로 전해줄 수도 없다.

우리는 라캉의 저작에서 두 가지의 접근을 관찰할 수 있다. 라캉은 자신의 연구와 프로이트의 업적을 수학소로 변환시키고자 노력하지만—사실 그는 반어적으로 모든 정신분석 이론을 집합론으로 환원시켰

---

[6] 부록에 첨가된 역자의 「프로이트로의 복귀: 프로이트 전집 기행」을 참고하라(옮긴이 주).

다고 주장하기도 한다.[17]―이와 더불어 일종의 텍스트에 대한 '물신화'가 나타나기도 한다. 우리는 그의 저작에서 한편으로는 인문학과 문학비평 분야에서 지대한 관심을 불러일으킨, 프로이트의 텍스트와 다른 텍스트들(예를 들어 포의 『도둑맞은 편지』)에 대한 '구조주의적' 접근을 볼 수 있고, 또 다른 한편으로는 독자들에게 영향을 미치고자 하는 글쓰기에 대한 관심을 엿볼 수 있는데 후자는 공식이나 수학적으로 정확한 등식들의 직접적인 전달과는 무관해 보인다.

그의 글에서 우리는 다의성多義性polysemia, 이중 의미와 삼중 의미, 얼버무림equivocations, 환기喚起evocations, 수수께끼, 농담 등의 진수를 맛볼 수 있다. 그의 텍스트와 강의들은 우리로 하여금 분석과정 자체에서 요구되는 노력을 하게 만들기 위해 고안된 듯하며, 우리는 그 속에서 의미의 층들을 이동하며 마치 텍스트가 일련의 긴 말실수인 듯 그것을 해독해야 한다. 언젠가 그는 자신의 글쓰기 방식이 분석가들을 훈련시키기 위해 의도적으로 구상된 것이라고 말하는데("나의 모든 수사법은 분석교육의 효과를 이끌어내기 위한 것이다"[E 722]) 그것은 의심할 여지없이 그 이상을 성취한다. 그의 글은 우리에게 영향을 미치며 어떤 경우에는 우리의 기분을 상하게 만든다.

기표의 주체―순수한 조합의 주체 또는 레비-스트로스의 주체―와 주이상스의 주체 사이의 구분을 중심으로 생각해보면, 우리는 농담 삼아 과학의 주체로서의 라캉에 의해 수학소가 만들어지는 반면 주이상스의 주체, 즐기는 주체로서의 라캉은 끝없는 말장난 식의 언어유희를 생산한다고 말할 수도 있을 듯하다. 그러나 또 한편으로는 그가 재담의 경우와 마찬가지로 수학소 역시 즐기고 있다는 느낌이 들기도 한다.[18]

6. 텍스트의 밖에서 – 지식과 주이상스: 세미나 XX에 관한 주해

지식은 주이상스의 결핍과 함께 시작된다

라캉은 아리스토텔레스에 대해 논하며 지식은 주이상스의 결핍에서 그 원동력을 얻는다고 말한다(세미나 XX, 52/54-55).[19] 우리는 인생에서 우리에게 허락된 즐거움이 불충분하다고 느끼며 바로 이러한 불충분함 때문에 우리는 지식의 체계를 설명하게 된다—이것은 아마도 가장 먼저 왜 우리의 쾌락이 불충분한가를 이해하기 위해서일 것이며 또한 어떻게 그렇지 않은 방향으로 상황을 변화시킬 수 있는가를 제안하기 위해서일 것이다. 우리는 라캉으로부터 결여를 사라지게 만들 수 없다[20]: 지식은 인생의 충만함이라든가 일종의 '자연적 활력'에 의해 유발되는 것이 아니다. 원숭이들은 여러 경우에 그러한 활력의 신호를 보여주지만 그들은 논리, 수학적 체계, 철학 또는 심리학을 만들어내지는 않는다. 라캉에 의하면 분절된 지식(*savoir*)은 쾌락을 느끼는 데 실패했을 때, 또는 쾌락이 불충분할 때—한마디로 불만이 있을 때—유발되는 것이다.

세미나 XX의 프랑스어 제목 '*Encore*'는 다음을 반영한다; 우리가 "*encore*"라고 말할 때 우리는 더 달라거나, 충분하지 못하다거나 다시 하라는 말을 하고 있는 것이다(여기에는 다른 뜻도 있지만 우리의 관심에 직접적으로 관련되는 것은 아니다). 그것은 우리가 경험한 것이 충분하지 않았음을 뜻한다.

우리가 다른 사람들 또는 동물 중 다른 종들보다 주이상스를 덜 가지고 있는 것일까? 우리보다 더 많이 즐기고 있는 사람을 정말로 주위에서 보아 온 것인가? 아마도 이따금 그랬던 것도 같다. 인종차별, 성차별, 동성애 공포증 그리고 종교적 불관용은 그 집단의 성격이 무엇이든 어떤 집단이 한 집단보다 더 많이 즐기고 있다는 **믿음** 때문이라는 주장이 종종 제기된다. 그러나 일반적으로 그러한 믿음에는 근거가 없다. 인종차별주의자들은 좀처럼 자신들이 차별하는 사람들로부터 그런 것을 보지 못한다. 그럼에도 불구하고 그들은 여전히 그렇게 믿고 있다.

우리는 동물이 결코 할 수 없는 것을 하고 있는 듯하다: 우리는 **우리가 그 정도는 되어야 한다**고 생각하는 기준을 토대로, 절대적인 기준, 표준 또는 벤치마크를 중심으로 우리의 주이상스를 가늠한다. 동물의 왕국에서는 표준이나 벤치마크가 존재하지 않는다; 이들은 오직 언어에 의해서만 가능해지는 것이다. 다른 말로 바꾸면, 언어는 우리가 획득하는 주이상스가 기대하고 있던 정도가 아니라는 생각을 하게 만드는 것이다.

언어에 의해 우리는 잡다한 방식으로 우리가 얻게 되는 하찮은 만족이 있는 반면 이와는 다른 만족이며 보다 나은 만족으로서 결코 결핍되지 않고 결코 부족하지 않으며 절대로 우리를 실망시키지 않을 만족이 있다고 **말하게** 된다. 우리는 그렇게 믿을 만한 만족을 경험해 본 적이 있는가? 우리 대부분의 경우 대답은 부정적일 것이다. 그러나 그럼에도 불구하고 우리는 여전히 그러한 것이 있다고 믿는다. 더 나은 것이 있음에 틀림없다. 아마도 우리는 어떤 **다른** 집단의 사람들에게서 그런 징표를 보았다고 생각하며 이 때문에 그 사람들을 질투하고 미워하는지도 모른다. 아마도 그것이 어딘가 존재한다는 것을 믿고 싶기 때문에 어떤 집단에게 그것을 투사하는 것인지도 모른다(물론 내가 여기서 이 단순한 공식을 통해 인종차별, 성차별 등이 가지고 있는 모든 측면들을 설명하고자 노력하고 있는 것은 아니다).

어쨌든 우리는 보다 나은 것이 있다고 생각한다; 우리는 더 나은 것이 있음에 틀림없다고 말한다; 우리는 더 나은 것이 있음에 틀림없다

6. 텍스트의 밖에서 — 지식과 주이상스: 세미나 XX에 관한 주해

고 **믿는다**. 우리 자신에게든, 친구에게든 또는 분석가에게든 그것을 거듭 반복하여 말함으로써 우리는 이 다른other 만족, 다른 주이상스 Other jouissance에 일종의 일관성을 부여한다. 결국 우리는 그것을 대단히 일관성 있는 것으로 만들게 되고 우리가 실제로 얻는 주이상스는 더욱 불충분해 보이게 된다. 우리가 가지고 있던 얼마 안 되는 것마저 더욱 줄어드는 듯하다. 우리가 진정 믿을 수 있고 결코 우리를 실망시키지 않을 이상으로 간주하며 지지하는 주이상스와 비교할 때 그것은 더욱 왜소해 보인다.

많은 것들이 이러한 주이상스에 대한 믿음을 뒷받침한다. 할리우드는 어느 누구도 경험해 보지 못했을 종류의 일관성을 제시하기 위해 노력하며 명백히 이를 지지하고 있다. 할리우드가 묘사하는 성관계에서—성은 라캉이 말하는 주이상스와 관련된 유일한 영역은 아니지만 가장 명백해 보이는 것들 중의 하나로 간주될 수는 있다—외관상 배우가 성관계로부터 취하는 만족은 필연적이며 믿을 수 있는 것으로 보인다. 나는 은막의 스타들처럼 성적인 관계를 갖는 사람이 없다고 말하는 것은 아니다, 그보다는 궁극적으로 아무도 그 정도로 어김없이 그러한 관계를 가지게 되지는 않으며, 그만큼 절대적으로 **확실하게** 그것을 경험할 수는 없다는 뜻이다.[21]

결코 과녁을 빗나가지 않는 불멸불후의 주이상스란 도대체 어떤 상태를 뜻하는가? 라캉에 의하면 그것은 존재한다기보다는 우리가 마음속에서 그릴 수 있는 이상, 관념, 가능성으로서 **강요된다**insist. 그의 용어로 표현하면 그것은 "외존한다[7]ex-sists": 그것은 지속되며persists 자신의 주장하는 바를 마치 외부로부터 강요되듯이 전달한다—외부라

---

[7] 하이데거의 'ex-sistence'라는 용어는 '탈존'으로 번역되지만 라캉의 저작 내에서 정신분석적으로 언급되는 경우이므로 기존의 번역인 '외존'을 따랐다(옮긴이 주).

는 말의 의미는 "우리 그것을 다시 합시다"라는 소원보다는 "당신은 다른 것을 할 수 없나요? 뭐 좀 다른 걸 해볼 수는 없나요?"에 더 가깝다.

우리가 실제로 가지고 있는 하찮은 주이상스를 떠올릴 때면 우리는 우리가 가져야 하는 것은 바로 다른 주이상스이며 그것은 반드시 존재해야만 하는 것이라고 생각한다. 우리가 그 가능성을 짐작할 수 있으므로 그것은 반드시 존재해야만 한다. 이는 중세 철학을 연상시킨다. 캔터베리 대주교 안셀무스는 "신이란 그보다 더 위대한 것을 생각할 수 없는 것을 이른다"고 말한다. 존재란 가장 완벽한 것으로 알려진 것의 일반적 속성 중 하나이므로 신은 존재할 수밖에 없다. 그렇지 않다면 그는 가장 완전한 것에 속하지 못할 것이다. 존재론적인 주장은 본질로부터 존재를 이끌어내려고 시도한다는 점에서 비판받아 왔다. 만약 이를 라캉의 관점에서 본다면 신의 **외존**을 증명하려는 것으로 이해할 수 있을 것이다.[22]

다른 주이상스라는 개념은 신이라는 개념과 밀접하게 관련된다. 여기에는 일종의 환상이 작동되고 있는데 그것은 우리가 그러한 완전하고 총체적이며 실로 구형球形이라고 부를 수 있는 만족을 얻을 수 있을 것이라는 환상이다. 이 환상은 불교, 선, 천주교, 밀교密敎 Tantrism 그리고 신비주의에서 여러 형태를 취하며 열반, 황홀경, 깨달음, 은총 등과 같은 다양한 이름으로 알려져 있다(나는 그것을 환상이라고 부르고는 있지만 그것이 비현실적이라고 말하는 것은 아니다).

그 환상은 너무나 강렬해서 우리는 이 다른 주이상스가 있어야만 하며 존재해야만 한다고 느낀다. 그러나 만약 이러한 환상이 없었다면 우리는 우리가 실제적으로 획득하는 주이상스에 지금보다는 더 만족할지도 모른다. 그러므로 라캉이 말하듯이 환상에 따르면 다른 주이상스가 반드시 있어야(즉 존재해야) 하는 것인 반면, 우리가 실제적으로

6. 텍스트의 밖에서 – 지식과 주이상스: 세미나 XX에 관한 주해

경험하고 있는 만족의 입장에서 보자면 그것은 단지 상황을 악화시킬 뿐이므로 존재해서는 안 되는 것이다. 우리는 아마도 **그것은 항상 상황을 악화시킨다**고 말할 수도 있을 것이다. 이것은 라캉이 세미나 XX의 5장에서 거듭 반복하는 언어유희의 골자이다: "c'est la jouissance qu'il ne faudrait pas"(이것은 *falloir*, '……해야만 한다it must be'와 *faillir*, '어기다to fail'라는 두 개의 서로 다른 동사들에 의한 언어유희로서 특정 시제에서 이들은 동일한 철자와 발음을 가지게 된다; 그러므로 "그것은 존재해서는 안 되는 주이상스이다"와 "그것은 결핍되지 않는 주이상스이다"가 된다): 이것은 결코 결핍되지 않으며, 우리가 이미 가지고 있는 소량의 주이상스를 항상 더욱 감소시키고야 마는 것으로 주이상스를 개념화한다.

라캉에 의하면 이 두 종류의 주이상스들(하찮은 것과 타자적인 것)은 상보적인 것이 아니다. 만약 그렇다면 "우리는 다시 전체로 되돌아갈 것이다"(세미나 XX, 68/73): 상보성의 환상 속에서 전체는 음·양과 같이 하나는 남성적인 것이고 다른 하나는 여성적인 것이다. 대신 이들은 존재와 비존재처럼 그리스 철학자들을 다소 "흥분시켰던" 미심스러운 한 쌍으로 구성된 결합을 이룬다(세미나 XX, 25/22, 52/54, 56/61).

성 구분 sexuation

이 두 가지 주이상스에 대한 논의를 통해 우리는 라캉이 '성 구분'이라고 부른 것으로 넘어갈 수 있다. 상기해야 할 것은 성차공식이 생물학적인 성을 가리키는 것이 아니라는 점이다: 라캉이 남성의 구조와 여성의 구조라고 부른 것은 우리의 생물학적 기관에 관계된 것이 아니라 그보다는 우리가 얻을 수 있는 주이상스의 종류에 관련된 것이다.[23] 내가 아는 한, 성 구분과 '젠더', 성 구분과 '성정체성', 또는 성 구분과 '성적취향'이라고도 지칭되는 것 사이에는 쉽게 중복되는 부분이 없다. '젠더'는 영어용법에서 근래에 등장한 개념으로서 1970년대 초 프랑스에서는 문법상의 의미 외의 다른 뜻으로는 전혀 알려져 있지 않았다. 아래의 논의에서 내가 남성이라고 지칭하는 것은 자신의 생물학적인 성에는 무관하며 <표 6.4>(세미나 XX, 73/78)에서 왼쪽에 있는 특정 공식들—라캉이 '성 구분 공식'이라고 부르는 것—에 속하는 사람들을 의미한다, 그리고 내가 여성이라고 지칭할 때 나는 그들의 생물학적인 성과는 무관하게 오른쪽의 공식들에 속하는 사람들을 의미한다.

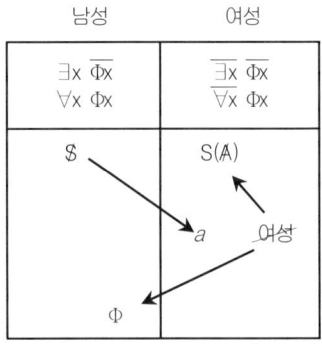

<표 6.4> 성 구분의 공식

여기서 라캉은 자신이 남성과 여성을 논리학에 근거하여 정의하려고 노력한다는 것을 명시한다—이 정의는 가능한 환상에 근거하지 않고(비록 논리학이 환상적인 요소를 내포할 수도 있지만 말이다; 헤겔의 논리학은 전체, 총체화 가능성totalizability이라는 환상을 내포한다)

6. 텍스트의 밖에서 ─ 지식과 주이상스: 세미나 XX에 관한 주해

결코 염색체를 위주로 하지도 않으며 심지어 오이디푸스 콤플렉스에 근거하지도 않는다.24)

라캉은 지금까지 내가 언급한 두 개의 주이상스들을 팔루스적 주이상스와 다른 주이상스(또는 타자의 주이상스)라고 부른다. 나는 지금까지 '팔루스적 주이상스'라고 말하기를 피해왔는데 그것에 이름을 붙이는 것이, 특히 저의를 가득 실은 듯한 그런 이름으로 명명하는 것이 내키지 않았기 때문이다. 그런데 왜 결국 그것을 팔루스적이라고 부른 것일까?

나는 다른 곳에서 여러 가지 이유 중 몇 가지에 대해 언급했다; 여기서 내가 제안하는 것은 문자 그대로 *à la lettre* 읽으라는 것이다. 우리는 '팔루스적phallic'을 '오류를 면치 못하는fallible'으로 읽도록 해야 하며 '팔루스 phallus'에서 '불완전함fallibility'이라는 말을 연상할 수 있어야 한다. 팔루스적 주이상스는 우리를 실망시키는 주이상스이다. 그것은 쉽게 결핍되며 근본적으로 연인을 놓치게 되어 있다. 그 이유는 무엇인가? 그 이유는 그것이 타자로서의 우리의 연인을 라캉이 대상 a 라고 부른, 욕망의 원인으로 기능하는 부분대상으로 바꾸어 놓기 때문이다. 그것은 우리를 흥분시키는 애인의 목소리나 응시일 수도 있고 내가 좋아하는 애인의 신체 부분일 수도 있다. 이것은 라캉의 수학소에서 $\$ \rightarrow a$ 로 표기될 수 있는데 사실 우리는 이를 라캉이 제시하는 표의 공식 아래에서 볼 수 있다(<표 6.4>를 보라).25)

상대방을 대상 a 로 환원시키며 이러한 방식으로 즐기는 것은 남성과 같이 ─ 즉 남성적 구조에 의해 특징지어진 사람이라는 의미에서 ─ 즐기는 것이다. 라캉은 여기서 말장난을 치는데 이러한 종류의 주이상스가 두 개의 *m*으로 표기되는 '옴므섹슈얼hommosexual'이라는 것이다. 여기서 *homme*란 프랑스어로 남자를 가리킨다. 그 사람이 남자인지 여자인지(이들은 생물학적인 개념들이다)에 상관없이, 그리고 그의 애인이 남자인지 여자인지에 무관하게 이러한 방식으로 즐기는 것은 남성**처럼** 즐기는 것이다.

우리가 세미나 XX의 3장에서 보았듯이(40/39), 라캉은 팔루스를 기표와 기의 사이의 가로선(—)과 동일시한다. 우리는 라캉이 종종 논쟁거리가 되는 프로이트의 개념에 고도의 추상성을 불어넣었다는 것을 기억해야 한다. 기표와 기의 사이의 가로선 또는 장애물이 어떤 방식으로 남자라는 부류와 연계된 생물학적인 기관과 관련될 수 있는가는 진정 이해하기 어려운 문제이다.[26] 왜 기표와 기의 사이에 있는 장벽이 선택되었을까? 그 장벽은 말로 표현된 내가 원하는 것 또는 나 스스로에게 말하는 내가 원하는 것과 내가 실제로 얻은 대상 사이에 나타나는 간과할 수 없는 불일치를 말한다. 내 파트너에게 내가 어떤 것을 원한다고 말하고 그/그녀가 그것을 내게 주면 나는 다시 "이게 아니야. 나는 저것을 원해"라고 말한다. 그/그녀가 그것을 제시하지만 여전히 내가 원하는 것이 아니다. 욕망의 대상은 정적으로 머물지 않는다; 욕망은 항상 다른 어떤 것을 찾아 떠난다. 욕망은 언어와 관련된 부분들에 의해 표현되므로—적어도 라캉은 그렇게 이해하는데, 그가 말하는 욕망은 분명 욕망의 일반적인 개념은 아닌 듯하다—어떤 정확한 기의 또는 의미를 나타내고 명확하게 표현하고자 할 때 많은 어려움을 겪는다. '바로 그것이 내가 원한다고 말했던 것임을 나도 알지만, 그것은 정확히 내가 의미했던 것은 아니다.'

어떤 것에 대한 나의 욕망이 기표(S) 속에서 형성되거나 표현된 것과 나를 만족시킬 수 있는 것 사이에는 장벽이 있다.[27] 그러므로 욕망을 실현하는 과정에서 내가 얻는 만족은 항상 실망스럽다. 기표와 기의 사이의 가로선에 의해 통제되는 이 만족은 나를 충족시키는 데 **실패한**

6. 텍스트의 밖에서 – 지식과 주이상스: 세미나 XX에 관한 주해

다―그것은 항상 욕망할 어떤 것을 남겨둔다. 이것이 팔루스적 주이상스이다. 우리가 라캉으로부터 결여를 제거할 수 없듯이 우리는 팔루스에서 실패를 떼어낼 수 없다. 팔루스적 주이상스는 우리를 실망시키고 우리의 기대에 미치지 못한다.[28]

반면 다른 주이상스에는 결코 오류가 없지만 그것은 다소 까다롭다. 라캉이 종종 그것을 *la jouissance de l'Autre*라고 부르듯이 그것은 타자가 우리로부터 얻는 주이상스일 수도 있고―라캉은 우리가 결국 주이상스에 의해 속임을 당한다*joués*(세미나 XX, 66/70)고 말한다―또한 우리가 타자를 즐기는 것일 수도 있고 우리가 타자로서 즐긴다는 뜻일 수도 있다(26/23-24). 이 모호함을 유지한 채 성 구분 공식으로 넘어가보자.

성 구분 공식

1960년대 중반 라캉은 고트로프 프레게Gottlob Frege라는 논리학자로부터 함수의 언어를 차용한다. 1970년대 초반에 소개된 성 구분 공식에서 일반적으로 $f(x)$라고 표기되는 f의 자리에 라캉이 Φ를 넣긴 했지만 Φx는 함수로 볼 수 있다. Φx는 변수를 가진 함수이고 우리는 적어도 어떤 경우에는 x라는 변수를 '주이상스'로 간주해도 될 듯하다(<표 6.4>를 보라).[29] x를 이와 같이 간주하면[30] 공식들을 다음과 같이 이해할 수 있다. 단 라캉은 고전적 논리학과 같은 방식으로 보편양화사 universal quantifiers와 존재양화사existential quantifiers를 사용하지 않음을 기억하자.

$\forall x \, \Phi x$: 남성의 주이상스는 모두 팔루스적 주이상스이다. 그가

느끼는 만족은 매번 언제나 부족할 것이다.

∃x Φ̄x: 그럼에도 불구하고 다른another 주이상스, 결코 부족하지 않은 주이상스에 대한 믿음이 존재한다.

이러한 방식의 공식화를 통해 우리는 키르케고르Søren Kierkegaard와 도교에 대한 라캉의 논의들을 설명할 수 있다. 라캉의 주장에 따르면 키르케고르는 자신의 팔루스적 주이상스를 포기함으로써만 사랑에 응할 수 있다고 생각한다. 그가 여자, 타자(라캉이 말하듯이 타자의 성Other sex)를 대상 a로 환원시키는 것을 중단할 때—이것은 그가 대상 a로부터 얻는 즐거움을 포기함으로써만 가능해진다—그는 라캉이 "어느 정도 거리에 떨어져 있는 선good" 또는 "배로 강력한 선", "작은 a에 의해 야기되지 않은 선"이라고 묘사하는, 다른 어떤 것을 얻을 수 있다(세미나 XX, 71/77). 이는 기관의 주이상스의 포기를 수반하므로 라캉은 이것을 '자신을 거세하는 것'이라고 부른다. 키르케고르는 **존재의 차원에 도달하기 위해** (육체적으로가 아니라 비유적으로) 자신을 거세하려고 시도한다(윗부분의 왼쪽 끝자리의 공식은 표의 남성 부분에서 유일하게 존재가 언급될 수 있는 자리이다). 그는 대상 a 너머의 어떤 것을 목표로 하는 다른 종류의 사랑을 얻기 위해 현재의 사랑—대상 a에 대한 사랑—을 희생해야만 한다.[31]

사랑으로부터 어떤 도교의 성 관례로 관심을 돌리며 라캉은 도교에서는 더욱 강렬한, 한층 높은 쾌락을 얻기 위해 "사정을 지연시켜야만 한다"고 말한다(세미나 XX, 104/115). 어떤 밀교적 관례에서는 오르가슴이 종종 몇 시간 동안 지연되며 성적인 결합 쌍은 쾌락이 더욱 강렬해진 한층 높은 차원임을 암시하는 일종의 푸른색 후광에 둘러싸이게 된다. 라캉이 팔루스적 주이상스를 기관의 쾌락, 성기의 쾌락과 연관시키고

6. 텍스트의 밖에서 – 지식과 주이상스: 세미나 XX에 관한 주해

있음을 주시하자(13/7); 여기서 요점은 다른 종류의 쾌락을 얻기 위해서 우리는 기관의 쾌락을 끝없이 지연시키거나 또는 이를 전적으로 포기해야 한다는 것이다.

이 예들은 어떤 사람들에 의해 지지되는 믿음을 나타내는데, 일종의 희생을 통하여 인간은 대상a 너머의 쾌락, 상대를 분열된 주체로 인식한 상태에서의 쾌락 또는 타자의 쾌락이나 타자의 성에 대한 쾌락을 얻을 수 있다는 것이다(그것은 타자를 대표하거나 또는 타자의 대역의 역할을 하는 사람에 대한 쾌락으로서 그 사람은 항상 그렇지는 않지만 주로 여자이다). 그렇다면 그는 이러한 희생을 함으로써만 진정 사랑할 수 있다는 뜻인 듯하다. 아마도 궁정풍 연애의 전통은 이에 대한 예일 것이다. 라캉이 다른 문맥에서 언급했던 다음의 이야기를 떠올려보자: "사랑을 할 때 그것은 성과는 무관한 것이다"(27/25). 만약 라캉의 키르케고르와 도교에 대한 내 나름의 해석이 옳다면, 남성을 위한 성 구분 공식의 아랫부분($\forall x \Phi x$)은 대상a에 대한 사랑에 상응할 것이며 윗부분($\exists x \overline{\Phi x}$)은 다른 종류의 사랑에 대한 믿음을 나타내는 것이다. 욕망은 대상a에 의해 유발되므로 우리는 이 사랑을 '욕망 너머의 사랑'이라고 정의할 수 있다.[32]

이제 여성에 대한 공식을 살펴보자:

$\overline{\forall} x\ \Phi x$: 여성의 주이상스 전체가 팔루스적 주이상스는 아니다.

$\overline{\exists} x\ \overline{\Phi x}$: 팔루스적 주이상스가 아닌 것이 있지 않다고 할 수 **있으며**There *is* not any, 이때 '있다is'에 강세가 주어져야 한다. **존재하는** 모든 주이상스는 팔루스적이다(라캉에 의하면 존재하기 위해서는 팔루스적 기표에 의해 결정되는 의미화 체계 속에서 표현될 수 있는 어떤 것이

있어야만 하기 때문이다); 그렇지만 이것이 어떤 주이상스들은 팔루스적이지 않을 수 있다는 것을 부정하는 것은 아니다. 단지 그들은 존재하지 않는다는 것이다; 대신 그들은 **외존**ex-sist한다. 다른 주이상스는 오직 외존할 뿐이며 존재할 수는 없다. 존재하기 위해서는 말로 표현되어야 하며 분절되어야 하며 상징화되어야 하기 때문이다.

어째서 다른 주이상스는 말로 표현할 수 없을까? 말로 표현되기 위해서는 반드시 기표에 의해 분절되어야만 한다. 기표에 따라 분절된다는 것은 기표와 기의 사이의 가로선에 의해 통제된다는 뜻이다. 다른 말로 바꾸면, 그것은 완전하지 못한 것이 될 것이다: 실패할 수 있는 것이 된다는 뜻이다. 가로선은 기표와 기의 사이에 분열을 초래하고, 이것은 기표와 기의가 서로 교감할 수 없게 되는 미끄러짐을 가능하게—사실 이것은 피할 수 없는 것이다—만든다. 의미작용의 일반적인 구조에 대한 라캉의 공식에서도 볼 수 있듯이 주이상스의 상실이 불가피해지는 곳에서는 의미화 체계 일반이 나타난다.

$$\frac{S_1}{\$} \longrightarrow \frac{S_2}{a} \Leftarrow \text{상실 또는 산물}$$

라캉은 이 때문에 다른 주이상스가 반드시 말로 표현될 수 없는 것으로 남아있어야 한다고 지적하는 듯하다. 신비론자들의 글에서 반복되는 주제는 환희와 황홀경의 순간에 그들이 경험하는 것을 설명할 수 없다는 것이다. 그것은 말로 표현할 수 없는 것이다.[33] 그러한

6. 텍스트의 밖에서 – 지식과 주이상스: 세미나 XX에 관한 주해

순간에는 어떤 단어도 개입하지 못한다. 아마도 그래서 라캉은 여성이 이러한 주이상스에 대해 더 이상 이야기를 해주지 않았다고 말했을 것이다. 그것은 분절될 수 없는 것이다.

그것에 대해 **말할 수 있는 것**은 없는가? 라캉의 말 중 가장 구체적인 것은 그것이 성교와는 대조적으로 (적어도 남자의 경우 이것은 대상 a와 관련된다) "사랑 나누기making love"에 해당하며 "사랑을 나누는 것"은 시와 유사하다는 것이다(세미나 XX, 68/72). 그는 세미나의 한 부분에서 그것은 "말에 의한 만족"이라고도 말한다(61/64).[34] 어떻게 이런 만족이 기표와 기의 사이의 가로선이 기능하지 않는, **말로 표현할 수 없는** 경험이라는 개념에 상응할 수 있단 말인가? 그것은 말을 한다는 사실 또는 말을 하는 행위 자체에 의해 우리가 하는 말의 의미작용의 중요성이 가려지게 되는, 그런 종류의 말하기와 관련된다. 라캉이 제시하는 예는 사랑에 대해 이야기하는 것인데, 그에 의하면 "사랑에 관해 말하는 것은 그 자체가 주이상스이다"(77/83). 결국 이것이 궁정풍 연애의 전통에서 가장 중요한 것이다: "사랑의 행위"(68/72)[35], 즉 성관계에 관여하는 대신 담화를 주고받는 것이다. 이것은 그 나름의 쾌락("'다른 만족', 말에 의한 만족"[61/64])[36]을 제공하는 일종의 승화로 간주될 수 있을 것이다.

다른 주이상스를 말로 표현할 수 없다는 것은 말하기 자체가 가진 통렬하고 감동적인 면을 전달하는 것이 어렵다는 사실과 관련될 수 있을 듯하다. 발화행위에 수반된 주이상스는 우리가 '말할' 수 있는 것이나 '공식화할' 수 있는 것 너머에 있다. 나는 라캉이 왜 다른 주이상스를 특히 여성과 관련시켰는가에 대해 흔히들 말하는 대로 많은 경우 여자들이 남자들보다 말하는 것을 더욱 즐기는 듯하다는 것[37] 외에는 할 말이 없다.

어떤 경우든 이때의 요지는, 말로 표현할 수 없는 것이기 때문에 우리가 그것에 대해 어떤 말도 할 수 없다 하더라도 우리는 이 다른 주이상스를 경험할 수는 **있다**는 것이다. 그것이 **존재하지** 않는다는 (즉 말로 표현할 수 없다는) 사실은 우리가 그것을 경험할 수 없다는 말은 아니다. 우리의 그것에 대한 경험은 외존할 뿐이다. 라캉은 그것을 경험할 수 있는 능력을 가진 모든 사람이 실제로 그것을 경험한다고 주장하지는 않는다, 다시 말하면 '모든 여자가' 그것을 경험하는 것은 '아니다.' 그는 정신건강을 위해 여성은 **반드시** 그것을 경험해야만 한다든가 그렇지 않은 여성은 다소 '건강하지 못하거나' 또는 '비정상적'이라고 제안하지 않는다―사실 이러한 용어들은 라캉의 담론에서는 어떤 문맥에서도 거의 사용되지 않는다.

그렇다면 구조상의 정의에서 남성과 여성의 가장 중요한 차이는 여성의 경우에는 다른 주이상스를 얻기 위해 팔루스적 주이상스를 포기할 필요가 없다는 것이다. 그들은 팔루스적 주이상스를 포기하지 않고도 다른 주이상스를 가질 수 있다. 그들은―상대방이 아니라 대상*a*에 관계된―옴므섹슈얼 주이상스 **그리고** 다른 주이상스 모두를 경험할 수 있다. 이와 달리 남성의 경우에는 '둘 중 하나/또는'의 관계이다. 이것은 최소한, 티레시아스로 하여금 여성의 즐거움이 남성의 즐거움보다 더 크다는 말을 하게 만든, 오비드의 시대로 되돌아가 환상을 재도입하는 것이 아닐까?

어떻게 된 것이든, 이것이 라캉의 '성 구분'이 의미하는 바인 듯하다. 남성이란 염색체와는 관계없이 이것 아니면 저것을 가질 수는 있지만 (또는 적어도 하나를 포기함으로써 다른 하나를 가질 수 있다고 생각하지만) 둘 모두를 가질 수는 없는 사람이다, 여성은 염색체와 상관없이 잠재적으로 둘 모두를 가질 수 있는 사람이다(<표 6.5>를 보라).[38]

6. 텍스트의 밖에서 — 지식과 주이상스: 세미나 XX에 관한 주해

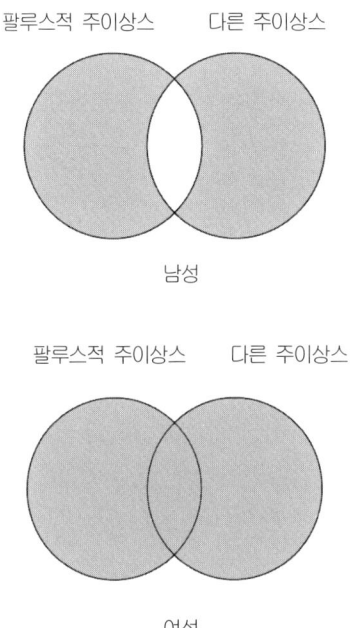

<표 6.5> 남성의 둘 중 하나/또는, 여성의 모두/그리고

이 논의에서 '여성'과 '남성'은 생물학적 성과는 무관한 것이므로 남성과 여성의 관계에 대한 라캉의 논의는 '동성애' 관계—m이 하나인 'homosexual'—에도 역시 마찬가지로 적용될 수 있다. 여성 동성애에서 두 연인은 모두 여성의 구조나 남성의 구조에 함께 포함될 수도 있고 또는 각각의 구조로 나뉠 수도 있다; 남성 동성애 역시 마찬가지이다. 동성애적 대상 선택은 일반과 다르지 않으며 이는 즉각적으로 한 사람을 특정 구조에 배치하지 않는다.

주체와 타자

3장에서 보았듯이 라캉은 수년간 정신분석적 주체는 데카르트의 주체와 상반된 것이라고 주장했다. 만약 코기토가 존재와 사고의 교차점이었다면(<표 6.6>), 라캉의 주체는 한 곳에 존재하고(상상계 또는 실재계) 다른 곳(무의식)에서 생각하며 이들 사이에는 교차점이 없다(<표 6.7>).

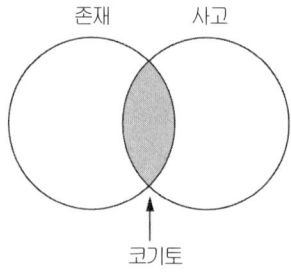

<표 6.6> 데카르트의 주체

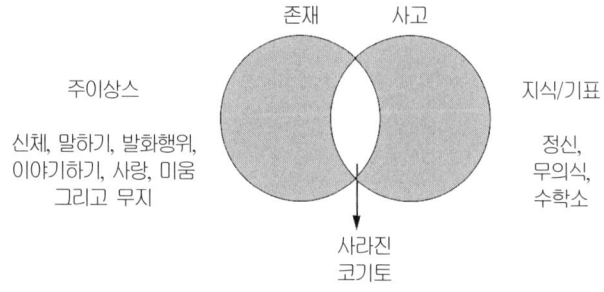

<표 6.7> 라캉의 주체

6. 텍스트의 밖에서―지식과 주이상스: 세미나 XX에 관한 주해

우리는 라캉의 공식을 바탕으로 이를 약간 변형시킬 수 있다. "지식과 존재사이의 불일치가 우리의 주체이다"(세미나 XX, 109/120). 그리고 "알고 있는 주체라는 것은 없다"라는 라캉의 주장에 따라 우리는 코기토―전형적인 아는 주체―를 둘 사이에서 떨어져 나가는falls out 것으로 그려도 될 것이다.

그렇다면 라캉의 타자란 무엇인가? 여기서 라캉은 유사한 분열이 일어난다고 말하는 듯하다(<표 6.8>을 보라). 타자에는 두 개의 얼굴이 있다. 그것은 기표의 자리(라캉은 이를 아버지의 역할과 관련시킨다)와 "여성적 주이상스에 근거한 [……] 신의 얼굴"(71/77)이다. 1970년대 초 이전에 라캉의 이론에서 타자는 항상 정동 또는 주이상스와는 별개의 것으로 간주된다. 타자는 기표의 자리였으며 대상a는 주이상스와 연관되었다. 그러나 여기서 타자라는 개념은 이 두 개의 근본적으로 상반되는 개념들이 분열되는 장소이다. 주체에게 두 얼굴이 있듯이 이때 타자도 두 얼굴을 가지는 듯하다. 바로 여기서 우리는 말하자면 주이상스를 무의식―즉 타자 속―에 주입하는 라랑그lalangue[8])를 만날 수 있다. Φ과 S(Ⱥ)라는 두 측면은 성 구분 공식의 표에서 여성과 관계된 두 파트너들에 해당하며(<표 6.4>) 이는 그녀가 타자Other의 어떤 모습을 남성의 구조에서 보게 되며, 또 다른Other 모습을 여성의 구조에서 만난다는 점을 제시한다.

---

[8]) 라랑그란 무의식이 말에 미치는 효과라고 할 수 있다. 라캉은 라랑그라는 개념을 통하여 소쉬르의 언어학이 지적해내지 못한 언어의 전혀 새로운 차원―다시 말하면 더욱 개인적인 차원―을 표현하고 있다(옮긴이 주).

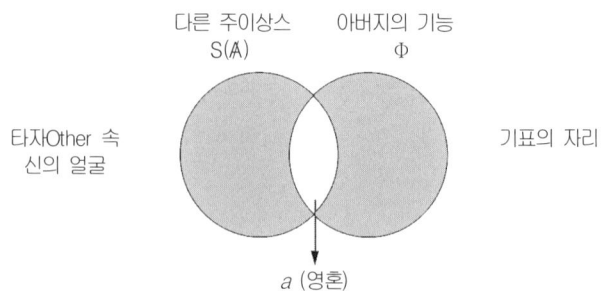

<표 6.8> 라캉의 타자\Other

무엇이 이들 사이에서 빠져 나가는가? 아마도 그것은, 여기서 라캉이 대상*a*와 연관시키는 영혼일 것이다(라캉이 'soulove'라고 부르는 것은 타자에 대한 사랑이 아니라 대상*a*에 대한 사랑이다).[39]

결론

분석수행자의 담론에서 정확히 다른 주이상스를 암시하는 것을 구별해내기란 쉽지 않다. 그러나 우리는 매일같이 분석과정에서 변함없으며 완전한 주이상스에 대한 생각이나 이상에 대해 듣게 된다. 불완전한 현실적 주이상스와 완벽한 이상적 주이상스 사이의 간극은 일상 담론이나 매체에서와 마찬가지로(사실 이들이 무관하다고는 볼 수 없다) 임상과정에서도 명확히 드러난다. 굳이 남성적 구조와 여성적 구조에 대한 라캉의 설명을 옹호하지 않더라도 성에 관한 우리의 담론에 두 가지의 매우 상이한 주이상스들이 있다는 생각에는 동의하게

6. 텍스트의 밖에서 – 지식과 주이상스: 세미나 XX에 관한 주해

된다.[40]

라캉은 주이상스를 이론화하며 자기 자신의 무수한 환상들을 그 안에 불어 넣은 것인가? 이들은 그저 식상한 환상인가? 아마도 여기서 무엇보다도 중요한 개념은 분열*disjunction*일 것이다.

어쨌든 라캉이 세미나 XX에서 그 실체를 드러내려고 노력한, 전체에 대한 환상은 오늘날의 많은 학문분야들에서도 여전히 건재하다. 일례를 들자면 저명한 사회생물학자인 에드워드 윌슨E. O. Wilson은 최근 『통섭: 지식의 대통합*Consilience: The Unity of Knowledge*』이라는 책을 출판했는데, 여기서 그는 **자연**과학에서 개발된 방법론을 사용하여 과학이 결국 모든 것을—심리학, 문학, 예술, 역사, 사회학 그리고 종교까지도—설명할 수 있게 될 것이라고 제안한다. 전체라는 것에 관한 이론은 여전히 우리 대부분에게 막강한 위력을 과시하고 있다!

옮긴이 후기[1]

정신분석 이론은 공부하는 것이 아니라 살아야 하는 것이다. 이론을 살아내고 용어를 겪어내어 궁극적으로는 생활의 변화를 초래할 수 있어야 한다. 자신의 생활에 어떠한 변화도 일으키지 못하는 사람이 밤 새워 쓴 글 속에 남을 변화시킬 수 있는 힘이 배태되어 있을 리 만무하다. 이 책이 라캉의—그러므로 궁극적으로는 프로이트의—중심에 있는 변화의 가능성을 그토록 강조하는 이유는 아마도 이론서로

---

[1] 초판 배포 후 7년 반이 지난 2015년 4월, 2쇄를 출간하면서 수정할 부분들을 살펴보았다. 7년 전과 현재의 가장 큰 차이는 내가 소통을 더욱 절실히 원하고 있다는 점이다. 초판에서 제안했던 새로운 번역이 그간 통용되지 않은 경우, 현재 더욱 일반적으로 활용되는 용어로 다시 변경하였으며 여기에는 다음 부분들이 포함된다: 「문자의 지속」→「문자의 심급」, 누비땀→누빔점, 「프로이트의 그것」→「프로이트의 사물」, 타자적 주이상스→다른 주이상스.

옮긴이 후기

서의 기능 이상을 해내고자 의도하기 때문일 것이다. 프로이트의 사례 연구 중 실패한 분석으로 알려진 도라의 분석을 보면 못마땅한 세상을 살아내는 소녀의 고통과 용기가 엿보인다. 변화를 피할 때 아이가 아팠고, 변화를 대면할 때 그녀가 비로소 회복되기 시작한다.

숨죽여 들여다보며 찬찬히 따라 내려가면 프로이트가 새롭게 보인다. 핑크를 통해 라캉을 이해했다면 이제 라캉을 통해 프로이트로 돌아가야 한다. 프로이트에 도달해야 라캉도, 핑크도 그 진가를 발하게 된다.

요점은 인정이고 사정이고 모두 산산이 부수어버린 후 분열된 존재로 살아가라는 것이 아니다. 믿어주고 사랑해주고 이해해주었을 때 변하는 모습들을 수없이 보아왔지 않은가? 그보다 요점은 만점이 불가능하다는 것이다. 완벽한 조화, 순수한 혈통, 단일 후보, 단일 민족, 백퍼센트 순 참 진짜 원조에 두 손, 두 발, 온 마음 모두 내어준 채 그에 비해 지독하게 초라한 자신의 모습에서 다급히 눈을 돌려서는 안 된다는 것이다. 분열될 수밖에 없고 초라할 수밖에 없으며 부족할 수밖에 없다. 그런데 이것이 전체라는 환상조차 하지 못한 일을 해내게 된다: 우리를 변하게 만드는 것이다.

번역에 최선을 다했으나 노력과 함께 내가 가진 한계도 글자들 안에 녹아들었다. 용어, 해석 및 번역에 관한 의견을 수렴하기 위해 gradiva72@naver.com을 항상 열어둘 것이며, 나 자신 또한 오늘은 아무리 다시 읽어도 보이지 않는 것들이 스스로 내 눈앞에 나타나는 내일을 만들기 위해 노력할 것이다.

황재우 선생님, 정승옥 선생님, 정윤식 선생님, 최민 선생님, 김인섭 선생님, 장원재 선생님, 김다은 선생님, 민승기 선생님, 이상임 선생님, 민경현 선생님, 김성도 선생님께 감사드린다. 선생님들의 은혜에 보답하는 마음으로 항상 최선을 다해 살아갈 것이다.

조기조 사장님, 이성민 씨, 백은주 씨께 진심으로 감사드린다. 도서출판 b는 실천적 이론의 장으로서 이곳의 무대는 A에서는 보이지 않는 세상이다. 다행스러운 인연에 감사드리는 마음으로 번역이라는 힘겨운 과정을 기쁘게 헤쳐 나갈 수 있었다.

1985년 한국에 처음 라캉의 이론을 소개하신 아버지께 이 역서를 바친다.[2]

2007년 7월 7일
김서영

---

[2] 김인환, 「언어와 욕망」, 『세계의 문학』(1985), 가을, 37호, 267-308쪽; 「언어와 욕망」, 『한국문학이론의 연구』(1986), 을유문화사, 255-301쪽 참조.

무의식의 의미 작용을 형성하고 있는 비밀의 매듭이란 과연 무엇일까? 나는 라캉의 정신분석에 내재하는 기본적인 통찰들이 어느 정도 이 질문에 대한 해답을 제공할 수 있다고 생각한다. 라캉의 이론적 통찰을 이끌어 문학 연구의 기초 과학으로 활용될 수 있는 정신 분석적 언어학의 윤곽을 마련하는 데 이 글의 목적이 있다(김인환, 『한국문학이론의 연구』(1986), 258쪽).

프로이트로의 복귀: 프로이트 전집 기행

김서영

　제임스 스트레이치James Strachey가 영어로 번역한 프로이트 전집은 총24권이며 색인만이 수록된 마지막 24권을 제외하면 총23권이라고 할 수 있다. 여기에는 프로이트가 1886년에 파리와 베를린에서 작성한 보고서에서부터 1938년 삶의 막바지에 접어들어 집필한 논문들까지 그의 전 생애에 걸친 업적들이 연대순으로 실려 있다. 프로이트의 한국어 번역은 총 20권의 선집으로 출판되었고 이후 2003년 15권으로 재출판 되었다. 한국어 번역본을 읽을 때에도 전집의 목차를 참고하는 것이 바람직한데, 프로이트의 전체 지도를 그리지 않은 상태에서 특정 논문을 읽게 되면 쉽게 길을 잃게 되기 때문이다. 번역을 마치며 핑크, 지젝, 라캉을 거쳐 우리가 궁극적으로 돌아가야 할 프로이트의 사상과 주요업적을 프로이트 전집기행을 통하여 간단히 정리해보고자 한다.

프로이트 전집의 지도를 그리기 위해 괄호 안에 출판연도가 아닌 집필연도를 표시했다.

영어 전집 첫 권에서 의사 프로이트는 샤르코Jean Martin Charcot로부터 최면을 배운다. 그러므로 최면요법에 관한 글들이 눈에 띄고, 이를 통해 히스테리 사례 연구가 시작됨을 확인할 수 있다. 1권에서 가장 중요한 논문은 1895년에 집필되었으며 1950년이 되어서야 출판되는 「과학적 심리학을 위한 초안"Project for a Scientific Psychology"」이다. 후에 라캉은 이 놀라운 논문에서 이미 프로이트의 전 업적의 초석이 마련되었다고 주장한다. 생리학적인 기초위에 작성된 이 논문에서 프로이트는 외부의 자극과 자극에 대한 뉴런의 반응으로 '기억'을 설명한다. 이 기작은 이후 의식과 무의식을 구분하는 중요한 장치로 부상하게 된다.

2권의 대표적인 저서는 『히스테리 연구Studies on Hysteria』(1893-1895)로서 브로이어와 함께 한 이 연구에서 그들은 히스테리 사례들을 성과 관련된 외상으로 설명한다. 그러나 무엇보다 중요한 것은 환자가 예전의 기억을 언어로 표현했을 때 증상이 사라진다는, 정신분석의 가장 기본적인 전제를 첫 장에서 만나게 된다는 사실이다. 물론 아직 프로이트는 그가 믿고 존경하고 따르던 샤르코의 최면요법을 통해 환자를 치료하고 있지만 책의 후반부로 갈수록 최면에 대해 회의를 느끼고 있음을 알 수 있다. 1892년에서 1898년 사이 그는 서서히 최면요법 대신 환자가 깨어있는 상태에서 말하게 하는 자유연상법을 사용하게 된다.

3권에서는 히스테리, 강박증, 공포증에 관한 논문과 함께 성적인 것에서 신경증의 원인을 찾는 경향이 더욱 노골적으로 표명된다. 그러나 여기에도 빛나는 논문이 있으니 바로 「망각의 심리학적 기작"The

Psychical Mechanism of Forgetfulness"」(1898)이다. 이 논문에서 프로이트는 자신이 '시뇨렐리Signorelli'라는 화가의 이름을 잊게 된 경위를 분석하는데, 그 대신 '보티첼리Botticelli'와 '볼트라피오Boltraffio'라는 다른 이름들이 떠오르는 현상을 설명해내는 프로이트의 이야기는 가히 추리소설을 방불케 한다. 자유연상을 통해 수많은 단어들 중 특정 단어가 선택되는 이유를 밝혀나가는 프로이트의 추리는 아무리 다시 읽어도 여전히 재미있다. 이 중요한 논문은 이후 제6권에 나오는 『일상생활의 정신병리학』의 첫 장이 되어 다시 등장한다.

전집 4권에는 『꿈의 해석The Interpretation of Dreams』(1900)의 1장부터 6장이 수록되어 있다. 프로이트는 히스테리 환자들을 분석하며, 동일한 현상과 동일한 분석방식을 정상인들의 꿈에도 적용할 수 있을 것이라는 생각을 하게 된다. 『꿈의 해석』은 일반인들의 꿈도 똑같은 방식으로 분석할 수 있다는 주장에 대한 증거들을 제시한다. 프로이트는 자신이 임상과정에서 자행한 돌이킬 수 없는 실수들, 많은 시행착오 그리고 자기분석을 거치며 "모든 꿈은 소원성취"라고 주장하게 되는데 이것이 바로 『꿈의 해석』의 표면적 주제이다. 그러나 더욱 중요한 것은 꿈을 해석하는 과정, 즉 '꿈 작업'이다. 프로이트는 평소의 집필습관대로 『꿈의 해석』 또한 당시에 알려진 꿈 이론을 총망라하는 것으로 시작하는데 그의 자료조사방식은 독자를 놀래주기에 충분할 만큼 정밀하다. 꿈 작업은 꿈을 만들어내는 일련의 조작들로서 이를 거꾸로 추적하여 변형되기 이전의 조각들을 분석해낼 수 있다. 제5권에는 『꿈의 해석』(1900)이 이어지며 6장 「꿈 작업」의 나머지 부분과 7장이 소개된다. 흥미로운 꿈 사례들과 함께 '이차가공'과 같이 꿈을 만들어내는 과정들이 소개되고 드디어 의식, 전의식, 무의식이라는 정신의 구조에 관한 첫 번째 위상학이 등장한다.

6권, 『일상생활의 정신병리학*The Psychopathology of Everyday Life*』(1901)은 프로이트가 1898년에 쓴 망각에 관한 짧은 논문으로 시작된다. 이 책은 고유 명사나 단어의 망각, 어린 시절의 기억, 말실수, 잘못 읽기, 잘못 쓰기, 서툰 행동, 우연한 행동, 미신 등의 소주제로 구성되어 있다. 이와 같은, 의식이 용인하지 않았지만 저질러진 행위들은 무의식의 사고를 반영한다. 물론 의도나 진의가 무엇이었는가를 찾아가는 것은 책의 외관에 불과하다. 더욱 세심히 보아야 하는 부분은 프로이트가 그 표면적 목표에 도달하는 방식, 즉 분석의 과정이다. 무의식적 의도를 파헤쳐 드러내거나 또는 어린 시절의 기억으로부터 해답을 찾으려는 일관된 시도들 대신 그 과정에서 행해지는 언어분석과 철저한 자료조사에 초점을 맞출 필요가 있다.

7권에서 프로이트는 이론적으로 더욱 체계적인 분석을 시도하기 위해 다시 임상사례로 돌아간다. '도라'로 불리는 소녀의 히스테리 사례연구는 도라가 꾼 두 개의 꿈을 통해 분석된다. 프로이트 전집의 지도를 그리는 사람이라면 쉽게 도라의 사례연구가 꿈을 바탕으로 진행될 것임을 추측할 수 있다. 『꿈의 해석』 이듬해에 집필되었기 때문이다. 결국 실패하는 분석이지만 후에 프로이트는 이 분석을 통하여 '전이'를 이론화하게 된다. 전집 7권에 수록된 또 다른 저서인 『성욕에 관한 세 편의 에세이*Three Essays on the Theory of Sexuality*』(1905)는 그 시대의 많은 어른들을 경악하게 만든 주장을 담고 있다. 프로이트는 성도착, 물신숭배, 항문성애, 사디즘, 마조히즘을 유아의 성과 관련시키며 어른의 성욕에 대해 말할 수 있는 모든 것들이 사실은 유아기에 이미 경험된 것이라고 주장한다. 즉 엄지손가락 빨기는 아동기 성표현의 예이며, 이때 입술은 성감대로 작용한다는 것이다. 그 외의 주시할 만한 논문으로는 『꿈의 해석』에서 단편적으로 언급했던 『햄릿』 분석이 보다 체계적으로 시도되는 「정신적 문제를 가진 무대 위의 등장인물들"Psychopathic Characters on the Stage"」(1905/1906) 등이 있다.

8권, 『농담과 무의식의 관계*Jokes and Their Relation to the Unconscious*』(1905)는 농담과 꿈을 비교하며 그 속에서 진행되는 무의식적인 소원충족과정을 드러낸다. 1898년에 쓴 「망각의 심리학적 기작」 이래 분석의 핵심도구로 사용되어 온 언어유희가 이 부분에서 절정을 이룬다. 꿈과 달리 농담이란 본격적으로 언어만을 중심으로 전개되는 현상이기 때문이다. 제목에서 알 수 있듯이 이제 더 이상 '병리학'이라는 용어가 사용되지 않는다는 것은 정신분석에서 '정상'이라는 개념이 무의미해졌다는 것을 뜻한다. 히스테리 환자들이 보여 주었던 증상들이 소위 정상이라고 불리던 사람들에게서도 일반적으로 관찰되기 때문이다.

사실 전집 8권의 『농담과 무의식의 관계』와 7권의 『성욕에 관한 세 편의 에세이』는 모두 1905년에 집필된 것이므로 연대순으로 엄밀히 말하자면 전집 9권은 7권의 마지막 논문인 「정신적 문제를 가진 무대 위의 등장인물들」(1905/1906)의 연속이라고 볼 수 있다. 그렇다면 이제 전집 9권의 시작이 문학비평이라는 것이 자연스럽게 보일 것이다. 『그라디바』에 나타난 망상과 꿈*Delusions and Dreams in Jensen's Gradiva*』(1906)에서 프로이트는 꿈과 유년시절 그리고 성적인 억압을 중심으로 옌젠의 소설 『그라디바』를 분석했다. 프로이트는 소설의 주인공인 하놀드의 꿈을 중심으로 그의 무의식적 소망을 추리한다. 프로이트를 매혹시키는 소설의 무대인 폼페이는 기억의 매몰과 복구를 상징하는 장소이다. 분석가의 역할을 맡은 조이라는 인물에 의해 하놀드가 점차 치유되는 과정을 따라가다 보면 우리는 하놀드가 자신이 만든 감옥 안에 스스로를 가두고 고통 속에 하루하루를 살아가는 많은 사람들을 대변한다는 느낌을 받을 수 있다. 파리 떼 같이 보이던 신혼부부들이 점차 아름답게 느껴지고, 예전에는 그저 지나쳤던 세상의 세부들이 하나 둘씩 인식되어가는 과정은 독자에게 소설을 읽는 재미 이상의 치유적 효과를 선사할 수도 있을 것이다. 그 외 논문으로는 「창조적인 작가와 몽상"Creative Writers and Day-Dreaming"」(1907)이 수록되어 있는데 이 짧은 논문에서 프로이트는 문학창작을 낮에 꾸는 꿈으로 정의하고 창작의 단초를 작가의 유년시절의 기억에서 찾는다.

 10권에서 프로이트는 다시 임상사례로 돌아와서 이번에는 다섯 살배기 한스의 말馬에 대한 공포증과 쥐인간이라고 불린 강박증 환자의 사례를 소개한다. 한스의 경우는 정신분석을 공부한 한스의 아버지가 아들의 증상을 기록하고 그 노트를 통해 프로이트가 간접적으로 진행한 분석이다. 한스가 원하는 것은 어머니이며 아버지가 죽기를 소원하고 있다며 아들을 다그치는 장면을 볼 때 오이디푸스 콤플렉스가 정답으로서 적용되고 있음을 알 수 있다. 한스의 아버지는 아이가 아버지와 말을 동일시하고 있으며 말에 대한 공포는 아버지를 제거하고 싶은 소원에 대한 징벌이라고 해석한다. 물론 프로이트는 그러한 분석에 찬사를 보낸다. 쥐인간의 경우 문제로 부각되는 것은 아버지에 대한 사랑과 미움이라는 양가감정인데 이 갈등은 두려움과 소망으로 나란히 배치되어 환자를 교착상태에 빠뜨린다. 쥐를 이용한 형벌에 대한 생각이 그를 괴롭히기 때문에 우리는 그를 쥐인간이라 부른다. 프로이트는 이를 항문성애와 자기징벌 그리고 유아기의 성에 대한 가설들로 설명한다. 여기에 12권의 쉬레버와 17권의 늑대인간을 더하여 프로이트가 전집에서 소개하는 다섯 개의 사례연구들(도라, 한스, 쥐인간, 늑대인간, 쉬레버)은 모두 정독을 요하는 복잡한 세부들로 구성되어 있다. 이 사례연구들은 실제 사례들 속에서 프로이트의 사고의 흐름을 따라갈 수 있는 매우 중요한 저서들이다.

11권에 수록된 『정신분석에 관한 다섯 번의 강의*Five Lectures on Psychoanalysis*』(1909)에서 프로이트는 히스테리 연구에서부터 한스의 분석사례에 이르는 자신의 저서들을 총정리 한다. 정리하는 작업이 시작되면서 프로이트는 서서히 그의 저서들에 통시적인 시각을 불어넣기 시작한다. 11권의 또 다른 저서는 『레오나르도 다 빈치의 유년의 기억 *Leonardo Da Vinci and a Memory of His Childhood*』(1910)인데 제목에서 알 수 있듯이 프로이트는 다 빈치의 어머니에 대한 기억과 그리움을 근거로 예술가를 분석한다. 프로이트에 의하면 다 빈치는 어머니의 죽음에 대한 슬픔을 직접적으로 표현하지 못하며 그 대신 자신의 슬픔을 강박적인 기록으로 대체한다. 프로이트는 "인부들 8플로린, 신부 4명과 수사 4명에게 20플로린, 타종 2플로린, 매장꾼들에게 16플로린, 매장허가를 위해 관원들이게 1플로린 ……"이라고 기록하는 다 빈치의 모습에서 다른 사람은 알아볼 수 없는 방식으로 어머니를 그리며 통곡하고 있는 아들의 눈물을 읽어낸다.

12권, 「편집증 환자 쉬레버―자전적 기록에 의한 정신분석"Psychoanalytic Notes on an Autobiographical Account of a Case of Paranoia (Dementia Paranoides)"」(1911)은 쉬레버 판사가 쓴 자서전을 통해 간접적으로 이루어진 편집증 사례분석이다. 쉬레버는 신체 구조가 여자로 변하여 신의 아내가 된다는 망상을 가지고 있다. 프로이트는 쉬레버의 망상 속에 복잡하게 구분된 상위 신과 하위 신을 아버지와 형의 대리자로 이해하고, 여자가 되는 환상을 그들에 대한 동성애적 사랑으로 분석한다. 또한 아버지에 대한 복종과 반항이라는 유아기의 갈등이 신과의 갈등으로 대체되었으며 아버지에 대한 동성애적 소망은 아이를 가지는 환상으로 바뀌게 된다고 주장하기도 한다. 쉬레버 분석의 마지막 장을 여는 "억압되었던 것은 항상 돌아온다"(또한 『그라디바』의 분석을 참조하라)는 프로이트의 명제는 프로이트의 다양한 얼굴들을 하나로 묶어내는 정신분석의 기본 주제 중 하나라고 할 수 있다. 그 외 논문으로는 전이에 대해 보다 상세한 설명을 제시하는 「기억, 반복 그리고 치료"Remembering, Repeating and Working-Through"」(1914)와 「전이-사랑에 관한 고찰 "Observation on Transference-Love"」(1914) 등이 있다.

13권의 『토템과 터부』(1912-1913)는 전집 중 프로이트의 창조적 상상력이 가장 빛을 발하는 작품으로서 인류 최초의 아버지가 처음 등장한다. 아버지에 대한 아들들의 반란과 친부살해라는 긴장감 넘치는 각본은 죽은 아버지가 신이 되어 돌아오며 절정에 이르는데, 첫 부분에 제시된 토템과 터부에 대한 문헌조사는 논문쓰기의 정수를 보여준다. 13권에는 미켈란젤로의 모세상 분석이 수록되어 있는데 이 논문을 정독하면 오이디푸스 콤플렉스가 없이 정신분석적인 비평을 한다는 것이 무엇인지 알 수 있다. 프로이트의 탁월한 세부 분석에 의해 재독이 아깝지 않은 논문이다.

14권에서 프로이트는 잠시 걸음을 멈추고 자신의 입장을 표명하는 동시에 이제까지의 자료들을 이론화한다. 프로이트는 우선 융과 아들러에 대한 비판을 담은 「정신분석 운동의 역사"On the History of the Psychoanalytic Movement"」(1914)를 집필하고 일 년 후에는 「본능과 그 변형」, 「억압」, 「무의식」, 「애도와 멜랑콜리」 등을 통해 정신분석의 기본 개념들을 체계화한다. 여전히 정신의 구조는 의식, 무의식, 전의식으로 구분된다. 전집 14권의 마지막 부분에 나오는 「정신분석에 의해 드러난 몇 가지 인물 유형"Some Character-Types met with in Psychoanalytic Work"」(1916)에서는 오이디푸스 콤플렉스를 중심으로 셰익스피어와 입센의 희곡을 분석한다. 오이디푸스 콤플렉스라는 결론을 가지고 시작하는 예측 가능한 분석이지만 분석의 과정은 놀랍도록 치밀하고 흥미롭다.

15권, 『정신분석 강의*Introductory Lectures on Psychoanalysis*』(1915-1917)는 체계화된 이론들로 정신분석학을 재정리하는 작업이다. 2007년 도라의 사례연구를 내용으로 차용한 추리소설 『살인의 해석』과 함께 『정신분석 강의』가 몇 주 동안 정신분석 판매순위 1위를 기록했다. 문제는 도라의 사례연구를 읽지 않은 독자가 『살인의 해석』을 즐기기 어려우며 『정신분석 강의』가 연대순으로 프로이트 전집 중 어디에 위치하는가를 알지 못하는 독자는 책의 내용을 따라가기 힘들다는 점이다. 일반적으로 많이 알려진 이드, 자아, 초자아는 1923년에 소개되는 이론으로서 『정신분석 강의』로부터 6~7년 후에나 프로이트의 저서에 언급되기 시작한다. 즉 『정신분석 강의』를 정신분석 개론으로 간주할 수 없는 것이다. 그보다는 1923년 이후에 집필된 『비전문가 분석의 문제*The Question of Lay Analysis*[1]』(1926)가 정신분석에 대한 훨씬 쉽고 더욱 개략적인 설명을 제시한다. 프로이트는 전체 중 어디에 위치된 글인지 확인한 후 읽을 때 더욱 많은 것을 얻을 수 있다. 15권에 수록된 『정신분석 강의』 상권은 일상생활의 실수들과 꿈 분석으로 그 간의 저서들을 다시 정리한다. 여기에는 『일상생활의 정신병리학』, 『꿈의 해석』 그리고 1915년에 출판된 일련의 이론적 논문들이 한 덩어리로 녹아 있다. 여전히 유아기의 소망과 성 이론은 중심에 배치된다. 16권, 『정신분석 강의』 하권(1916-1917)에서 프로이트는 조심스럽게 자기애에 관한 이론에 의해 언젠가 자아의 구조를 알아낼 수 있을 것이라고 제안한다. 그리고 약 6년 후 이 고민은 이드, 자아, 초자아라는 두 번째 정신의 위상학을 탄생시킨다.

17권, 「늑대인간―유아기 노이로제에 관하여"From the History of an

---

1) 『비전문가 분석의 문제』는 『프로이트 19: 정신분석 운동』(1997), 열린책들, 『프로이트 15: 정신분석학 개요』(2004), 열린책들에 번역되어 있다(옮긴이 주).

Infantile Neurosis"」(1914)는 프로이트 전집 중 유아기 성 이론의 결정체이다. 아이가 꿈에 나뭇가지에 조용히 앉아있는 흰 늑대를 보기 때문에 그를 늑대인간이라 부른다. 프로이트는 미움과 사랑, 부정과 긍정, 수동성과 능동성이 정신분석 안에서는 동전의 양면과 같이 연계됨을 지적하며 아이의 꿈을 정 반대로 해석한다. 즉 프로이트는 움직임이 없이 앉아 있는 늑대가 아이를 보고 있다는 것은 아이가 언젠가 격렬한 움직임을 목격했던 것을 기억해내고 있다는 뜻이라고 분석하며, 이것은 부모가 성관계를 가지는 장면을 목격한 아이가 자신의 기억을 재현해낸 것이라고 주장한다. 17권의 후반부에 수록된 「낯선 친숙함"The 'Uncanny'"」(1919) 역시 오이디푸스 콤플렉스와 거세공포로써 분석된다. 「낯선 친숙함」은 호프만 (E. T. A. Hoffman)의 『모래 귀신*The Sand-man*』이라는 소설의 분석인데, 프로이트는 이 소설의 주인공인 나타나엘의 눈을 잃어버리는 것에 대한 공포를 거세공포와 연관하여 해석한다. 프로이트에 의하면 낯선 두려움을 불러일으키는 것은 사실 자신에게 가장 친밀한 내부의 기억이다.

18권, 『쾌락원칙을 넘어서*Beyond the Pleasure Principle*』(1920)는 정신분석 임상의 교착상태에 직면하여 프로이트가 집필하게 되는 저서로서 책 자체를 하나의 거대한 화두로 간주할 수 있다. 프로이트는 임상 과정에서 "모든 꿈이 소원충족"이라는 주장에 어긋나는 많은 사례들을 관찰하게 되고 결국 자신의 주장을 포기할 수밖에 없는 상황에 이른다. 그는 쾌락원칙에 위배되는 의문들을 총칭하여 '죽음충동the death drive'으로 명명한다. 재미있는 사실은 프로이트가 죽음충동이란 생명체들의 무생물로 돌아가고자 하는 소원을 반영한다고 주장했다는 점이다. 그렇게 되면 고통스러운 꿈을 꾸는 사람들조차 그 고통을 원하고 있다는 뜻으로 해석될 수 있으며, 그는 여전히 모든 꿈은 소원충족이라는 명제를 유지할 수 있게 되는 것이다. 죽음충동이라는 개념을 소개하는 프로이트의 지연의 미학을 통해 프로이트의 글쓰기의 매력을 실감할 수 있다. 『집단 심리학과 자아분석*Group Psychology and the Analysis of the Ego*』(1921)은 자아의 자리 찾기가 거의 완성되는 과도기적 논문으로서 리더의 모습은 자아이상으로 정의되고 바로 이 지점에서 초자아라는 개념의 탄생이 예기된다.

19권에서는 드디어 『자아와 이드*The Ego and the Id*』(1923)가 자연스럽게 배턴을 이어받아 자아의 본격적인 자리매김을 현실화한다. 프로이트는 『쾌락원칙을 넘어서』에서 자아의 기원을 단세포 생물의 세포막으로 추측한다. 세포막은 생물체를 외부환경으로부터 보호하고 내부의 균형을 맞추는 역할을 하며 이것은 『자아와 이드』에서 자아의 역할로 대체된다. 이때 프로이트는 드디어 정신의 구조를 자아, 이드, 초자아로 구분하게 된다. 그러나 두 번째 위상학이 무의식, 의식, 전의식이라는 첫 번째 위상학과 일대일 대응 관계를 이루지는 않는다. 그들은 프로이트의 체계 속에서 부분적으로 중첩되며 공존한다.

20권, 『나의 이력서*An Autobiographical Study*』(1924)에는 최면요법을 포기하고 자유연상기법을 사용하는 과정이 자세하게 설명되어 있다. 또한 정신분석학 내부로부터의 공격과 그에 대한 변론이 개진되어 있기도 하다. 이론적 논의보다는 프로이트의 인간적인 모습을 볼 수 있는 에세이다. 『억압, 증후 그리고 불안*Inhibitions, Symptoms and Anxiety*』(1925)은 1923년에 두 번째 위상학이 체계화된 이후의 논문이므로 자아, 이드, 초자아의 논의를 포함한다. 이제 신경증의 문제는 자아의 억압이나 초자아에 대한 두려움에 의해 분석된다. 전적으로 이론적인 논문이므로 쉽게 읽히지 않는다. 이에 반해 『비전문가 분석의 문제*The Question of Lay Analysis*』(1926)에는 정신분석 이론들이 매우 쉽게 해설되어 있다. 여기서 프로이트는 의사가 아닌 사람도 분석을 수행하는 것이 가능하다고 주장하는데 이 견해는 현재 라캉학파의 임상에서도 견지된다.

제21권에는 도스토예프스키와 괴테에 대한 짧은 글들과 더불어『환상의 미래 The Future of Illusion』(1927)와『문명 속의 불만 Civilization and its Discontents』(1929)이 수록되어 있다. 이 두 권의 저서를 통해 프로이트는 개인에 대한 분석을 문명과 역사로 확장시키며 억압적인 문명 속에서 개인이 본능에 충실할 수 있는 유일한 길은 본능을 승화하여 문명에 동화되는 것이라고 주장한다.『문명 속의 불만』은 죽음충동을 파괴본능 또는 공격 본능으로 설명하고 그 반대의 힘을 에로스라고 부른다. 즉 문명은 결합의 기능을 하는 에로스와 파괴를 목적으로 하는 파괴본능 사이에서의 줄다리기라는 것이다.

22권,『새로운 정신분석 강의 New Introductory Lectures on Psychoanalysis』(1932)는 체계화를 목적으로 하는 개론서와는 달리 인생의 말년에 도달해서도 여전히 풀리지 않는 정신분석의 한계들에 대한 프로이트의 진지한 사색을 담고 있다. 특히「여성성」이나「세계관」에서는 화두를 던진 후 침묵하는 프로이트를 만날 수 있다. 전반부에 나오는 꿈 이론에 대한 논의에서도 역시『꿈의 해석』과는 판이하게 다른 성숙한 목소리를 들을 수 있다. 이 부분을『꿈의 해석』의 독해 지침으로 읽어도 좋을 것이다.

마지막 23권의『모세와 일신교 Moses and Monotheism』(1934-1938)에서 프로이트는 모세라는 이름이 이집트어 일수도 있음을 지적한다. 만일 모세가 이집트인이라면 그가 유대인에게 전한 종교 또한 이집트 종교의 하나일 것이다. 유대인인 프로이트가 성경을 해체한 후 유대인들의 자부심에 상처를 입히며 유대교가 사실은 이집트인 모세로부터 유래한 것일 수 있다고 제안한다. 이 시나리오는 열린 결말로 끝이 나지만 이 용감무쌍한 각본이 던지는 충격은 실로 엄청나다. 미완의 저서인 『정신분석학 개요 An Outline of Psychoanalysis』(1938)는 축약과 생략이 많은 저서이므로 입문서로는 적당치 않다. 오이디푸스 콤플렉스와 거세공포가 여전히 흔들림 없이 정신분석학의 초석으로 간주되고 있음을 볼 때 그 일관성에 대해 숙연한 느낌마저 든다.

프로이트는 매우 상이한 모습들을 동시에 드러내며 읽는 이들을 당황하게 만든다. 매번 전집을 손에 잡을 때마다 어떤 프로이트가 나를 반겨줄지 기대하게 된다. 각주를 읽는 재미도 쏠쏠하다. 그의 모습이 수시로 변하기 때문이다. 우리는 각주를 통해 본문의 내용을 전복시키는 사례를 드물지 않게 찾아볼 수 있으며, 동시에 다시 본문의 내용을 복원하는 프로이트의 묘책을 지켜보는 것도 읽는 재미를 증폭시킨다. 프로이트의 글들은 오이디푸스 콤플렉스와 성 이론 너머에 있는 고전이다. 전집 기행을 마치며 분명해지는 것은 23권의 마지막 문장에서도 건재한 82세 노인의 모습이 앞으로 많은 시간이 지난 후에도 여전히 쉽게 잊히지 않을 것이라는 사실이다.

주

서문

1) 라캉의 *Écrits*를 인용할 때는 'E'로 표기하였으며, 이와 함께 프랑스어판(Paris: Éditions du Seuil, 1966)의 쪽수를 적었다. 프랑스어판의 쪽수는 새로 출간된 영어 번역 *Écrits: A selection* (New York and London: W. W. Norton and Company, 2002)의 가장자리에 표기되어 있다. 프랑스어로 출간된 라캉의 세미나는 (Paris: Éditions du Seuil, 년도) '세미나'라고 적은 후 로마숫자로 권수를 표시하고 이와 함께 쪽수를 명시했다. 영어로 출판된 세미나의 쪽수는 (New York and London: W. W. Norton and Company, 년도) 우선 프랑스어판의 쪽수를 적은 후 사선 기호와 함께 영어판 쪽수를 명시했다. 출판되지 않은 라캉의 세미나들은 로마숫자로 적은 후 인용된 부분의 강연날짜를 표기했다(예를 들어 세미나 X, 1963년 3월 13일). 프로이트에 관한 모든 인용은 *The Standard Edition of the Complete Psychological Works of Sigmund Freud* (London: Hogarth Press, 1953-74)을 참고했으며 여기에서는 'SE'로 표기한 후 권수와 쪽수를 병기하는 것을 원칙으로 하였다.

1. 「치료의 방향"The Direction of the Treatment"」에 나타난 라캉의 기법

1) *Diagnostic and Statistical Manual of Mental Disorders*, 4th ed. (Washington, D. C.: American Psychiatric Association, 1994).

2) 라캉은 Sacha Nacht's "La thérapeutique psychanalytique," in *La psychanalyse d'aujourd'hui* (Paris: Presses Universitaires de France, 1956)에 소개되는 전성기/성기기라는 구분에 대해 비판한다. 예를 들어, 이러한 구분에서 전성기적 유형은(히스테리는 구순적으로, 강박증은 항문적으로 구분된다) 결코 사심 없이 베풀지 못하는 반면—그는 "헌신적oblative"이라는 용어를 사용한다—정상적인 사람들은 그것이 가능하다. 그는 계속하여 이러한 구분을 조소하는데, 세미나 XX에 오면 그는 완전히 조화로운 성기 관계란 정신분석이 만들어낸 가장 웅장한 신화들 중 하나임을 지적하며 이를 구의 완전성이라는 신화(이는 코페르니쿠스 이후에도 지속되었으며 케플러 직전까지 거슬러 올라가는 고대 우주론의 주전원에 대한 집착을 반영한다) 및 우리가 옛날에는 구와 같은 존재들이었지만 제우스에 의해 갈라졌으며 우리의 다른 반쪽을 만날 때에만 만족을 느낄 수 있다는 아리스토파네스의 주장과 연관 짓는다(6장을 보라). 라캉은 남자와 여자, 남자와 남자, 여자와 여자, 또는 분석수행자와 분석가 등 모든 관계에 관한 어떤 종류의 완전한 일치도 믿지 않는다. 라캉이 1970년대에 "성관계와 같은 것은 없다"(세미나 XX, 17/12)라고 주장한 것은 반론의 여지없이 완전히 조화로

운 성기관계genital relation란 존재하지 않는 것임을 말하는 한 방법이었다.

3) "Variations on the Standard Treatment"에서 라캉은 프로이트가 1920년경 자아라는 개념을 수정하기 시작하는 바로 그 순간에 자아심리학자들이 이 개념을 차용하였다고 주장한다. 그들이 1920년대 이전에 구축된 자아의 개념에 몰입했기 때문에 프로이트가 두 번째 위상학에서 그 이후에 발전시킨 자아의 기능에 대해서는 전혀 이해할 수 없게 된다(E 334).

4) 이에 대하여 나의 저서인 *Clinical Introduction to Lacanian Psychoanalysis: Theory and Technique* (Cambridge, Mass.: Harvard University Press, 1997)의 10장을 보라.

5) *The Ego and the Id* (SE XIX)에서 프로이트는 자아에 대해 적어도 네 가지의 설명을 제시한다; 이에 대한 논의는 2장을 보라.

6) 라캉이 "The Freudian Thing, or the Meaning of the Return to Freud in Psychoanalysis"에서 지적하듯이 분석 상황에 참여하는 두 사람 **각각**을 (네 가지 위치를 이용하여) 전체 L 도식에서 개별적 특징에 따라 구분할 수 있는 반면, 서로 다른 두 사람을 동시에 분석 게임에 배치한다면 논리적인 환원이 가능해진다. 이러한 환원은 집합론에서 **합집합**과 유사한데, 이때 한 사람의 a와 a'는 다른 사람의 a와 a'로 통합되고—한 사람의 소타자(분신alter ego 또는 '닮은꼴semblable'[주9를 보라])는 다른 사람의 자아가 되며 이와 반대의 경우도 가능하다—한 주체는 S(무의식의 주체)와 연관되고 다른 주체는 A(대타자)와 관련된다. 여기서 라캉은 다음과 같이 말한다: "이 때문에 나는 분석상황에는 두 명의 주체만이 개입되는 것이 아니라 두 주체가 제각기 두 개의 대상, 즉 자아와 소문자 o로 표기되는 타자를 수반한다고 가르친다. 우리가 익숙해져야 할 변증법적인 계산의 특이성에 따라 주체 S와 주체A가 만드는 결합 쌍은 단 4개의 항만을 가지게 된다. a와 a'가 성립될 때 제외되는 관계가 있기 때문에 위에서 언급된 두 결합 쌍들은 주체들의 배열에서 한 쌍으로 축소된다"(E 429-30). 완성된 L 도식은 1966년 프랑스어판 *Écrits*의 53면에서 볼 수 있으며(또한 세미나 II, 284/243도 참고하라) 단순화된 모형은 548면에 제시된다. 그러나 주목할 것은 라캉이 두 도식들에서 a와 a'의 위치를 뒤바꾼다는 점이다; 나는 완성된 도식에서 이들의 위치를 살펴보았다. Cf. SE XIX, 33, 주1에 제시되는 프로이트의 논의와 비교하라: "나는 모든 성행위를 네 사람 사이에 일어나는 사건으로 간주하는 것에 익숙해지고 있다."

7) 라캉에 의하면 분석가는 분석수행자로 하여금 게임의 네 번째 참여자가 가진 카드를 "추측하게 만들기 위해[*lui faire deviner*] 노력한다"(E 589).

8) 이미 1951년에 라캉은 분석에 진전이 없는 정체상태에서 다시 변화를 일으키기 위하여 전이(또는 저항)를 해석할 수는 있지만, 우리가 반드시 염두에 두어야 할 것은 그것이 단지 미끼에 불과하다는 점(E 225)이라고 말했다. 이는 일종의 마지막

수단으로 사용해야 하는 방책이다. 전이의 해석은, 그것이 긍정적인 형태든 아니면 부정적인 형태든, 그것을 해결하지는 못 한다. 그것은 사라지지 않는다. 그러한 해석은 전이 속에 위치되며 사실 **더 많은** 전이를 불러일으킬 수도 있다. 전이의 상황 외부에 있을 수 있다는 믿음을 전제로 전이를 해석하는 것은 마치 메타위치나 메타차원이 있다는 듯이 <표 1.1>에서 오른쪽 극단의 가장자리에 가상적 지점을 가정하는 것과 유사하다. 이는 분석가가 상상계나 상징계적 차원에 연루되지 않은 상태에서 말할 수 있다는 것(이러한 해석조차도 말에 의해 전달될 것이다)을 암시한다. 전이가 상상계, 상징계 그리고 실재계라는 라캉의 세 가지 차원들 모두를 포함하는 것으로 개념화될 때 전이를 해석한다는 것은 분석가를 다른 세 차원으로부터 **빠져나오게** 만드는 네 번째 차원 또는 장치를 가정하여 이곳에서 분석을 진행하게 만드는 것과 같다.

9) '**닮은꼴** *semblable*'이라는 라캉의 개념은 때때로 '동포 fellow man' 또는 '상응하는 사람 counterpart'으로 번역되지만 라캉의 용법에서 이것은 특히 서로를 **닮은**(또는 적어도 상대 안에서 자신을 볼 수 있는) 두 명의 상상계적 타자들(*a*와 *a*)의 거울상을 의미한다. 'fellow man'은 프랑스어의 *prochain*에 해당하는 개념으로서 (여자가 아닌) 남자, (아이가 아닌) 성인을 가리키며 우의友誼를 암시하는 반면 라캉의 이론에서 *semblable*는 무엇보다도 먼저 경쟁과 질투를 유발시킨다. 'counterpart'는 '이 회사의 국외 인수 목표물에서 재무담당 최고책임자에 해당하는 사람은 재무이사인 쥬페 씨이다'에서와 같이 두 사람이 유사한 상징적 역할을 맡는 동일한 위계적 구조를 의미한다. 자크 알랭 밀레는 (사적인 대화에서) *semblable*에 대한 번역으로 'alter ego 분신'을 제안했지만 'alter ego' 역시 라캉에 의해 가끔씩 독립적으로 사용되는 경우가 있으며, 영어에서 몇몇 부적절한 함축적 의미를 내포하므로('믿을 만한 친구', '자신의 개성의 이면') 나는 일례로 *Hamlet*, 5막 2장 124행의 "그의 닮은꼴 semblable은 자신의 거울상밖에는 없을지니; 그 외 그를 쫓을 자는 그의 그림자밖에는 없다오."에 나오는 사어死語인 "semblable 닮은꼴"을 되살려 사용하기로 했다.

10) '완전히 이상적인 주체'란 그것이 있던 곳에 주체로서 위치되는 과정을 완결한 상태를 가리키는데, 라캉의 관점에서 자아란 어떤 것 thing—그것—이므로 자아는 주체화 과정을 통해 반드시 점차적으로 제거되어야만 한다.

11) 또한 SE XXIII 197면을 보라.

12) Margaret Little, "Counter-Transference and the Patient's Response to It," *International Journal of Psycho-Analysis* 32(1951): 32-40. 사실 논문은 세미나 1의 프랑스어판에 나와 있는 것처럼 애니 라이히 Annie Reich가 쓴 것이 아니고, 명백히 라캉이 암시하는 것처럼 마거릿 리틀 Margaret Little 본인의 경우도 아니며 사실은 '숙련된' 남성 분석가의 경우임을 지적할 필요가 있다. 흥미로운 반전을 덧붙이자면, 리틀은 후에 그 분석가는 엘라

샤프Ella Sharpe였으며 리틀 자신이 의문의 환자였음을 밝혔다. Margaret Little, *Psychotic Anxieties and Containment: A Personal Record of an Analysis with Winnicott* (Northvale, N. J., and London: Jason Aronson, 1990), 36을 보라.

13) 라캉은 분석가의 해석을 다음과 같이 적는다: "당신은 며칠 전에 당신도 알다시피 내가 개인적으로 상당히 관심을 가지고 있는 주제를 가지고 라디오에서 성공을 거두었고, 그것에 대해 내가 매우 시샘한다고 생각하기 때문에 이런 상태가 된 것입니다"(세미나 I, 41/31).

14) 라캉은 분명히 이 부분을 추측에 근거하여 쓰고 있는데, 리틀은 단지 다음과 같이 말했을 뿐이다. "해석은 수용되었고, 고통은 상당히 빨리 사라졌으며 분석은 계속되었다. 이년 후(그 사이에 분석은 종결되었다) [……] 그는 방송 당시 그를 괴롭게 만든 것은 자신의 성공을 기뻐했을 어머니가 더 이상 이곳에 계시지 않다는 사실에 대한 슬픔이었으며, 어머니가 돌아가셨는데도 그가 기쁠 수 있었음에 대한 죄책감이 자신을 무너뜨렸다는 매우 단순하고 명백한 사실을 생각해내게 된다"("Counter-Transference," 32).

15) 라캉은 흔히 대립 쌍으로 간주되는 "지적인" 체계와 "정동적" 체계라는 구분이 틀린 것이라고 생각한다(세미나 I, 69/57, 302-3/274). 이에 대해서는 2장을 보라.

16) 치료라는 우주 속의 다른 많은 일들과 마찬가지로 근래에 분석가와 분석수행자 사이의 신체 대 신체, 개인 대 개인 관계가 '관계심리학'이라고 불리기도 하는 형태로서 되돌아오고 있다. 이와 같은 경향은 분석가가 분석수행자에게 '자신의 존재를 확실히 알리도록' 조장하며 '진실하도록' 즉 자신의 진정한 감정에 충실하도록 요청한다. 다른 말로 바꾸면 분석가들은 자신의 개성을 분석과정에 이용하고 자신의 상처와 두려움과 바람들을 환자와의 치료에 개입시키도록 격려된다.

17) 또는 그가 세미나 IV에서 말하듯이, "전이는 근본적으로 상징계와 관련된 차원에서 일어나는 것이다"(135).

18) 이러한 생각에 의해 그는 전이의 분석(또는 해석)은 결국 "아는 것으로 상정된 주체의 제거"를 초래한다고 말하게 된다. 후자는 전이의 상징적인 차원을 지지하는 것이기 때문이다, 세미나 XV (1967년 11월 29)를 보라. "전이를 해석하는 것은 당연하다"라는 라캉이 1958년에 한 말은 이 문장의 문맥을 고려할 때 다소 반어적으로 보인다(E 636).

19) SE IV, 148-49에 제시된 프로이트의 자세한 설명을 참조하라.

20) 또 다른 예로 *Group Psychology and the Analysis of the Ego* (SE XVIII) 7장을 보라.

21) 결국 타자의 욕망은 단일하며 획일적이기보다는 다양하며 변화무쌍하다.

22) 세미나 XIX에서 라캉이 생트-안 병원에서 일어난 일에 대해 언급할 때 우리는 왜 그가 자신의 임상사례들에 대해서 언급하기를 꺼리게 되었는가에 대한 단서를

얻을 수 있다. 그 곳에서 강연을 할 때 그는 자신이 치료하고 있던 남성 동성애자의 어머니가 한 말을 언급했다(이것은 1946년 논문인 "Aggressiveness in Psychoanalysis"[E 104]에 약간 변형된 형태로 제시된다): "아니, 나는 그 아이가 불능증을 가지고 있다고 생각했어요!" 라캉에 의하면 적어도 청중 10사람은 즉시 그가 누구에 대해서 말하고 있는가를 알아차렸고 병원에서는 이것이 문제가 되었다. 그는 다소 농담조로 "이 때문에 그 이후에는 사례에 대해 이야기할 때 매우 조심하게 되었다"고 말한다(세미나 XIX, 1972년 1월 6).

23) Cf. "Science and Truth"에서 라캉은 특정 분석가들이 프로이트의 현실원칙을 잘못 이해하고 있다고 비판한다. 이를 제대로(즉 언어학적인 구조를 바탕으로) 이해한다면 그것은 결코 '외부 현실'을 위하여 정신적 현실을 배제하는 것이 아니다. 이 둘이 기표에 의해 유사하게 구성되기 때문이다.

24) 세미나 I에 소개되는 라캉의 저항에 대한 논의는 적어도 부분적으로는 Z*라는 분석가의 논평에 의해 자극된 것이다(34-37/26-28). Z*는 그곳에서 공개적으로, 이따금 분석수행자가 적의나 불신을 가지고 고의적으로 갑자기 자신에게 저항한다는 느낌을 받는다고 말한다, 자신의 환자들이 중요한 어떤 것을 발견하려는 순간 나태한 성향 때문에 갑자기 이를 그만둔다는 느낌이 든다는 것이다. 그는 자신이 이 때문에 격분하게 되고, 환자들이 바로 눈앞에 있는 새로운 사실과 또한 자신들이 이것을 직시하는 것에 저항하고 있다는 사실을 강제로 이해하게 만들고 싶어 한다는 것을 인정했다. 그는 마치 자신이 역경을 헤쳐 나간다고 생각하는 듯했는데, 그는 프로이트가 자신에 대한 환자들의 저항 때문에 몹시 괴로워했으며 바로 이것에 의해 많은 획기적 발견들을 할 수 있었을 것이라고 제안한다. 다른 말로 바꾸면, Z*는 분석수행자의 편에서 느끼는 저항에 대해 분석가가 특별히 민감하게 반응하고 이에 대해 격노하는 것이 바람직하다고 믿는 듯하다.

우리는 그 곳에 있는 매우 많은 분석가들과 철학자들 앞에서 Z*의 고백에 답변하는 것에 대해 라캉이 다소 당혹해하고 있음을 느낄 수 있다. 라캉의 문장들 중 하나는 생략부호로 끝나고 토론의 일부가 출판된 텍스트에는 제외되어 있다. Z*는 분석가의 높은 감수성을 환자의 저항을 **물리치기 위한** 강력한 조력으로 간주하는 반면 라캉은 Z*가 묘사하는 과정 전체가, 주체를 전적으로 업신여기는 장-마르땡 샤르코와 그 외 최면술사들이 보여주었던 것과 매우 흡사한, 권력의 남용이라고 생각한다. 어떤 의미에서 우리는 Z*의 시각과 '오해'가 라캉이 여기에서 저항에 대해, 그리고 특히 "The Dynamics of Transference"(SE XII, 99-108)에서 프로이트가 저항을 개념화하는 방식에 대해 논의하게 만드는 동력을 제공했다고 말할 수도 있을 듯하다. 세미나에서 바로 다음 장의 제목은 "Resistance and the Defenses"이며 저항과 방어를 어떻게 이해하고 다루어야 하는가라는 주제는 세미나I의 이후 몇 회의 강연

주

들을 통해 논의된다.

라캉은 여기서 저항에 대한 자신의 시각을 찬 말과 빈 말이라는 개념들을 통해 표현하는데, 이들은 상징적 차원과 상상적 차원에 상응한다.

찬말	빈말
깨달음revelation	저항Resistance
상징계	상상계

찬말은 깨달음과 관련된다. 이때 분석수행자는 과거나 현재에 대해 이야기하고 자신의 환상과 욕망, 가족 관계라는 유대 속에서 자신의 위치 등에 대해 새로운 것들을 알아낸다. 발견되는 것들은 분석가에게 새로운 것이 아닐 수도 있지만 분석수행자에게는 새로운 것으로서, 분석수행자는 새로운 영역에 진입했다고 생각하게 되며 '효과가 있다'는 느낌을 받게 된다.

그러나 분석가들은 이러한 종류의 알아가는 과정이 언제까지 연속될 수는 없다는 것을 통절히 인식하고 있다. 사실 어떤 분석들에서 이것은 매우 드물게 일어난다. 긴 정체와 침체의 기간이 스치며 지나가는 순간의 깨달음에 의해 중단되는 것이 그 반대의 경우보다 흔하다. 라캉의 이론에 따르면, 드러남의 과정이 끝없이 계속될 수 없는 이유는 환자들이 상징화시키려고 노력하는 현실(또는 프랑스 사람들이 흔히 말하는 대로, '현실[le réel]the real')이 한 번도 상징화된 적이 없는 것이며 상징화란 힘든 과정이기 때문이다. 현실은 상징화를 거부한다. 실재계를 외상과 같이 생각한다면, 사건이 외상적인 것이 되는 이유는 어떤 사건들에 의해 아이가 영향을 받았을 때 아무도 아이가 충격을 완화시킬 수 있도록 그 사건들에 대해 이야기하게 이끌거나 그것을 의미의 차원에 포함시키도록 도와주지 않았기 때문이라고 할 수 있다. 우리가 분석에서 환자들을 그러한 사건 가까이 가도록 만들었을 때 그 곳에는 단어가 존재하지 않는다. 사건에 대한 어떤 종류의 기억이 역사화, 이야기-화 story-fication 또는 소설화—한마디로 언어화verbalization—되지 않았음에도 불구하고 지속된다. 2장에서 논의되듯이 비록 언어가 정동과 밀접하게 관련되어 있지만, 외상의 경우에는 그것이 항상 이미 그곳에 존재하는 것이 아닌 듯하다. 그것은 사건 이후에 소급적으로ex post facto 불러와야만 하는 것이다.

라캉은 바로 이것이 외상의, 그가 명명하는 바에 따르면, '외상적 실재'의 속성이라고 제안한다. 그것은 말로 표현되는 것에 저항한다. 프로이트가 물리학을 빌어 은유적으로 표현했듯이 환자가 외상적 중핵에 가까이 갈수록 척력이 커지며 더욱 강하게 그를 밀어낸다. 그렇다면 어떤 의미에서 라캉은 우리에게 환자가 결코 고의적으로 치료과정에 저항하는 것이 아닐 수도 있다는 것을 알려주고 있다. 그보다 환자가 저항으로 가득한 상황을 대면하게 되는 것은 어쩔 수 없는, 과정 자체의 속성이다. **실재계는 상징화에 저항한다.** 구속되지 않는 실재계—현실은 장 폴 사르트르 Jean-Paul Sartre의 『구토 Nausea』에서 로캉탱이 대면하는 뿌리와 같이, 구분되지도 않고 어떤 상징적 문맥에 속하지도 않은 상태로 나타난다—는 그러한 배치나 문맥화에 저항한다. 상징은 외상적 경험들과 관련된 정동과 함께 일어나지 않는다. 어떤 사건이 외상적이라는 것은 사회적 문맥이 그 경험을 배치할 수 있는 상징적이고 언어학적인 요인들을 제시하지 않았다는 뜻이다. 상징화에 대한 이러한 저항은 치료에 참여하는 두 사람인 환자와 치료사 모두가 똑같이 좌절감을 느끼게 만든다. 그리고 각각은 그 곳에 물리적으로 존재하는 유일한 사람에게 분풀이를 하는 경향이 있다. Z*는 자신의 환자의 멱살을 움켜잡고 목을 조르거나 강요해서라도 환자가 자신을 마침내 자유롭게 만들어줄 말들을 하게 만들고 싶어 한다. 명백히 Z*도 환자만큼이나 실재계에 구속된 느낌을 가지고 있는 것이다. 환자 역시 분석가에게 화풀이 하게 되기 쉽다. 그/그녀는 분명 자신을 돕기 위해 그 자리에 있는 것임에도 불구하고 전혀 도움이 되지 않는 것처럼 느껴지는 사람을 향해 손톱을 세우고 달려든다.

프로이트가 "The Dynamics of Transference"에서 말하는 바에 따르면, 환자가 병을 일으키게 만든 중핵에 접근하게 될수록 그/그녀는 더욱 그것으로부터 멀리 벗어나서 대신 분석가의 어떤 면에 대해 집착하는 경향이 있다. 라캉은 우리가 이를 더욱 넓은 문맥에서 이해해야 한다고 지적한다. "저항은 담론이 [병을 일으키는] 중핵에 접근하며 일으키는 굴절 inflexion[또는 우회]"(세미나 I 47/36)이며 환자로 하여금 머리에 떠오르는 그 외의 다른 어떤 것에 집착하게 만든다. 이 대상은 그의 시각영역이나 감각영역 내의 어떤 것으로서 긴 의자, 벽에 걸려있는 그림, 방의 냄새, 그날 분석가의 악수 방식 또는 분석가의 숨 쉬는 소리일 수도 있다. 이 모두를 분석가와 관련된 것으로 이해할 수 있는데, 중요한 것은 실재계라는 것이 그것에 가까이 가려는 분석수행자의 노력에 저항하며, 말하자면 우회로를 만든다는 것이다. 이러한 우회적 전환은 일반적으로 상상계의 축에 있는 어떤 요소를 내포한다. 그것은 분석가가 자신을 어떻게 생각하고 판단하는가에 대한 분석수행자의 느낌일 수도 있고 자신과 분석가의 비교로부터 도출된 것 등일 수도 있다.

예를 들어 만약 무엇인가를 드러내는 듯한 말에서 분석가가 분석수행자의 말 중 어떤 것을 되풀이 하여 그것을 부각시키거나 강조한다면, (분석수행자가 가까이 다가가고 있는 실재계에 의해 초래된 저항에 굴복하여) 분석수행자는 되풀이된 말이 아니라 분석가가 유독 그 단어들을 선택하여 강조했다는 사실에 초점을 맞출 것이다. "저는 왜 당신이 다른 모든 것들 중에 유독 그것을 선택하여 강조했는지 궁금합니다."

주

이는 분석가의 자질에 대해 의문을 제기하는 것처럼 보인다. 강조해야 할 만한 것을 선택하는가에 대해 그/그녀의 능력을 문제 삼는 것이며 치료의 방향 전반에 대한 의구심 또는 그/그녀가 환자를 위해 가치 있는 일을 할 수 있는가에 대한 의심을 표현하는 것이다. 물론 이와 동일한 방식으로 대응될 수도 있다. 분석가는 그것을 공격이나 연타 또는 자신의 기분을 상하게 만들기 위한 간접적인 시도로 받아들일 수도 있다. 만약 그렇게 응수한다면, 그것은 상상계의 축이 중심이 된 차원에 대응하는 것이라고 바꾸어 말할 수 있다. "내 능력이 의문시 되고 있다. 내 신뢰성이 위협을 받고 있다." 그 대신 이것은 상징계적 축이 중심이 된 차원에서 다루어질 수 있다. 분석가는 다소 고의적으로 보일 수도 있는 모욕이나 일격으로부터 한 발 비켜서서 그것을 상징화가 실패한 것으로, 즉 실재계를 상징화시키지 못한 것으로 이해할 수도 있다.

이것이 실패했을 때 라캉이 분석가의 **존재**라고 부른 것이 인식되는데, 분석가가 추상적인 기능이나 타자와 대립되는 한 사람으로 전면에 나타나는 것이다. 분석이 면대면으로 이루어지지 않더라도(그들이 한 공간에 있지 않더라도, 만약 전화상에서 이루어지는 것이라면 그들이 같은 도시에 살고 있지 않더라도) 분석가의 침묵이나 숨소리 또는 의자 옮기는 소리가 예전과는 달리 관심을 집중시킬 것이다. 이것은 분석가가 자신만의 감정을 가진, 살아 숨 쉬는 한 사람의 인간으로서 누군가에게 필요한 사람이 되었다는 느낌을 받는 순간일 수도 있지만 그때에도 분석가는 자신의 역할을 바꾸어서는 안 된다. 그/그녀는 자아로서 (즉 자신의 개성을 중심으로) 반응해서는 안 되며 대신 추상적 기능이나 타자의 위치를 계속 점유하고 있어야 한다.

또한 상징화가 실패하는 바로 이와 같은 순간에 분석가는 주체를 돕지 않았다고 비난받거나 환자를 자신의 진실로 안내하지 못한 것에 대해 또는 그러한 해석을 하지 못한 것에 대해 책망 당하게 될 수도 있다. 라캉은 존재의 시인avowal 또는 고백이 받아들여지지 않거나 결실을 맺지 못할 때 분석수행자가 분석가에게 손톱을 세우고 달려들게 된다고 말한다(출판된 세미나의 번역에는 분석가에게 "꿰다 hooks on to"로 표현된다, 59/48). 그는 그 장소에 있는 유일한 사람인 분석가에게 화풀이를 한다. 환자는 깨달음에 대한 공은 자신에게 돌리고 정체와 침체에 대해서는 분석가를 원망한다. 환자에게 상황을 설명해봐야 소용없다. "당신이 실제로 내게 화가 난 것은 아닙니다. 이것은 전형적인 상징화 과정일 뿐입니다"라고 말할 필요가 없는 것이다. 이런 말은 개인적으로 공격당했다고 느끼는 분석가의 기분을 다소 돋울 수는 있지만, 분석수행자는 더욱 직접적인 방식으로 같은 기분을 느끼게 될 것이다. "아니오, 저는 당신에게 화가 납니다!"

25) 이 계획은 자신의 자아(여기서는 '다른 남자'에 해당한다)와 그의 어머니의 자아(그

의 정부에 상응한다) 사이의 게임을 연출하는 것으로 이해할 수 있으며 그 자신은 이 장면을 마치 그가 외부에 위치된 듯이 **볼** 것이다.
26) 그녀가 그에게 자신의 꿈 이야기를 할 때 어떤 의미로는 그 꿈이 그를 위한 것임을 암시함으로써 그녀는 그를 자신과의 관계에서 분석가의 위치에 배치하고 있다.
27) 이것은 정부의 꿈이 다른 욕망들을 가지고 있지 않다는 말이 아니다. 이 욕망들은 그녀의 애인과 관계된 것이라기보다는 여기서 라캉이 강조하는 욕망에 관련된다.
28) "모든 말은 응답을 요청한다"(E 247).
29) Phi와 phi는 5장에서 자세히 논의된다. 세미나 VIII를 통한 라캉의 논의는 남성 강박증의 경우에 흔히 나타나는 동성애적 성향에 대한 개략적인 설명으로 이해할 수 있다.
30) 아마도 꿈에서 그녀가 제시하는 음경은 어떤 면에서는 환자 자신이 그녀와 다른 남자의 동침을 요청하며 상황에 개입시킨 여분의 음경과 관련될 것이다. 다시 말해서 그녀는 아마도 다른 음경의 개입이 어떤 차원에서는 그에게 중요했음을 알았을 것이다.
31) 우리는 이것을 주체의 소멸이라고 부를 수 있는데, 단 그것은 대상*a* 앞에서 사라지는 것이 아니라 결여가 결여되어 있기 때문에 사라지는 것이다.
32) Colette Soler, "The Relation to Being: The Analyst's Place of Action," trans. Mario Beira, *Analysis* 10 (2001). 원문은 스페인어로 *El Analiticon* 2 (1987): 40-58에 게재되었다. "lack of being," cf. Seminar II, 261/223을 참조하라.

2. 자아심리학자 삼인방에 대한 라캉의 비판

1) Cf. 분석가의 "지적 산물"을 통제하는 "엄밀한 논리"에 대한 논의와 비교하라(E 316).
2) "Variations on the Standard Treatment"에서와 같이 때로는 빌헬름 라이히Wilhelm Reich의 "성격분석character analysis" 역시 비판받는다(E 337-43).
3) SE XXII, 58에서 프로이트가 '자아심리학' (또는 '자아의 심리학')이라는 용어를 사용하는 방식을 보라.
4) Anna Freud, *The Ego and the Mechanism of Defense* (New York: International Universities Press, [1936]1966).
5) Heinz Hartmann, "Ich-Psychologie und Anpassungsproblem," *Internationale Zeitschrift für Psychoanalyse und Imago* 24 (1939). 영어판은, *Ego Psychology and the Problem of Adaptation* (New York: International Universities Press, 1958). 여기서 "갈등이 없는 지대nonconflictual zone" (또는 무갈등 영역conflict-free sohere)이 처음 소개된다.
6) Heinz Hartmann, Ernst Kris, and Rudolf Loewenstein, "Comments on the Formation of Psychic

Structure," in *The Psychoanalytic Study of the Child*, vol. 2 (New York: International Universities Press, 1946), 26.

7) Heinz Hartmann and Ernst Kris, "The Genetic Approach in Psychoanalysis," in *The Psychoanalytic Study of the Child*, vol.1 (New York: International Universities Press, 1945). "갈등이 없는 영역"으로 가정된 것에 대한 라캉의 논평은 세미나 XIV (1967년 5월 10일)을 보라.

8) Heinz Hartmann, Ernst Kris, and Rudolf Loewenstein, "Notes on the Theory of Aggression," in *The Psychoanalytic Study of the Child*, vol.3/4 (New York: International Universities Press, 1949, 10). 또한 "사고, 지각 그리고 행동은 자아의 가장 주요한 기능들에 속한다"는 그들의 주장을 참고하라("Comments on the Formation of Psychic Structure," 14). Cf. *Outline of Psychoanalysis*에서 프로이트는 "깨어있는 자아가 운동성을 통제한다"고 말한다(SE XXIII, 166).

9) 프로이트의 업적을 '동조화synchronization'하는 것에 대한 그들의 관심은 1946년 논문 12면에도 나타난다.

10) D. Rapaport, *The Structure of Psychoanalytic Theory: A systematizing Attempt* (New York: International Universities Press, [1958]1960); J. A. Arlow and C. Brenner, *Psychoanalytic Concepts and the Structural Theory* (New York: International Universities Press, 1964).

11) 라캉은 아이의 자아를 '소타자little other'라고 부르는데, 그것이 아이 주위의 '작은 타자들little others'——어린 형제자매, 사촌 그리고 이웃——을 모형으로 삼기 때문이다. 이행移行현상에 따르면——예를 들어 어떤 경우에는 한 아이가 넘어졌을 때 그것을 보는 아이가 운다는 사실을 생각하면——이 단계에서는 한 아이의 자아와 다른 아이의 자아가 뚜렷이 구분되지 않는다. 이때 대문자 O로 표기되는 타자가 모국어의 자리이며 살아가는 동안 부모와 자기 주위의 사람들이 그 모국어를 통해 전달한 모든 이상, 가치, 욕망, 모순되는 개념들 그리고 모호한 표현을 나타낸다면 우리는 그것을 무의식으로 이해할 수 있다.

12) 라캉이 세미나 XIV(1966년 12월 21)에서 명시하듯이, 프로이트는 1920년대에 자신의 두 번째 위상학을 이론화한 **이후에**, 오늘날 잘 알려진 주장인 *Wo Es war, soll Ich werden*(SE XXII, 80)을 제시했으며, 그러므로 그가 *Ich*만을 사용할 때와 *das Ich*로 표기하는 경우는 동일한 것으로 간주될 수 없다.

13) 비록 라캉이 1953년(세미나 I)에 안나 프로이트의 사물주의chosisme를 비판하고, 다수의 텍스트들을 통해 환자가 자신을 대상으로 간주하게 만드는 자아심리학자들의 방식을 비판하지만, 1956년경 그는 자아를 주체가 대상화하지 못한 부분을 비축하는, 전혀 다른 '작인'으로 간주하며 그것을 다름 아닌 물체로 개념화함으로써 대상화에 관련하여 자아심리학자들을 능가하고자 하는 듯하다.

14) Arthur Rimbaud, *Oeuvres complètes* (Paris: Gallimard, 1954), 268.

15) 자아심리학자들이 역시 자아로부터 기인하는 것으로 간주하는 의식의 영역에 대해 라캉은 그러한 시각이 정신분석 이전의 사고방식임을 지적하며, 비록 프로이트가 초기에는 그러한 정신분석 이전의 용어들을 사용했지만 그 이후에 무의식적 사고라는 개념을 도입하며 이 용어들을 거부했다고 말한다. 라캉은 세미나 II에서 의식이라는 것이 얼마나 '비주체적nonsubjective'인가를 보여주는 예를 제시한다: 그는 더 이상 인간이 살지 않는 지구와—예를 들어 핵무기에 의한 인류의 괴멸 이후—주위가 산으로 둘러싸인 호수를 상상해 보라고 제안한 후 질문한다: 호수에 산의 모습이 비치는가? 호수에 그 산들의 이미지가 보이는가? 그는 물론 그렇다고 답하며, 그것을 아는 이유는 인류의 참사 이전에 우리가 자동으로 사진을 찍고 인화하는 카메라를 설치할 수 있으며 그것은 호수에 상이 비친다는 것을 증명할 것이기 때문이라고 말한다. 그는 우리가 이것을 "자아에 의해 인식된 것이 아니고, 자아와 같은 ego-like 경험을 통해 드러난 것도 아닌 의식의 현상"으로 간주해야 하며 "그 순간에는 자아나 자아의 의식consciousness이 존재하지 않는다"고 지적한다(세미나 II, 62/47).

이것은 의식이 일종의 성배가 아니며 그보다 의식과 유사한 현상은 모방될 수 있는 것이므로 이것이 자아의 자랑이자 기쁨으로 간주되어서는 안 된다는 그의 주장의 일부일 뿐이다. "The Freudian Thing"에서 그는 유사한 예를 제시하는데, 두 거울 사이에 악보대를 놓으면 그 거울상이 무한히 반영되어 나타난다. 여기서 그는 "사물과 비교했을 때 자아의 우월한 위치는, 의식의 신기루를 구성하며 끝없이 반복되는 허구적 반영상이 아닌 다른 곳에서 찾아야 할 것"이라고 말한다(E 424).

16) 최근 출간된 Douglas Kirsner의 *Unfree Associations: Inside Psychoanalytic Institutes* (London: Process Press, 2000)을 보라.

17) Ernest Jones, *Papers on Psycho-Analysis* (Boston: Beacon Press, 1961).

18) 나는 세미나에서 발췌된 모든 인용에서 'dual이중의'라는 용어를 'dyadic이자적인'으로 바꿨는데 그 이유는 라캉이 *relation duelle*이라는 용어를 현대 임상의들처럼 치료사가 환자와의 관계에서 두 가지 구분되는 역할을 한다는 (예를 들어 교사와 치료사) 뜻으로 사용하기보다는 오직 두 개의 요소—자아(a)와 분신(a)—만을 포함하는 이 자관계에 대해 이야기하기 위해 언급했기 때문이다.

19) 안나 프로이트는 처음부터 자신의 생각으로는 '전이반응이라는 용어의 진정한 의미'는 자아로서(앞으로 언급되겠지만 여기서는 어머니의 자아와 동일시된다) 분석가에게 반응하는 것임을 명확히 하는데, 이것은 상상계적인 영역에서 반응하는 것이다. 상징계(역시 앞으로 언급될 소녀와 아버지의 관계)는 '분석상황과 전혀 무관한 것으로서' 정당히 배제된다!

20) Ernest Kris, "Ego Psychology and Interpretation in Psychoanalytic Therapy," *Psycho-Analytic Quarterly* 20 (1951): 15-30. 라캉은 세미나 XIV (1967년 3월 8일)에서도 다시 이 사례에

대해 간략하게 언급한다.
21) 여기서 프로이트가 제시하는 이와 유사한 해석이 여성 동성애자의 사례에 적용된 경우를 상기하라: 남자를 어머니에게 양도함으로써 어머니와의 오이디푸스적 경쟁에서 "물러난다"(SE XVIII, 158-60).
22) Jacques Lacan, "Response to Jean Hyppolite's Commentary on Freud's *Verneinung*," *La psychanalyse* 1 (1956): 41-58.
23) 이로 인해 명확해지는 것은 1956년에 처음 출판된 이 텍스트는 라캉이 세미나 III (1956년 1월 11일)에서 이 사례에 대해 언급한 이후에 완성되었다는 사실이다.
24) Cf. 프로이트의 다음 논의와 비교하라: "아무리 분석가가 다른 사람의 교사, 모형 그리고 이상이 되어 인간을 자신의 형상대로 빚어내고 싶다 하더라도 분석가는 이것이 분석 관계에서 자신에게 주어진 임무가 아님을 잊어서는 안 된다"(SE XXIII, 175).
25) 그렇지만 때때로 클라인은 여기 그리고 지금이라는 현시점을 지나치게 부각시킨 것에 대해 비판되고 대상관계이론은 상상계적 "이인관계심리학two-body psychology"을 지나치게 강조한 것에 대해 비판되기도 한다(세미나 I, 18/11).

3. 「문자의 심급과 무의식의 관계"The Instance of the Letter in the Unconscious"」 읽기

1) 많은 세미나들을 통해 통제하려는 노력을 엿볼 수 있는데, 자신이 전달하려고 노력한 것과 그의 제자들이 이해한 것이 전혀 다르다는 것을 알게 된 후 매우 낙심한 경험이 있는 라캉은 자료를 소개할 때 가능한 모든 오해들을 사전에 방지하는 방책을 강구하기 위해 애쓴다고 말한다(세미나 XV, 1967년 11월 22일, 29일을 보라).
2) 라캉은 자주 자신이 그러한 어려움을 얼마나 중요하게 생각하는가를 명시한다; 일례로 세미나 XVIII에서 *Écrits*에 대한 그의 논평을 살펴보자: "많은 사람들이 내게 "우리는 이 책의 내용 중 어떤 것도 이해할 수 없다"고 말했다. 우리는 이것이 성과임을 알아야 한다. 당신이 아무것도 이해할 수 없는 어떤 것이란 희망을 가능하게 만든다; 이는 당신이 그것에 의해 영향을 받았다는 신호이다. 당신은 자연스럽게 이미 당신의 머릿속에 있는 것 이외에는 결코 어떤 것도 이해할 수 없으므로, 당신이 아무것도 이해하지 못했다는 것은 바람직한 일이다"(1971년 3월 17).
3) 라캉은 자신의 독자들이 스토아학파의 철학자인 크리시포스Chrysippus가 그의 스승에게 "내게 학설을 주시면 그것을 뒷받침할 논거를 찾아보지요"라고 말할 때 보여준 태도를 차용하기를 원하는 듯하다. 라캉이 세미나 XI의 후기에서 말한 것을 상기하자(영어 번역본에는 수록되어 있지 않다): "당신은 이그를dis writing[*stécriture*]

이해하지 못한다. 그렇다면 더욱 좋다—그것은 당신이 그것을 설명해야만 하는 이유를 알려줄 것이다"(253). *Stécriture*는 *cette*(this), *ste* 그리고 écriture(writing)라는 단어의 속어적 발음을 통해 만들어진 신조어이며, 또한 *sténographie*(stenography속기술)와 *écriture*를 압축하고 있는 것으로 볼 수도 있다.

4) 사실 대상을 잃게 되는 순간(*la cession de l'objet* 대상의 양도) 불안이 일어난다는 논의를 볼 수는 있지만, 우리는 수백 페이지를 뒤진 후에야 이를 찾을 수 있다! 세미나 X, 1963년 7월 3일을 보라.

5) 세미나 XIX에서 라캉은 자신이 최근 밀란에서 강연을 할 때 이탈리아 청중들이 *Écrits*라고 알려진 "*poubellication*출판물॥폐물"을 근거로 "내 위치를 정할 수 있다고[*me repérer*] 생각하지" 않도록(*repérer*는 또한 '안표를 하다', '위치를 포착하다', 또는 '갈피를 잡다'를 뜻한다) 만들기 위해 노력했다고 말한다(1972년 6월 14일). 밀란에서의 강연은 "Discours de Jacques Lacan à l'Université de Milan le 12 mai 1972," in *Lacan in Italia*, 1953-1978: *En Italie Lacan* (Milan: La Salamandra, 1978), 32-55로 출판되었다.

6) 물론 이로 인해 사람들이 그러한 체계를 만들기 위한 노력을 그만두지는 않는다; 예를 들어 John Rawls, *A Theory of Justice*(Cambridge, Mass.: Belknap, 1971)를 보라. 라캉은 주체에 대한 자신의 이론 때문에 자신의 연구는 체계로서 간주될 수 없는 것이라고 말한다: "주체는 그 자신이 담론의 효과라는 나의 발언은 내 담론으로부터 체계를 구성할 수 있는 가능성을 전적으로 배제시킨다"(세미나 XVI, 1968년 11월 27일).

7) 라캉이 세부에 주의를 기울이지 않으며 현존하는 *Écrits*의 모든 판본들에 너무나 많은 오류를 남긴다는 것 또한 완성도에 대한 비-항문기적 관심을 나타내며, 우리에게 완성품이라는 아름다운 보석을 제시하는 것에 대해서는 관심이 적다는 것을 뜻한다.

8) Jean-Luc Nancy and Philippe Lacoue-Labarthe, *Le titre de la lettre*(Paris: Galilée, 1973)을 보라. 영어판으로는 *The Title of the Letter*, trans. F. Raffoul and D. Pettigrew(Albany: State University of New York Press, 1992)를 보라.

9) 라캉은 심지어 무의식이 **바로** 그러한 "반전과 변화twists and turns"라고 주장한다(E 620).

10) 프로이트가 판을 거듭하며 자신의 텍스트들을 끊임없이 수정하고 종종 정신분석을 총체적으로 요약한 것이 그러한 독해를 조장했을 수도 있다. 그러나 그의 수정작업은 대부분 단순히 '텍스트의 본문'에 제기된 논거에 모순되거나 또는 이를 근본적으로 변형시키는 것을 각주에 명시하는 것이었으며, 이는 본문 중 어떤 것도 가려 덮지 않는 동시에 효과적으로 서로 다른 견해가 양립할 수 있게 만들었다.

11) 그는 결코 자신의 강연을 *poubellication*이라고 부르지 않았다—이것은 "publication"과 "*poubelle*쓰레기통"을 압축한 단어로서 그가 *Écrits*의 특징을 묘사하기 위해 사용한

용어이다(세미나 XX, 29/26)—이것은 그가 자신을 잊어야 한다거나(*s'oublier*) 그들이 당연히 기대하고 있을 모든 것을 잊어야 한다(*tout-blier*)는 뜻이기도 하다(세미나 XX, 57/61). 한 번은 자신의 세미나를 다시 읽던 중 라캉은 어떠한 실책이나 심각한 오류도 없다는 것을 알 수 있었지만 반면 *Écrits*의 경우는 그렇지 않다고 말하기까지 한다. 그는 자신이 글을 빨리 쓰기 때문이라고 변명한다: "내가 글을 쓸 때 나는 열 번은 고쳐 쓴다. 그러나 사실 열 번째에는 속도가 매우 빨라지며 그래서 실책[*bavures*]이 있는 것이다—그것이 텍스트이기 때문이다. 텍스트는, 그 이름이 말하는 대로 오직 매듭을 지음으로써만 짤 수 있는 것이다. 매듭을 만들면 남아서 늘어지는 부분이 있다"(세미나 XIX, 1972년 5월 10일). 다소 놀림조이며 반어적 성격을 가진 이 발언은 매듭을 나타내는 프랑스어인 *nœuds*가 '음경'을 의미하기도 한다는 사실에 의해 강조된다. 이러한 1970년대의 설명들은 "Instance of the Letter"에서 그가 글쓰기에 대해 말하는 바와는 상반되는 듯한 것임에 유의하라.

12) 프로이트의 용어로 표현하여 이것은 그 둘 사이의 '절충형성compromise formation'이라고 할 수 있다.

13) 우리는 종결되지 않은 그의 분석에 대해 그리 관대하지 않은 다른 이야기들을 할 수도 있다. 예를 들어 그는 여기서 볼 수 있는 각주(E 506, 주1)에서 자신의 이전 분석가인 뢰벤슈타인을 암시할 때 그의 이름도 밝히지 않고 단지 그의 저서의 제목만을 언급하며 그와의 경쟁관계를 보여주고 있다. 그는 로만 야콥슨의 출판된 저서를 가리키며 이것이 "나도 누구 못지않게 뽐낼 수 있는 '개인적 친분'을 불필요한 것으로 만든다"고 주장하는데 여기서 자신의 논문에 야콥슨과 개인적인 대화를 했다고 적고 있는 사람이란 바로 뢰벤슈타인이다. 동일한 각주에서 라캉은 더 나아가 뢰벤슈타인과 연관하여 로젠크란츠나 길든스턴을 연상한다. 이 각주의 지적인 성향에 오도되어 조소하고자 하는 의도를 놓쳐서는 안 될 것이다! 라캉은 심지어 텍스트의 본문에서 뢰벤슈타인을 향해 연타를 날리며, 자신은 그것을 "편지 속에서 찾고자 하는 실수에 의해 피해를 본 숭고한 희생자들에게 이 글의 어떤 부분에서인가 경의를 표해야만"했다고 주장한다(E 509). 이 경우에 "편지"란 물론 야콥슨과의 개인적 친분을 가리킨다.

14) "Function and Field of Speech and Language"에서 그는 자신이 의도적으로—"'논문'을 편집과 종합 사이의 어떤 지점에 배치하는—전형적인 스타일을"파괴하고 있으며, 그 이유는 "우리의 원칙의 기반에 대한 근본적인 질문에 부합하는 반어적 스타일을 채택하기 위해"서라고 말한다(E 238). "Instance of the Letter"에서 그는 전형성이 파괴되는 범위를 반어뿐만 아니라 그 너머로 더욱 멀리 확장시킨다.

15) 그는 세미나 XIX에서 다음과 같이 말한다: "나는 (내가 말하는 것의) 의미에 접근하는 것이 지나치게 수월하지 않게 만들기 위해 노력하는데 이 때문에 독자는 자신의

피땀을 기부해야 한다(또는 전력투구해야 한다)[mettre du vôtre]"(1972년 1월 6일).
16) 라캉은 아마도 폴 리쾨르Paul Ricoeur가 영어로는 *Freud and Philosophy: An Essay on Interpretation*, trans. D. Savage (New Haven: Yale University Press, 1970)로 번역되어 있는 두꺼운 저서인 *De l'interprétation* (Paris: Seuil, 1965)을 출판한 후에, 겨우 마지못해 자신의 논문들을 모아 현재 *Écrits*로 알려진 것을 출판하는 데 동의했을 것이다. 라캉은 분명 자신이 앞장서 온 프로이트로의 복귀의 공을 리쾨르가 차지하는 것을 원하지 않았다. 라캉은 *Écrits*의 텍스트들이 그로부터 떨어져나가야 했다고 주장한다(세미나 XVIII, 1971년 3월 10일을 보라).
17) 다소 추리적인 맥락에서 보자면, 노암 촘스키Noam Chomsky는 소쉬르적이지 않은 방식으로 언어학을 연구하며, 정확히 그 해의 언제였는가에 대해서는 불확실하지만, 1957년("The Instance of the Letter"와 같은 해)에 *Syntactic Structures* (The Hague: Mouton, 1957)를 출판한다. 그러나 라캉이 촘스키의 논문, "On Accent and Juncture in English," in *For Roman Jakobson*, ed. M. Halle, H. Lunt, and H. MacLean(The Hague: Mouton, 1956), 65-80을 잘 알고 있었을 수도 있다.
18) Charles Rycroft, "The Nature and Function of the Analyst's Communication to the Patient," *International Journal of Psycho-Analysis* 37, no. 6 (1956): 469-72.
19) "The Mirror Stage as Formative of the I function, as Revealed in Psychoanalytic Experience"에서 언급되는 그의 논의를 보라. "바로 이 순간에 결정적으로 총체적 인간 지식이 타자의 욕망에 의해 매개된 존재 속으로 투입되고, 다른 사람들과의 경쟁에 의하여 그 대상들은 추상적인 등가물로서 구성된다"(E 98).
라캉은 헤겔식의 총체적인 체계의 구축과 어떠한 긍정적 논거도 제시할 수 없는 해체적 접근의 사이에 길을 냈다. 후자는 더욱 안전한데, 부정적인 작업은 철학자들이 비판에 노출되지 않도록 만든다. 그러나 그 임상적 유용성은 다소 제한되어 있다.
20) Ferdinand de Saussure, *Cours de linguistique générale*, ed. T. de Mauro (Paris: Payot, [1916]1972), 98-99; 영어판으로는 *Course in General Linguistics*, trans. W. Baskin (New York: McGraw-Hill, 1959)가 있으며 더욱 최근에 출판된 것으로는 trans. R. Harris (Chicago: Open Court, 1983)이 있다. 여기서 쪽수는 가장 중요한 판본인 프랑스어판에서 인용되었으며 이 책의 쪽수는 해리스의 번역에도 표기되어있다.
21) 라캉은 그의 후기 업적에서, 특히 1970년대에 문자와 기표에 대한 더욱 명확한 구분을 제시한다. 이러한 구분은 그가 세미나 XVIII에서 자신의 "The Seminar on 'The Purloined Letter'"를 다시 읽으며 우리는 "실재계에 있는" 문자와 "상징계에 있는" 기표를 혼동해서는 안 된다고 지적함으로써 시작된다(1971년 5월 12일). 그는 세미나 XVIII의 나머지 부분과 그 이후의 세미나에서도 문자에 대해 더욱 자세히 설명한

다. 세미나 XVI에서 그는 기표를 다시 물질로 지칭한다(1968년 12월 11일).
22) 소쉬르의 언어는 때때로 기표와 기의 사이의 성관계를 연상하게 만든다. "그들은 친밀하게 결합되어 있다"(*Cours*, 99); 그는 "사고[기의]와 음성적phonic 물질[기표]의 결합"에 대해 언급한다(*Cours*, 156); 또한 "음성적 물질[기표]이 [······] 불가피하게 반드시 사고[기의]가 혼인해야 하는 형태를 주조하는 주형은 아니라고 말한다(*Cours*, 155). "성적인 관계를 각인시키는 환상"에 동참하는 지식에 대한 6장의 논의와 비교하라(세미나 XX, 76/82).
23) 영어판 *Lacan in Italia*에 수록된 "Discours de Jacques Lacan à l'Université de Milan le 12 mai 1972"에서 다음을 참고하라: "의미작용을 생성하기 위해 언어가 존재하는 것이라고 생각하는 것은 전혀 과장하지 않고 표현한다 하더라도 성급한 결론이라고 할 수 있다. 세미나 III에서 라캉은 "기표는 어떤 것을 의미하는 것으로 정의될 수 없다"(214/190)라고 주장하는데, 그는 세미나 XIX에서 노골적으로 이를 거듭 반복하며, 기표는 "의미작용을 하지 않는다"고 말한다(1972년 6월 21).
24) James Joyce, *Finnegans Wake* (London: Faber and Faber, 1975), 11.
25) 아마도 숙녀를 위해서는 분노가 신사의 경우에는 조소가 어울린다는 것을 암시할 것이다.
26) '의미화 연쇄'라는 개념은 루이 옐름슬레브Louis Hjelmslev가 사용하기 시작한 것인 듯하다.
27) 이것은 보통 단어 대 단어의 번역이 전혀 쓸모없는 것이 되는 결정적 이유이다.
28) 세미나 XI에 제시되는 분석의 해석에 대한 라캉의 논의를 보라: "어떤 것이든 상관없이 모든 의미로 해석할 수 있다는 것은 잘못된 생각인데, 그 이유는 해석이란 단지 하나의 기표와 다른 기표의 결합에 관한 문제이기 때문이며 그러므로 광기어린[folle] 관계의 문제이기 때문이다. 어떤 것이든 상관없이 모든 의미로 해석할 수 있는 것이 아니다"(225-26/249-50; 또한 189/209를 보라). 항간에 떠도는 '기표의 미끄러짐'이라는 문구는 *Écrits*의 어느 부분에도 나오지 않는다. "Subversion of the Subject"에서 우리는 "의미작용의 미끄러짐"(E 805)을 볼 수 있는데, 이는 궁극적으로 '기의의 미끄러짐'과 동일한 말이다. 그리고 "The Seminar on 'The Purloined Letter'"에는 "기표의 대체[*Entstellung*훼손]"(E 11, 30)가 언급되는데 이는 에드거 앨런 포의 단편에서 장관에 의해 도둑맞은 편지의 '행로'에 관한 것이다. 만약 라캉이 실제로 '기표의 미끄러짐'이라는 표현을 사용했다면 그것은 아마도 우리가 말을 할 때 전개되는 의미화 연쇄의 움직임을 암시할 것이다.
29) **소쉬르에서도** *Cours*, 146면에서 이와 유사한 표를 볼 수 있다.
30) 여기서 문자가 진행할 수 있는 *sens*, 즉 방향성을 생각해보라.
31) 욕망의 그래프(E 817과 표 4.15)에서 기의의 미끄러짐은 의미작용의 역행하는 움직

임이 기의를 고정시키며 하나 또는 그 이상의 의미에 정착될 때까지 s(A)와 A사이에서 왼쪽으로부터 오른쪽으로 진행되는 것으로 나타난다. 의미는 다음 문장이 시작되자마자 또다시 미끄러지기 시작하지만 문장이 끝나며 다시 한 번 닫히거나 '고정된다buckled down.' 물론 이것은 고정된 의미(들)가 그 이후에 변형될 수 없다거나 또는 그것에 대해 의심할 수 없다는 말이 아니다.

32) Roman Jakobson, "Slavic Epic Verse" (1952), in *Roman Jakobson: Selected Writings*, vol. 4 (Paris and The Hague: Mouton, 1966), 414-63.
33) 지미 버핏Jimmy Buffett의 "자메이카여 안녕Jamaica Farewell"이라는 노래의 첫 부분을 생각해보라.
34) 이전에 보아즈와 (환유적으로) 연계되었던 많은 것들—예를 들어 그의 성품이나 옷차림—은 다발과 연계된다. 신비한 기표인 '보아즈'는 "연쇄의 나머지 부분들과 (환유적으로) 연결되어 유지된다"(E 507).
35) 물론 많은 경우 분석가 자신이 몇몇 보표들을 도입함으로써 분석수행자가 '의도한 의미'를 전달하기 위하여 사용한 말이나 표현이 가지고 있는 다른 가능한 의미들을 불러일으키기도 한다.
36) 영어 번역, "Position of the Unconscious," trans. B. Fink, in *Reading Seminar XI: Lacan's Four Fundamental Concepts of Psychoanalysis*, ed. R. Feldstein, B. Fink, and M. Jaanus (Albany: State University of New York Press, 1995)를 참고하라.
37) 이 논의는 2장에서 설명된 강박증 환자의 환상과 교차점을 가진다.
38) 여기서 cross는 또한 '기의의 수난passion of the signified'이라는 연상을 불러일으킨다 (세미나 XX를 보라). Cf. 테니슨Tennyson의 시 「사주砂洲를 넘어서"Crossing the Bar"」와 비교하라.
39) <표 3.10>은 기표와 기의 사이의 가로선을 다른 방식으로 시각화시키는데, 이 둘 사이에는 중첩되는 부분이 없으며, 상관성이나 상호성이 있는 영역이 존재하지 않는다.

4. 「주체의 전복"The Subversion of the Subject"」 읽기

1) 세미나 V는 본문에서 그래프에 대해 자세히 설명하고 있을 뿐만 아니라 뒷부분에서 몇 페이지에 걸쳐 그래프에 대한 주석을 덧붙이고 있다. 라캉의 도식들을 세부적으로 관찰할 때 항상 가장 중요한 것은 그가 씨름하고 있던 문제들과 도식의 각 부분이 그 문제에 어떻게 연결되어 있는가를 살펴보는 것이다.
2) 나의 저서인 *Lacanian Subject: Between Language and Jouissance* (Princeton: Princeton University Press, 1995), 부록 I을 보라.

주

3) 소외는 라캉이, 마치 강도가 제시하는 것과 같은 "강요된 선택"이라고 부른 것과 관련된다. "돈이냐 목숨이냐!" 만약 당신이 돈을 잃지 않으려 한다면 당신은 돈과 생명 모두를 잃게 된다. 대신 돈을 포기하면, 이제는 인생의 값진 것들을 가질 수 있는 여유가 줄어들었기 때문에 당신이 보존하는 생명(또는 존재)은 왜소해진다(세미나 XI, 192-93/211-12). 이와 유사하게, 어떤 형태로든 생명을 보존하기 위해서, (사회적 동물로서) 약간의 존재를 유지하기 위해서 당신은 의미 만들기에 종속되어야 하며(다른 사람들이 말하는 언어를 통해 자신을 표현해야 하며) 이때 얼마간의 생명과 얼마간의 존재(동물적 존재)를 잃게 된다.
4) A는 '타자Other'를 뜻하는 *Autre*를 나타낸다.
5) 나의 저서인 *Clinical Introduction to Lacanian Psychoanalysis: Theory and Technique* (Cambridge, Mass.: Harvard University Press, 1997), 7장을 보라.
6) "Reading *Hamlet* with Lacan," in *Lacan, Politics, Aesthetics*, ed. R. Feldstein and W. Apollon (Albany: State University of New York Press, 1996), 181-98에서 나는 라캉의 햄릿에 대한 논의를 자세히 살펴본다.
7) 세미나 VI의 이 부분은 *Ornicar?* 25 (1982): 13-36; 인용 23에 수록되어 있다.
8) 자신이 아는 바를 즐기는 것에 대한 문제는 세미나 XX, 특히 88-90/96-98에 자세히 논의된다.
9) 라캉은 세미나 XVIII (1971년 6월 16일)에서 명백히 팔루스와 아버지의 이름을 구분한다.
10) (5장에서의 내가 주장한 대로) "Subversion of the Subject"에서 명확히 볼 수 있듯이 (E 823), 이것은 다음 등식에서 s가 $-\varphi$ 로 대체 되는 이유 중 하나이다.

$$\frac{S}{s} = \frac{\Phi}{(-\varphi)}$$

11) 요구는 충동의 일부로서 나타나는 것 외에는 그래프의 윗부분에서 더 이상 부각되지 않으며 라캉은 요구가 (그것이 타자에 대한 주체의 요구이든 아니면 주체에 대한 타자의 요구이든) 충동으로부터 사라진다고 말한다. 그러므로 그래프의 이 지점에서 진행되는 일은 타자에게 **요청되**지 않는다(이때 주체는 자신의 주이상스에 대해 답해야 한다; 타자는 그/그녀의 쾌락에 대한 이유를 가지고 있지 않다).
12) 5장을 읽는 데 도움이 될 만한 것으로서, 마지막으로 그래프의 한 부분을 개조하자면, 완성된 그래프의 S(A)를 -1(주체에 관해 생각할 수 없는 것을 나타내는 마이너스 일)로 대체하는 것이다.
13) Malcolm Bowie, *Lacan* (Cambridge, Mass.: Harvard University Press, 1991), 196을 보라.

5. 라캉의 팔루스와 -1의 제곱근

1) Alan Sokal and Jean Bricmont, *Fashionable Nonsense: Postmodern Intellectuals' Abuse of Science* (New York: Picador, 1998).
2) "말에서 언어의 기능은 알리는 것이 아니라 환기喚起하는 것이다"(E 299).
3) "Instance of the Letter"의 첫 부분에 제시된 그의 논의를 상기하라. "글은 [……] 일종의 수축을 일으키는데, 내 취향대로 하자면 이는 독자들에게 입구 이외의 다른 출구를 남겨두어서는 안 되며, 나는 이것을 어렵게 만들고자 한다"(E 493).
4) 영어판으로는 "The Unconscious: A Psychoanalytic Study," trans. Patrick Coleman, *Yale French Studies* 48(1972): 118-75로 번역되어 있는 그들의 논문, "L'Inconscient: Une étude psychanalytique," in *VIe Colloque de Bonneval: L'Inconscient* (Paris: Desclée de Brouwer, 1966), 95-130에 대한 라캉의 논평을 보라(세미나 XI, 223-25/247-49). 여기서 그는 어떤 의미에서는 $\frac{s}{S}$를 이론 상 분수로서 이해할 수도 있다고 말하지만 자신은 좀처럼 그것을 이러한 방식으로 사용하지 않는다.
5) 이는 그것이 어떤 사람들에게 그 곳에서 보낸 시간에 대한 애정 어린 기억들이나 그렇지 않은 기억들을 환기시키지 않을 것이라는 뜻이 아니라 이름 자체가 영어라는 언어에서 다양한 의미를 가지지 않는다는 뜻이다.
6) Saul Kripke, *Naming and Necessity* (Cambridge, Mass.: Harvard University Press, 1972).
7) 반례를 들자면, 라캉은 11년 후 세미나 XIX에서 다음과 같이 말한다. "기표/기의 관계와 의미작용 사이에는 매우 큰 차이가 있다. 의미작용은 기호를 구성하고[fait], 기호는 기표와는 무관한 것이다"(1971년 12월 2일).
8) 거울단계의 이러한 측면은 세미나 VIII과 "Remarque sur le rapport de Daniel Lagache" ("Remarks on Daniel Lagache's Presentation")(E 647-84)에 논의된다.
9) 라캉은 이것을 전적으로 실재계(생물학적 기관)로서 간주하지도 않고 순수하게 상상계(음경의 이미지)로서 위치시키지도 않는다, 그보다 그것은 상상계적 거세 또는 "거세의 상상계적 기능"을 나타낸다(E 825).
10) 라캉이 항상 '팔루스'와 '팔루스적'이라는 말을 이러한 의미로 사용한다는 뜻은 아니다, 이 용어들이 단지 생물학적 기관으로서의 음경만을 가리키는 듯한 부분도 그의 저서 곳곳에 (특히 1958년 이전의 글에) 나타난다.
11) 아직 이 단계에서는 대상a가 라캉에 의해 욕망의 실제적 원인으로 이론화되지 않았다; 그것은 세미나 VIII에 와서야 완전히 성숙한 단계로 발전된다.
12) 라캉의 프랑스어 문법이 이보다 어려운 경우는 드물다: "[L'organe érectile] est égalable au $\sqrt{-1}$ de la signification plus haut produite, de la jouissance qu'il restitute par le coefficient de son énoncé à la fonction de manque de signifiant: (-1)"(E 822). 여기서 *de*라는 단어는

특히 다양하게 해석될 수 있으며 이 단락은 대안적으로 다음과 같이 번역될 수 있다: "발기성 기관은 $\sqrt{-1}$에 위에서 생성된 의미작용을 곱하고[de], 여기에 그것이—언표의 계수에 의해—기표의 결여(-1)의 기능에 회복시키는 주이상스를 곱한[de] 것과 같은 것으로 간주할 수 있다." 여기서 언표(-ϕ)의 계수는 -1인 듯하다.

13) 라캉은 세미나 XVI (1969년 5월 21일)에서 다시 팔루스를 주이상스의 기표라고 부르지만, 모든 경우에 항상 그런 것은 아니다. 세미나 XIX에서 그는 "기표는 주이상스이며 팔루스는 단지 기의일 뿐"이라고 말한다(1971년 12월 8일).

14) 그러한 의미에서 모든 의미 만들기는 팔루스와 관계된다—모든 의미작용은 말하자면 팔루스적이다—간단히 바로 팔루스가 기표와 기의 사이의 관계를 가리키는 이름이기 때문이다. 논문의 제목이 주어적 속격으로 구성되었는지 아니면 목적어적 속격을 가지는 것으로 이해해야 하는가에 대한 그 이후의 라캉의 논의를 보라(세미나 XIX, 1972년 1월 19일; 1972년 2월 3일). 그는 동일한 세미나에서 그 논문을 다시 읽은 후 자신은 "비록 당시에 단 한 단어라도 진정으로 이해하는 사람이 아무도 없었음에도 불구하고, 이 속에는 바꾸어야 할 것이 전혀 없다"는 것을 깨달았다고 말한다.

15) 라캉은 팔루스를 '상징', '이름' 그리고 '기표'라고 부르며 이 모두는 때때로 그의 저서에서 다른 방식으로 개념화된다. 이는 용어를 사용하는 그의 방식이 엄격성을 결여하고 있다는 것을 뜻할 수도 있지만, 이 셋을 모두 사용한다는 점은 그가 다른 모든 기표들 중 팔루스를 특별한 위치에 배치하고 있음을 제시하는 것이기도 하다.

6. 텍스트의 밖에서—지식과 주이상스

1) 라캉은 자신도 수년간 프로이트의 초자아라는 개념을 받아들이지 않았지만 마침내 이를 받아들였을 때 그것은 "도덕적 양심"의 형태가 아니라 그보다는 "즐겨라!"라는 명령의 형태였다고 말한다(세미나 XVIII, 1971년 6월 16일).
2) 라캉은 아마도 정동이 무의식을 대표하는 자리인 신체로 대피한다고 말할 것이다.
3) 후자는 흔히 대상a라는 이름으로 통한다. 밀레의 세미나는 파리8대학(Saint-Denis)의 후원으로 매주 파리에서 진행되었다.
4) 이것은 정신분석가들이 환자의 제스처나 보디랭귀지를 마치 그/그녀의 말보다 어떤 면에서 더욱 현실적인 것처럼 이해하는 것을 단념시키기 위해 기획된 것이므로, 4장에서 나는 라캉의 이러한 주장에 논쟁의 여지가 있다고 지적했다.
5) 그렇다면 우리는 소리를 내어 텍스트나 컴퓨터 파일들을 읽어주는 기계들을 어떻게 생각해야 하는 것일까? 그러한 낭독에 서로 다른 단어나 절에 대한 선택적 강세(만약 프로그램 되어있지 않다면)가 결여되어 있다는 것은 적어도 언표행위의 주체(또

는 발화하는 주체)—즉 주이상스의 주체—가 결여되어 있음을 나타낸다.
6) Claude Lévi-Strauss, *Structural Anthropology*, trans. C. Jacobson and B. G. Schoepf (New York: Basic Books, 1963), 125.
7) 문학비평에서 우리는 텍스트의 구조뿐만 아니라 롤랑 바르트가 '텍스트의 즐거움'이라고 부른 것을 함께 (그리고 그들의 상관관계를) 고려해야 한다. 다른 말로 우리는 텍스트의 수행적 측면과 함께 독자와 작가의 즐거움을 고려해야 한다. 물론 정신분석에서도 마찬가지로 그 영역을, 수련을 통한 임상뿐만 아니라 사람들이 읽고 다시 읽는 일련의 텍스트들에 의해서도 정의되는 것으로 간주해야 한다.
8) *Diagnostic and Statistical Manual of Mental Disorders*, 4th ed. (Washington, D. C.: American Psychiatric Association, 1994).
9) Jules H. Massermann, "Language, Behaviour, and Dynamic Psychiatry," *International Journal of Psycho-Analysis* 25, nos. 1-2 (1944): 1-8.
10) 라캉에 따르면 아이들에 대한 피아제Jean Piaget의 연구에서도 이를 찾아볼 수 있다, "Science and Truth"(E 859-60)에 나타난 피아제에 대한 그의 논의를 보라.
11) *La psychanalyse d'aujourd'hui* (Paris: Presses Universitaires de France, 1956). 이 책은 1장의 다른 문맥에서 논의되었다.
12) 세미나 XIX에서 라캉은 "헌신oblativity"을 "강박증환자의 획기적인 발명"이라고 부른다(1972년 1월 6일).
13) 유사한 환상이 적어도 가장 대중적인 형태로 현대 심리학에도 만연한다는 것을 굳이 지적할 필요는 없을 것이다, 이제는 시대의 베스트셀러가 된 대중적 심리학 저서인 존 그레이John Gray의 *Men Are from Mars, Women Are from Venus* (New York: HarperCollins, 1993)를 생각해보라. 제목 자체로부터 기대할 수 있듯이, 이 책은 **어떤 것도 남성과 여성을 상보적인 관계로 운명지우지 못한다**는 것을 제안한다. 그러나 처음 두 장을 제외한 책의 나머지 부분은 독자가 차이를 극복하고 **반드시 존재해야만 하는 하나**, 오래된 환상이 필요로 하는 하나를 구축하게 만들기 위해 구성된다.
14) Plato, *Lysis, Symposium, Gorgias*, trans. W. R. M. Lamb, Loeb Classical Library (Cambridge, Mass.: Harvard University Press, [1925] 1967), 141.
15) Ferdinand de Saussure, *Cours de linguistique générale*, ed. T. de Mauro (Paris: payot, [1916], 1972), 99; 영어판으로는 *Course in General Linguistics*, trans. W. Baskin (New York: McGraw-Hill, 1959), 66-67이 있다. 소쉬르의 언어는 때때로 기표와 기의 사이의 성관계를 암시하는 듯하다: "그들은 친밀하게 결합되어 있다"(*Cours*, 99); 그는 "사고[기의]와 음성적 물질[기표]의 결합"에 대해 언급한다(*Cours*, 156); 그리고 그는 "음성적 물질[기표]이 [······] 불가피하게 반드시 사고[기의]가 혼인해야 하는 형태를 주조하는 주형은

아니라고 말한다(*Cours*, 155).
16) 그러한 우월한 위치는, 전이의 해석이 마치 전이 밖으로 나오는 것을 가능하게 하는 방법인 것처럼 이를 조장하는, 정신분석 이론 내에 잠재된 방식과 유사한 메타위치로 볼 수 있다; 이와 관련하여 1장을 보라.
17) Lacan, "Transfert à Saint-Denis," *Ornicar?* 17-18 (1979): 278.
18) 내가 두 주체들을 이렇게 엄격히 구분하는 것에는 논쟁의 여지가 있으며 이는 해체될 수 있는 것이다. 이 두 개념들 자체가, 기호라는 소쉬르의 개념과 다르지 않은 방식으로 하나로 통합되고 단일한 이항구조를 이루고 있는 것이 아닐까? 그리고 1970년대에 라캉은 하나One와, 항상 필연적으로 다른 것Other일 수밖에 없는, 타자the Other라는 개념으로 구조의 이원적 특성을 더욱 극단적으로 양극화시키고 있지 않은가?

이 엄격한 이항대립은, 라캉이 1970년대에 소개하는 또 다른 개념으로서 마치 무의식에 즉 타자에 주이상스를 주입하는 듯 보이는 개념인 라랑그*lalangue* 또는 llanguage에 의해 문제시 된다고 이해할 수 있을 것이다. 이에 대해 문제를 제기하는 것은 글이라는 개념이기도 한데 그 이유는 "글로 쓰여진 것은 주이상스의 조건이 되며 설명된 것은 [주이상스의] 잔여"(세미나 XX 118-131)이기 때문이다. 그러나 나는 이 개념들을 여기에서 소개하지 않았으므로 반대되는 의미를 해소하기 위해 노력하는 대신 가능성을 지적하는 것으로 논의를 국한시킬 것이다. 이장의 뒷부분에 언급되는 분열로서의 주체—기표와 정동 사이에서 분열된 주체—라는 개념이 이 부분을 읽는 데 도움이 될 수도 있을 것이다.
19) 그는 실질함언material implication과 관련하여 스토아학파에 대해서도 같은 이야기를 하는데, 그들이 거짓으로부터 참을 추론해낸다는 것이다(세미나 XX, 56-60).
20) Shelly Silver는 이와 같이 말하곤 한다.
21) 그러나 영화에서 전형적으로 성관계 후에 피우는 담배는 그러한 주이상스 안에서 인식된 결여를 지적하는 것인 듯하다. 욕망할 다른 어떤 것이 남아있다: 구강 및 호흡기의 쾌락이 만족되지 않은 것이다.
22) 라캉은 세미나 XVI에서 사람들이 안셀무스의 주장의 진정한 중요성을 이해하지 못했다고 말한다(1969년 2월 12일).
23) 나의 저서인 *Lacanian Subject*(Princeton: Princeton University Press, 1995) 8장을 보라.
24) 물론 남성과 여성을 정의하는 것이 그렇게 중요한 문제인가에 대해서는 단언할 수 없다.
25) 이 세미나의 다른 부분에서 라캉은 대상은 "*raté*," 즉 결함, 실패라고 말한다: "대상의 본질은 실패이다"(세미나 XX, 55-58).
26) 여기서 가로선은 소쉬르가 제시하는 기표와 기의의 '결합' 모형에서와 같이 연결물

또는 결합copulation의 수단으로서의 기능을 가지기보다는 그 대신 장벽의 역할을 한다.

27) 이것은 자신의 파트너에 대해서도 마찬가지이다: 자신의 파트너와의 관계에서 "내가 [그녀에게] 요청"하는 것은, 라캉이 말하는 대로 "내가 [그녀에게] 제시한 것을 거절하는 것인데, 그 이유는 이것은 바로 그것이 아니기 때문이다"(세미나 XX, 101-111).

28) 라캉은 후기 세미나들에서 팔루스적 주이상스에 다른 이름들을 부여한다: 그는 그것을 "상징적 주이상스" 그리고 심지어 "기호학적 주이상스"라고도 부른다(세미나 XXI, 1974년 6월 11일).

29) "Science and Truth"(E 863)에서 라캉은 명백히 프레게가 변수가 없는 함수, 즉 $f(x)$가 아니라 f인 함수를 나타내기 위해 사용한 용어인 '불포화'라는 개념을 차용한다. 이 텍스트에서 대상이 없는 주체는 순수하고 불포화된 기표의 주체라고 말할 수 있으며 반면 대상을 가진 주체는 '포화된,' 주이상스의 주체로 간주할 수 있다.

30) 이러한 독해는 내가 *The Lacanian Subject*의 8장에서 제시한 것과는 다소 차이가 있지만 사실 라캉은 그가 처음 성 구분 공식을 이론화하기 시작할 때 세미나 XVIII (1971년 6월 16일)의 한 부분에서 이에 대해 언급하고 있다.

31) 우리는 윗부분의 외쪽에 있는 공식에 '진정한 사랑'을 찾기 위하여 그러한 희생을 감수하고 팔루스적 주이상스를 포기하려는 마음이 담겨 있다고 해석할 수도 있다.

32) 키르케고르는 이러한 욕망 너머의 사랑이 '존재해야만 한다'고 생각하는 듯하다; 그러한 의미에서 그것은 신에 대한 믿음과 같이 그에게 강요되는 듯 보인다. 그렇다면 우리는 그것이 그와의 관계에서 외존ex-sists한다고 결론내릴 수 있을 것이다.

33) 십자가의 성요한Saint John of the Cross의 시 「I Entered I know Not Where」를 보라.

34) 그가 1964년에 한 말을 상기하라: "당분간은 성교를 하지 않는 대신 당신들에게 말할 것이다. 나는 정확히 성교를 하는 것과 같은 만족을 얻을 수 있다. 이것이 [승화의] 의미이다"(세미나 XI, 151/165-66).

35) 물론 궁정풍 연애관계에서 성교가 얼마나 철저하게 배제되어 있었는가에 대해서는 논쟁의 여지가 있다.

36) 세미나 XIX에서 라캉은 "말하기의 주이상스"(1972년 5월 4일)에 대해 언급한다.

37) 우리는 이 점에 관하여 라캉의 이론에 일종의 완전한 일관성이 있다고 가정할 수 없다. 그가 세미나를 전개하며 이론을 부연하고 변화시키기 때문이다. 일례로, 1장에서 그는 "성적인 것으로서의 주이상스는 팔루스적"이라고 말하지만(세미나 XX, 14/9), 후에는 팔루스적 주이상스의 "주인공"인 대상a를 비성적非性的a-sexual이라고 정의한다(세미나 XX, 115/127). "비성적a-sexual"이란 '무성적asexual'인 것으로 이해할 수 있는 것인가? 만약 그렇다면 팔루스적 주이상스는 무성적인가 아니면 성적인

주

가? 다른 주이상스는 성적인가 아니면 무성적인가? 그것은 단지 대상*a*뿐만 아니라 타자의Other 성이라고 할 수 있는 것에 접근하므로 성적인 듯하지만, 반면 그는 "우리가 사랑할 때, 그것은 성과는 무관한 것"이라고도 말한다(세미나 XX, 27/25). 아니면 "비성적*a*-sexual"이라는 용어는 '무성적'과 같은 방식으로 이해해서는 안 되며, 그보다 그것은 대상*a*에 의존하는 성의 한 형태를 의미하는 것으로 간주해야 하는 것일까? 이와 유사하게, 라캉은 결코 (키르케고르의 경우와 같은) 남성이 실제로 대상*a* 너머의 사랑에 응할 수 있는가 또는 그렇지 않다면 그들이 단지 팔루스적 주이상스를 포기함으로써 그렇게 할 수 있다고 믿고 있는 것일 뿐인가에 대해 확실히 말하지 않는다. 만약 그가 욕망 너머의 사랑에 응한다면 그것은 다른 주이상스와 같은 것인가? 팔루스적 주이상스와 다른 주이상스에 대한 라캉의 설명은 계속 논의되어야 할 문제들을 제시한다.

38) 만약 우리가 팔루스적 주이상스를 욕망에 상응하는 만족으로 간주한다면—(성 구분 공식을 나타내는 표에는(세미나XX, 73/78)) 라캉이 욕망을 상연하는 것으로 간주한 환상을 구성하고 있는 $와 *a*라는 개념들이 있다—남성은 자신의 파트너를 욕망할 수 있거나 또는 사랑할 수 있지만 둘 모두를 동시에 할 수는 없는 반면 여성은 두 가지를 모두 함께 할 수 있다. 이것이 라캉이 말하는 바에 대한 적절한 설명인가? 만약 그렇다면 이는 욕망 너머의 사랑을 가리킬 수도 있을 듯하다—이것은 라캉이 농담조로 팔루스 너머의 주이상스라고 지칭한 것과 동일한 것이다. 이러한 형태의 사랑은 타자에 대한 사랑 또는 세미나의 마지막 장에서 라캉이 "주체 대 주체 관계"(세미나 XX, 131-32/144)라고 명명하는 것에 해당하며, 이때 대상은 그 자리에서 물러나게 된다. 우리는 이러한 관계를 다음과 같이 도식화할 수 있다.

$$(\$ \diamondsuit a \diamondsuit \$) \quad \rightarrow \quad (\$ \diamondsuit \$)$$
[옴므섹슈얼 욕망]　　　[사랑]

그러나 이것은 지나친 해석일 수도 있다. 아마도 남성은 한 명의 동일한 파트너에게서 한 종류의 사랑 **또는** 다른 종류의 사랑(대상에 대한 사랑 또는 타자의 성에 대한 사랑)을 얻을 수 있지만 여성은 동일한 파트너에게서 두 종류의 사랑을 모두 얻을 수 있다(아니면 남자 또는 남성의 체계instance에서는 팔루스적 주이상스를, 그리고 여자 또는 여성적 체계에서는 다른 주이상스를 얻는 것인가?) 라캉은 한 번도 "한 사람의 동일한 파트너"라는 말을 한 적이 없으므로 분명 나는 지금 추측을 하고 있다.

39) 세미나 XIX에서 라캉은 대상*a*와의 관계는 소크라테스가 *Symposium*에서 영혼이라고 부른 것이라고 제안한다(1972년 5월 10일).

40) 콜레트 솔레Colette Soler와 제네비에브 모렐Geneviève Morel은 분석수행자와 분석을 할 때 다른 주이상스가 환기되는 경우의 몇몇 사례들을 제시하고, 다른 주이상스의 경험은 우리가 궁극적으로 정신분석에서 직접 다룰 수 있는 것이 아니라고 제안한다. 이는 다른 주이상스가 (정신분석에서 우리의 주된 관심사인) 무의식에 각인되어 있지 않기 때문이다. 무의식은 언어와 같이 구조화되어 있고 그러므로 기표와 기의 사이의 가로선으로서의 팔루스에 의해 결정된다. *Reading Seminar XX: Lacan's Major Work on Love, Knowledge, and Feminine Sexuality*, ed. S. Barnard and B. Fink (Albany: State University of New York Press, 2002)에 수록된 솔레의 "What Does the Unconscious Know about Women?"과 모렐의 "Feminine Conditions of Jouissance"를 보라.

색 인

(ㄱ)

가로선 bar 156, 159, 161, 163, 187, 188, 190, 191, 238, 271, 284, 288, 289 주) 328(39), 333(26), 336(40)

가변적 분석시간 variable-length session 39

강박증 obsession 13, 56~78, 121, 131 주) 312(2), 320(29), 328(37), 332(12)

강박증 환자가 구상하는 게임 game played by obsessive 63~64

거세 콤플렉스 castration complex 45, 231, 244, 249

거식증 anorexia 116, 118~121

거울단계 mirror stage 189, 190, 201, 213 주) 330(8)

결여 lack 36, 47, 54, 70~80, 162, 163, 188~190, 217, 220~230, 239, 243~250, 267, 277, 285 주) 320(31), 331(12), 332(5), 333(21)

고어, 앨 Gore, Al 182

고유명사 proper names 237, 239~243, 247

곡언법 litotes 144

공격성 aggressiveness 59, 60, 87, 114, 204

공식화 formalization 156, 238, 273~276, 286, 289

과학 science 71, 154, 202~205, 230~232, 256, 257, 263~265, 267, 274~276

「과학과 진실」 "Science and Truth" 231, 256, 257 주) 316(23), 332(10), 334(29)

과학의 주체 (기표의 주체) subject of science (subject of the signifier) 191~194, 202, 215, 230, 231, 255~261, 276 주) 334(29)

교착交錯 chiasmus 91

구 sphere 203, 267, 268, 272 주) 312(2)

구조 structures 20, 21, 43, 94, 98, 148~153, 187 , 202, 225, 256~260, 276, 281, 주) 314(9)

『구조주의 인류학』 Structural Anthropology (Lévi-Strauss) 260

국제 정신분석 협회 International Psychoanalytic Association (IPA) 17, 19

에크리 읽기

궁정풍 사랑 courtly love 47, 287, 289 주) 334(35)
권력/역능 power 12, 17, 18, 38, 39, 250, 251 주) 316(24)
그리그, 러셀 Grigg, Russell 170
글 writing 9~13, 125~140, 148, 149, 234~236, 276 주) 325(11), 330(3), 333(18)
금성 Venus 274 주) 332(13)
기의의 미끄러짐 sliding of the signified 168~172 주) 327(28), 327(31)
기표성 signifierness (*signifiance*) 184, 196
기호 sign, the 69~70, 154~156, 270, 271 주) 330(7), 333(18), 334(28)
길든스턴 Guildenstern 주) 325
꿈 dreams 41~55, 67~73, 77, 78, 116, 136, 145~147, 181~185, 200, 254 주) 320(26, 27, 30)
『꿈의 해석』 *Traumdeutung, Interpretation of Dreams, The* (Freud) 35, 49, 142, 181, 184, 185

(ㄴ)

나흐트, 사샤 Nacht, Sacha 17
남성의 구조 masculine structure 281, 291, 293
낭시, 장-뤽 Nancy, Jean-Luc 147, 154
누빔점/누비땀 *point(s) de capiton*, 싸개단추달기 button tie 참조 170, 171, 198, 208, 209, 211, 212
뉴턴, 아이작 Newton, Isaac 268, 273~275
니체, 프리드리히 Nietzsche, Friedrich 92, 201

(ㄷ)

다른 주이상스 Other jouissance 14, 279, 280, 283, 285, 288~291, 294 주) 335(37, 38), 336(40)
단일적 특성 unary trait 201, 213
닮은꼴 semblable, 분신 alter ego 참조 26, 214~216 주) 313(6), 314(9)
담론 discourse 13, 14, 27, 45, 60, 88, 126, 128, 136, 137~139, 142, 147, 149, 168, 169, 172, 173, 183, 184, 195, 212, 215, 223, 246, 250, 258, 270, 273, 290, 294 주) 318(24), 324(6)
대문자 파이의 "좌천" "degrading" of capital Phi 69, 71
대상a (욕망의 원인) object a (cause of desire) 12, 130, 189, 218, 283, 286~294 주) 320(31), 330(11), 331(3), 334~335(37), 335(39)
대상관계 object-relation 19, 122 주) 323(25)
대수학 algebra 237, 238, 241, 247~252
더미 (죽은 사람) dummy (dead man, *mort*) 23~25, 30, 33, 154
데카르트, 르네 Descartes René 193, 194, 201, 231, 242, 292
「『도둑맞은 편지』에 대한 세미나」 "Seminar on 'The Purloined Letter'" (라캉) 150, 154, 210, 225, 276 주) 327(28)

색 인

도라 (프로이트의 사례연구) Dora (Freud's case of) 42, 44, 58, 60, 71, 100, 111
도스토예프스키, 표도르 Dostoyevsky, Fyodor 54
동물적 존재 animal being (le vivant) 210, 213 주) 329(3)
동성애 homosexuality 13, 40~48, 277, 291, 67, 69, 70, 78, 100, 277, 291 주) 316(22), 320(29), 323(21)
동성애 공포증 homophobia 277
「동성애 성향을 가지게 된 한 여성의 사례」 "Psychogenesis of a Case of Homosexuality in Woman" (Freud) 13
동성애적 욕망 homosexual desires 67
동일시 identification 26, 28, 48, 52~56, 64, 79, 80, 85, 89, 97, 99, 113, 150, 151, 195, 214, 219, 220, 233, 240~243, 247, 248, 251, 259, 284 주) 322(19)
뒤마, 알렉산드르 Dumas, Alexandre 17

(ㄹ)

라가쉬, 다니엘 Lagache, Daniel 주) 330(8)
라랑그 lalangue 293 주) 333(18)
라블레, 프랑수아 Rabelais, François 71, 73, 184
라이크로프트, 찰스 Rycroft, Charles 141
라이히, 빌헬름 Reich, Wilhelm 257 주) 320(2)
라이히, 애니 Reich, Annie 주) 314(12)
『라캉과 정신의학』 *A Clinical Introduction to Lacanian Psychoanalysis, A* (Fink) 55 주) 329(5)
『라캉의 주체』 *Lacanian Subject, The* (Fink) 주) 333(23)
라쿠-라바르트, 필립 Lacoue-Labarthe, Philippe 132, 147, 153,
라플랑쉬, 장 Laplanche, Jean 238
랭글, 마들렌 L'Engle, Madeleine 164
랭보, 아르튀르 Rimbaud, Arthur 93
러셀, 버트란트 Russell, Bertrand 273
레비-스트로스, 클로드 Lévi-Strauss, Claude 162, 199, 202, 204, 256, 260, 276
로렌츠, 헨드리크 Lorentz, Hendrik 275
로슈푸코, 프랑수아 드 라 Rochefoucauld, François de la 92, 95
로젠크란츠 Rosencrantz 주) 325(13)
뢰벤슈타인, 루돌프 Loewenstein, Rudolf 18, 81~87, 140 주) 325(13)
르클레르, 세르주 Leclaire, Serge 238
리비도 libido 67, 84~86, 203, 232, 255, 256, 266
리쾨르, 폴 Ricoeur, Paul 주) 326(16)
리틀, 마가렛 Little, Margaret 34~39, 102 주) 314~315(12)

(ㅁ)

만족 satisfaction 50~55, 68, 70, 77, 79, 119, 221, 228~230, 246, 254, 255, 278~289 주) 312(2), 333(21), 334(34), 335(38)

말 speech 10, 134~140, 147, 149~151, 165, 166, 169, 174~176, 180~183, 210, 211, 224, 231, 258, 259, 262 주) 330(2)

말실수 slips 31, 32, 36, 142, 146, 185, 211, 212, 276

말에 의한 만족 satisfaction of speech 289

매듭 knots 272 주) 325(11)

매서먼, 줄 Massermann, Jules H. 265

맥스웰, 제임스 Maxwell, James 275

모렐, 제네비에브 Morel, Geneviève 주) 336(40)

뫼비우스의 띠 Möbius strip 235, 272

무갈등 영역 conflict-free sphere 84, 주) 320(5)

무의미 nonmeaning 169, 179~181, 196,

문법 grammar 144, 149, 150, 165~168, 258, 259 주) 330(12)

문자 letter, the 9, 12, 13, 51, 125~196, 272, 273 주) 326(21), 327(30)

문자 그대로 à la lettre 9, 10, 51, 149, 159, 182, 184, 283

문자성 literality 10, 196

문자의 방향성(의미) directionality (sens) of the letter 153

「문자의 심급과 무의식의 관계」 "Instance of the Letter in the Unconscious" (Lacan) 125~196, 238, 271

문화적 문맥 cultural context 31, 32

물리학 physics 11, 150, 205, 272~275 주) 317(24)

미국심리학회 American Psychological Association 264

밀교에서의 성 Tantric sex 280, 286

밀레, 자크-알랭 Miller, Jacques-Alain 255 주) 314(9), 331(3)

밀수(품) contraband 74, 76, 77, 121

(ㅂ)

바르트, 롤랑 Barthes, Roland 주) 332(7)

발기부전 impotence 66

발기성 기관 erectile organ 233, 243~247, 251 주) 331(12)

발레리, 폴 Valéry, Paul 173, 174

발현몽의 내용 manifest content of dreams 50

방어 defense 14, 59, 83, 84, 95~117, 141, 142, 147, 194 주) 316(24)

『백치』 Idiot, The (Dostoyevsky) 54

색 인

벤야민, 발터 Benjamin, Walter 176
보위, 맬컴 Bowie, Malcolm 232
본능 instinct 22, 148, 183, 189
부권 paternity 177～179
부베, 모리스 Bouvet, Maurice 17
부분대상 partial objects 266, 283
부재 absence 56～79, 188, 224, 225, 249, 250
부재-현전 Fort-Da 188, 249
분석의 종결 end of analysis 22, 26, 58, 66, 70, 75, 137 주) 315(14), 325(13)
분신 alter ego, 닮은꼴 semblable 참조 26, 62, 63, 213 주) 313(6), 314(9), 322(18)
분열 disjunction 255, 295
불교 Buddhism 198, 280
브리지 게임 은유 bridge metaphor 12, 24, 25, 30, 33
브리크몽, 장 Bricmont, Jean 14, 16, 234, 236, 237, 243, 251
비아그라 Viagra 67, 75
비이성적 과열 "irrational exuberance" 260

(ㅅ)

사드, 마르키 드 Sade, Marquis de 11
사랑 love 15, 41～47, 51, 68, 78, 79, 135, 179, 267, 286～289, 292, 294 주) 334(31), 334(32), 335(37)
사랑 나누기 making love 289
사르트르, 장폴 Sartre, Jean-Paul 주) 318(24)
사회과학 social science 253, 259
생각할 수 없는 것 unthinkable, the 241～243, 251, 280 주) 329(12)
생략법 ellipsis 144
샤프, 엘라 Sharpe, Ella 18 주) 315(12)
서스캐처원 Saskatchewan 239, 240
선입관 préjugé 편견 bias 참조 47, 112
성 구분 sexuation 281～291, 293 주) 334(30), 335(38)
성관계 sexual relationship 163, 265, 266, 279, 289 주) 312(2), 327(22), 332(15), 333(21)
성교 copulation 177, 181, 265, 289 주) 334(34)
성기 유형 genital types 20
성녀/창녀 변증법 madonna/whore dialectic 69, 76
성애적 대상 erotic object 72
성적인 외상 sexual trauma 196

성적취향 sexual orientation 282
성정체성 sexual identity 282
성차별 sexism 277, 278
세미나 I (라캉) 31, 37, 59, 60, 82, 83, 88, 95~103, 105, 108, 111, 125, 195 주) 314(11), 315(13, 15), 316~319(24), 321(13), 323(25)
세미나 II (라캉) 34, 92, 94, 103, 105, 154 주) 313(5), 322(15)
세미나 III (라캉) 108~110, 155, 170, 179, 187, 198, 273 주) 323(23), 327(23)
세미나 IV (라캉) 17, 40, 41~45, 63, 64, 100, 140, 167, 187, 190 주) 315(17)
세미나 V (라캉) 198, 205, 210, 234 주) 328(1)
세미나 VI (라캉) 198, 205, 221, 222, 224 주) 329(7)
세미나 VIII (라캉) 39, 46, 69~75, 121, 154, 198, 201, 203, 230, 270 주) 320(29), 330(8, 11)
세미나 IX (라캉) 235, 272
세미나 X (라캉) 주) 324(4)
세미나 XI (라캉) 22, 138, 193, 213, 221, 230 주) 323(3), 327(28), 329(3), 330(4), 334(34)
세미나 XIII (라캉) 198
세미나 XIV (라캉) 주) 321(7, 12), 322(19)
세미나 XV (라캉) 25, 60, 190, 193 주) 315(18), 323(1)
세미나 XVI (라캉) 205 주) 324(6), 331(13), 333(22)
세미나 XVIII (라캉) 137, 148, 230, 233, 251, 258 주) 323(2), 326~327(16, 21), 329(9), 331(1), 334(30)
세미나 XIX (라캉) 137, 140, 250 주) 315~316(22), 324(5), 325(11, 15), 327(23), 330(7), 331(13, 14), 332(12), 334(36), 335(39)
세미나 XX (라캉) 54, 94, 132, 137, 156, 160, 163~165, 197, 200, 203, 226, 227, 253~295 주) 312(2), 325(11), 327(22), 328(38), 329(8), 333(18, 19, 25), 334(27), 335(37, 38)
세미나 XXI (라캉) 주) 334(28)
셰익스피어, 윌리엄 Shakespeare, William 224
소쉬르, 페르디낭 드 Saussure, Ferdinand de 14, 130, 131, 140, 150, 154~164, 169~171, 186, 205~210, 238, 270, 271 주) 326(17), 327(22, 29), 332(15), 333(18, 26)
소외 alienation 26, 89, 169, 212, 213, 219, 221 주) 329(3)
소칼, 앨런 Sokal, Alan 14, 16, 233~237, 243, 251
소크라테스 Socrates 69, 70, 198 주) 335(39)
속담 proverbs 164, 165, 185
솔레, 콜레트 Soler, Colette 80 주) 336(40)
수학 mathematics 238, 241, 243, 249, 273, 275
수학소 mathemes 209, 214, 216, 218, 223, 227, 275~277, 283, 292
슈미드베르그, 멜리타 Schmideberg, Melitta 18

색 인

스위프트, 조나단 Swift, Jonathan 175
스트라치, 제임스 Strachey, James 35, 184
시 poetry 134
신 God 223, 280, 293, 294
신사용 화장실과 숙녀용 화장실 Gentlemen and Ladies 158, 161, 187
신선한 뇌요리 fresh brains 104~111, 115, 117
신체 body 22, 39, 74, 77, 86, 87, 104, 149, 212, 226, 231, 246, 257, 259, 264, 271, 272, 283, 292 주) 315(16), 331(2)
실재계 real, the 14, 59, 60, 148, 292 주) 314(8), 317(24), 326(21), 330(9)
실재계의 장벽 wall of the real 60
싸개단추달기 button tie 170, 171, 198, 208, 209

(ㅇ)

아가서 Song of Solomon 166
아동발달 child development 84
아름다운 영혼 beautiful soul 58, 111
아리스토텔레스 Aristotle 263, 277
아리스토파네스 Aristophanes 267 주) 312(2)
아버지의 은유 paternal metaphor 228
아버지의 이름 Name-of-the-Father 94, 178, 228
아인슈타인, 앨버트 Einstein, Albert 275
알렌, 우디 Allen, Woody 233
알키비아데스 Alcibiades 69, 70
압축 condensation 142
야콥슨, 로만 Jakobson, Roman 150, 174 주) 325(13)
양수화/긍정화 positivization 250
억제, 증상 그리고 불안 Inhibitions, Symptoms, and Anxiety (Freud) 83, 86
언어 language 10, 14, 24, 25, 32, 34, 41, 60, 103, 104, 141, 148~160, 169, 170, 174~176, 182~189, 203, 210, 215, 216, 225, 226, 230~234, 250~260, 271, 278, 281 주) 316(23), 326(17), 329(3), 332(15), 336(40)
언어학假語學 linguistricks 258
언표행위 enunciation 223, 226, 259 주) 331(5)
에덴동산 Garden of Eden 267
에로스 Eros 71
여기 그리고 지금 here and now (hic et nunc) 30, 38 주) 323(25)
역사 history 39, 82, 87, 88, 104, 123, 133, 151, 204, 263, 267, 271 주) 317(24)

역전이 countertransference 32, 47, 59, 112
「역전이와 이에 대한 환자의 반응」 "Counter-Transference and the Patient's Response to It" (Little) 37, 102
영혼 soul 58, 71, 111, 144, 181, 294 주) 335(39)
영혼사랑 soulove 15, 294
『오늘날의 정신분석』 psychanalyse d'aujourd'hui, La 17, 19, 20, 22, 23, 35, 266
오비드 Ovid 290
오용 catachresis 141, 143
오이디푸스 Oedipus 45, 46, 106, 107, 186, 227, 269, 270, 283 주) 323(21)
옴므섹슈얼 hommosexual 283, 290 주) 335(38)
완곡법 periphrasis 145
외존 ex-sistence 279, 280, 288, 290 주) 334(32)
욕구 need 55, 118, 119, 159, 215〜217
욕망 desire 14, 15, 23, 43, 45, 49〜55, 59, 60〜80, 116〜120, 169, 188, 189, 195, 205〜232, 242〜247, 283〜287 주) 315(21), 317(24), 320(27), 326(19), 333(21), 335(38)
욕망의 그래프 Graph of Desire 79, 80, 205〜232, 261, 262 주) 327(31)
욕망의 원인 cause of desire, 대상a object a 참조 53, 69, 72, 283
용어법 pleonasm 145, 251
우울증 depression 102
원 circle 203, 237, 268, 241, 270, 272 주) 312(2)
위니콧, 도날드 Winnicott, Donald W. 18
위상학 topography 22, 115, 130〜133, 186〜194, 225, 235, 255; 첫 번째 위상학 first 89, 90, 93; 두 번째 위상학 second 83, 89〜93 주) 313(3), 321(12)
윌슨 Wilson, E. O 295
융, 칼 Jung, Carl 181, 267
은유 metaphor 30, 39, 91, 102, 127, 129, 142〜147, 150, 164, 175〜180, 187, 190, 191, 195, 196, 207, 228 주) 317(24)
음경 penis 46, 69〜77, 173, 179, 233, 244, 245, 249, 250 주) 320(30), 325(11), 330(9, 10)
음과 양 yin and yang 267, 271
음소 phoneme 149〜153, 163
음수화/부정화 negativization 245, 248
의미 Bedeutung 251
의미 meaning 13, 31, 32, 51〜55, 148〜181, 184, 188, 190, 196, 206〜216, 223〜230, 239〜243, 250, 273 주) 327(23, 28), 328(31, 35), 330(7)
의미화 연쇄 (연쇄라는 은유) signifying chain (chain metaphor) 70, 71, 165, 173, 186, 196, 209, 262 주) 327(26)

색 인

이드 id 21~23, 84~93, 109, 114, 115, 132, 148, 194, 230, 231, 255, 269
이마고 imago 102
이열利悅 jealouissance (*jalouissance*) 261
이자관계 dyadic relationship 23~33, 59, 97 주) 322(18)
이폴리트, 장 Hyppolite, Jean 105, 111, 112
인종차별주의 racism 277, 278
인지행동 치료 cognitive-behavioral therapy 257
『일반 언어학 강의』 *Course in General Linguistics* (Saussure) 131, 150, 154~157, 164, 169. 170, 206, 207, 238
일차과정 primary process 35

(ㅈ)

자기분석 self-analysis 254
자기애 narcissism 30, 266
자아 ego 15, 20~40, 62~65, 81~124, 132, 189~195, 200, 201, 213~215, 255, 269 주) 313(5, 6), 314(10), 319(24, 25), 321(8), 322(18, 19)
자아심리학 ego psychology 22, 81~124, 231, 주) 313(3), 320(3), 321(13), 322(15)
자아심리학의 뉴딜 New Deal of ego psychology 113
『자아와 이드』 *Ego and the Id, The* (Freud) 22, 85, 86, 87, 89, 93
자아이상 ego-ideal 200, 201, 213~215, 218
자위 masturbation 32, 54, 145, 244, 245
작명의 과정 naming, process of 228, 240
잔혹한 대위 Cruel Captain 58
<잠자는 사람> (우디 알렌) Sleeper (Woody Allen) 233
저항 resistance 59, 60, 99, 100, 103, 156, 195 주) 313(8), 316~318(24)
적응 adaptation 83, 84
전성기 유형 pregenital types 20
전이 transference 25~32, 40, 41, 61, 95~102, 112, 135 주) 315(17), 322(19); 전이의 해석 기피하기 avoiding interpretation of 25, 38~49, 57, 67 주) 313~314(8), 315(18); 전이 밖의 메타위치 meta-position outside of 68 주) 314(8), 333(16); 전이의 전이 transference of the transference 25, 27
전체 whole 87, 214, 270~272, 281, 282, 295
전치 displacement 55, 57, 112, 117, 142, 188, 207
정동 affect 13, 26, 37, 98~104, 186, 203, 226, 232, 254~257, 293 주) 317(24), 331(2), 333(18)
정부의 꿈 mistress's dream 48, 66~78 주) 320(25, 26, 27)
정신 psyche 84~87, 115, 116, 150, 156, 186, 255

에크리 읽기

정신병 psychosis 19, 20, 54, 94, 177, 198, 215
「정신분석에서 논의되는 공격성」 "Aggressiveness in Psychoanalysis" (Lacan) 204
「정신분석에서 말과 언어의 기능 및 영역」 "Function and Field of Speech and Language in Psychoanalysis" (Lacan) 63, 82, 122, 123, 180
정신분석의 역사 history of psychoanalysis 82, 87, 88, 94, 123
정신장애 진단 및 통계 편람 (미국정신의학회) *Diagnostic and Statistical Manual of Mental Disorders* (American Psychiatric Association) 19
정치적 공정성 political correctness 19
젠더 gender 282
조이스, 제임스 Joyce, James 160
조정 (주관적) rectification (subjective) 57~60, 111
존스, 어니스트 Jones, Ernest 17, 177
존재 Being 34~40, 54, 61, 72~80, 84~87, 163, 178, 212, 223 주) 312(2), 315(16), 319(24), 326(19), 329(3)
존재에 대한 열정 passion for being 79
존재와 사고 being and thinking 193, 194, 292
존재의 결여/열망 want-to-be 54, 73, 79, 80, 189, 190, 222
종교적 불관용 religious intolerance 277
주관적 조정 subjective rectification 58, 60, 111
주이상스 jouissance 15, 77, 197, 203, 221~232, 247, 248, 253~295 주) 329(11), 331(12, 13), 333(18), 334(28); 주이상스의 결핍 deficiency of 277~280; J-요인 J-factor 257; 주이상스의 상실 loss of 22, 229, 244, 246, 249, 288; 주이상스로서의 x라는 변수 variable "x" as 285. 팔루스 phallus: 팔루스적 주이상스phallic jouissance 참조
주인담론 master's discourse 212,
「주체의 전복」 "Subversion of the Subject" (Lacan) 14, 74, 130, 163, 170, 197~233, 236, 243, 251, 256, 269
죽음 death 37, 63, 64
중세 철학 Medieval philosophy 280
쥐인간(에 대한 사례연구) Rat Man (Freud's case of) 30, 57, 58, 178
증상 symptoms 21, 31, 32, 52, 83, 86, 96, 104, 111, 191, 195, 196, 253, 254, 262
지성 (대 정동) intellect (versus affect) 103 주) 315(15)
지식 knowledge 12, 14, 15, 26, 32, 135, 197~202, 226, 230, 253~280, 292, 293 주) 326(19); 전과학적 prescientific 263~269
지식과 진실 knowledge and truth 203, 204, 232
지양 *Aufhebung* 132, 250
『지적 사기』 *Fashionable Nonsense* (Sokal and Bricmont) 16, 233, 236, 238, 243, 251

색 인

진실 truth 14, 53, 67, 82, 203, 204, 226, 230~232, 256, 257, 268 주) 315(16), 319(24)
집합론 set theory 275, 주) 313(6)

(ㅊ)

철회 retraction 142, 146
초자아 superego 21~23, 84, 90, 91, 109, 132, 255, 269 주) 331(1)
촘스키, 노암 Chomsky, Noam 주) 326(17)
총체적인 체계 complete system 131, 214, 250, 271, 272 주) 326(19)
최면술 hypnotism 주) 316(24)
충동 drives 21, 22, 35, 84, 89, 102, 109, 114~117, 148, 194, 220, 229, 230, 231, 255, 257, 269 주) 329(11)
「치료의 방향과 권력에 관한 원칙」 "Direction of the Treatment and the Principles of its Power" (Lacan) 12, 17

(ㅋ)

칸트, 임마누엘 Kant, Immanuel 11, 266
캐비아 caviar 51, 52, 55
캔터베리 대주교 안셀무스 Anselm of Canterbury 280 주) 333(22)
커즈너, 더글러스 Kirsner, Douglas 주) 322(16)
케플러, 요하네스 Kepler, Johannes 267, 268, 272 주) 312(2)
코기토 cogito 193, 194, 201, 241, 242, 292, 293
코란 Koran 31
코페르니쿠스 Copernicus 92, 203, 231, 263, 268, 273 주 312(2)
쾌락 pleasure 11, 52, 64, 93, 213, 224, 226, 230, 244, 245, 259, 277, 286, 287, 289 주) 329(11), 333(21)
크리스, 에른스트 Kris, Ernst 18, 55, 76, 81~124, 168, 194
크리시포스 Chrysippus 주) 323(3)
크립키, 사울 Kripke, Saul 239
클라인, 리처드 Klein, Richard 9
클라인, 멜라니 Klein, Melanie 122 주) 323(25)
클라인의 항아리 Klein bottle 272
키르케고르, 쇠렌 Kierkegaard, Søren 286, 287 주) 334(32), 335(37)

(ㅌ)

타자 (소타자) other (little *a*) 닮은꼴 semblable 참조
타자 Other

타자의 욕망 Other's desire 53, 55, 56, 61, 68~70, 75, 77, 119, 169, 218, 220, 221, 224, 246 주) 315(21), 326(19)
타자의 의미 Other's meaning, s(A) 79, 169, 214~225 주) 328(31)
탈중심 decentering 231, 269
통일장이론 unified field theory 272
티레시아스 Tiresias 290

(ㅍ)

팔루스 phallu 71, 75, 94, 117, 163, 220, 233~252 주) 329(9), 330(10), 331(13, 14); 팔루스의 모조품 counterfeit 74, 75; 팔루스 가지기와 팔루스 되기 having and being 46~56, 68; 팔루스의 결여 lack of 47; 어머니의 팔루스 maternal 72~76; 팔루스의 기능을 나타내는 x phallic function, x 282~288; 팔루스적 주이상스 phallic jousissnace 283~291 주) 334(28, 31, 37), 335(38); 팔루스라는 기표 phallic signifier 48, 70, 78, 220, 251 주) 331(15); Φ로서의 팔루스 as Phi(Φ) 69, 77, 246; -φ로서의 팔루스 as phi(-φ) 69, 77, 231, 248; -1의 제곱근으로서의 팔루스 as square root of negative one 233~252
편견 bias (선입관 préjugé) 32, 47, 59, 112, 141, 203
포, 에드거 앨런 Poe, Edgar Allen 276 주) 327(28)
포틀래치 potlatch 260
「표준치료의 변주」 "Variations on the Standard Treatment" 82
표현 불가능성 (말로 표현할 수 없는) ineffability 289
푸주한의 아내(에 대한 프로이트의 논의) Butcher's wife (Freud's discussion of) 49~55, 69, 119
프랑스 정신분석학회 Société Française de Psychanalyse 127
프레게, 고트로프 Frege, Gottlob 285 주) 334(29)
프로이트, 안나 Freud, Anna 23, 83, 89, 90, 93, 95~100, 102, 120 주) 321(13), 322(19)
프로이트의 이론에 대한 동조화 synchronization of Freud's work 87, 88 주) 321(9)
플라톤 Plato 69, 135, 267
『피네간의 경야』 Finnegans Wake (Joyce) 160
피아제, 장 Piaget, Jean 주) 332(10)

(ㅎ)

하르트만, 하인즈 Hartmann, Heinz 81~124
한스(어린 한스에 대한 프로이트의 사례연구) Hans (Freud's case of "Little Hands") 167, 168, 178, 179, 245
할리우드 Hollywood 279
항문기 anal stage 94, 131, 132, 266 주) 324(7)

색 인

해체 deconstruction 92, 93, 129, 134 주) 326(19)
햄릿 Hamlet 221~224 주) 329(6)
행동화 acting out 13, 110, 117,
『향연』 (플라톤) Symposion (Plato) 69, 267
헌신 oblativity 266 주) 312(2), 332(12)
헤겔 Hegel, G. W. 82, 198, 199, 200, 204, 271, 282 주) 326(19)
현상학적 심리학 phenomenological psychology 137
현실감각 reality contact 122
혼융된 은유 mixed metaphor 91
환상 fantasy 42, 47, 68, 69, 72, 74, 75, 116, 130, 185, 218~220, 230, 246, 254, 264~269, 273, 280~282, 290, 295 주) 317(24), 327(22), 328(37), 332(13), 335(38)
환유 metonymy 15, 23, 54, 55, 68, 69, 75, 142, 147, 150, 175, 187~195, 207, 215 주) 328(34)
훈제 연어 smoked salmon 49, 51, 52, 56
히스테리적 동일시 hysterical identification 52

(*)

-1의 제곱근 square root of negative one 233~252
4분할 quadripartition 24
APA 소식지 APA Monitor 264
L 도식 L schema 24, 25, 28, 62, 97, 101, 260, 261 주) 313(6)

한국어판 ⓒ 도서출판 b, 2007

바리에테 신서 6
에크리 읽기: 문자 그대로의 라캉

초판 1쇄 발행 • 2007년 8월 25일
　　 2쇄 발행 • 2015년 4월 20일
　　 3쇄 발행 • 2019년 3월 25일

지은이 • 브루스 핑크
옮긴이 • 김서영
펴낸이 • 조기조

주간 • 조영일
편집 • 백은주, 김사이
관리 • 김장미
표지디자인 • 미라클인애드
인쇄 • 상지사P&B
펴낸곳 • 도서출판 b

등록 • 2006년 7월 3일 제2006-000054호
주소 • 08772 서울특별시 관악구 난곡로 288 남진빌딩 302호

전화 • 02-6293-7070(대)
팩시밀리 • 02-6293-8080
홈페이지 • b-book.co.kr
이메일 • bbooks@naver.com

정가 • 20,000원

ISBN 978-89-91706-06-4　03180

* 이 책 내용의 일부 또는 전부를 재사용하려면 저작권자와 도서출판 b 양측의 동의를
　얻어야 합니다.
* 잘못된 책은 교환해 드립니다.